Jonathan Cahn
Das Paradigma

Vom Autor der Bestseller
„DER VORBOTE" und
„DER LEHRER UND SEIN SCHÜLER"

DAS PARADIGMA

Eine alte VORLAGE, in der die GEHEIMNISSE der NEUZEIT enthalten sind

JONATHAN CAHN

Originaltitel:
The Paradigm by Jonathan Cahn
Verlegt von FrontLine
Copyright © 2017 by Jonathan Cahn

Charisma Media/Charisma House Book Group
600 Rinehart Road
Lake Mary, Florida 32746
www.charismahouse.com
Webseite des Autors: www.jonathancahn.com.

Copyright © 2017 für die deutsche Ausgabe für die Länder
Deutschland, Schweiz und Österreich
Das Paradigma
1.Auflage 2017

media!worldwidewings
Bücher, Musik und NetTravel
Am Eichwald 17
61231 Bad Nauheim

Bestellungen sind an die oben stehende Adresse zu richten. Jede Wiedergabe in welcher Form auch immer, auch auszugsweise, bedarf der vorherigen schriftlichen Genehmigung durch den Verlag oder Autor.

Bibelzitate stammen aus der Elberfelder
http://www.joyma.com/elberfe.htm

Übersetzung: Obadja 72
Lektorat: Michael Franz
Cover: Justin Evans
Satz und Coveradaption: type and print, Nürnberg
Druck: ARKA, Cieszyn, Polen

ISBN: 978-3-9818381-2-1
Bestellnummer: 568182

Es liegen anderssprachige Übersetzungen vor
zu beziehen über
Charisma Media, 600 Rinehart Road, Lake Mary, FL 32747/USA
E-Mail: rights@charismamedia.com

Inhalt

EINLEITUNG Ein Wort der Vorbereitung 7

KAPITEL 1 Der Masterplan 11

KAPITEL 2 Die Metamorphose 17

KAPITEL 3 Die Tage der Götter 29

KAPITEL 4 Der König 45

KAPITEL 5 Die Königin 61

KAPITEL 6 König und Königin 77

KAPITEL 7 Die Göttin 89

KAPITEL 8 Die Tage des Königs 101

KAPITEL 9 Der Widersacher 109

KAPITEL 10 Der Weinberg 121

KAPITEL 11 Die Prophetie 133

KAPITEL 12 Das Ende 151

KAPITEL 13 Der Tag 161

KAPITEL 14 Die Schattenkönigin 175

KAPITEL 15 Der Erbe 187

KAPITEL 16 Das feindliche Königreich 197

KAPITEL 17	Erbe und Königin	211
KAPITEL 18	Der Attentäter	221
KAPITEL 19	Der Krieg der Throne	237
KAPITEL 20	Der Krieger	249
KAPITEL 21	Das Wettrennen	263
KAPITEL 22	Der Umsturz	273
KAPITEL 23	Der Untergang	283
KAPITEL 24	Die Tage des Erben	299
KAPITEL 25	Der heilige Mann	309
KAPITEL 26	Die Tage der Königin	327
KAPITEL 27	Der Krieger-König	337
KAPITEL 28	Der Tempel	347
KAPITEL 29	Die Vorboten der kommenden Tage	357
KAPITEL 30	Das Elia-Paradigma	371
KAPITEL 31	Schlußfolgerungen	387
ANMERKUNGEN		391
ÜBER DEN AUTOR		409

Einleitung

EIN WORT DER VORBEREITUNG

Ich schreibe normalerweise keine Einleitungen. Aber in diesem Fall muss ich es tun. Ein Wort der Vorbereitung ist hier erforderlich.

Das Paradigma ist von solch großer Brisanz, die Offenbarungen sind so spezifisch und haben einen so engen Bezug zu bestimmten Personen und Ereignissen unserer Zeit, zu den hochaktuellen Themen und zu den derzeitigen Machthabern, dass die dahinterstehende Absicht leicht missverstanden und seine Bestimmung falsch aufgefasst werden könnte.

Also, was ich hier schreibe, werde ich auch innerhalb des Buches nochmals betonen. Dieser Punkt ist wichtig genug, um ihn mehr als nur einmal anzusprechen.

Das Paradigma richtet sich nicht gegen eine Person oder gegen Personengruppen. Ebenso wenig richtet sich das Buch gegen irgendwelche einflussreiche Figuren in der modernen Welt. Sie werden im Zuge dessen angeführt, wo sie – wenn ich die Dinge einfach laufen lasse – zur Entfaltung des Geheimnisses passen. Wenn ich also von den einflussreichen Figuren in der Welt spreche, dann geht es dabei letztlich nicht um sie selbst. Der ultimative Schwerpunkt liegt auf den größeren und tieferliegenden Zusammenhängen, die Teil der gesamten Nation und der Menschheit sind. Die Bedeutung dieser einflussreichen Personen besteht lediglich in deren Rolle, die sie innerhalb dieser größeren Zusammenhänge und bei der Entfaltung dieser von alters her festgelegten Bestimmung spielen.

Das Paradigma ist in erster Linie eine Aufdeckung der verborgenen Dinge und Geheimnisse, des ursprünglichen Planes, des althergebrachten Paradigmas, das auf außergewöhnliche und erstaunliche Art und Weise in vollem Umfang unsere heutige Zeit betrifft.

Es offenbart uns auch eine Warnung an eine komplette Nation und eine Zivilisation, was ihre gegenwärtige Ausrichtung betrifft, und es macht deutlich, wo letztlich dieser eingeschlagene Kurs enden wird.

Was diese genannten Personen betrifft, so muss man feststellen, dass es letztlich keinen Platz im Reich Gottes für Bosheit gibt, sondern nur für Liebe.

Wir sind dazu berufen, allem entgegenzutreten, was falsch ist, aber dennoch sollen wir allen Menschen in Liebe begegnen, eben auch gegenüber denjenigen Menschen, die sich diesen falschen Dingen verschrieben haben. Es gibt nur eine richtige Antwort und Reaktion darauf – nämlich sie zu lieben, für sie zu beten und die Wahrheit in Liebe auszusprechen. Niemand von denen, die an der Wiederholung der antiken Schablone beteiligt waren, hat irgendeine Ahnung von diesen Zusammenhängen oder von diesen verborgenen Dingen. Sie haben vielmehr ohne Erkenntnis gehandelt.

Obwohl das Buch auch die politische Ebene und viele andere Bereiche beleuchtet, ist es dennoch kein politisches, sondern ein geistliches und prophetisches Buch. Wenn man diese prophetischen Offenbarungen erkennen will, dann muss man zuvor alle vorgefassten Meinungen und Mutmaßungen, alle politischen und die damit zusammenhängenden Haltungen und Beurteilungen beiseitelegen. Man muss sich dieser Sache mit ganzer Offenheit nähern, insbesondere dann, wenn man nicht so sehr vertraut ist mit der Bibel, oder wenn diese einem sogar fremd ist.

Man kann diesen Punkt natürlich auch noch einmal am Ende aufgreifen, aber ich denke, es ist entscheidend, dass solche Dinge gerade jetzt zu Beginn klargestellt werden, wenn es darum geht, das Verborgene zu verstehen.

Dieses Paradigma enthält und entfaltet eine einzigartige Dynamik und zeichnet sich durch erstaunliche Merkmale aus. Man könnte versucht sein, einige der Fakten wegzudiskutieren, aber bei dem, was wir hier offenlegen wollen, geht es eben nicht nur um einige oder gar mehrere Fakten. Diese Offenbarung wird in ihrem Umfang, in ihrer Ausdehnung, in ihrer Beschaffenheit und in der Tragweite ihrer Details einfach nur überwältigend sein. Hier geht es um eine Sache, die kein Mensch jemals inszenieren oder zusammenfügen könnte.

Ich bete insbesondere dafür, dass Gott dieses Buch gebrauchen möge, um Seine Ziele und Bestimmungen umzusetzen, prophetisch und souverän, für eine Erweckung, für eine Erleuchtung, für eine Bevollmächtigung, für eine Ermutigung, für eine Umkehr, für eine Wiederherstellung, für eine Wiederbelebung, für die Rettung und für eine Zeit wie diese, in der wir leben.

Kapitel 1

DER MASTERPLAN

Ist es möglich?

- Ist es möglich, dass es wirklich einen Masterplan gibt, ein Paradigma, das hinter den Ereignissen der modernen Welt verborgen ist?
- Ist es möglich, dass dieser Plan zu Urzeiten entwickelt wurde, uns aber dennoch die Ereignisse des einundzwanzigsten Jahrhunderts enthüllt?

Das PARADIGMA

- Könnte dieser Plan den Aufstieg und den Untergang von neuzeitlichen Führern und Regierungen vorhersehen?
- Könnten Ereignisse, die vor fast dreitausend Jahren stattgefunden haben, nunmehr den Kurs unserer Welt bestimmen, und damit auch den Kurs unseres Lebens?
- Könnte dieses Geheimnis vielleicht nicht nur die Ereignisse der modernen Welt offenbaren, sondern auch den Zeitpunkt dieser Ereignisse – könnte es das Jahr bestimmen, in dem ein Ereignis stattfinden soll, und in einigen Fällen vielleicht sogar das genaue Datum – und in mindestens einem Fall sogar die genaue Stunde?
- Könnte eine Vorlage des alten Nahen Ostens möglicherweise sogar das Ergebnis einer Präsidentenwahl voraussagen?
- Könnten die historischen Personen innerhalb des Paradigmas den Schlüssel und die Geheimnisse in sich tragen, die sich hinter den Herrschern und Führern der Neuzeit verbergen, wonach also jede einflussreiche Person unserer Zeit einen alten Prototyp und andererseits auch jede historische Person eine neuzeitliche Entsprechung hat?
- Könnte es sein, dass den heutigen Weltführern der genaue Zeitrahmen zugeteilt ist, der ihnen auf nationaler und weltweiter Ebene zur Verfügung steht?
- Ist es möglich, dass wir alle ein Teil dieses sich wiederholenden Geheimnisses sind?
- Und was würde geschehen, wenn wir im Stande wären, das Paradigma aufzudecken und den Masterplan aufzuschließen?
- Was würde uns dieses Paradigma offenbaren, oder welche Warnung würde es uns bezüglich unserer Zukunft geben?

Dieses Buch will diesen Masterplan aufdecken und das Geheimnis enthüllen, das bereits von alters her bestand, als nämlich diejenigen, die davon betroffen sind, noch gar nicht

Der Masterplan

geboren waren, Jahrtausende vor den Ereignissen, die damit offenbart werden.

Die Vorlage ist objektiv und festgeschrieben. Es geht dabei nicht um Feindseligkeit gegen irgendjemanden, der dem entspricht oder davon betroffen ist. Es geht auch nicht um mich selbst. Wenn das Paradigma verschiedene Völker oder Mächte betreffen würde, dann hätte ich das sicher auch noch niedergeschrieben. Aber hier geht es vor allem um die Enthüllung eines Geheimnisses, das im Hintergrund wirkt und unser Leben, wie auch die Geschichte beeinflusst. Jede Verbindung zu einer Person oder zu einem Ereignis der modernen Welt führt letztlich dazu, dass die Dinge so laufen, wie es diesem alten Mysterium entspricht. Wegen der erheblichen Brisanz dieses Themas habe ich tatsächlich gezögert, es niederzuschreiben. Aber wegen der erheblichen Bedeutung konnte ich es letztlich nicht zurückhalten, denn dieses Geheimnis ist nicht nur eine Offenbarung, sondern darin ist auch eine ernsthafte Warnung enthalten.

Das Paradigma beleuchtet nicht nur diejenigen, die sich an der Macht befinden, sondern jedes Menschenleben auf dem Planeten und jeden Bereich des Lebens – von der Politik bis hin zu Spiritualität, Wirtschaft, Geschichte, Gesetz, Religion, Kultur, internationale Beziehungen, Moral, und sogar bis hin zu dem Kurs und zur Ausrichtung ganzer Nationen. Obwohl es den Bereich der Politik berührt oder bestimmt hat, ist diese Tatsache eher als beiläufig zu betrachten, denn die eigentliche Bestimmung ist nicht politischer Natur, sondern es steckt eine viel größere Sache dahinter. Es geht um die Offenbarung dessen, wo wir gewesen sind und wo wir uns jetzt befinden, und dann auch, verbunden mit einer Warnung, wo wir zukünftig einmal sein werden.

Wir müssen das Paradigma zunächst identifizieren und bestimmen, um es dann zu öffnen. Um das zu tun, werden wir uns auf eine Zeitreise von fast dreitausend Jahren begeben, vom Sand einer trockenen Landschaft im Nahen Osten bis hin zum Boden und zu den Straßen des heutigen Amerikas,

Das PARADIGMA

von den alten Palästen bis hin zum Weißen Haus. Wir werden unbarmherzige Könige und Königinnen sehen, geheimnisvolle Priester und Priesterinnen, Geheimnisse und Skandale, Götzen und Götter, Propheten und heilige Männer, Zeichen, Vorboten, Wunder und Vorzeichen.

Schlussendlich werden wir zwei Geheimnisse betrachten, die miteinander verwoben und verschmolzen sind, nämlich „Das Paradigma" *(The Paradigm)* und „Der Vorbote" *(The Harbinger)*.

Das Paradigma ist die andere Dimension und ein Bereich dessen, was in meinem Buch „Der Vorbote" beschrieben ist. Beide entspringen derselben Grundlage. Beide wurden in der Matrix derselben Zivilisation geschmiedet. Während „Der Vorbote" eine prophetische Offenbarung und Warnung in Form von spezifischen Gegenständen und Handlungen ist, geht es bei „Das Paradigma" darum, dass es das Zeitalter selbst ist, dass die prophetischen Offenbarungen darstellt und die Zeiten, in denen wir leben, die Vorboten ausmachen. In „Das Paradigma" werden aktuelle Ereignisse zu den Manifestationen eines antiken Geheimnisses.

Wir werden alte Monarchen und moderne Präsidenten sehen, die miteinander verschmelzen. Wir werden die Regentschaft und die Handlungen von alten Königen betrachten, die die Regierungsführung und die Handlungen moderner Führer beeinflussen, uralte Skandale, die auch hinter neuzeitlichen Skandalen stehen, und die Ereignisse aus alten Zeiten, die den Kurs, die Richtung und das Timing der Ereignisse der modernen Welt bestimmen.

Und bei alldem werden wir unsere heutige Zeit in einem ganz neuen Licht und aus einem ewigen Blickwinkel heraus sehen.

---❖❖❖---

Bei jedem dieser Geheimnisse des Paradigmas wird die Aufdeckung in drei Teilen geschehen:

Der Masterplan

- Der Blick hin zu den alten Ereignissen
- Das durch diese Ereignisse gebildete Paradigma
- Die Manifestation des Paradigmas in der modernen Welt

Das Paradigma selbst wird sich vom übrigen Text dadurch unterscheiden, dass es in eingerückter Form grau hinterlegt ist.

———◆◆◆———

Um das Geheimnis zu öffnen, müssen wir zuerst das Fundament dafür legen. Um diesen Masterplan offenzulegen, müssen wir also zurückgehen zu den alten Zeiten, und auch zurück zu dem Land dieses Paradigmas.

Kapitel 2

DIE METAMORPHOSE

Der Gedanke, dass dort irgendwo ein Plan aus vergangenen Zeiten existiert, in welchem die Ereignisse der modernen Welt verborgen sind und offengelegt werden können, und sogar das Timing dieser Ereignisse, einschließlich der Menschen, die Teil dieser Ereignisse sind, das klingt, mit Verlaub gesagt, natürlich erst mal zu unglaublich, als dass es wahr sein könnte, oder? Aber was wäre, wenn es tatsächlich der Wahrheit entspricht? Was wäre, wenn dieser Plan all dies offenlegt, einschließlich der Wegstrecke, auf der wir uns jetzt gerade

Das PARADIGMA

befinden, dem ultimativen Ende dieser Wegstrecke und einer Warnung bezüglich der vor uns liegenden Zukunft? Wenn ein solcher Plan wirklich existieren sollte, dann würden wir ihn unbedingt kennenlernen wollen, und wir könnten es uns eigentlich gar nicht leisten, nicht darüber Bescheid zu wissen.

In diesem Kapitel werden wir den Weg für die Offenlegung des Geheimnisses des Paradigmas vorbereiten, ein Geheimnis, das vor fast dreitausend Jahren begonnen hat.

Das Paradigma

Was genau ist ein Paradigma?

Ein Paradigma ist ein Muster, ein Modell, eine Vorlage, ein Prototyp, ein Musterbeispiel, ein Vorbild, eine Urform.

Paradigmen finden wir überall in der Bibel. Auf dem Berg Sinai wurde Mose ein Baumuster bzw. ein Paradigma für die Herstellung der Bundeslade und die Errichtung der Stiftshütte (Zelt der Begegnung) gegeben, in der Gott Seine Wohnstatt haben sollte. Genauso gab es auch ein Paradigma, einen Entwurfsplan für den späteren Bau des Jerusalemer Tempels. Aber wir finden auch weitere Paradigmen und andere Formen von Paradigmen in der Bibel.

Die Propheten verwendeten Paradigmen. Sie vollzogen prophetische Handlungen oder führten eine für alle sichtbare prophetische Symbolik vor, beispielsweise durch das Zerreißen des Gewandes, das Zerbrechen eines Tongefäßes oder das Vergraben einer Urkunde bzw. eines entsprechenden Gegenstandes im Boden. All das waren prophetische Paradigmen, Anzeichen und Anschauungsmaterial für Ereignisse in der Zukunft. Das Zerreißen des Gewandes wurde zum Sinnbild für das Entreißen eines Königreiches vom König. Das Zerbrechen eines Gefäßes steht für die Zerstörung einer Stadt und das Vergraben einer Urkunde steht für die Wiederherstellung einer Nation.

Paradigmen finden wir ebenso in den Überlieferungen der biblischen Personen – wie etwa im Leben des Patriarchen

Die Metamorphose

Josef, eines Mannes, der von seinen Brüdern abgelehnt und verkauft wurde, der zu Unrecht für die Vergehen anderer verurteilt wurde, und der letztlich dann doch zum Retter einer Nation geworden ist – als ein Vorausdeuten der Leiden des kommenden Messias. Außerdem erscheinen Paradigmen auch in den biblischen Überlieferungen der Geschichte Israels – als Muster, Warnung sowie als Beispiel für Generationen nach ihnen. Bezüglich dieses letztgenannten Punktes schrieb der Apostel Paulus:

„Alle diese Dinge aber, die jenen widerfuhren, sind Vorbilder, und sie wurden zur Warnung für uns aufgeschrieben ..."

(1. Korinther 10,11)

Mit anderen Worten, in alten Zeiten fanden Ereignisse statt, die für zukünftige Generationen als Offenbarungen und Warnung überliefert wurden.

In dieser Schriftstelle stellt Paulus eine Beziehung all dieser Dinge zu Israels damaligem Abfall vom Glauben her, zu der Abkehr des Volkes von Gott bei gleichzeitiger Annahme der Unmoral und Sünde. Das alles geschah, um als ein Beispiel und als Warnung für zukünftige Generationen zu dienen.

Hinter dem Wort Beispiel oder Vorbild steht das griechische Wort „tupos". Von diesem Wort „tupos" leitet sich also der Wortstamm ab. Das Wort kann demnach auch als Muster oder Modell übersetzt werden. Dasselbe griechische Wort wird auch an anderen Stellen im Neuen Testament verwendet, wenn von dem Baumuster oder dem Modell gesprochen wird, das Mose auf dem Berg Sinai empfangen hat. Das Wort „tupos" kann also auch als Paradigma übersetzt werden. In diesem Zusammenhang könnte die genannte Bibelstelle also auch folgendermaßen lauten:

„Alle diese Dinge aber, die jenen widerfuhren, sind Paradigmen, und sie wurden zur Warnung für uns aufgeschrieben ..."

Und so ist auch jenes Paradigma, das wir öffnen wollen, nicht nur eine Offenbarung, sondern zugleich auch eine Warnung. Diese Warnung betrifft einen tödlicher Fehler in alten Zeiten, der sich jetzt in unserer Zeit wiederholt.

Aber wie kann eine alte Vorlage auch von heutigen Ereignissen sprechen und die Details dieser Ereignisse offenbaren? Die Antwort ist, dass Gott einfach souverän ist. Er weiß um jedes Ereignis, noch bevor es stattfindet. Zudem wirkt Er in all diesen Ereignissen, in allen Handlungen und Reaktionen, damit Seine Bestimmungen und Ziele zur rechten Zeit zur Erfüllung kommen. Es ist nicht so, dass das Paradigma nur als eine Vorhersage von zukünftigen Ereignissen zustande kam. Vielmehr ist es so, dass Gott im Stande ist, jedes beliebige Ereignis mit einem anderen Ereignis zu verknüpfen, und das gilt auch zeitlich übergreifend für die Verknüpfung eines beliebigen Momentes mit einem anderen Moment. Dadurch können sich zwei verschiedene Welten und Zeiten zusammenschließen, die alte mit der neuzeitlichen Welt, selbst wenn die beiden eigentlich durch eine Kluft von Zeitaltern voneinander getrennt sind.

Die Metamorphose

Das Paradigma wird eine Nation und eine Zivilisation offenbaren, die eine gefährliche Metamorphose durchlebt. Dies betrifft insbesondere Amerika, aber auch die westliche Welt sowie die übrigen Zivilisationen der Welt im Allgemeinen. Weil Amerika das Zentrum und der Führer der westlichen und modernen Zivilisation gewesen ist, wird es auch als die zentrale Bühne des Paradigmas fungieren – allerdings wird diese Offenbarung letztlich die ganze Welt betreffen.

Diese Metamorphose, die in unserer heutigen Zeit geschieht, folgt dem Kurs einer alten Transformation – nämlich der des alten Israel. Warum Israel? Israel ist die Paradigma-Nation überhaupt, die Vorbild-Nation für den Rest der Welt, die für alle Zeiten als das Muster oder das Modell für Gut oder Böse steht.

Israel ist die entscheidende Vorbild-Nation. Abgesehen davon ist jede Nation und Kultur der westlichen Welt letztlich

Die Metamorphose

irgendwie mit Israel verbunden. Sie wurden alle mit dieser biblischen Nation allein schon durch die geistlichen, moralischen und kulturellen Grundlagen verbunden. Die amerikanische Zivilisation ist in besonderer Weise mit Israel verbunden, weil sie von den Puritanern gegründet wurde, um das Israel der Neuen Welt zu sein. Das Paradigma ist ebenfalls aus dem, was im antiken Israel stattfand, gebildet.

Aber dort gab es damals zwei jüdische Reiche, das Nordreich, bekannt als Israel und auch Samaria, und das Südreich, bekannt unter der Bezeichnung Judah. Unser Fokus wird jedoch auf dem nördlichen Königreich liegen.

Aber was genau geschah damals?

———◆◆◆———

Israel war gemäß dem Willen und der Bestimmung Gottes gegründet worden. Aber im Laufe der Zeit begann die Nation mehr und mehr, von Gott und von Seinen Grundlagen abzufallen, von jenen Grundlagen also, auf denen die Nation gegründet worden war. Das Volk wandte sich von Gott ab und folgte stattdessen den Götzen. Im Nordreich begann dies mit der Anbetung des goldenen Kalbes. Das Ersetzen Gottes durch Götzen aus Holz und Stein, das Ersetzen des unsichtbaren alleinigen Gottes durch sichtbare, physische und greifbare Abbilder war zugleich ein Abstieg in den Materialismus, in die Fleischeslust und in die Sinnesfreuden.

Indem sie sich nun selbst ihre eigenen Götter erschufen, bedeutete diese Metamorphose zugleich eine Abkehr von der absoluten Wahrheit bei gleichzeitiger Annahme der menschlichen Subjektivität. Da sie sich nun ihre eigene Wahrheit kreieren konnten, hatte die absolute Wahrheit keinen Raum mehr. So konnten sie jetzt auch das Wort Gottes über Bord werfen und sich neue, eigene Gesetze erschaffen.

Die Gesetze und Weisungen Gottes verloren ihre Gültigkeit, zugunsten einer neuen Moral. Die alten Standards, die sie einst

Das PARADIGMA

als unabänderlich angesehen hatten, galten nun nicht mehr. Und genauso handelten sie nun auch.

Sie begannen, Gott von ihren öffentlichen Plätzen, aus ihrer Regierung, aus der Unterweisung ihrer Kinder, aus ihrer Kultur und aus ihrem gesamten Leben zu verbannen.

Sie entfernten Sein Wort aus ihren öffentlichen Reden und Sein Gesetz aus ihrem Kollektivbewusstsein. Und indem sie Gott vertrieben, erschufen sie sich gleichzeitig ein Vakuum. In dieses Vakuum brachten sie nun noch mehr Götter hinein. Ihre Leben wurde nun förmlich von Götzen durchdrungen, es wurde immer fleischlicher, materialistischer und zerstückelter. Ihre Zivilisation führte jetzt einen Krieg gegen die eigenen Fundamente, auf denen sie eigentlich gegründet worden war.

Es hatte in ihrer Mitte natürlich immer Menschen gegeben, die heidnische Riten und Methoden praktizierten, und die mit der biblisch fundierten Moral auf Kriegsfuß standen. Aber sie standen zuvor eher am Rand der Gesellschaft. Ihre Praktiken waren eigentlich tabu, sie waren nach dem Gesetz, aber auch von der Tradition her verboten, und so führten diese Menschen eher ein Schattendasein. Aber als der Abfall der Nation von Gott weiter vorangeschritten war, traten diese Dinge vermehrt aus dem Schatten heraus. Im Laufe der Zeit wurden sie geduldet, schließlich dann auch akzeptiert, dann offiziell eingeführt und festgeschrieben, und letztlich wurden diese Dinge dann auch von allen beachtet und praktiziert. Was die Nation einstmals abgelehnt und gemieden hatte, war nun zum festen Bestandteil des Volkes geworden. Die Metamorphose war abgeschlossen.

Zu jenen Dingen, die aus dem einstigen Schattendasein heraustraten, gehörte als ein zentraler Kern eine kanaanitische Gottheit, die letztlich die Kultur der Nation komplett beherrschen sollte. Es sollte einst sogar die Zeit kommen, wo die Herrscher der Nation ihre Knie vor dieser Gottheit beugen würden. Der Name dieser Gottheit war Baal. Dieser Götze war die Verkörperung des Abfalls der Nation.

Die Metamorphose

Baal war der prominenteste Gott im kanaanitischen Pantheon. Sein Bildnis zeigt ihn mit einem konisch geformten Helm und mit einem Speer in seiner erhobenen rechten Hand als Zeichen der Kampfesbereitschaft.

Er war der Gott des Krieges, der Herr des Himmels, der Herrscher über Wind, Blitz, Regen und Stürme. Er war zugleich der Gott der Fruchtbarkeit sowie des Wachstums und des Wohlstandes. Seine Anbeter würden ihn anflehen, er möge ihre Felder fruchtbar und sie selbst glücklich, erfolgreich und wohlhabend machen. Um ihn günstig zu stimmen, würden die Kanaaniter ihm zu Ehren Altäre an höher gelegenen Standorten errichten, aber auch in ihren Tälern und inmitten ihrer Olivenhaine. Die Menschen würden sich um seine Altäre herum versammeln, um ihn mit heidnischen Riten anzubeten und ihm Opfergaben aus Getreide und von ihren Viehherden darzubringen, mitunter aber auch Opfergaben, die noch wertvoller waren.

Während der Glaubensabfall Isreals immer weiter voranschritt, entwickelte sich die Anbetung von Baal weniger subtil, sondern immer mehr unverhohlen und dreist, ohne dass es dabei noch irgendein Gefühl der Scham gab. Dinge, die in früheren Zeiten das moralische Feingefühl der Nation noch erschüttert hätten, wurden nun ohne irgendein Gefühl des Unbehagens angenommen. Während die Zeit immer weiter voranschritt, verspürten die Menschen immer weniger die Notwendigkeit, sich zu verstellen, etwas vorzuheucheln oder die Veränderung, die sich an ihnen vollzogen hatte, zu verschleiern.

Sie hatten ihren Gott ausgetauscht. Indem sie dies taten, wurden sie gleichzeitig zu Zeugen der Veränderung all dessen, was sie in der Vergangenheit ausgemacht hatte, wie etwa ihre Kultur, ihre Führer, ihre Grundsätze, ihre Gesetze, ihre Ausrichtung, ihre Kinder, ihre Werte, ihre Natur, ihre Geschichte, ihre Identität und letztlich auch ihre Zukunft. Was ihnen zu Beginn dieses Prozesses noch als Freiheit erschien, wandelte sich letztendlich ins Gegenteil. Sie waren vom Licht abgewichen und wurden nun von der Finsternis bestimmt. Baal hatte

Das PARADIGMA

ihnen Freiheit versprochen, aber er gab ihnen Erniedrigung und schlussendlich den Untergang der Nation.

Die Entartung der Heiligkeit

Mit ihrem neuen Gott kam auch eine neue Moral. In den Augen der wahren Nachfolger des alleinigen Gottes konnte die Anbetung von Baal eigentlich nur als abscheulich und verdorben angesehen werden. Und als diese Anbetung und diese Kulthandlungen mehr und mehr die gesamte Nation bestimmten, wurde zwangsläufig auch die Kultur des Volkes immer rauer, härter und grober. Im Kult von Baal war das Leben nicht mehr heilig, sondern es war in seinem Wert gemindert. Und wenn sogar seine Religion und Anbetung schändlich und verabscheuungswürdig war, was konnte dann wohl überhaupt noch heilig sein? Nichts war jetzt noch heilig. Nachdem die Werte über Bord geworfen wurden, konnte es auch kein absolutes richtig oder falsch geben. Das Leben konnte jetzt zwangsläufig keinen absoluten Wert mehr haben, keine Bedeutung oder irgendeine Bestimmung. Das Leben konnte eigentlich nur noch verdorben sein.

In der biblisch fundierten Weltanschauung, der Israel einmal gefolgt war, ist Mann und Frau heilig, und auch die Vereinigung zwischen beiden ist heilig. Diese Heiligkeit soll in dem heiligen Gefäß der Ehe eingebettet sein. Aber im Kult von Baal haben Ehe und Sexualität keinen absoluten Wert und deshalb gab es hier auch keine absolute Heiligkeit. Von daher konnte auch dieser Bereich verdorben werden.

Baal war durch und durch fleischlich, eine Gottheit der Impulse und der fleischlichen Leidenschaft. Er wohnte in einer Ruhmeshalle, die von sexueller Zügellosigkeit bestimmt war. Seine weiblichen Gefährtinnen waren die Verkörperung der ungezügelten sexuellen Leidenschaft. In seinen Tempeln und Schreinen dienten Priester und Priesterinnen, die sozusagen von Amts wegen über die sexuelle Unmoral wachten und auch selbst daran teilnahmen. In der Anbetung von Baal wurde die

Die Metamorphose

Sexualität von der Heiligkeit innerhalb der Ehe abgetrennt, und sie wurde stattdessen zum Teil des Kults, des Tempels und der gesamten Kultur. Sexualität wurde somit aus dem privaten Bereich des Ehebettes in die Öffentlichkeit gestellt. Und während der heilige Schutz der Ehe abgebaut wurde, überflutete die Sexualität zunehmend den öffentlichen Bereich. Die Tonfiguren der kanaanitischen Fruchtbarkeitsgöttinnen, dargestellt als unbekleidete Frauen, waren jetzt überall präsent. Die gesamte menschliche Kultur wurde sexualisiert. Dies musste dann unweigerlich auch die Institution Ehe zerstören. Wenn die Sexualität allein schon durch diese heidnischen Riten von dem Bereich der Ehe abgetrennt werden konnte, dann konnte diese Abtrennung von der Ehe nun auch noch auf andere Weise geschehen.

Man konnte nun auch sexuelle Beziehungen mit anderen Menschen haben, nicht nur mit dem Ehepartner. Man konnte sexuelle Beziehungen außerhalb der Ehe pflegen. Und so wucherte mehr und mehr die sexuelle Unmoral.

Eine Spirale setzte sich in Gang. Die Ausbreitung der sexuellen Unmoral schwächte die Ehe immer mehr. Und weil die Ehe immer schwächer und bedeutungsloser wurde, breitete sich im Gegenzug die sexuelle Unmoral immer weiter aus, weil die zunehmend schwächer werdende Institution der Ehe die sexuelle Unmoral nur noch weiter ermutigte. In einer Zivilisation, die einmal den Bund der Ehe hochgehalten hatte, so wie er von Gott eingesetzt und bestimmt war, musste die Auswirkung natürlich umso verheerender und vernichtender sein.

Aber das war noch nicht das Ende der Entwicklung. Baals Krieg gegen die Ordnung Gottes sollte noch weitergehen. Wenn nichts mehr heilig war und auch nichts mehr irgendeinen absoluten Wert hatte, dann galt dies auch nicht mehr für die Natur und die Unterscheidung des männlichen und weiblichen Geschlechts. Und wenn das Geschlecht keinen absoluten Wert oder keine Bestimmung mehr hatte, dann konnte man damit umgehen, wie man wollte.

Das PARADIGMA

Im ersten Schritt wurde die Sexualität von der Ehe abgetrennt. Der zweite Schritt war die Beseitigung von Geschlecht, Biologie und Natur.

In den Schreinen von Baal und den anderen kanaanitischen Göttern gab es eine Gruppe von Personen, die K'deshot genannt wurden. Das Wort kommt aus dem hebräischen Wortstamm „kadesh", was heilig oder gewidmet bedeutet. Aber die Bezeichnung ist eher ironisch zu verstehen. Die K'deshot waren den heidnischen Gottheiten gewidmete Prostituierte. Ihr „Dienst" bestand darin, sexuelle Handlungen in den Tempeln und Schreinen Kanaans auszuführen.

Daneben gab es auch noch eine andere Gruppe von Personen, die eng mit den zuvor genannten K'deshot verbunden waren, nämlich die Kadeshim. Sie wurden ebenfalls den kanaanitischen Göttern gewidmet und praktizierten sexuelle Handlungen. Sie waren auf vielerlei Art und Weise der Gruppe der K'deshot ähnlich, aber mit einem Unterschied: Sie waren männlich. Die Kadeshim waren männliche Prostituierte bzw. Lustknaben oder Freudenjungen. Sie führten homosexuelle Handlungen in den kanaanitischen Schreinen und Tempeln aus. In der alten Übersetzung der hebräischen Bibel ins Griechische von Aquila Ponticus werden die Kadeshim als „Endiel Lagmenoi" bezeichnet, die Abgeänderten. So war also die Religion von Baal geprägt von der Vermischung zwischen Mann und Frau und der Auslöschung des Unterschiedes zwischen beiden Geschlechtern. Und die Kadeshim waren die Priester dieser Vermengung, also Männer anstelle von Frauen. Sie gaben damit auch ein klares Zeichen. Es hatte natürlich immer Sünde gegeben. Aber in den Tagen von Baal wurde die Sünde Teil der Kultur in Israel. Die Nation, die sich einstmals zum Glauben an Gott bekannt hatte, zelebrierte nun die Übertretung als „kadesh". Die Sünde wurde als heilig bezeichnet. So waren die Kadeshim das sichtbare Zeichen und Spiegelbild einer Zivilisation, die von Gott und von den Ordnungen Seiner Schöpfung abgewichen war.

Die Metamorphose

Der Altar

Baal forderte Opfer, allerdings wertvollere Opfer als nur allein Korn und Vieh. Er forderte auch menschliches Leben. Wenn seine Anbeter ihre eigenen Kindern opfern würden, dann würde ihr Gott sie auch mit Wachstum und Wohlstand segnen, so meinte man. Das war also der Preis dieser neuen Moral – das Leben ihrer Kinder.

Was genau bedeutete das? Die Schriften von alten Historikern zeichnen uns ein Bild darüber, wie dies abgelaufen ist. Sie beschreiben Eltern, die ihr Kind Baal als Opfer darbrachten, indem sie das Kind in die Bronzehände des Götzen legten. Unter den Armen des Götzen wütete ein Feuer und verzehrte das Kind. Die Eltern hofften nun, den Segen ihres Gottes zu empfangen.

Das war also die Religion und die Anbetung, die Israel angenommen hatte, nachdem es sich von Gott abgewandt hatte, hin zu dem Horror dieser neuen Moral. Es sollte dieser Akt sein, der letztlich das Gericht über die Nation brachte. Nachdem dieses Gericht über ihnen ausgesprochen war, fasst die biblische Überlieferung die ganze Tiefe der Verdorbenheit der Nation in einem Satz zusammen:

„Und sie ließen ihre Söhne und Töchter durchs Feuer gehen ..."
(2. Könige 17,17)

Das Opfern von Kindern war im Laufe der Zeit so allgegenwärtig, dass es auch ganz offiziell gebilligt wurde. Von einer ursprünglich verbotenen, heidnischen Praxis, die in der Vergangenheit eher ein Schattendasein führte, entwickelte sich dieses Opfer zur gängigen Praxis, die bis in die höchsten Kreise der Gesellschaft und der Regierung Anerkennung und Billigung fand. Selbst Könige brachten ihre königlichen Kinder als Opfer. Obwohl es diese Praxis zunächst nur im Nordreich gab, fand die Anbetung von Baal und das Opfern von Kindern später eine so weite Verbreitung, dass letztlich auch das Südreich Judah davon erfasst wurde.

Das PARADIGMA

Das, was selbst bei den grundlegendsten Regeln der Ethik bereits als ein schwerwiegendes Übel bezeichnet wird, nämlich der Mord an Unschuldigen, wurde nun als unbestreitbares Recht proklamiert. Das Leben war nicht mehr heilig. Der Tod jedoch schon. Das Opfern von Kindern wurde zu einem Sakrament.

Aber in den Augen Gottes und Seines Volkes konnte dies niemals akzeptiert, sondern nur als eine der schrecklichsten aller menschlichen Handlungen angesehen werden. Es waren die Propheten, die dieses Böse offenlegten und auch vor den Konsequenzen warnten:

„Darum, weil sie mich verlassen und mir diesen Ort entfremdet und an ihm anderen Göttern Rauchopfer dargebracht haben, Göttern, die sie nicht kannten, weder sie noch ihre Väter, noch die Könige von Judah, und weil sie diesen Ort mit dem Blut Unschuldiger angefüllt haben und die Höhen des Baal gebaut, um ihre Kinder als Brandopfer für den Baal im Feuer zu verbrennen, ..."

(Jeremia 19,4-5)

Ihre Hände waren befleckt mit Blut. Sie hatten ihre Ohren betäubt gegenüber dem Weinen ihrer Kinder. Aber der Himmel sollte dennoch ihre Schreie hören. Und die Vernichtung, die sie auf den Altären von Baal praktizierten, sollte letztlich zu ihrer eigenen Vernichtung werden.

———— ◆◆◆ ————

Könnte sich diese Metamorphose, die im alten Israel stattfand, auch in der heutigen Zeit wiederholen? Wir wollen nun mit dem Öffnen des Paradigmas beginnen.

Kapitel 3

DIE TAGE DER GÖTTER

Könnte das, was in alten Zeiten im Nahen Osten geschah, das Geheimnis dessen in sich tragen, was sich derzeit vor unseren Augen in Amerika und weltweit vollzieht?

Um mit der Öffnung des Geheimnisses zu beginnen, werden wir uns an das Muster der Metamorphose halten, die das alte Israel ereilte, das Paradigma seines Falls, und wir werden dieses Muster vergleichen mit der heutigen modernen Welt.

Das PARADIGMA

Die Tage der Metamorphose

Das Paradigma beginnt auf diese Weise:

> Die Nation, Kultur und Zivilisation, die einst auf dem Wort Gottes gegründet wurde, und die dazu bestimmt war, den Wegen und Weisungen Gottes zu folgen, wird beginnen, von dem Gott ihrer Grundlagen abzuweichen. Dieser Abfall wird zunächst subtil und fast unmerklich geschehen, aber im Laufe der Zeit wird er immer offensichtlicher und schamloser sein.

Die amerikanische Zivilisation hat sich von Beginn an dem Willen und den Weisungen Gottes verschrieben, gegründet auf den Wertvorstellungen und dem Vorbild des alten Israel.

Aber in der Mitte des zwanzigsten Jahrhunderts begann eine kritische Metamorphose, eine Loslösung von Gott und Seinen Grundlagen. Diese Transformation geschah zunächst subtil und eher im Hintergrund, im weiteren Verlauf trat sie jedoch immer offener zu Tage und wurde immer schamloser.

Diese Metamorphose beschränkte sich nicht allein auf Amerika. Auch die europäische Zivilisation wurde einst auf den Fundamenten des biblischen Glaubens errichtet. Aber im zwanzigsten Jahrhundert wurde es immer offensichtlicher, dass sich auch hier dieselbe Metamorphose vollzog. Die Kirchen leerten sich, und ein postchristlicher Säkularismus griff um sich.

> Während sich die Nation und die Menschen im Volk von Gott abwenden, vollzieht sich gleichzeitig eine Hinwendung zum Götzenkult, um dieses Vakuum zu füllen. Der Materialismus wird vergöttert. Auf diese Weise kommt es zunehmend zu einer Verbindung mit dem Realismus, und die Gedanken werden zunehmend von der Lust bestimmt.

Die Tage der Götter

So wie es im alten Israel geschah, so nun auch in der modernen Welt. In Amerika und in weiten Teilen des Westens kam es zu einer Abkehr von Gott bei gleichzeitiger Hinwendung zur Götzenverehrung, wobei diese Götzen natürlich nicht als Götter oder Götzen bezeichnet wurden. Die Menschen wählten sich moderne Formen des Götzendienstes – die Götzen des Geldes, des Erfolges, des Vergnügens, des Wohlstandes, der Bequemlichkeit, der Süchte, des Materialismus, der Selbstobsession, der Zügellosigkeit und der Eitelkeit. Genau wie bei der alten Metamorphose, einhergehend mit dem Abfall von Gott bei gleichzeitiger Hinwendung zum Götzendienst, wurde die Kultur immer materialistischer geprägt und geradezu besessen von erotischen Gedanken und von Wollust.

> Zeitgleich zu diesem progressiven Abstieg in den Götzenkult kommt es zu einer wachsenden Bewegung des moralischen Relativismus – die Beseitigung der absoluten Wahrheit. Daraus ergibt sich dann eine Neudefinierung der Wahrheit, der Realität und der Werte. Eine „neue Moral" wird eingeführt, die die Werte und Weisungen Gottes und die biblisch fundierte Moral ablehnt, die über lange Zeit hinweg als Fundament gedient hatte.

So führte auch der moderne Abfall von Gott mit der gleichzeitigen Hinwendung zum Götzenkult zu einem moralischen Relativismus, zum Abfall und zur Verwerfung der absoluten Wahrheit. In Amerika hat sich der Gedanke von einer Nation „unter Gott" längst verflüchtigt. Die Kultur und der Staat werden ganz neu definiert. Was einst die Wahrheit war, was echt war und was als richtig und falsch galt, all das sollte nun keine Gültigkeit mehr haben.

Ebenso wie beim alten Glaubensabfall Israels wurde auch hier eine „neue Moral" eingeführt. Die neue Moral war ausnahmslos antibiblisch und antichristlich, und sie war in Wirklichkeit eine Neuauflage des alten Heidentums. Diese Moral

Das PARADIGMA

verwarf die Wege und Weisungen Gottes, und man passte sie entsprechend an, weil sie in der bisherigen Form als überholt und beschränkend galten.

> Während der Glaubensabfall weitergeht, beginnt die Kultur schrittweise damit, Gott aus dem öffentlichen Leben zu entfernen, aus der Regierung, aus den öffentlichen Debatten, aus der Ausbildung der Kinder und aus dem gesamten Leben.

Anfang der 60er Jahre begann Amerikas Abfall von Gott spürbar damit, Gott aus dem öffentlichen Leben zu entfernen, aus den Bildungssystemen, aus der Regierung und aus der Kultur. Das Gebet wurde zunehmend aus öffentlichen Ereignissen herausgehalten, Bibeln wurden von öffentlichen Schulen entfernt und die Zehn Gebote wurden von den Wänden und Denkmälern an öffentlichen Plätzen heruntergerissen. Das gesamte Phänomen konnte man gleichsam auch in anderen Nationen und Kulturen des Westens beobachten.

> Das, was einstmals nur im Verborgenen praktiziert wurde, Riten der heidnischen Moral und entsprechende Taten, die gegen die biblische Moral verstoßen, wird nun aus dem Schattendasein der Kultur offen zu Tage treten.

Genau wie bei der damaligen alten Metamorphose schreitet auch der moderne Glaubensabfall unserer Tage weiter voran. Das, was einst im Verborgenen geschah, tritt nun aus dem Schatten heraus an die Öffentlichkeit, von der Genusssucht und der sexuellen Unmoral bis hin zum Atheismus und der Gottlosigkeit. All dies ist die Manifestation einer heidnischen oder antibiblischen Moral. Die Kultur wurde zunehmend von antichristlichen Dingen bestimmt. Was früher noch ein Tabu war, wird nun zunehmend angenommen und akzeptiert, und

Die Tage der Götter

das, was einst nur an den Rändern geschah, rückt zunehmend in den Mittelpunkt und wird zur Hauptströmung.

Genauso wie damals nur wenige wirklich zugegeben haben, Baal zu dienen, so würden wohl auch heute in der modernen Welt die wenigsten einräumen, dass sie letztlich Götzen dienen. Nichtsdestotrotz, wenn sich eine Zivilisation von der früheren Ausrichtung zu Gott abwendet, dann wendet sie sich damit unweigerlich Baal zu. Der Name Baal wird hierbei zwar niemals verwendet, aber dennoch wird ihm gedient – in welcher Form auch immer. Wenn eine Kultur oder ein Mensch sich selbst dem Geist der Erhöhung, des Gewinn- und Profitstrebens, des Materialismus, des Wohlstandes und der Ichbezogenheit hingibt, dann hat man sich damit letztlich Baal hingegeben. Er ist der zeitübergreifende Geist, der Geist von alters her, der Gott der Selbsterhöhung und des Materialismus, entsprechend dem Grundprinzip, das der modernen Zivilisation innewohnt. Genau wie zu alten Zeiten hat sich eine Zivilisation, die einmal Gott als Autorität anerkannte, von Ihm abgewandt und gleichzeitig dem Götzen Baal verschrieben. Und genau wie in alten Zeiten bleibt er [Baal] der Gott des modernen Glaubensabfalls – der Gott der Metamorphose.

Die Zeit der Entweihung

> Während diese Metamorphose weiter voranschreitet, wird die Kultur immer rauer, niederträchtiger, härter und unbarmherziger. Immer mehr wird die Kultur gekennzeichnet und durchdrungen von Gemeinheiten, Gotteslästerung und Erniedrigung.

Genau wie beim damaligen alten Glaubensabfall führte auch dieser moderne Abfall von Gott zu einer Verrohung der Kultur. Die amerikanische und westliche Zivilisation ist immer rauer, härter, vulgärer und gottloser geworden. Wenn eine Person, die in den 50er Jahren in Amerika gelebt hat, damals die

Das PARADIGMA

Möglichkeit gehabt hätte, in die Zukunft zu schauen und das zu sehen, was heute über die Fernsehschirme des modernen Amerika flimmert, dann wäre es dieser Person wohl geradezu apokalyptisch erschienen. Und wenn wir selbst nicht ebenso erschüttert davon sind, dann ist es nur ein Anzeichen dafür, wie desensibilisiert auch wir bereits geworden sind. Zweifellos war das auch damals in den Generationen von Israels Glaubensabfall so.

> Während der Abfall von Gott sich fortsetzt wird auch das, was einmal als heilig angesehen wurde, wie beispielsweise die Ehe, nun nicht mehr als heilig betrachtet. In zunehmendem Maße wird die Ehe von der Sexualität abgetrennt. Die eheliche Treue und Bindung wird aufgeweicht und schließlich aufgelöst. Diese zunehmende Aufweichung führt im weiteren Verlauf dazu, dass der Ausbreitung von sexueller Unmoral Tür und Tor geöffnet wird. Und diese Ausbreitung der Unmoral wird wiederum die Bindung innerhalb der Ehe noch weiter schwächen.

Es ist also keine zufällige Entwicklung, dass dieser moderne Abfall von Gott parallel dazu auch eine wachsende Erosion der Ehe und eine wachsende Trennung zwischen Ehe und Sexualität bewirkt. Wo einst sogar die bildliche Darstellung der Sexualität außerhalb der Ehe eigentlich undenkbar war, ist dies jetzt zur Norm geworden. Und in dem Maße, wie das Band der Ehe beseitigt wurde, hat sich die sexuelle Unmoral ausgebreitet, was dann wiederum das Band der Ehe noch weiter geschwächt hat.

> Während die Sexualität zunächst von der Ehe abgetrennt wurde, so wird sie im weiteren Verlauf zunehmend aus den Schlafzimmern in den Bereich der populären Kultur hinausgetragen. Und somit wird die gesamte Kultur zunehmend sexualisiert.

Die Tage der Götter

Genau wie beim damaligen Glaubensabfall erleben wir auch hier die Verlagerung der Sexualität aus den Grenzen des privaten Bereichs heraus. Das, was einst der alleinige, private und heilige Besitz des Ehepaares war, wird jetzt auf die Bühne der Pop-Kultur verlagert, in Filmen, im Fernsehen, in der Pop-Musik, auf fast jeder Seite der modernen Medien und der Unterhaltungsindustrie sowie im Internet. Der gesamte Bereich der Kultur wurde zunehmend sexualisiert.

> Fleischliche und erotische Darstellungen und Gegenstände des sexuellen Verlangens mehren sich und werden zunehmend öffentlich dargestellt. Die Kultur wird damit gesättigt. Eine Zivilisation, die einst auf dem Geist der Heiligung gegründet wurde, hat sich zunehmend dem Geist der Entweihung hingegeben.

Wie in den Tagen von Israels Abfall von Gott, als die erotischen Darstellungen der kanaanitischen Göttinnen überall präsent waren, so geschieht es auch beim modernen Glaubensabfall unserer Zeit. Erotische und pornografische Darstellungen und Bilder prägen die moderne Kultur. Dies geschieht ganz offensichtlich durch die Einbeziehung der Pornografie und pornographischer Darstellungen in die breite Masse der modernen Kultur.

In den Tempeln und Schreinen zur Zeit des Abfalls von Israel dienten die Prostituierten dem Götzen Baal. In der Bibel lautet das griechische Wort für eine Prostituierte „porne". Von diesem Wort „porne" ist der Begriff Pornografie abgeleitet. Amerika, die Zivilisation, die von Beginn an eigentlich dazu bestimmt war, ein Licht für die Nationen zu sein, überflutet stattdessen die Welt mit pornografischen Bildern.

Das PARADIGMA

> Während der Glaubensabfall weiter voranschreitet, geht er nun noch einen Schritt weiter – hin zur Abtrennung der Sexualität vom Geschlecht. Es vollzieht sich eine Vermischung von männlicher und weiblicher Identität. Dies schließt das Ausleben der Homosexualität ein. Während das Wort Gottes diese Praxis als Sünde bezeichnet, wird nun die sexuelle Unmoral als heilig bezeichnet – als kadesh.

Genau wie zu alten Zeiten hat sich der moderne Glaubensabfall in Richtung der Abtrennung der Sexualität von der Ehe entwickelt, bis hin zum Abtrennen der Sexualität vom Geschlecht bzw. von der geschlechtlichen Identität. Damals wurde dieser Grundsatz durch die Kadeshim repräsentiert. In der heutigen Zeit spiegelt sich dies durch den Mainstream wieder, sowie durch die Praktizierung und die feste Verankerung der Homosexualität in der Gesellschaft. Gleichwohl ist dieser moderne Krieg gegen das Geschlecht vielschichtig und schließt alles Mögliche ein, von der sexuellen Unmoral bis hin zur sozialen Manipulation. Aber die Vermischung der Geschlechter ist ein ebenso kennzeichnender Teil des modernen Glaubensabfalls, wie es auch damals der Fall war.

Die Tage des Altars

Könnte es sein, dass dieser finsterste Teil des alten Paradigmas etwa zweieinhalbtausend Jahre später auch uns heute betrifft? Könnte es sein, dass die Altäre von Baal in unserer heutigen Zeit eine moderne Parallele haben? Wenn dem so ist, dann stellt sich die Frage, was denn diese modernen Altäre des alten Gottes sind?

Ein Altar ist letztlich ein Instrument des Todes und der Zerstörung. Die Altäre von Baal waren die Folge des alten Abfalls und der daraus resultierenden Entscheidung, sich der finsteren Seite einer neuen Moral hinzugeben. So lautet das dazugehörige Paradigma folgendermaßen:

Die Tage der Götter

> Während sich die Zivilisation von Gott abwendet und dadurch auch die Heiligkeit des Lebens verloren geht, wird sie sich den finstersten aller Taten hingeben, gegenüber den unschuldigsten aller Erdenbürger, nämlich der Tötung der eigenen Kinder.

Es ist kein Zufall, dass die erste Zivilisation im modernen Zeitalter, die sich in der Gesamtheit der Ablehnung Gottes und der biblischen Moral verschrieben hat – gemeint ist die ehemalige Sowjetunion – auch die erste Nation war, die die Tötung von ungeborenen Kindern legalisierte. Und es ist auch kein Zufall, dass Amerika zur gleichen Zeit, etwa in der Mitte und gegen Ende des zwanzigsten Jahrhunderts, damit begann, sich auf dramatische Art und Weise von Gott und von Seinen biblischen Grundlagen zu entfernen, einhergehend mit der Akzeptanz der Tötung der Ungeborenen. Erst jetzt kam es offiziell zur Legalisierung der Abtreibung. Diese Konvergenz vollzog sich überall in den meisten westlichen Ländern.

> Während der Glaubensabfall weiter voranschreitet, wird sich die Tötung von Kindern zunehmend von einer verborgenen und gesetzwidrigen Handlung hin zu einer Praxis entwickeln, die von den Spitzen der Gesellschaft gutgeheißen und von den jeweiligen Machthabern per Gesetz legalisiert wird.

Genau wie zu alten Zeiten geschah die Praxis der Tötung ungeborener Kinder zunächst im Verborgenen und war gesetzeswidrig. Aber im weiteren Verlauf des Abfalls von Gott trat diese Praxis zunehmend aus dem Schatten heraus und wurde rechtlich abgesichert. Sie wurde schließlich von den höchsten Kreisen der Gesellschaft und der Kultur gutgeheißen und letztlich von den Machthabern der jeweiligen Länder auch per Gesetz legalisiert. Amerika und der Westen haben sich damit den Altären von Baal zugewandt.

Das PARADIGMA

> Der Mord an Unschuldigen wird jetzt als ein unbestreitbares Recht angesehen, ein heiliges Recht, und sogar als ein heiliger Akt, als ein Sakrament.

Eine solche Kultur, die sich das Recht nimmt, die eigenen Kinder zu opfern, ist eigentlich nur schwer zu begreifen und nachzuvollziehen. Aber wenn eine solche Sache dann auch noch als eine heilige Tat betrachtet wird, dann übersteigt das endgültig die Grenzen unserer Vorstellungskraft. Aber genau dies geschah im Zuge des alten Glaubensabfalls. Könnte es sein, dass diese Facette des Paradigmas auch für die Zustände in der heutigen Zeit zutrifft?

Es waren damals die Baals-Priester, die Teil der Opferung von Kindern waren und diese beaufsichtigten. Die neuzeitliche Entsprechung wären dann also diejenigen Personen, die die Tötung von ungeborenen Kindern bei Abtreibungen durchführen und überwachen. Nachfolgend ein Zitat von einer Frau, die tatsächlich die Tötung von mehreren zehntausend ungeborener Kinder überwachte, Patricia Waird-Bindle:

> „Abtreibung ist ein großer Segen und ein Sakrament in den Händen der Frauen ..."[1]

Die Verbindung der Abtreibung zum Heidentum, zu den Opfergaben an Baal, Molech, Artemis und an all die anderen blutigen Gottheiten der alten Welt, wird in den Worten der feministischen Autorin Ginette Paris deutlich. In ihrem Buch, das erstaunlicherweise den Titel „Das Sakrament der Abtreibung" trägt, schreibt sie unter anderem:

> „Es ist nicht unmoralisch, sich für eine Abtreibung zu entscheiden; es ist ganz einfach eine andere Art der Moral, eben eine heidnische Moral."[2]

Und sie schreibt weiter:

> „Unsere Kultur braucht neue Rituale sowie Gesetze, um die Abtreibung in seiner heiligen Dimension wieder herzustellen ..."[3]

Die Tage der Götter

Was genau beinhaltet eigentlich diese heilige Dimension, die die Abtreibung, also die Tötung eines Kindes, angeblich einmal innehatte, und die nun wieder hergestellt werden soll? Damit diese Verbindung auch ja nicht falsch verstanden wird, stellt Frau Paris klar:

„Abtreibung ist ein Opfer an [die griechische Göttin] Artemis. Abtreibung ist ein Sakrament für das Geschenk des Lebens, um rein zu bleiben."[4]

Frau Paris steht mit dieser Haltung keineswegs allein. Andere Befürworter der Abtreibung haben davon gesprochen, dass das ermordete Kind an die Mutter-Göttin übersandt wird, und sie ziehen damit eine Verbindung zu den heidnischen Kindesopferungen zu alten Zeiten, wie etwa die Opferungen auf den Altären von Baal. Auch wenn viele Verfechter der Abtreibung eine solch direkte Sprache niemals verwenden würden, so bezeichnen sie dennoch die Praxis und das Recht auf Abtreibung unwissentlich und indirekt als heiligen Akt.

Als Israels Kinder auf den Altären von Baal geopfert wurden, da verschloss das Volk seine Ohren gegenüber dem Schreien der Kinder. Aber Gott tat dies nicht. Das Blut der Unschuldigen musste zwangsläufig Gericht über die Nation bringen. In unserer modernen Zeit haben wir ebenfalls unsere Kinder auf die modernen Altäre unseres Glaubensabfalls gelegt, und wir haben unsere Ohren auch gegenüber dem Schreien der ungeborenen Kinder verschlossen. Aber selbst bei einem Mindestmaß an verbliebener Moral bleibt immer noch diese unausweichliche Wahrheit bestehen: Die Tötung eines ungeborenen Kindes, die Auslöschung eines unschuldigen Lebens, ist so falsch und so schrecklich wie kaum eine andere menschliche Tat. Und genau wie zu alten Zeiten kann kein noch so wohlgefeiltes Wort, keine Gesetzgebung oder eine hochrichterliche Entscheidung an dieser Tatsache etwas ändern. Die Tatsache, dass wir eine solche Sache zugelassen oder nichts unternommen haben, um uns dieser Praxis entgegenzustellen, ist eine flammende Anklage nicht nur gegenüber unserer gegenwärtigen Zivilisation, sondern letztlich gegen jeden von uns, der es hingenommen oder nichts dagegen unternommen hat.

Für alle diejenigen, die aktiver Teil dieser Tat oder anderer Praktiken geworden sind, die in diesem Kapitel angesprochen wurden, gilt auf jeden Fall: Die Liebe Gottes ist größer als jede Sünde, und Seine Gnade ist stärker als jede Schuld. Alle Menschen, die Seine Vergebung suchen, werden sie auch empfangen.

Aber was die Zivilisation in ihrer Gesamtheit betrifft, die einen Krieg gegen die Wege und Weisungen Gottes führt, die das Böse sanktioniert und Millionen ihrer Kinder auf den Altären der eigenen Übertretungen und Verfehlungen opfert, diese Zivilisation steht auf demselben Grund wie das alte Königreich – unter dem Schatten des Gerichtes Gottes.

◆◆◆

Das Paradigma der Könige

Wir sind eingetaucht in dieses Paradigma. Wir haben das große Bild, die weitreichende Auswirkung und die Makroperspektive gesehen, die gesamte prophetische Vorlage unserer Zeit. Die Bühne ist jetzt bereitet.

Nun wollen wir einen weiteren Bereich dieses alten Geheimnisses betreten, einen Bereich, in dem konkrete Enthüllungen bezüglich liegen der Zeit, in der wir leben. Es ist ein Bereich, in dem konkrete Details, konkrete Ereignisse und konkrete Menschen zu finden sind, sogar bis hin zu Zeitangaben für solche konkreten Ereignisse. Obwohl dies irgendwie surreal oder unmöglich erscheinen mag, es ist alles detailliert vor unseren Augen vorhanden, und es befand sich dort seit zweieinhalbtausend Jahren.

Die Auswirkungen von dem, was in diesem Paradigma liegt, werden explosiv sein. Wir müssen uns deshalb entsprechend vorbereiten, bevor wir diesen Bereich betreten.

◆◆◆

Die Tage der Götter

Um diesen anderen Bereich des Paradigmas zu öffnen, ist es entscheidend zu begreifen, womit wir uns jetzt eigentlich wirklich befassen. Wenn der Prophet Jeremia ein Tongefäß vor den Ältesten Israels zerschlug, dann war dies ein Akt mit einer prophetischen Symbolik. Es verdeutlichte und unterstrich die Vorhersage der Zerschlagung und Zerstörung Jerusalems. Die prophetische Tat, das Symbol, das Modell oder auch das Paradigma entsprach einem zukünftigen Ereignis oder der Realität.

Aber ein Tongefäß ist für sich genommen ja nicht Jerusalem – aber es sollte ein Sinnbild für Jerusalem sein. So wird beispielsweise der hebräische Patriarch Josef von jüdischen Rabbis und Christen gleichermaßen als ein prophetischer Prototyp des Messias gesehen. Das bedeutet jedoch nicht, dass der Messias nun auch in eine Grube geworfen und in einem ägyptischen Kerker eingesperrt werden muss. Auch die Tatsache, dass das Passah-Lamm ein Anzeichen oder ein Prototyp des Opfers des Messias ist, bedeutet ja nicht, dass der Messias nun Wolle produzieren würde. Wenn wir uns also mit den prophetischen Symbolen, Typen, Vorlagen und Paradigmen befassen, dann beleuchten wir die jeweilige Entsprechung, den jeweiligen Bezug. Die jeweilige Vorlage oder das Paradigma kann niemals genau dasselbe sein wie die Realität oder das Ereignis, das es erahnen lässt, oder dem es entspricht. Auch kann nicht jedes Element, Detail oder die Eigenschaft eines prophetischen Symbols oder Typus mit jedem Element und Detail der Realität zusammenpassen, die es voraussagt oder repräsentiert.

Genauso verhält es sich auch mit dem Paradigma. Es kann niemals so sein, dass jedes Element, jedes Detail oder die Eigenschaft des historischen Falles auch in gleicher Weise den modernen Fall widerspiegeln oder repräsentieren muss. Wenn es so wäre, dann würde es sich nicht um das moderne Ereignis handeln, sondern um das alte Ereignis.

Vielmehr ist es so, dass sich bestimmte Elemente, bestimmte Details und bestimmte Eigenschaften des alten Falls auch im modernen Fall wiederfinden.

Das PARADIGMA

Um das Paradigma zu verstehen, muss man auch den gesamten Bereich der prophetischen Zeichen und Symbolik verstehen. Im Bereich dieser Zeichen müssen zwei miteinander in Verbindung stehende Ereignisse durchaus keine natürliche, sichtbare Verbindung miteinander haben. Elemente, die im alten Fall auch auf der natürlichen Ebene tatsächlich durch Ursache und Wirkung miteinander verbunden waren, können sich auch im modernen Fall manifestieren, ohne dass jedoch hierbei eine offensichtliche Ursache und Wirkung sie zusammenbinden.

Und weil diese Zeichen im Bereich des Erscheinungsbildes funktionieren, kann ein Ereignis im modernen Fall einem Ereignis im alten Fall entsprechen, nicht weil es dieselbe Natur hat, sondern weil es dieselbe äußere Form oder das Äußere im Bereich der Wahrnehmung hat. Weiterhin können sich auch ein einzelnes Ereignis vom alten Fall und ein einzelnes Element des Paradigmas auf mehr als nur ein Ereignis oder Element im modernen Fall beziehen. Andererseits können wiederum mehrere Ereignisse oder Elemente des alten Falls mit dem modernen Fall in Verbindung stehen oder sich auf ein einzelnes Ereignis oder Element im modernen Fall beziehen.

◆◆◆

Es gibt natürlich wesentliche Unterschiede zwischen der alten Welt und der modernen Welt. Über die alte Welt herrschten Könige, und deren Regentschaft begann oder endete in den meisten Fällen durch den Tod, manchmal auch mit Blutvergießen. Aber in der Welt von modernen Demokratien wird die Regierungszeit von Führern meistenteils durch politische Wahlen begonnen und auch beendet. Auf diese Weise entsprechen die alten Könige des Paradigmas den modernen Führern unserer Tage. Der mitunter blutige Aufstieg und Untergang der alten Könige entspricht dem politischen Aufstieg, Untergang, Machtverlust und dem Wahlsieg moderner Führer. Die Mittel und Methoden mögen sich unterscheiden, aber letztendlich bleibt es dasselbe.

Die Tage der Götter

Wenn wir darangehen, diese Dimension zu öffnen, dann müssen wir wissen, dass dieses Paradigma sich auf spezifische Führer und Akteure der modernen Weltbühne konzentriert. Hinter jedem modernen Führer oder Akteur steht ein Geheimnis – eine dementsprechende alte Figur in der Vergangenheit, ein Herrscher, ein Akteur, ein König oder eine Königin im Rahmen dieses Paradigmas. Die alte Figur ist der Prototyp der modernen Figur. Die moderne Figur ist gleichsam das Gegenbild der alten Figur.

Sowohl die alten, wie auch die modernen Figuren können uns als Zeichen dienen.

Letztlich ist festzustellen, dass die modernen Führer nicht als haargenaue Entsprechung der alten Führer anzusehen sind. Wir sollten auch nicht davon ausgehen, dass die modernen Figuren aus genau derselben Motivation oder Natur heraus agieren wie ihre Vorgänger. Dass es eine Ähnlichkeit in der Rolle und Funktion gibt, bedeutet nicht, dass es gleichsam auch eine Ähnlichkeit der Motive geben muss. Zweifellos haben die modernen Akteure ohne das Konzept der alten Vorlage gehandelt, oder sie haben zumindest nicht die Folgen ihrer Entscheidungen und Handlungen im Lichte des Wortes und des Gerichtes Gottes gesehen. Aber sie stehen dennoch in Verbindung mit ihren jeweiligen Vorgängern, weil sie eine entsprechende Rolle und Funktion im Hinblick auf den modernen Glaubensabfall gespielt haben, und weil sie gemäß der Vorlage ihres Vorgängers gehandelt haben.

Wir müssen in diesem Zusammenhang auf jeden Fall sicherstellen, nicht dem Fehler zu verfallen, irgendeinen dieser Männer oder irgendeine dieser Frauen als Feind zu sehen. Wir haben von der Bibel her den Auftrag, ohne Vorbedingung oder Unterscheidung zu lieben und für diese Menschen zu beten, und wir sollen sogar diejenigen segnen, die uns verfolgen. Umso mehr müssen wir sie lieben und für diejenigen beten, die den Wegen und Weisungen Gottes entgegenstehen. Das ist die einzig angemessene und gottgewollte Reaktion. Alles, was nicht dieser Haltung entspricht, bedeutet letztlich Sünde. Wir

Das PARADIGMA

müssen einerseits natürlich konsequent gegen jede Agenda stehen, die gegen den Willen Gottes zu Felde zieht, aber andererseits haben wir auch den Auftrag, für diejenigen zu beten, die immer weiter vorrücken und diese Agenda in der täglichen Praxis umsetzen.

Das Paradigma ist schon alt. Diese Vorlage kann sich nicht ändern. Aber Menschen können sich ändern. Darin besteht die Hoffnung. Und so richten sich die Botschaft, die Warnung und der Aufruf besonders an jene Personen, die sich ändern müssen, letztlich aber auch an die gesamte Menschheit. So sehr, wie diese Akteure vielleicht bereits in das Paradigma ihres Vorgängers eingetaucht sind, so müssen wir dafür beten, dass sie wieder heraustreten und sich davon distanzieren.

―――――◆◆◆―――――

Nun werden wir also mit einer Reise beginnen. Sie führt zu Städten im Nahen Osten bis hin zur amerikanischen Hauptstadt, zu alten Palästen und dem Weißen Haus. Sie handelt von Kriegen und Kampagnen, von Königen und Präsidenten, von Geheimnissen und Skandalen, vom Aufstieg und Fall der verborgenen Dinge unserer Zeit.

―――――◆◆◆―――――

Wir eröffnen jetzt einen Bereich der reichhaltigen Enthüllung, der sowohl furchterregend wie auch atemberaubend ist. Wir beginnen mit der ersten Figur des Paradigmas, einer Figur, die auf vielerlei Art und Weise etwas in Bewegung bringt. Dieses Geheimnis wird einen alten Monarchen und einen modernen Präsidenten beinhalten. Wir eröffnen das Paradigma des Königs.

Kapitel 4

Der König

Der Glaubensabfall im alten Israel hatte sich über Generationen hinweg erstreckt. Es war ein langer und andauernder Prozess, der letztlich nur im Gericht über die Nation und in der Vernichtung enden konnte. Aber zwischen dem Beginn und dem Ende lag eine spezifische Zeitspanne, in der sich alles radikal beschleunigte und vertiefte. Während der Durchquerung dieser Zeitspanne, die niemals zuvor durchquert worden war, wurden moralische Wälle niedergerissen, die zuvor als heilig galten.

Das PARADIGMA

Es geschah genau während dieser Periode, dass die Kultur eine dramatische Transformation erfuhr. Bis zu dieser Zeit gab es noch ein gewisses Maß an Erkenntnis darüber, dass es sich bei diesen Dingen um Übertretungen und Sünde handelte, obwohl auch zuvor bereits viele der Gebote Gottes übertreten wurden.

Mit anderen Worten, man konnte zwar das Gesetz übertreten, aber man erkannte noch, dass man ein Gesetzesbrecher war. Aber nun veränderte sich das alles. Es war nun nicht mehr nur eine Sache des Übertretens von gewissen Standards und Regeln oder des Brechens der Gesetze, sondern jetzt wurden die moralischen Standards und Regeln selbst über Bord geworfen.

Vor dieser Zeitperiode wurden die meisten dieser ungeheuerlichen heidnischen Praktiken noch im Verborgenen ausgeführt. Nun wurden sie von der Kultur auf höchster Ebene ausgeführt, in öffentlichen Tempeln und in königlichen Palästen. Die heidnische Moral wurde jetzt zur beherrschenden Ethik der ganzen Nation. Die Unmoral wurde jetzt zum neuen Markenzeichen der Nation. Übertretungen wurden per Gesetz legitimiert. Zum ersten Mal konnte die Moral der heidnischen Welt die biblische Moral völlig verdrängen, auf deren Basis die Nation eigentlich gegründet worden war.

Baal war immer im Verborgenen von einigen Teilen der Gesellschaft angebetet worden, aber nun wurde sein Kult zur offiziellen Religion des Landes. Zum ersten Mal in der Geschichte der Nation verband sich die Regierung voll und ganz mit diesem phönizischen Gott. Erstmalig wurden die Methoden seines Kults offiziell vom Staat unterstützt. So führte die Regierung Baal und seine Anbetung ein und schaffte zugleich Gott und Seine Weisungen ab. Alles wurde sozusagen auf den Kopf gestellt.

Aber all dies geschah nicht über Nacht. Um es erneut klarzustellen, es war die Zuspitzung und Beschleunigung einer langfristigen Entwicklung. Und es geschah nicht ohne einen

Der König

Kampf. Die Entwicklung beinhaltete auch einen Krieg der Kultur: Die neue Moral gegen die traditionelle Moral und die Wege und Weisungen Gottes. Da standen diejenigen, die danach strebten, das biblische Fundament der Nation zu Fall zu bringen, gegen diejenigen, die sich bemühten, dieses Fundament zu bewahren.

Wer war es, mit dem diese Entwicklungen letztlich begannen? Wer ebnete den Weg dafür? Wer diente als Katalysator für diese Umgestaltung der Gesellschaft? Wer war der König?

Der König wurde Aehav genannt. Wir kennen ihn unter dem Namen Ahab. Er war der Sohn des Königs und Militärführers Omri, der sich gewaltsam den Zugang zum Thron der Nation erzwungen hatte. Die biblische Überlieferung berichtet uns, dass Omri in den Augen des Herrn böse handelte, sogar schlimmer als jene Könige, die ihm vorangegangen waren. Ahab wuchs somit im Schatten eines gottlosen Vaters auf. Dies sollte dann auch zweifellos Auswirkungen auf sein eigenes Handeln als König haben.

Aber das wesentlichste Ereignis im Leben von Ahab war seine Ehe mit einer ausländischen Frau. Er heiratete die Prinzessin von Phönizien, Israels benachbartem Königreich. Die Prinzessin war in einer heidnischen Kultur erzogen worden und stand der Anbetung Gottes feindlich gegenüber. Sie diente dem Gott der Phönizier – dem Götzen Baal.

Als sie nach Israel kam und dann auch auf dem Thron saß, war sie fest entschlossen, dem Glauben ihres neuen Heimatlandes zu widerstehen. Aber das war noch nicht alles, denn sie führte einen Krieg gegen diesen Glauben mit dem Ziel, ihn gänzlich auszulöschen.

Ahab setzte ihre Wut und Rage gegen diesen Glauben in einen politischen, kulturellen und geistlichen Krieg gegen den Gott Israels und gegen diejenigen um, die Gott nachfolgten.

Die biblische Überlieferung präsentiert uns Ahab als einen gespaltenen Mann. Im Gegensatz zu seiner Frau kam Ahab aus einer Kultur, die Gott gekannt hatte. So bedeuteten die

Das PARADIGMA

Annahme Baals und der Kampf für seine Anbetung ein Schritt gegen sein eigenes Erbe und gegen den Glauben seiner Vorfahren. Seine Frau war von Grund auf heidnisch. Aber Ahab war ein Abgefallener vom Glauben. Vielleicht lag es an der falschen Erziehung, am Einfluss oder auch an einem Mangel dieses Einflusses von Seiten des Vaters. Dies alles, zusammen mit dem heidnischen Einfluss seiner Frau, führte letztlich dazu, dass er nicht standhaft blieb.

Obwohl er den Gott bekämpfte, dessen Name Jehova oder Jahweh ist, gab er seinen Kindern die Namen Ahaziah, das bedeutet Jehova hat ergriffen; Joram, das bedeutet, Jehova hat erhöht; und Athaliah, das bedeutet, Jehova hat gezügelt. Auch wenn er seinen Kindern die Namen noch vor Beginn des von ihm geführten Krieges gegeben hat, so zeugt dies dennoch von einem Mann, der inmitten zweier widerstreitender Welten hin und her schwankte. Einerseits bekämpfte er diejenigen, die an der Seite Gottes standen, darunter sogar die Propheten des Herrn. Andererseits beauftragte er wiederum Propheten, die ihm im Namen des Herrn raten sollten. Er vollführte ein großes Übel gegen die Wege und Weisungen Gottes. Und dennoch bekundete er dann auch wieder öffentlich Schmerz und Bedauern über seine Sünden und erbat die Gnade des Herrn. Ahab war also ein komplizierter Mann, ein Mann mit vielen Kompromissen, ein Abgefallener, der in sich selbst gespalten war.

Aber er war auch noch auf eine andere Art und Weise gespalten. Einerseits schien er ein Experte und Meister als Kommandant gewesen zu sein, taktisch klug, strategisch und berechnend in seiner Führung. Andererseits erschien er als ein Mann der Schwäche. Er wurde schwach bezüglich Moral und Willenskraft. Er konnte von einer Position zur nächsten hin- und herschwanken, von einem Gefühl zu einem anderen, und das in nur einem Moment. Er war ein Mann mit vielen Widersprüchen; letztlich war er ein großes Rätsel. Er konnte Mut und Stärke auf dem Schlachtfeld zeigen, und im nächsten Moment folgte die Feigheit. Er begann mit dem Aufbau einer Stadt, und

Der König

dann handelte er wieder wie ein Kind. Ein Bibel-Kommentar fasst das Leben von Ahab folgendermaßen zusammen:

> „... moralisch schwach und angetrieben von den Schwelgereien dieser Welt. Obwohl er auch wahren Mut zeigen konnte und zuweilen sogar das Wort Gottes beachtete, so war er grundsätzlich dennoch ein Mann, der viele Kompromisse machte, was den Willen Gottes betraf. Die göttliche Bewertung bezüglich seines Charakters steht als tragische Überschrift über seinem Leben ..."[1]

Auf vielerlei Art und Weise verkörperte Ahab also den Abfall der Nation. Er musste viele Kompromisse schließen. Genauso verhielt sich auch die Nation. Er war ein innerlich gespaltener Mann. Das galt auch für die Nation. Er war ein Abgefallener vom Glauben. Auch die Nation war abgefallen. Er wurde inmitten dieses Abfalls hineingeboren, aber in seiner Zeit als König erhob er diesen Glaubensabfall auf ein noch viel größeres Niveau. Er war der Katalysator, durch den diese Entwicklung noch weiter beschleunigt wurde. Er tat das, was zuvor kein anderer König Israels jemals getan hatte. Er führte einen geistlichen, kulturellen und politischen Krieg gegen den biblischen Glauben der Nation und gegen die traditionellen Werte. Er beaufsichtigte den Aufstieg einer neuen heidnischen Moral und sorgte dafür, dass sie in der Gesellschaft fest verankert wurde.

Er war der erste König des Nordreiches, der tatsächlich einen Tempel für Baal errichtete, und er tat dies in der Hauptstadt. Das war ein deutliches Zeichen. Ahab verknüpfte dadurch den Staat voll und ganz mit einer heidnischen Religion. Er stellte eine Verbindung zwischen der Nation und einer neuen ausländischen Moral her. Der Glaubensabfall wurde jetzt offiziell vom Staat gefördert, und die Unmoral wurde zum Gesetz des Landes. Unter seiner Herrschaft bekam die Regierung ein Instrument in die Hand, um gegen die Weisungen Gottes und gegen Gottes Nachfolger vorzugehen.

Das PARADIGMA

Was bedeutete dies alles für Israel? Es bedeutete, dass alles, was Baal repräsentierte, nun auch die gesamte Kultur durchdringen würde. Es bedeutete die Schwächung der absoluten Wahrheit bei gleichzeitiger Abänderung und Neudefinierung von Werten. So wurde der König zum Handlanger einer Form des moralischen Relativismus.

Baal war der kanaanitische Gott der Fruchtbarkeit und des materiellen Wohlstands. Seine Anbetung war sinnlicher und vulgärer Natur. So entwickelte sich die Nation unter der Herrschaft von Ahab zu einer Kultur, die immer materialistischer, lustbetonter, vulgärer, gottloser und verdorbener wurde. Ahab wurde zum Handlanger der kulturellen Abwertung.

Die Anbetung von Baal beinhaltete auch die Abtrennung der Sexualität von der Ehe und die Überführung der Sexualität aus dem privaten Bereich der Ehe hin in den öffentlichen Bereich des Tempel-Kults. Weil Ahab die Schreine von Baal multiplizierte, wurde er gleichsam zum Handlanger der sexuellen Unmoral, und seine Amtszeit wurde ein Zeuge der bewussten Übertragung der Sexualität in den öffentlichen Bereich.

Was war sonst noch der Inhalt dieser Anbetung von Baal? Das Grauenhafteste waren Eltern, die ihre eigenen Kinder Baal opferten. Indem Ahab ein Befürworter von Baal war, wurde er gleichzeitig auch ein Handlanger und Mittäter beim Vergießen dieses unschuldigen Blutes im Zusammenhang mit der Tötung der Kinder der Nation. Es geschah unter seiner Herrschaft, dass die Regierung die Tötung von Kindern offiziell begrüßte, und alle Bedenken gegen diese Morde wurden beiseitegeschoben.

Das Paradigma des Königs

Der folgende Teil des Paradigmas bewegt sich innerhalb einer sehr spezifischen und einzigartigen Zeitspanne.

Der König

> Der langandauernde Glaubensabfall der Nation tritt in eine Periode der Beschleunigung und der Vertiefung ein. Im Zuge dieser Periode wird die heidnische und antibiblische Moral die Oberhand über das traditionelle und biblische Ethos der Kultur gewinnen.

Gab es eine solche Periode der Beschleunigung des Abfalls vom Glauben auch in der amerikanischen und westlichen Zivilisation? Ja, es gab sie. Dieser langandauernde Abfall vom Glauben war besonders ausgeprägt von der Mitte bis zum Ende des zwanzigsten Jahrhunderts mit einer weiter fortschreitenden Tendenz. Die 80er Jahre waren von der „Reagan Revolution" geprägt, eine Bewegung, die unter anderem auch den Ruf nach Rückkehr zu den traditionellen Werten einschloss.

Aber in dem Vierteljahrhundert, das Anfang der 90er Jahre begann, wurde das Abweichen der amerikanischen Zivilisation von den biblischen und jüdisch-christlichen Grundlagen nicht nur vertieft und beschleunigt, sondern es erreichte einen neuen Höhepunkt. Es wurden nun bedeutende Grenzen überschritten, wie es noch niemals zuvor der Fall gewesen war. In derselben Zeitepoche gab es statistisch gesehen eine massive Lossagung vom Glauben unter denen, die sich früher noch als „Christ" bezeichnet hatten. So lautet das entsprechende Paradigma:

> Während dieser Periode der zunehmenden Vertiefung des Glaubensabfalls wird die antibiblische Moral zur Regierungsmoral werden. So werden antibiblische oder heidnische Werte zunehmend das biblisch-moralische Fundament, auf dem die Nation und Zivilisation einst gegründet wurde, verdrängen.

Anfang der 90er Jahre begann eine Entwicklung der allumfassenden Neudefinierung von Werten und Moral. Das, was

Das PARADIGMA

man in früheren Zeiten noch als heidnische Ethik und heidnische Methoden bezeichnet hätte, wurde nun zur Hauptausrichtung und zum Grundprinzip der Kultur und zur vorherrschenden Ethik. Der Moralkodex, der immer fundamentaler Teil der westlichen Zivilisation gewesen war, wurde in dieser Zeitepoche über Bord geworfen.

Diejenigen, die gegenüber dem Wort und den Weisungen Gottes treu blieben, fanden sich jetzt als ausgegrenzt und verunglimpft und in der Gefahr, verfolgt zu werden. Gegen Ende dieser Zeitepoche war zunehmend die Rede vom Ende des christlichen Amerika und vom Ende des christlich geprägten Westens.

> Die Transformation wird nicht ohne einen Kampf geschehen. Es wird einen Kulturkrieg geben. Die neue Moral wird gegen die Wege und Weisungen Gottes ankämpfen, und diejenigen, die das biblische Fundament der Kultur zu Fall bringen wollen, werden gegen diejenigen wetteifern, die dieses Fundament bewahren wollen – ein Kulturkrieg findet statt.

So kam es, dass in Amerika und im Westen ein Begriff geprägt wurde, der in der Geschichte verschiedene Bedeutungen innehatte, der jedoch ganz spezifisch in diesem Konflikt Anwendung fand, in dem es einerseits um die traditionellen oder biblischen Werte ging, und andererseits um jene Werte, mit denen man die bisherigen Werte verdrängen wollte.

Der Begriff lautet „Kulturkrieg". Wann kam dieser Begriff für diesen speziellen Konflikt erstmals zur Anwendung? Es geschah Anfang der 90er Jahre, also zu Beginn dieser speziellen Zeitepoche.[2]

Die Periode der Vertiefung des Glaubensabfalls im Paradigma entspricht der Zeit von König Ahab und seinem Haus. Das führt natürlich zu einer unvermeidlichen Frage. Wenn dies die Zeit von Ahab ist, wo ist dann der Ahab in unserer Zeit?

Der König

Wir müssen uns an dieser Stelle an das Grundprinzip erinnern, das ich im vorherigen Kapitel aufgezeigt habe. Demnach gilt es auch zu berücksichtigen, dass die Führer im Gegensatz zum alten Fall heutzutage von den Menschen gewählt werden, und sie haben heute auch keine absolute Autorität. Zudem regieren die Führer heute nicht auf unbestimmte Zeit. Deshalb können wir auch nicht einem einzelnen Führer die Schuld für den Glaubensabfall einer Nation geben. Letztlich tragen die Menschen selbst die Verantwortung für ihre eigene Ausrichtung.

Dennoch sind die Führer natürlich für ihr Leitungsamt verantwortlich, und ihre Handlungen und Entscheidungen haben ein großes Gewicht für das Gute oder das Böse im Land. Wenn wir all dies bedenken, dann müssen wir uns an dieser Stelle die Frage stellen: „Hat der Ahab des Paradigmas oder das Paradigma von Ahab eine Parallele in der modernen Welt? Gibt es einen König Ahab in der amerikanischen und westlichen Zivilisation, ein Gegenbild zu diesem alten König? Und wenn dem so ist, wer ist es?" Wir werden uns in diesem Teil des Paradigmas darauf beziehen und bezeichnen ihn nachfolgend als „der König".

> Der König wird über eine Kultur regieren, inmitten eines langfristigen Abfalls vom Glauben. Aber er wird den Vorsitz zu Beginn einer speziellen Zeitepoche haben, in der dieser Glaubensabfall noch außerordentlich tiefer reicht und sich beschleunigt.

Die amerikanische und westliche Kultur befand sich also inmitten eines langandauernden Glaubensabfalls. Wer führte hierbei den Vorsitz? Für den größten Teil des zwanzigsten Jahrhunderts und darüber hinaus kann es darauf nur eine Antwort geben – der Präsident der Vereinigten Staaten. Er repräsentiert die neuzeitliche Entsprechung des Königs im alten Israel. Die

Das PARADIGMA

Zeitperiode der Beschleunigung des Glaubensabfalls begann Anfang der 90er Jahre. Wer kam damals an die Macht?

Es gibt nur einen Kandidaten, der infrage kommt: Bill Clinton. Er hatte den Vorsitz als „König" oder Herrscher zu Beginn dieser Zeitepoche und war wesentlich mit einer Vertiefung des Abfalls der Nation vom Glauben verbunden.

Der König wird an der vordersten Front eines Kulturkrieges stehen, der die Jahre seiner Regierung kennzeichnet.

Es ist nicht nur das Timing seiner Präsidentschaft, die eine Übereinstimmung der Vorlage aufzeigt, sondern auch sein Wesen und sein Charakter. Bill Clintons Präsidentenkarriere stand von Beginn an in Verbindung mit diesem Kulturkrieg. Der Begriff Kulturkrieg in seiner modernen Anwendung wurde im Jahre 1991 ins Leben gerufen.[3]

Der Wahlkampf von Clinton für die Präsidentschaftswahl wurde im selben Jahr eingeläutet.

In der Tat, diese beiden Ereignisse, also der Beginn der modernen Anwendung des Begriffes „Kulturkrieg" und der Beginn des Präsidentschaftswahlkampfes von Clinton, fanden innerhalb von zwei Monaten parallel zueinander statt.

Im Paradigma steht Ahab nicht nur an vorderster Front des Kulturkrieges, der seine Nation spaltete, sondern er stand auch ganz klar auf einer Seite – nämlich auf der Seite der neuen Moral, auf der Seite, die gegen die traditionelle und biblische Moral vorging und kämpfte. So gibt es auch keine Frage, auf welcher Seite des Kulturkrieges Clinton stand. Er stand klar auf der Seite der Veränderung, und ganz konkret trat er dafür ein, die traditionelle und biblische Moral zu kippen.

Genau wie Ahab wurde auch Clinton während seiner Regierungszeit Teil eines Kulturkrieges. In der berühmtesten Rede, die jemals bezüglich der Kultur gehalten wurde, lag der Fokus speziell auf Bill Clinton und der Agenda, die er in Amerika umsetzen wollte.[4]

Offenbart das Paradigma auch irgendetwas über den Mann selbst?

Der König

> Der König wird ein gespaltener Mann sein. Einerseits wird er einer Kultur entstammen, die auf dem Glauben an Gott basiert. Andererseits wird er eine Kultur und eine Gesinnung vertreten, die gegen den Gott seines Erbes ankämpft. Er wird sich denjenigen entgegenstellen, die für Gott und gegen seine Agenda eintreten. Und dennoch wird er zuweilen den göttlichen Beistand suchen. Er wird gegen die Wege und Weisungen Gottes ankämpfen und sich gegen sie versündigen, und trotzdem wird er öffentlich seinen Schmerz und sein Bedauern zum Ausdruck bringen. Er wird ein Mann sein, der mit sich selbst im Konflikt steht, kompromittiert, kompliziert und gespalten.

Das ist auch das Bild, das wir von Bill Clinton haben. Es ist das Bild von einem komplizierten Mann, der innerlich gespalten ist. Er wurde als Southern Baptist erzogen und wuchs mit dem regelmäßigen Kirchgang und mit der Sonntagsschule auf.[5] Obwohl Clinton mit einem biblischen Fundament erzogen wurde, nahm er eine Gesinnung und Moral an, die gegen die biblische Moral stand. Genau wie sein Prototyp, König Ahab, war auch Clinton ein gespaltener Mann. Er ging gegen jene vor, die sich auf der Basis der biblischen Grundlagen seiner modernen Agenda entgegenstellten. Dennoch suchte er zuweilen auch den göttlichen Beistand, genau wie sein alter Prototyp. Er sündigte gegen die Wege und Weisungen Gottes, und dann wiederum bekundete er öffentlich seinen Schmerz und sein Bedauern, genauso, wie es auch seine alte Entsprechung Ahab tat.

Das Paradigma von Ahab offenbart uns noch weitere widersprüchliche und gespaltene Lebensbereiche:

Das PARADIGMA

> Er wird ein taktischer, berechnender und strategischer Führer sein. Gleichzeitig wird er als ein Mann der Schwäche erscheinen – moralische Schwäche und Willensschwäche. Er wird ein Mann von tiefen Widersprüchen sein – ein Rätsel.

So war auch Bill Clinton ein Mann mit mehr als nur einem Gesicht, ein Mann mit vielen Widersprüchen. Er war einerseits ein talentierter Politiker, ein taktischer, strategischer und berechnender Führer. Andererseits war er aber auch ein Mann mit moralischen Schwächen und Willensschwächen. Es waren diese Schwächen, die ihn überall in seiner Karriere verfolgten. Er blieb im Verlauf seiner Amtszeit ein Mann mit tiefen Widersprüchen – ebenso wie es König Ahab war.

> Der König wird auf vielerlei Art und Weise den Glaubensabfall seiner Nation verkörpern.

So wie Ahab Israels Glaubensabfall verkörperte, so repräsentierte auch Bill Clinton den amerikanischen Abfall vom Glauben. Sein gespaltenes Wesen hinsichtlich Gott und der Moral verkörperte Amerikas geistliche Spaltung und den desolaten moralischen Zustand des amerikanischen Volkes.

> Der König wird zum Verfechter einer Veränderung der Moralvorstellungen. Er wird ein Fürsprecher für den moralischen Relativismus, für die Schwächung des Absoluten und für das Neudefinieren von Werten.

Genau wie zur Zeit von Ahab wird auch die Präsidentschaft und das Zeitalter von Bill Clinton von der Veränderung der Standards geprägt sein – von der moralischen Zweideutigkeit über die Regierungsgewalt durch Wahlen bis hin zur Neudefinierung der Moral, der Wahrheit und der Bedeutung von

Der König

bestimmten Worten. Der Präsident wurde zu einem Verfechter des moralischen Relativismus, der Schwächung des Absoluten und der Neudefinierung von Werten.

> Unter dem König wird die Kultur der Nation immer gottloser, vulgärer und verdorbener.

Wie in den Tagen von Ahab, so war es auch in der Regierungszeit von Bill Clinton. Die amerikanische Kultur wurde immer gottloser und verdorbener. Besonders bekannt wurden in diesem Zusammenhang die Skandale, die im Weißen Haus selbst stattfanden. Die Augen und Ohren der Nation wurden ständig auf diese profanen Dinge gelenkt. Die Regierung des Königs förderte den Abfall und die allgemeine Vulgarisierung der Kultur der Nation.

> Er wird ein Verfechter des Abtrennens der Sexualität von der Ehe und der Übertragung der Sexualität aus dem privaten Bereich der Ehe in den öffentlichen Bereich der nationalen Kultur. Er wird somit zu einem Vermittler der sexuellen Unmoral.

Bill Clinton war der erste Präsident in der amerikanischen Geschichte, der während seiner Amtszeit einen Ehebruch im Weißen Haus beging. Viele hatten den Eindruck, dass seine Präsidentschaft eine zersetzende Wirkung auf die Kultur hatte, und dass dadurch die sexuelle Sünde legitimiert wurde. Der Skandal führte die sexuelle Sünde aus dem privaten Bereich heraus und stellte sie auf eine Plattform, die öffentlicher nicht hätte sein können. Der Präsident wurde zu einem Handlanger für die sexuelle Unmoral.

Darüber hinaus, und zugleich über allen anderen Sünden Ahabs und seiner Mitschuld am Glaubensabfall der Nation, stand das Blutvergießen, das seine Agenda prägte. Im Rahmen

Das PARADIGMA

der Ausbreitung des Baal-Kultes förderte Ahab die Tötung von Kindern, und er wurde so zu einem Handlanger des Mordes.

> Der König und die Regierung des Königs werden die Praxis der Kindstötung unterstützen und verfechten.

Genau wie König Ahab, so steht auch Präsident Clinton in besonderer Weise mit dem Blut der Unschuldigen in Verbindung. Vor allem anderen offenbarte gerade dieser Bereich die ganze moralische Finsternis seiner Agenda. Unter seiner Präsidentschaft unterstützte die Regierung die Tötung ungeborener Kinder und trat aktiv dafür ein. Genau wie in der Regierungszeit von König Ahab, so war es auch in der Amtsperiode von Clinton, dass der Staat jetzt zu einem aktiven Handlanger und Förderer des Glaubensabfalls der Nation wurde.

> Der König wird dafür sorgen, dass alle Beschränkungen und Verbote gegen die Praxis der Kindstötung ausgeräumt werden.

So war es denn auch bereits in den allerersten Tagen seiner Präsidentschaft, in einer feierlichen Zeremonie im Ovale Office, als Clinton eine Reihe von Durchführungsverordnungen unterschrieb, mit denen der Schutz für das ungeborene Leben aufgehoben wurde, der von ehemaligen Führern noch ganz bewusst eingesetzt wurde. Die ersten Durchführungsverordnungen von Clinton als Präsident autorisierten die Praxis der Abtreibung in Amerika und letztlich auch in anderen Teilen der Welt. Dass diese Dinge ins Zentrum der Agenda des neuen Präsidenten rückten, zeigt die Geschwindigkeit, mit der es umgesetzt wurde:

„*Und Ahab, der Sohn Omris, tat, was böse war in den Augen des Herrn, mehr als alle, die vor ihm gewesen waren.*"

(1. Könige 16,38)

Der König

Die biblische Überlieferung präsentiert uns Ahab als einen Vorreiter, und das im finstersten Sinne des Wortes. Er beschritt neue Wege. Er tat das, was kein König Israels jemals zuvor getan hatte.

> Die Regierung des Königs wird in diesem Punkt historisch sein, denn er wird der erste Herrscher in der Geschichte seiner Nation sein, der für die Praxis der Tötung von Kindern eintritt. Er wird den Staatsapparat dazu gebrauchen, um diese Praxis weiter voranzubringen und zu fördern.

Clinton wurde also der erste Präsident in der amerikanischen Geschichte, der öffentlich als Verfechter und Fürsprecher der Tötung ungeborener Kinder auftrat. Ungeachtet seiner öffentlichen Statements, die Abtreibung sei ja eher eine Ausnahme, so war sein Handeln bezüglich dieser Praxis ganz klar und absolut konsequent. Er war nicht nur der erste amerikanische Präsident, der den Schutz aufhob, der einst für die Ungeborenen festgeschrieben wurde, sondern er war auch der erste Präsident, der sich bemühte, diese Praxis auf andere Nationen auszuweiten. Er war ebenso der Erste, der amerikanische Steuergelder als Druckmittel gegenüber anderen Nationen einsetzte, damit diese sich gegenüber dieser Praxis öffnen, und er war auch der Erste, der Amerikas Markt für entsprechende Medikamente öffnete, damit die ungeborenen Kinder nun auch mit Hilfe von chemischen Mitteln im Mutterleib getötet werden konnten. Genau wie Ahab schien dieser Präsident fast wie besessen zu sein im Eintreten für diese Praxis der Tötung, die Millionen von Kindern der Nation das Leben kostete.

Sowohl Ahab wie auch Clinton waren Katalysatoren des nationalen Abfalls vom Glauben. Beide agierten als Handlanger und Wegbereiter der gesellschaftlichen Veränderungen. Beide waren Vorreiter. Beide gingen so weit, wie zuvor keiner ihrer Vorgänger. Beide Männer führten die Nation weg von der biblischen Moral. In der Regierungszeit beider Führer beschleu-

Das PARADIGMA

nige sich die Verdorbenheit und Vulgarisierung der Kultur, die Schwächung des Absoluten, die Trennung der Sexualität von der Ehe, die Verlagerung der Sexualität in den öffentlichen Raum und die Förderung der Unmoral. Beide waren an einer Kampagne beteiligt, die die Tötung von Kindern als heilig erklärte. Beide brachten eine antibiblische Moral hervor, die zum ersten Mal in der Geschichte der Nation zum Ethos der Regierung wurde. Und so weit, wie die Möglichkeit dafür bestand, wurde die Regierung in ihrer Amtszeit zu einem Instrument, um diese Moral voranzutreiben und gleichzeitig die biblischen Werte zu schwächen oder aus dem Weg zu räumen. Die Maschinerie des Staates wurde jetzt dafür eingesetzt, um den Abfall vom Glauben voranzutreiben.

Auch wenn einige dieser Entscheidungen in den nachfolgenden Jahren wieder umgekehrt wurden, so hatten diese Männer doch den ersten Spatenstich vorgenommen, sie hatten moralische Grenzen durchbrochen, die zuvor noch nie überschritten worden waren. Und wegen dieser Durchbrüche und Grenzüberschreitungen waren die Auswirkungen und Konsequenzen sehr tiefgreifend, nicht nur für die Zukunft des eigenen Landes, sondern auch für andere Länder.

Beide hatten die Tür aufgestoßen.

Aber keiner dieser beiden Männer handelte allein. In jedem Fall gab es noch einen anderen Menschen an ihrer Seite. Und diesen anderen Menschen hat auch das nächstfolgende Geheimnis des Paradigmas zum Inhalt: Die Königin.

Kapitel 5

Die Königin

Sie war eine Fremde im Land und auch eine Fremde gegenüber dem Glauben Israels, eine kanaanitische Frau, die Erstgeborene von Ithobaal oder auch Etbaal, wie wir ihn aus der biblischen Überlieferung kennen, Hoherpriester der kanaanitischen Göttin Astarte. Aus alten Geschichtsaufzeichnungen wissen wir, dass dieser Ithobaal einst den phönizischen König Phelles ermordete und dadurch an seiner Stelle König wurde. Dadurch wurde seine Tochter zu einer phönizischen Prinzessin. Er gab ihr den Namen Izevel. Aus der Bibel kennen wir sie unter dem Namen Isebel.

Das PARADIGMA

Isebel wusste wenig über den Gott Israels. Als Tochter des Hohenpriesters der Göttin Astarte und dem späteren phönizischen König wurde sie im Zentrum der heidnischen Kultur erzogen, mit den entsprechenden Doktrinen, der Anbetung, den speziellen Methoden und der Moral dieser Kultur. In ihren Augen erschien der Glaube Israels mit dem Fokus auf einen unsichtbaren Gott, ohne Verbindung zu irgendeinem Götzen, völlig fremd. Und dennoch wurde Isebel mit Israels König Ahab verheiratet, oder besser gesagt mit dem Prinzen, der dann später zu Israels König werden sollte. Zweifellos war es eine Vereinigung mit einem politischen Hintergrund. Der Vater von Ahab, Omri, war bestrebt, Israels Sicherheit dadurch zu stärken, indem er strategische Verbindungen mit den Nachbarkönigreichen knüpfte. Einer dieser Nachbarn war auch das phönizische Königreich. Die Ehe seines Sohns Ahab mit der Tochter des Königs Ithobaal von Phönizien war ein Meisterstück der Außenpolitik und der Diplomatie. Dies zementierte die politische, militärische und wirtschaftliche Verbindung beider Nationen.

Aber anstatt Israel zu stärken, führte diese Verbindung zum Verderben und zur Spaltung. Zudem ebnete sie den Weg für eine gewaltsame kulturelle Umwälzung, die tatsächlich existenzbedrohend sein sollte. Isebel verließ ihr Heimatland Phönizien, um in einem Königreich zu leben, von dem sie feststellen musste, dass es ihr völlig fremd war. Es war in vielerlei Hinsicht die Antithese von allem, was sie kannte und glaubte. Aber sie würde auch eine Kultur finden, die ihre Gefühle beleidigen würden.

Als Prinzessin war sie bereits im frühen Alter an das Drumherum eines Königtums herangeführt worden. Zweifellos hatte sie ein starkes Gefühl des Anspruchsdenkens im Hinblick auf Privilegien und Macht. Das wollte sie natürlich auch in ihrem neuen Land ausleben. Aber was sie hier vorfand, war eine Kultur und Religion, die sie aus ihrer Heimat nicht kannte.

Phönizien war in der damaligen Zeit eines der großen Wirtschafts- und Handelsreiche. Die Kultur des Landes konzent-

Die Königin

rierte sich auf die Küstenstreifen und die Seehäfen. So kam das Land in Kontakt mit einer breiten Palette von Völkern und Königreichen. Isebel wuchs also in einer kosmopolitischen Kultur auf und hatte somit zweifellos auch eine weltoffene Einstellung. Darüber hinaus repräsentierte sie die Elite dieser Kultur. Und doch ließ sie all das hinter sich, um in das Land Israel zu gehen und Ahab zu heiraten.

Israels Kultur basierte im Gegensatz dazu auf der Heiligkeit und der Trennung von den Wegen und der Ausrichtung anderer Nationen. Für Isebel musste diese Kultur unerträglich konservativ, rückwärtsgewandt und engstirnig erscheinen. Zweifellos begegnete sie dieser Kultur mit Missachtung, und sie blickte mit Geringschätzung und Verachtung auf ihre neuen Untertanen.

Aber ihr Konflikt mit diesem neuen Land war noch sehr viel spezifischer als das. Ihre Verachtung zeigte sich auch in ihrer Zurückhaltung gegenüber Israels Glauben. Die Phönizier beteten eine ganze Götterwelt an und jede Menge an Götzen. Der Glaube Israels erklärte jedoch, dass es nur einen wahren Gott gibt, und dass die Götter der heidnischen Welt falsch seien.

Die Götter von Phönizien konnten angeschaut und berührt werden. Ihre Anbetung war sozusagen eine Erfahrung mit allen Sinnen. Aber der Gott Israels konnte weder gesehen noch berührt werden, und Seine Anbetung beruhte nicht auf einer sinnlichen oder sensorischen Erfahrung, sondern einzig und allein auf dem Glauben. Die phönizische Religion war eng mit der Tempel-Prostitution und dem Opfern von Kindern verbunden. Die überlieferten Schriften Israels erklärten solche Dinge jedoch als unmoralisch, und sie wurden als Abscheulichkeiten der heidnischen Welt dargestellt. Es gab keinen Zweifel daran, dass Isebel den Glauben Israels verurteilen und ihn wohl auch als einschränkend, engstirnig, religiös-konservativ, provinziell, exklusiv und intolerant bezeichnen würde.

Um die ganze Sache noch schlimmer zu machen, übten phönizische Monarchen eine nahezu absolute Macht aus. Sie

Das PARADIGMA

konnten im Grunde tun, was sie wollten. Aber in Israel war es anders. Auch wenn das Land inzwischen eine abgefallene Nation war, so hatte Gott hier die absolute Macht, und kein König stand über Seiner Autorität. Für Isebel musste eine solche Situation einen schier unerträglichen Konflikt bedeuten. In Phönizien war die Verbindung zwischen dem Thron und dem Tempel, zwischen der Monarchie und dem Priestertum nicht klar geregelt, wenn es denn überhaupt eine solche Verbindung gab. Auch der König und die Königin konnten als Priester und als Priesterinnen dienen, und häufig geschah das auch. Die königliche Familie war sehr wahrscheinlich auch eine priesterliche Familie, um als Bewahrer des Kults der Götter zu agieren. Und da Isebel die Tochter eines heidnischen Hohenpriesters war, dürfte sie auch tief im Kult und in der Anbetung der phönizischen Götter verwurzelt gewesen sein. So kam Isebel also nicht nur als Königin, sondern auch als Priesterin auf den Thron Israels, also als eine Vertreterin der heidnischen Götter.

Letztlich war es wie eine Explosion, die nur darauf wartete, hochzugehen. Die neue Königin weigerte sich denn auch, sich an die Ausrichtung ihrer neuen Nation anzupassen. Sie wollte ihre alte heidnische Identität vollständig aufrechterhalten. Statt sich zu bemühen, ihre eigene Ausrichtung im Hinblick auf ihr neues Königreich zu verändern und anzupassen, strebte sie vielmehr danach, das Königreich nach ihren Vorstellungen anzupassen. Und so bekam das Königreich Israel nun als Königin eine heidnische Priesterin, die mit einer klaren Agenda, mit einer klaren Mission gekommen war. Sie sollte zu einer „Aktivist-Königin" werden, zu einer Förderin der gesellschaftlichen und kulturellen Veränderung.

Für diejenigen in Israel, die dem Herrn und Seinen Wegen treu geblieben waren, und auch für diejenigen, die einfach nur an den „traditionellen Werten" festhalten wollten, die doch so lange ihr Leben bestimmt hatten, wurde Isebel nun zu einer gefährlichen Bedrohung. Von Beginn an wurden ihre Absichten, ihre Motive und ihre Agenda beargwöhnt. Obwohl sie auf dem Thron als Israels Königin saß, blieb sie eine Außenseite-

Die Königin

rin, jedoch nicht so sehr wegen ihrer Herkunft. Es hatte in der Vergangenheit auch bereits andere gegeben, die aus heidnischen Ländern nach Israel gekommen waren.

Aber diese hatten sich der Nation angeschlossen und hatten den Glauben und die Berufung Israels angenommen. Isebel tat dies jedoch nie. Sie repräsentierte Werte, die unweigerlich zum Krieg gegen die biblischen und traditionellen Werte im Kern der Nation führen mussten.

Ihr Eintreten für diese „neue Moral" des Heidentums sollte letztlich die Kultur spalten. Wir wissen nicht, wann genau Ahab und Isebel mit ihren Plänen begannen, den biblischen Glauben und die biblischen Werte auszulöschen, aber im Hinblick auf den Hintergrund der Königin und ihr Wesen kann man wohl vermuten, dass eine solche Agenda bereits von Beginn an verfolgt wurde.

Und so versuchte sie also, Israel in das Bild von Phönizien zu ändern. Sie importierte aus ihrem Heimatland hunderte von heidnischen Priestern, die nun mit dieser Transformation beginnen sollten. Ihre Absicht war es, Israels Glauben auszurotten und ihn durch den Kult und die Anbetung der phönizischen Götter zu ersetzen.

Was waren das für Götter? Den ersten dieser Götter haben wir ja bereits kennengelernt – Baal, den Gott des phönizischen Pantheons. Isebel wurde somit zu seiner Abgesandten im neuen Land und zu einem Apostel dieser neuen Moral, die mit Baal verbunden war.

Wir können sicher nicht davon ausgehen, dass sie unaufrichtig war. Sie glaubte zweifellos wirklich daran, eine Abgesandte der Erleuchtung und Aufklärung zu sein, um eine Form des Liberalismus nach Israel zu bringen, verbunden mit einer kosmopolitischen Aufgeschlossenheit gegenüber der neuen Moral. Es sollte nun viele Götter geben, nicht nur einen, und nicht nur eine Wahrheit, sondern viele. Natürlich könnte nun eigentlich jeder auch seinen eigenen Götzen haben und sich sein eigenes Götzenbildnis formen, eine eigene Version der Götter, und

Das PARADIGMA

man könnte sich auch seine eigene Wahrheit erschaffen. Aber vielmehr war es ein spezieller Punkt, den sie besonders verabscheuenswürdig fand, nämlich der Gedanke, dass die Wahrheit absolut sei, oder dass es die Offenbarung eines einzigen Glaubens geben sollte.

Aber im Laufe der Zeit zeigte sich die angeblich aufgeschlossene Toleranz der neuen Moral intoleranter als alles andere. Diejenigen, die Gott dennoch treu blieben, wurden nun zur Zielscheibe dieser Raserei. Im Zentrum dieses Kampfes stand die phönizische Monarchin. Sie war wie ein tobendes Feuer. Sie erklärte einen totalen Krieg gegen die konservativen Haltungen und Methoden des biblisch-fundierten Glaubens. Sie schwor, den tief eingewurzelten ernsthaften Glauben zu Fall zu bringen, der immer noch bei vielen Menschen im Volk präsent war.

Ihre Ansichten bezüglich Mann und Frau sowie ihr Streben nach politischer Macht trafen nun auch die allermeisten ihrer neuen Untertanen radikal.

In Phönizien war es für eine königliche Frau üblich, auch als Priesterin der Göttinnen zu amtieren. Es ist keineswegs unwahrscheinlich, dass Isebel als Prinzessin und Tochter eines Hohenpriesters auch selbst ganz offiziell als Priesterin eingesetzt wurde. Wie wir bereits festgestellt haben, war in der kanaanitischen Anbetung die Unterscheidung der Geschlechter häufig durcheinandergebracht oder wurde für ungültig erklärt. So konnte in der phönizischen Gesellschaft auch eine Frau der königlichen oder priesterlichen Schicht entsprechende Rollen übernehmen, die in anderen Gesellschaften nur von Männern ausgefüllt werden. Dadurch konnten diese Frauen viel Macht ausüben. Isebel wendete diese Macht auf Israels Thron dann auch wirklich an.

Sie taktierte und kämpfte eben nicht nur im Auftrag ihres Mannes und unter seiner Autorität, sondern vielmehr taktierte und kämpfte sie für ihre eigenen Interessen. Israel hatte nie zuvor so etwas gesehen wie diese Frau, eine politisch aktive

Die Königin

und machthungrige Frau. Isebel beeinflusste nicht nur ihren Mann, sondern es schien zuweilen so, dass sie ihn sogar beherrschte. Sie tat genau das, was das Volk Israel eigentlich nur von einem tyrannischen König erwarten würde, aber eben nicht von seiner Frau. Sie führte Krieg gegen diejenigen, die sie beleidigt hatten und die sie in ihrer Autorität bedrohten-wie etwa die Propheten Gottes, die sich gegen ihre Agenda stellten.

Als Abgesandte von Baal war sie eifriger Befürworter der meisten abschreckenden und unverwechselbaren Riten seiner Anbetung – darunter auch das Opfern der Kinder auf seinen Altären. So wurde Isebel auch zu Israels Oberbefehlshaberin und Botschafterin für das Opfern von Kindern. Für diejenigen, die den Wegen und Weisungen Gottes treu blieben, mussten die Auswirkungen von Isebel in diesem Bereich der Kultur Isreals am schrecklichsten gewesen sein. Die endgültige Auswirkung ihrer Herrschaft und Fürsprache war, dass viele Kinder in Israel getötet wurden. Als Mitglied der priesterlichen Familie verteidigte sie diese Praxis natürlich auf jeden Fall als heiliges Recht und als Sakrament.

Isebel wurde von ihren Untertanen niemals volles Vertrauen entgegengebracht. Ihre Motive und Ambitionen wurden immer mit Argwohn betrachtet. Für die Gläubigen und für jene, die sich gezwungenermaßen an die Umstände angepasst hatten, bedeutete der Aufstieg von Ahab und Isebel eine Katastrophe. Sie eröffneten einen Kulturkrieg gegen sich selbst, aber was noch viel schlimmer war, auch gegen Gott.

Das Paradigma der Königin

Wir müssen nun das Paradigma von Isebel öffnen. Der Name Isebel ist so belastet mit Assoziationen, verbunden mit einem negativen Beigeschmack, mit Belastungen und negativen Gefühlen, dass es schon eine Herausforderung ist, sich objektiv mit dieser Person zu befassen. Aber im Hinblick auf diese Vorlage sollten wir uns nicht anmaßen, diese schlechten Motive oder diesen Charakter auch an die moderne Figur unserer Zeit

Das PARADIGMA

anzulegen. Wir befassen uns mit etwas viel Tieferem, nämlich mit der Rolle, die Isebel beim Glaubensabfall der Nation von Gott spielte, mit ihrer Agenda und ihrem Krieg gegen die biblischen und traditionellen Werte, sowie mit ihrem Eintreten für eine der schrecklichsten Taten überhaupt, die letztlich unweigerlich zur Vernichtung der Nation führen musste.

Wir müssen an dieser Stelle natürlich die unvermeidliche Frage stellen: Wenn es eine moderne Parallele zu Israels altem König gibt, also einen Ahab des modernen Glaubensabfalls, wer ist dann wohl ihr weibliches Gegenstück? Wer hat in unserer Zeit eine parallele Rolle beim modernen Glaubensabfall gespielt? Wer folgte dem Paradigma der ehemaligen Königin?

Es gibt hierbei eigentlich keine Wahl zwischen verschiedenen Personen. Wenn das moderne Gegenstück des Königs der Präsident ist, dann muss die moderne Entsprechung der Königin natürlich die Frau des Präsidenten sein.

Wenn Bill Clinton der Ahab des modernen Glaubensabfalls war, dann muss Hillary Clinton die Isebel derselben Vorlage sein. Wir werden sie in diesem Teil des Paradigmas als „die Königin" oder „die First Lady" bezeichnen, denn beide Rollen wurden auch von Isebel besetzt.

> Die Prinzessin und zukünftige Königin wird von der Elite einer kosmopolitischen weltoffenen Kultur auf den Thron kommen. Sie wird diese kosmopolitische Kultur verlassen, um sich mit dem zukünftigen König zu verheiraten. Sie wird in ein Land kommen, dessen Kultur ihr als konservativ oder sogar rückwärtsgewandt und verschlossen gegenüber anderen Nationen erscheinen muss. Sie wird kosmopolitische Werte und eine neue Moral in dieses Land hineintragen.

Isebel verließ die kosmopolitische und weltoffene Welt ihres Heimatlandes, um sich ihrem Mann in einem Land mit einer

Die Königin

konsequent antikosmopolitischen Kultur anzuschließen. Im Gegensatz zu Bill Clinton wurde Hillary Rodham in einer Weltstadt geboren, in Chicago. Als sie in Betracht zog, Bill Clinton zu heiraten, arbeitete sie an der Ostküste, und sie war vorgesehen für eine blendende Zukunft bei den Demokraten. Sie verließ eine kosmopolitische und weltoffene Kultur und ging nach Arkansas, um bei Bill Clinton zu sein.

Genauso wie die phönizische Prinzessin dieses Land Israel wahrgenommen hat, der Heimat ihres zukünftigen Ehemannes Ahab, so war auch Hillarys Eindruck von Arkansas, der Heimat von Bill Clinton. Hillary Clinton wurde nun die First Lady des Landes. Genau wie Isebel repräsentierte sie kosmopolitische Werte in einem eher konservativen Land. Wir wissen, dass Isebel der Kultur ihres neuen Landes mit Geringschätzung und Missachtung begegnete.

Was auch immer ihre persönlichen Ansichten bezüglich ihres angenommenen Landes waren, viele im Staat misstrauten ihr und sahen bei ihr Werte, die ihrer Kultur fremd waren, und so hielten diese Menschen ihre eigene persönliche Agenda verborgen. Solche Wahrnehmungen waren teilweise auch der Grund dafür, dass Bill Clinton nach einer Amtszeit als Gouverneur von Arkansas abgewählt wurde.[1]

Natürlich ist Amerika größer als Arkansas. Aber diese Wahrnehmungen sind Hillary Clinton überall in ihrer Karriere und auf der nationalen Bühne gefolgt, von der Frau des Gouverneurs zur First Lady, zur Senatorin, bis hin zur Präsidentschaftskandidatin.

> Die neue First Lady wird an ihrer früheren, heimischen Identität und an ihrer Ausrichtung vollständig festhalten, trotz ihrer Ehe mit dem König.

Im Paradigma hält die verpflanzte phönizische Prinzessin hartnäckig an ihrer vorisraelitischen Identität fest. Dies war

Das PARADIGMA

auch so nach der Eheschließung zwischen Bill Clinton und Hillary Rodham, als die First Lady von Arkansas sich zunächst weigerte, seinen Nachnamen anzunehmen. Sie weigerte sich sogar noch während seiner ersten Amtszeit als Gouverneur von Arkansas. Erst nachdem er bei der Wiederwahl als Gouverneur unterlag, nahm sie den Namen Clinton an.

Aber dieses Grundproblem dauerte an und tauchte später wieder auf. Hillary Clinton schien eine Abneigung gegen das Annehmen der Standardaufgaben der First Lady zu haben. Viele gehen davon aus, dass sie diese Rolle als entwürdigend für eine Frau ansah.[2]

> Die Vereinigung des Königs mit der Königin wird eine politische Ehe sein, und sie wird als ein Instrument für politische Zwecke dienen.

Historiker berichten übereinstimmend, dass die Vereinigung von Ahab und Isebel eine politische Ehe war, die zweifellos von ihren Vätern eingefädelt wurde, um die Verbindung zwischen Israel und Phönizien zu stärken. Sicher war die Vereinigung von Bill und Hillary Clinton keine eingefädelte politische Ehe, auch sollten wir wohl nicht davon ausgehen, dass es dieser Beziehung an jenen Gefühlen mangelte, die normalerweise bei jeder gesunden Ehe vorhanden sind. Aber dennoch sind auch bei dieser Beziehung politische Faktoren beteiligt. Bereits zu Beginn der 70er Jahre, noch vor ihrer Ehe, erzählte Hillary Clinton anderen, dass Bill Clinton eines Tages Präsident der Vereinigten Staaten sein würde.[3]

Politische Zwecke und entsprechende Erwägungen waren scheinbar nie sehr weit weg von dieser Beziehung. Ihre Hochzeit war schließlich auch die prominenteste politische Ehe in der damaligen Zeit. Mehr als jede andere Vereinigung in der modernen Welt wurde die Ehe von Bill und Hillary Clinton als die Vereinigung von Ahab und Isebel angesehen, als ein Gefäß für eine politische Agenda.

Die Königin

> Der innere Konflikt der Königin, und auch ihre Verachtung und Geringschätzung, konzentriert sich auf die konservativen Werte ihres Landes und besonders auf die religiösen konservativen Werte, die ihrer eigenen Agenda im Wege stehen. Sie wird diese Werte als einschränkend, gegensätzlich und feindlich ansehen.

So ist Hillary Clintons Geschichte dem Paradigma der alten Königin gefolgt. Sie kam ständig in Konflikt mit den Konservativen und insbesondere mit den religiös-konservativen Werten, an denen noch überall in Amerika festgehalten wurde. Diese Werte waren ihrer Agenda ständig im Weg. Ihre Ansichten zeigten sich in ihrem Handeln, hinter dem ihre Verachtung gegenüber diesen Werten deutlich wurde.

> Die First Lady und Königin wird danach streben, die Nation dahingehend zu verändern, dass sie sich ihren Wegen und Werten anpasst. Sie wird in ihr Amt kommen mit einer Agenda und einer Mission. Sie wird eine Aktivistin und eine Verfechterin der gesellschaftlichen und kulturellen Veränderungen sein.

Genau wie Isebel, so war auch Hillary Clinton zu keiner Zeit ausschließlich nur die First Lady oder nur eine Politikerin. Sie war eine Aktivistin. Sie hatte eine Mission und eine Agenda. Sie strebte danach, die amerikanische Gesellschaft und Kultur zu verändern, und – soweit sie es denn konnte – nach Möglichkeit auch die Gesellschaft und Kultur weltweit.

Das PARADIGMA

> Die Königin wird sich als eine Verfechterin der Aufklärung sehen, um den Liberalismus einer neuen Moral in ihre Nation zu tragen. Sie wird einen Krieg gegen die traditionellen und biblischen Werte führen und danach streben, den tief eingewurzelten ernsthaften Glauben zu Fall zu bringen, der noch bei vielen Menschen im Volk präsent ist.

Genau wie Isebel führte Hillary Clinton einen Krieg, von dem sie meinte, dass es ein Kampf für die Aufklärung sei. Sie stand an vorderster Front der Kulturkriege, um die neue Moral gegen die traditionelle Moral und gegen die biblischen Werte voranzutreiben, an denen noch viele in Amerika festhielten. Sie strebte danach, diese Werte über Bord zu werfen.

> Die Ansichten der Königin bezüglich Mann und Frau und ihr eigenes Streben nach politischer Macht werden viele als radikal ansehen. Sie wird ein neues Phänomen einbringen. Sie wird als eine Königin erscheinen, die ein Verlangen danach hat, selbst politische Macht auszuüben. Zuweilen wird es den Anschein haben, als würde sie ihren Mann und andere beherrschen. Sie wird ein ruheloses Streben nach Macht ausstrahlen. In ihren Ansichten wie auch in ihren Handlungen wird sie als eine kulturelle Förderin agieren, die letztlich gegen die traditionellen Unterscheidungen der Geschlechter eintritt.

In der Neuzeit ist Isebel von einigen auch als eine Ikone des Feminismus verehrt worden. Auch bei Hillary Clinton ist der Feminismus immer ein wesentlicher Teil ihrer Gesinnung und ihrer Agenda gewesen. Genau wie Isebel war sie ein beispielloses Phänomen-eine First Lady, die Verlangen nach politischer Macht verspürte. In ihren Ansichten und Bestrebungen wurde

Die Königin

sie zu einer kulturellen Förderin und arbeitete gegen die traditionelle Unterscheidung der Geschlechter.

Auch König Ahab trat für gesellschaftliche Veränderungen ein, aber diese Kampagne war in erster Linie das Anliegen von Isebel. Ahab hingegen war derjenige, der diese Agenda dann in nationale Politik umwandelte. Aber es war in erster Linie ihre Agenda. Ahab kämpfte dann zwar für diese gesellschaftlichen Veränderungen, aber Isebel verkörperte sie. Ahab setzte diese neue Moral in der Praxis um, aber Isebel repräsentierte sie.

> Obwohl der König die Agenda ausführen wird, ist sie in erster Linie Sache der Königin. Der König wird zu einer gesellschaftlichen Veränderung aufrufen, aber die Königin wird diese Veränderungen verkörpern und repräsentieren.

Die Erfüllung dieses Teils des Paradigmas zeigt sich in Hillary Clintons eigenen Worten:

„Während Bill über die sozialen Veränderungen sprach, habe ich sie verkörpert."[4]

Im Paradigma von Isebel wird die Königin besonders mit der Tötung von Kindern auf den Altären von Baal in Verbindung gebracht.

> Die Königin wird zu einer Hauptverfechterin und Botschafterin der Nation für die Praxis werden, dass Eltern ihre Kinder als Opfer darbringen. Sie wird daran festhalten, dafür kämpfen und diese Tat als ein heiliges Recht und ein Sakrament verteidigen.

Gemäß dem Paradigma von Isebel stand auch Hillary Clinton in besonderer Weise mit der Tötung von Kindern durch Abtreibung in Verbindung. Wenn es eine Sache gab, die sie

Das PARADIGMA

durchweg verteidigte und für die sie immer gekämpft hatte, dann war es diese. Im Paradigma von Isebel war es in erster Linie die Königin, die im Rahmen des Glaubensabfalls der Nation als Hauptverfechterin der Tötung von Kindern agierte.

Dementsprechend ist es beim amerikanischen Abfall vom Glauben ihr Gegenbild, Hillary Clinton, die als wichtigste Verfechterin der Nation für die Tötung der Ungeborenen eintritt. Genau wie im Fall der alten Baals-Anbetung hat sie diese Praxis als ein heiliges Recht bezeichnet, mit dem unanfechtbaren Status eines Sakraments.

> Der Königin wird vom größten Teil ihrer Untertanen nie völliges Vertrauen entgegengebracht werden. Ihre Motive und Bestrebungen werden immer suspekt bleiben. Von denjenigen, die gegenüber den Wegen und Weisungen Gottes treu bleiben, wird der Einfluss der Königin auf die Kultur der Nation als sehr gefährlich gesehen, nicht nur durch die Ausweitung des Krieges, der die Kultur des Landes spaltet, sondern weil die Nation dadurch letztlich in einen Krieg gegen Gott selbst geführt wird.

Ein Bibel-Kommentar beschreibt Isebel als eine Mischung aus:

„... fragwürdiger politischer Autorität und religiöser Antipathie."[5]

Genau wie ihr altes Gegenbild besaß auch Hillary Clinton nie das völlige Vertrauen, auch nicht von jenen, die eigentlich mit ihrer Agenda übereinstimmten. In den Augen vieler Amerikaner, vielleicht sogar der meisten, blieben ihre Motive und Bestrebungen immer irgendwie suspekt und fragwürdig. Genau wie Isebel wurde sie als eine gespaltene Persönlichkeit gesehen.

In ihrem Kulturkrieg hatte Isebel entweder keine Ahnung von der Gefahr, oder sie nahm die Gefährlichkeit ihres Handelns nie ernst, bis es zu spät war, denn sie kämpfte ja letzt-

Die Königin

lich gegen den lebendigen Gott. Auch im modernen Fall hatten diejenigen, die diesen Krieg führten, entweder keine Ahnung davon, oder man hat die Gefahr einfach nie ernst genommen und verdrängt. Aber für diejenigen, die um die Wege und Weisungen Gottes wussten, waren die Auswirkungen und Konsequenzen mit einer schlimmen Vorahnung verbunden.

―――――♦♦♦―――――

Dieses alte Geheimnis hat nun also die ersten beiden Akteure offenbart. Was geschieht nun, wenn die beiden zusammen den Thron der Nation einnehmen? Der nächstfolgende Aspekt des Paradigmas wird es uns offenbaren.

Kapitel 6
König und Königin

Die Regierung von Ahab unterschied sich von allen anderen davor. Sie war nicht nur angetrieben durch eine radikale Agenda zur Umgestaltung der gesamten Kultur des Landes, sondern zum ersten Mal waren gleich zwei Regenten in die Regierungsmacht involviert.

Isebel brach mit allen bisherigen Normen und Standards einer israelitischen Königin. Sie gab sich nicht damit zufrieden, als Frau des Königs zu gelten und lediglich eine Unterstützungs- oder Ergänzungsrolle einzunehmen. Vielmehr war

Das PARADIGMA

sie eine Mitregentin mit eigenen Rechten und Vollmachten. So hatte Israel nun letztlich zwei Monarchen, die beide ihre Mission darin sahen, einen Krieg gegen die Wege und Weisungen Gottes zu führen.

> *„Und nun sende hin, versammle ganz Israel zu mir an den Berg Karmel und die 450 Propheten des Baal und die 400 Propheten der Aschera, die am Tisch Isebels essen!"*
>
> (1. Könige 18,19)

Ahab und Isebel hatten Hunderte von heidnischen Priestern auf ihrer königlichen Lohnliste. Wo kamen die alle her? Zweifellos hatte die Königin sie aus ihrem Heimatland importiert. Sie wurden nun zu Schlüsselakteuren bei ihrem Programm der kulturellen Umgestaltung.

Aber diese Bibelstelle offenbart auch noch etwas anderes. Sie „essen am Tisch Isebels". Isebel hatte also ihren eigenen Hofstaat gebildet. Sie hatte ihre eigenen Begleiter, ihr eigenes Personal, und sie hatte ihre eigene Machtbasis aufgebaut. Die große Zahl dieser Untergebenen könnte uns eine Erklärung dafür geben, wie Isebel eine solche Macht ausüben und wie sie Ahab wirksam beeinflussen konnte. Sie hatte sich als Monarchin mit ihren eigenen Rechten und Vollmachten im Palast ihres Mannes eingerichtet.

Was die Dynamik der beiden betrifft, so erschien Ahab oftmals widersprüchlich und wankelmütig, wohingegen Isebel als eisern, hart, unerbittlich, hartnäckig, zornig und in besonderer Weise ehrgeizig galt. Sie war der härtere, aber auch schwierigere Teil der beiden Machthaber.

> *„Es hat in der Tat keinen wie Ahab gegeben, der sich so verkauft hätte, um zu tun, was in den Augen des HERRN böse ist. Ihn hatte seine Frau Isebel verführt."*
>
> (1. Könige 21,25)

Die Bibelstelle macht deutlich, dass es Isebel war, die Ahab dahingehend beeinflusste, vom Herrn abzuweichen und die Nation an den Punkt zu bringen, dies ebenfalls zu tun. Das hebräische Wort, das hier mit „verführen" übersetzt ist, kann

König und Königin

auch bedeuten: locken bzw. verleiten, von etwas überzeugen, zu etwas bewegen, hinstoßen oder jemanden aufstacheln. Das Bild, welches wir in dieser Darstellung von Isebel bekommen haben, entspricht genau diesen Merkmalen. Es ist das Bild einer Frau, die ständig beeinflusst, anregt, verleitet, lockt und ihren Mann in ihre Agenda drängt, nämlich in die Anbetung und Annahme dieser fremden Götter. Es war zweifellos Isebel, die Ahab dazu veranlasste, einen Tempel für Baal in der Hauptstadt zu errichten. Es war zweifellos Isebel, die Ahab dahingehend beeinflusste, einen Krieg gegen den biblischen Glauben und gegen die biblisch fundierte Moral zu führen. Und es war auch zweifellos Isebel, die Ahab dahin drängte, der erste König in Israel zu sein, der ein religiöses System einführte, das mit der Praxis der Kinderopfer verbunden war.

Isebel wurde zur eigentlichen Macht hinter dem Thron. Sie gebrauchte das Amt ihres Ehemannes, um ihr Programm der gesellschaftlichen Veränderung umzusetzen. Sie herrschte durch ihn und zuweilen auch unabhängig von ihm. Nur die Aufstachelung durch Isebel kann letztlich erklären, warum Ahab die Grenzen überschritt, die zuvor noch kein König in Israel überschritten hatte, und warum er aktiv für die Ausbreitung der heidnischen Methoden eintrat, die die Menschen, zumindest anfangs noch, als erschütternd und abscheulich empfanden.

———◆◆◆———

Das PARADIGMA

Das Paradigma vom König und der Königin

Wir öffnen nun das Paradigma dieser beiden Mitregenten:

> Die Regentschaft des Königs und der Königin wird sich von allen anderen unterscheiden, die die Nation jemals zuvor erfahren hat. Die Königin wird sich nicht damit zufrieden geben, als Frau des Königs zu gelten oder eine traditionelle Nebenrolle einzunehmen. Sie will möglichst nahe an die Rolle einer Mitregentin heranreichen. Ihre Regentschaft wird die erste sein, in der König und Königin eine solche Mitregentschaft bilden.

Genau wie bei der Regentschaft von Ahab und Isebel unterschied sich die Amtszeit der Clintons deutlich von allen anderen, die Amerika jemals zuvor erlebt hatte. Hillary Clinton gab sich nicht damit zufrieden, als Frau von Bill Clinton zu gelten oder eine traditionelle Nebenrolle zu spielen. Sie wollte die Co-Leitung des Landes mit ihrem Mann. Tatsächlich hatte Bill Clinton im Wahlkampf gegenüber den Wählern geäußert, dass sie zwei zum Preis von einem bekommen würden.[1]

Hillary Clinton übertraf alle bisherigen Präzedenzfälle. Ihr wurden meist einflussreiche öffentliche Ämter übertragen, die zuvor noch von keiner First Lady ausgeführt wurden. Sie arbeitete in einem Büro im Westflügel des Weißen Hauses und hatte eine beispiellose Autorität in Hauptfragen der nationalen Politik.

Genau wie Isebel im Palast von Ahab behielt Hillary Clinton ihre eigenen Leute, ihr eigenes Personal und ihre eigene Machtbasis. Der Bereich, in der ihr Personal tätig war, bekam sogar eine eigene Bezeichnung: „Hillaryland".[2] Von dort aus arbeitete sie an ihrer Agenda für Amerika. Während die Regierung von Ahab und Isebel eine Co-Regentschaft war, so war die Regierung von Bill und Hillary Clinton eine Co-Präsidentschaft und wurde seinerzeit auch als solche bezeichnet.

König und Königin

Wieviel Einfluss hatte sie wirklich auf den Präsidenten? Im Paradigma von Ahab und Isebel heißt es dazu:

> Die First Lady wird den König beeinflussen, aufhetzen, anspornen, anstiften, überzeugen und hinführen zu ihrer Agenda, die den Wegen und Weisungen Gottes entgegensteht.

Genauso wie Isebel die Entscheidungen von Ahab lenkte und beeinflusste, so vollzog sich dieselbe Dynamik auch während der Präsidentschaft von Bill Clinton. Sie war „die Macht hinter dem Thron".[3]

Diejenigen, die den beiden am nächsten standen, berichteten, dass es nie eine weitreichende Entscheidung ohne sie gab, und nur selten, wenn überhaupt, räumte sie ein, dass der Präsident sich über sie hinweggesetzt hatte. Und wenn es dann wirklich mal unterschiedliche Standpunkte zwischen ihnen gab, was nur selten geschah, wenn überhaupt, dann sahen jene ihn obsiegen.[4] Genau wie bei Ahab und Isebel können die Auswirkungen dieser Dynamik für Amerika eigentlich nicht hoch genug eingeschätzt werden.

> Die Königin wird den König dahingehend beeinflussen, dass er für die Praxis der Kindesopferung eintritt.

Im Paradigma treibt Isebel ihren Mann Ahab zur Anbetung von Baal und somit auch zur Unterstützung der Opferung von Kindern. Als Bill Clinton in Betracht zog, die entsprechenden Durchführungsverordnungen zu unterzeichnen, die den Schutz vor einer weiteren Ausbreitung der Abtreibung überall in der Welt aufheben sollten, da wurde ihm zunächst abgeraten, dies zu tun. Aber Hillary Clinton stachelte ihn an, es doch zu tun.[5] Es war ihr Plan, dies umzusetzen, um damit ein Signal nach Amerika und in die Welt zu senden, dass nun die Ära Clinton begonnen hatte.

Das PARADIGMA

> Die Königin wird danach streben, das Volk des Landes dahingehend zu zwingen, dass es diese neue Moral unterstützt und Teil dieser Praxis der Kindstötung wird.

Hillary Clintons Hauptprojekt als First Lady war vor allen anderen Dingen die Verstaatlichung von Amerikas Gesundheitsfürsorge. Der Plan, bekannt unter dem Namen „Hillarycare", löste sich letztlich in Luft auf.[6] Die meisten Menschen hatten keine Ahnung, was dies wirklich bedeutet hätte, nämlich die Festschreibung des Rechts auf Abtreibung, das im Grunde durch den amerikanischen Steuerzahler finanziert wurde. Die Amerikaner wären dadurch letztlich dazu gezwungen worden, Teil der Opferung von Kindern zu werden.

Im Kult von Baal wurden Kinder geopfert, um von dieser Gottheit Wachstum und Wohlstand zu empfangen:

> Der König und die Königin werden ihre Regentschaft eng mit dem Opfern von Kindern verknüpfen, um aus diesen Todesfällen noch einen materiellen Nutzen zu ziehen.

Am 10. Juni 1993 hob Bill Clinton das Verbot der Verwendung des Gewebes aus den Körpern der ungeborenen Kinder zum Zwecke der Forschung auf.[7] In diesem Punkt war Clinton ein Pionier, ebenso wie seinerzeit Ahab. Er war der erste Präsident in der amerikanischen Geschichte, der solche Methoden autorisierte. Genauso wie seinerzeit bei der Anbetung von Baal strebte die neue Kultur auch jetzt danach, irgendeinen Segen dadurch zu empfangen und aus dem Tod der Kinder noch einen Nutzen zu ziehen.

> Der König und die Königin werden die schrecklichsten Praktiken der Tötung von Kindern fördern.

König und Königin

Es ist nur schwer nachzuvollziehen, wie Ahab und Isebel, oder irgendjemand sonst in dieser Sache, für eine solch grauenhafte Praxis eintreten konnten, nämlich die Tötung von Kindern auf den Altären von Baal. Und dennoch hat die heutige Zeit die schrecklichsten Formen von Kindstötungen hervorgebracht.

Eine dieser schrecklichen Formen wird als „partial-birth abortion" (Abtreibung im fortgeschrittenen Schwangerschaftsstadium – Teilgeburtsabtreibung) bezeichnet. Dabei geht es um eine sogenannte Teilgeburt, bei der sich bereits ein Großteil des Babys außerhalb des Mutterleibes befindet. Der abtreibende Arzt tötet dann das Baby mit einem Verfahren, das typischerweise das Absaugen des Gehirns einschließt, einhergehend mit dem Zusammenfallen des Schädels.[8]

Mitte der 90er Jahre verboten beide Häuser des Kongresses dieses grauenhafte Verfahren. Aber nachdem der Kongress das Verbot verabschiedet hatte, stürzte Clinton es wieder mit seinem Veto. Der Kongress beschloss ein weiteres Verbot, aber auch diesmal wurde es von Clinton verhindert. Clinton wurde also erneut zum ersten Präsidenten in der amerikanischen Geschichte, der das Verbot einer so grauenhaften Tat verhinderte. Darin folgte er ganz klar dem Paradigma seines alten Vorläufers, König Ahab.

Als Ahab und Isebel für den Kult von Baal eintraten, da sprachen sie sich damit auch für die sexuelle Unmoral aus, was besonders durch den Einsatz von männlichen und weiblichen Tempel-Prostituierten im Rahmen der kanaanitischen Anbetung deutlich wurde.

> Der König und die Königin werden ein neues Wertesystem befürworten, wobei die sexuelle Unmoral und die Vermischung der Geschlechter gefördert werden.

Bill Clinton wurde auch in einem anderen Bereich zu einem Pionier. Er war der erste Präsident in der amerikanischen

Das PARADIGMA

Geschichte, der die Praxis der Homosexualität normalisierte und befürwortete.

Somit wurde er zu jenem Führer, der die Tür für das allumfassende Kippen der Werte aufgestoßen hatte, jener Werte, die die westlichen Zivilisationen seit Urzeiten untermauert und gestützt hatten. Er ebnete letztlich den Weg für den Sturz der biblisch fundierten Definition von Ehe und den damit einhergehenden biblischen Werten.

Um Israels Kultur umzugestalten, mussten Ahab und Isebel einen Krieg gegen diese grundlegenden Moralprinzipien und unabänderlichen Ideale führen, die die Nation von Beginn an geprägt und bestimmt hatten. Sie taten dies, indem sie das neu definierten, was zuvor noch als Sünde galt. Jetzt sollte es plötzlich heilig sein. Es war derselbe Krieg, der auch in der Clinton-Ära geführt wurde.

Wie um auch noch allerletzte Zweifel zu zerstreuen, machte dies Bill Clinton ganz offen und ungeniert deutlich, als er der erste Präsident wurde, der eine Rede auf einer Veranstaltung speziell für Homosexuellen-Aktivisten hielt.

Er verkündete:

„Wir definieren unter praktischen Gesichtspunkten die unveränderlichen Werte, die uns von Anfang an geleitet haben."[9]

Clinton sprach hier über nichts anderes als das Kippen von Tausenden von Jahren der jüdisch-christlichen Zivilisation.

Aber Ahab und Isebel gingen noch einen Schritt weiter. Sie gaben sich nicht damit zufrieden, die Riten von Baal zu normalisieren, vor allem das, was gemäß dem Wort Gottes eigentlich als sexuelle Unmoral galt. Vielmehr wollten sie durch Sanktionen die Menschen zum Einhalten dieser Riten zwingen:

König und Königin

> Der König und die Königin werden das öffentlich gutheißen, was das Wort Gottes einst für unmoralisch hielt. Sie werden danach streben, die Menschen zu zwingen, Teil ihrer Riten und Feste zu werden.

Bill Clinton wurde der erste Präsident in der amerikanischen Geschichte, der einen kompletten Monat dem Zelebrieren der Homosexualität widmete. Er veröffentlichte eine Deklaration, in der alle Amerikaner aufgefordert wurden, Homosexuellen-Veranstaltungen, sowie die damit verbundenen Aktivitäten und Feiern, zu ehren und zu würdigen.[10]

◆◆◆

Die alte Vorlage offenbart die öffentlichen Handlungen und die Agenda dieser Co-Regentschaft.

Aber enthält sie auch eine noch persönlichere Enthüllung, eine Enthüllung bezüglich dieser beiden Charaktere und der persönlichen Einstellung dieser beiden Regenten?

Der Fall von Ahab und Isebel führt uns nachfolgende Vorlage vor Augen:

> Die Persönlichkeit der Königin wird viel härter erscheinen als die ihres Mannes. Sie wird viele schlagen sowie eisenhart, unnachgiebig und verbittert sein. Sie wird einmal mehr fähig und in der Lage sein, auf ihre Gegner mit Zorn und Rage zu reagieren. Und vielen wird sie als eine Frau erscheinen, die von ihrem eigenen Ehrgeiz nach Macht aufgezehrt wird.

Der Kontrast zwischen Ahab und Isebel liefert uns zugleich auch den Kontrast zwischen Bill und Hillary Clinton. Unter den beiden war sie es, die den meisten als härter erschien, mit einer eisenharten Willenskraft, und viel unnachgiebiger als ihr

Das PARADIGMA

Mann, mit einem Hang zur Rage und zum Zorn. Es war sie, die stärker von ihrem Ehrgeiz nach Macht verzehrt wurde.

Es gab seit langer Zeit eine Assoziation in der öffentlichen Wahrnehmung zwischen den Clintons und der Shakespeare-Tragödie Macbeth. Dieses Theaterstück ist ein abschreckendes Beispiel für den blinden Ehrgeiz nach Macht. In dieser Geschichte geht es um den Aufstieg und Fall von Macbeth und seiner Frau, Lady Macbeth.[11] Es ist die Assoziation von Hillary Clinton mit Lady Macbeth, die sich besonders stark in der öffentlichen Wahrnehmung festgesetzt hat.

Was diese Assoziation so bemerkenswert macht, ist die Tatsache, dass Lady Macbeth sich selbst schon seit langer Zeit mit einer anderen Figur assoziiert hat, nämlich mit der Königin des Paradigmas – also mit Isebel.

Auch Isebel selbst wurde in der hebräischen Überlieferung teilweise als Lady Macbeth bezeichnet.[12]

Ein Kommentator schrieb dazu:

„Lady Macbeth ist zweifelsfrei mit Isebel verbunden, und ihre jeweiligen Geschichten illustrieren eine gemeinsame Warnung an diejenigen, die ihre gottgegebene Macht missbrauchen."

Die Verbindung zwischen Isebel und Lady Macbeth ist so stark, dass sie sogar in Bibel-Kommentaren erwähnt wird:

„Die Ehe zwischen Ahab und Isebel war offensichtlich ein verhängnisvoller Wendepunkt im Leben eines Mannes, der physisch sehr stattlich und mutig war, und der möglicherweise auch ein fähiger Herrscher hätte sein können. Aber er war moralisch schwach, und er war empfänglich für das Gute wie auch für das Böse gleichermaßen. Die Geschichte zeigt immer und immer wieder die Gegensätze in den Charakteren (wie sie sich ganz offensichtlich auch durch die Gegensätze zwischen Shakespeares Macbeth im Vergleich zu Lady Macbeth zeigen) und die fast vollständige Vorherrschaft des starken und unerbittlichen Charakters von Isebel."[13]

König und Königin

Hier geht es nicht darum, die Verbindung zwischen der amerikanischen First Lady und den Charakteren bei Shakespeare zu analysieren, aber die bloße Tatsache, dass die First Lady auch in der öffentlichen Wahrnehmung mit einer aktualisierten Version einer bestimmten historischen Königin assoziiert wurde, mit Isebel, der alten Königin des Paradigmas, ist schon atemberaubend. Dass eine solche Verbindung ohne Kenntnis des Paradigmas hergestellt wurde, ist noch beeindruckender.

———— ♦♦♦ ————

Was wir nun sehen werden, ist ein altes Geheimnis hinter einem außergewöhnlichen Ereignis, das sich im Weißen Haus ereignete.

Die Geschichte tauchte nur für einen kurzen Moment in den Medien auf. Aber hinter der Geschichte liegen alte Verbindungen und ein altes Geheimnis. Diese Verbindungen und dieses Geheimnis werden wir durch das Paradigma offenlegen. Wir werden es jetzt tun, indem wir das Geheimnis über die Göttin lüften.

Kapitel 7

DIE GÖTTIN

Was betete Isebel an? Sie betete Baal an. Baal war der König der phönizischen Götter. In der phönizischen Religion gab es allerdings auch noch andere Götter, die angebetet wurden. Führend unter ihnen war die Göttin Astarte oder Ashtart, die Frau von Baal. Die Hebräer nannten sie Ashtoreth, ein Name, der Scham oder Schande bedeutet. Wenn Baal der höchste männliche Gott des phönizischen Pantheons war, dann war Astarte oder Ashtoreth also die höchste Göttin.

Das PARADIGMA

Isebel hatte eine spezielle Verbindung zu dieser besonderen Gottheit. Astarte war jene Göttin, bei der der Vater von Isebel als Hoherpriester diente. So war Isebel auch bereits mit einer engen Verwurzelung in die Anbetung dieser besonderen Gottheit aufgewachsen.

Abgesehen von Baal brachte Isebel also zweifellos auch Astarte mit nach Israel.

Wer war diese Göttin Astarte? Während Baal der Fruchtbarkeitsgott von Phönizien war, hatte Astarte die Funktion der Fruchtbarkeitsgöttin. Sie war einerseits die Göttin der Sexualität und der erotischen Leidenschaft, aber zum anderen auch die stürmische Göttin des Krieges und der Zerstörung. Auf Arabisch war sie auch unter dem Namen Athtar bekannt. In Babylon und Assyrien nannte man sie Ishtar. Später wurde sie auch von den Griechen übernommen, wo sie den Namen Aphrodite bekam, und die Römer verehrten sie als Venus.

Isebel hatte nicht nur auf Grund ihrer Vergangenheit eine besondere Bindung zu Astarte, sondern sie soll auch vom Aussehen Ähnlichkeit mit dieser Gottheit gehabt haben. Astarte war eine Königin, so wie auch Isebel. Astarte war wild und stürmisch. Das war Isebel auch. Astarte führte Kriege, ebenso auch Isebel. Astarte brachte Zerstörung, genauso wie Isebel. Diese Verbindung gibt uns also weiteren Aufschluss über diese ehemalige Königin. Astarte war die Verkörperung nicht nur der weiblichen Macht, sondern weiblicher Macht, die traditionelle männliche Rollen und Funktionen übernimmt.

Das Leben von Isebel wurde zu einer Manifestation der Gottheit, die sie von Jugend an anbetete. Auch sie würde nun um die Macht kämpfen und danach streben, traditionelle Männerrollen zu übernehmen. Und genau wie ihre Göttin würde auch sie eine Zerstörerin sein.

Die Bibelstelle in 1. Könige 18,19 spricht von vierhundert Propheten der Aschera, die Isebel in ihrem Königshof beherbergte. Das Wort Aschera kann sich auf eine phönizische Göttin beziehen, die eng mit Astarte verbunden ist. Die zwei waren

Die Göttin

sozusagen Schwester-Göttinnen. Und die beiden waren häufig auch austauschbar. Das Wort Aschera kann sich anderweitig auch auf die Olivenhaine beziehen, in denen beide Göttinnen angebetet wurden. Aschera kann sich aber wiederum auch auf die Götzen beziehen, die Astarte repräsentierten. Und in der Septuaginta, der alten griechischen Übersetzung der hebräischen Bibel, wird das Wort Aschera zweimal auch mit Astarte übersetzt.

Als Isebel die Priester von Phönizien an den Königshof in Israel brachte, führte sie damit nur das weiter, was sie von Kindheit an kannte und immer getan hatte. Sie verehrte das weibliche Prinzip. Sie betete die Göttin an.

Was wissen wir über diese Anbetung? Wir wissen, dass diese Anbetung auch sexuelle Ausschweifungen einschloss. Es gibt Belege dafür, dass Astarte auch unter dem Namen Kedashah bekannt war, dasselbe Wort, das auch auf eine Tempel-Prostituierte bezogen wurde.

Was ging noch mit dem Kult der Göttin einher? Die Tötung von Kindern. Astarte war die Frau von Baal, und ihre Anbetung war die weibliche Seite der Anbetung von Baal. Somit werden die beiden überall in der Bibel auch zusammen erwähnt.

Die Bibel gibt uns auch noch weitere Einblicke in das Leben von Isebel und in die religiösen Praktiken. Das hebräische Wort „keshaf" wird verwendet, um sie zu beschreiben.

Keshaf kann folgendermaßen übersetzt werden: flüstern, verbannen, verzaubern, praktizieren von Zauberei oder Hexerei. Wenn wir uns anschauen, was die Bibel über König Manasse von Juda berichtet, der den religiösen Methoden von Ahab folgte, wird uns sogar noch mehr Einblick in die Religion der ehemaligen Königin gegeben. Die nachfolgende Bibelstelle versorgt uns mit weiteren Details:

„Und er ließ seine Söhne durchs Feuer gehen im Tal Ben-Hinnom, und er trieb Zauberei und Beschwörung und Magie und ließ sich mit Totengeistern und Wahrsagegeistern ein."

(2. Chr. 33,6)

Das PARADIGMA

Hinter dem Wort Zauberei in dieser Bibelstelle verbirgt sich wieder das hebräische Wort „keshaf", also dasselbe Wort, das auch die religiösen Methoden der Isebel beschreibt. Hinter dem hier verwendeten Wort „Totengeister" steht das hebräische Worte „ode", das man auch folgendermaßen übersetzen kann: vertrauter Geist, Geist der Toten, oder derjenige, der verstorbene Geister herbeiruft. Und hinter dem hier verwendeten Wort „Wahrsagegeister" steht das hebräische Wort „yiddeoni", also ein Wissender, der eine Wahrsagung hat, ein Beschwörer, oder einer, der einen Geist in sich hat. So können wir uns in etwa vorstellen, was in Israel und innerhalb des königlichen Palastes so alles ablief, als Isebel die Priester der phönizischen Götter ins Land holte – Hexerei, Zauberei, Kontaktaufnahme zu den Toten und das Beschwören von Geistern.

――――――◆◆◆――――――

Das Paradigma der Göttin

Wir öffnen jetzt das Template der Göttin. Der Gedanke, dass solch geheimnisvolle Methoden des alten Heidentums irgendeine Entsprechung in der Neuzeit haben könnten, zudem auch noch im Leben der modernen Führer und ihrer Paläste, mag uns vielleicht absurd erscheinen. Diejenigen, die danach strebten, Amerika zu führen, haben sich allgemein bemüht, als Christ oder als Teil der jüdisch-christlichen Moral zu erscheinen.

Dadurch sollte der Eindruck entstehen, dass jegliche Manifestation von heidnischen religiösen Praktiken an hohen Plätzen auszuschließen ist. Und dennoch weist das Paradigma genau darauf hin. Isebel betete Astarte an, das weibliche Prinzip:

Die Göttin

> Die Königin wird das weibliche Prinzip verehren. Sie wird ihr Leben in den Dienst des Ethos der weiblichen Macht stellen. Sie wird das Ideal einer wilden und streitbaren Weiblichkeit verkörpern, die danach strebt, traditionell männliche Rollen und Funktionen zu übernehmen.

Genau wie Isebel das weibliche Prinzip bevorzugte, tat es Hillary Clinton auch. Sie widmete den größten Teil ihres Lebens als erwachsene Frau dem Ethos der weiblichen Macht, eine Kriegerin in der Sache des Feminismus. Dies veranlasste sie zu solchen Schlagworten wie: „Die Zukunft ist weiblich".[1] Ihre Weiblichkeit, genau wie auch die von Isebel, war stürmisch und kampfbereit. Das große Ziel in ihrem Leben war die Übernahme einer traditionell männlichen Rolle, die Präsidentschaft der Vereinigten Staaten.

> Die Königin wird nichtbiblische geistliche Führer als Priester und Berater ins Königshaus bzw. in das höchste Haus des Landes bringen.

Isebel hatte Priester der Götter und Göttinnen in das Königshaus gebracht. Es ist nur schwer vorstellbar, wie etwas dementsprechendes so auch in der Neuzeit geschehen könnte, speziell natürlich in der Regierungszeit von Clinton, aber genau das war der Fall. Ende 1994, nach einer Reihe von vernichtenden Niederlagen, luden Bill und Hillary Clinton zu einem Treffen von Führern in Camp David ein, um sich von ihnen beraten zu lassen. Unter den Eingeladenen befand sich jedoch keiner, der ihnen einen biblisch-fundierten Rat hätte geben können. Hillary lud später zwei von ihnen auch noch persönlich ein, um sich mit ihnen zu treffen, dieses Mal im Weißen Haus, im Obergemach, das auch „Solarium" genannt wird. Und sie lud diese Berater immer wieder ins Weiße Haus ein.[2] Es handelte sich jedoch um geistliche Berater einer etwas anderen Art.

Das PARADIGMA

Die Priester und Geistlichen, die Isebel in den Palast brachte, waren nicht nur „nicht-biblisch" sondern absolut antibiblisch:

> Die Königin wird Geistliche in den Palast bringen, die eine neue Moral und eine Spiritualität repräsentieren, die dem biblischen Glauben und der biblisch fundierten Kultur fremd sind. Sie werden eine heidnische Spiritualität verkörpern.

Es bleibt nicht nur festzustellen, dass keiner der Berater, die von den Clintons nach Camp David eingeladen wurden, als biblisch angesehen werden konnte. Vielmehr musste man etliche von ihnen zu den Vertretern und Beratern der sogenannten „New-Age-Bewegung" zählen. Einer der beiden Personen, die Hillary Clinton dann später ins Weiße Haus einlud, war Jean Houston, eine der prominentesten New-Age-Führerinnen in der Welt. Sie wurde auch „New-Age-Svengali"[3] genannt.

Houston vertrat eine überarbeitete Version des Pantheismus, wonach Gott angeblich eins mit dem Kosmos und der Natur sei, das Göttliche in allen Dingen existiere und von daher auch alle Dinge in der Welt beseelt bzw. mit Gott identisch seien. Somit wäre alles göttlich, und alles könnte angebetet werden, ohne dass es einen personifizierten Gott geben müsse. Diesen Pantheismus hat es in der einen oder anderen Form bereits seit dem Altertum gegeben. Es ist eine Manifestation der heidnischen Spiritualität.

Genau wie Isebel heidnische Gesandte in den Palast einführte, so brachte auch Hillary Clinton New-Age-Führer ins Weiße Haus, damit diese dort eine Form des Heidentums verkörpern und proklamieren. Wir können wohl nicht davon ausgehen, dass die First Lady irgendeine Ahnung von all dem hatte, was wirklich damit verbunden ist und was dann ja auch tatsächlich im Begriff war, zu geschehen.

Aber eines ist auf jeden Fall klar: Sie suchte sich ganz bewusst einen nichtbiblischen Vertreter und Ratgeber. Letzt-

Die Göttin

endlich bekam sie eine New-Age-Lehre und eine Beratung, die auf dem Heidentum basierte.

Eine der Praktiken, die in Verbindung mit der heidnischen Religion und zweifellos auch mit dem Glauben der Isebel standen, war das Beschwören von Schutzgeistern, also der Dienst des Geisterbeschwörens:

> Die Königin wird diejenigen in den Palast bringen, die Schutzgeister und Totengeister beschwören.

Hillary Clintons Treffen mit New-Age-Vertretern im Weißen Haus waren keine normalen Meetings – es waren spiritistische Sitzungen. Während dieser Sitzungen trat die First Lady in eine andere Bewusstseinsebene ein. So konnte sie mit der Stimme eines bereits Verstorbenen reden. Einer dieser Verstorbenen, der die First Lady ihre Stimme gab, war Eleanor Roosevelt.[4]

Als die Presse von der Geschichte Wind bekam, dass Hillary Clinton spiritistische Sitzungen im Weißen Haus abhielt, gab es unmittelbar darauf eine Kampagne zur Schadensbegrenzung. Es wurde behauptet, dass diese Sitzungen einfach nur der Ideenfindung und des Gedankenaustausches, also dem Brainstorming[5] dienen würden – aber das war absolut nicht der Fall.

„Brainstorming" wird als Methode zur Ideenfindung bzw. zur Erzeugung von neuen, ungewöhnlichen Ideen in einer Gruppe von Menschen definiert. Aber Jean Houston selbst beschreibt ja die Praktiken, die sie immer wieder auch in einem Buch veröffentlichte, auch während eben dieser Zeit, in der sie die Sitzungen mit Hillary Clinton im Weißen Haus durchführte. Sie beschreibt darin, wie sie zu den Toten hinführt. Einerseits behauptet sie, die Toten würden im Unterbewusstsein der Lebenden weiter existieren. Andererseits argumentiert sie auch, die Toten hätten eine objektive Realität. Gemäß Houston könne derjenige, der Kontakt zu den Toten aufnimmt:

Das PARADIGMA

„... deren Geist nähren und fördern ... Im Gegenzug bereichern sie deine Träume mit numinoser Kraft."[6]

Die Praxis des Kommunizierens mit den Toten war schon immer ein gemeinsames Merkmal der heidnischen Religion. Die Bibel untersagt solche Methoden und bezeichnet sie als Okkultismus und Sünde.

> Die Religion der Königin ist verbunden mit Priesterinnen und Beschwörern.

Kein noch so ausgefeilter Versuch der Schadensbegrenzung konnte etwas an der Tatsache ändern, dass diese Dinge, die dort im Weißen Haus geschahen, eine Form der Geisterbeschwörung waren. In diesem Fall wurde die First Lady also tatsächlich zu einem Kanal, zu einem Medium, wodurch diesem Geist eine Stimme gegeben wurde.

Jean Houston, die die First Lady dahingehend anleitete, agierte in ihrer Funktion als Geisterbeschwörerin. Allerdings hatte sie auch noch andere Funktionen und Aufgaben. Auf dem Einband eines ihrer Bücher, das in dieser Zeit veröffentlicht wurde, ist der vielsagende Titel zu lesen:

„Jean Houston, die großartige Hohepriesterin"[7]

Die Aussage auf dem Cover wurde von einer anderen New-Age-Vertreterin gemacht, von Marianne Williamson. Wie sich herausstellte, war Frau Williamson eine jener Führungspersönlichkeiten, die der Einladung des Präsidenten und der First Lady nach Camp David folgten, um die beiden dort zu beraten.[8]

> Was im Palast geschieht, wird der Gemeinschaft mit den Göttern dienen.

Isebel brachte die Priester ihrer Religion an den Königshof, mit der Bestimmung, dass sie dort beten und mit den Göttern Phöniziens kommunizieren sollten. Was aber war nun das

Die Göttin

eigentliche Ziel der spiritistischen Sitzungen, die im Weißen Haus stattfanden?

In demselben während dieser Zeit veröffentlichten Buch beantwortet Jean Houston diese Frage. Sie betitelt eines der Kapitel folgendermaßen: „Dialog mit den Neters"[9]. Was genau versteht man unter den „Neters"? Das Wort kommt aus dem alten Ägypten und entstammt dem Wort „neteru". Es ist folgendermaßen definiert:

> „Das allgemeine Wort, das von den Ägyptern für Gott und für Götter verwendet wurde, einschließlich Geister jeder Art und Daseinsformen aller Art und Form, die angeblich jegliche übermenschliche und übernatürliche Macht besitzen, war Neter."[10]

So steckt also auch hinter dem Geist Verstorbener oder hinter dem Unterbewusstsein eines Menschen „neter", und Neter ist ein Wesen, so wie ein Gott. Houston gibt zudem spezifische Anweisungen für den Umgang mit Neters:

> „Formuliere die Fragen, und Neter oder andere stellen selbst Antworten zur Verfügung. Oder du kannst dich auch dafür entscheiden, zwei oder mehr Neters gleichzeitig zu engagieren und sie miteinander sprechen zu lassen."[11]

Aber Frau Houston wird noch konkreter und spricht von einem

> „aktiven Dialog mit den Göttern und Göttinnen ..."[12]

Und so sind nun auch die Götter und Göttinnen der alten Welt in der modernen Entsprechung des Paradigmas wieder aufgetaucht. Sie stehen erneut in Verbindung mit dem höchsten Haus des Landes, wie auch mit dem neuzeitlichen Gegenbild der alten Königin.

Allerdings wird die Erfüllung des Paradigmas noch unheimlicher und spezifischer werden:

Das PARADIGMA

> Die Königin wird die Priester der heidnischen Göttinnen in ihr Umfeld bringen, als Teil des Königshauses.

❖❖❖

Zuvor in diesem Kapitel habe ich auf die große Unwahrscheinlichkeit hingewiesen, dass es tatsächlich ein neuzeitliches Zusammenspiel zwischen den höchsten Rängen des amerikanischen politischen Lebens und den alten heidnischen Göttern gegeben haben könnte. Aber das ist nun mal Teil des Paradigmas. Könnte es also auch ein spezifisches Zusammenspiel mit der Göttin gegeben haben?

Als Jean Houston zu den besagten Sitzungen ins Weiße Haus kam, trug sie einen Gegenstand um ihren Hals. Es war ein Medaillon. Darauf war eine alte heidnische Göttin abgebildet.[13]

Und es gab auch noch eine weitere Verbindung. Das von Houston während dieser Zeit der Sitzungen im Weißen Haus veröffentlichte Buch konzentrierte sich speziell auf eine heidnische Göttin, nämlich die Göttin Isis. Houston schrieb das Buch nicht nur als eine Geschichtserzählung, sondern vielmehr als eine Bestätigung und Befürwortung der Anbetung dieser Göttin. Dazu schrieb sie Folgendes:

„Und doch, wenn ihr euch dieser Göttin bewusst werdet, dann kann sich Isis für euch verändern, in Form, Angesicht und Bekleidung, denn sie ist eine Göttin für alle Zeiten, und für alle Menschen ... Ihre andere Hand streckt sie aus zu dir hin, und auch du streckst dich aus, um sie zu empfangen."

„Vielleicht fühlst du es jetzt, oder du kannst es jetzt ermessen, dass du eine dezente Strömung spürst, eine wolkenhafte sanfte Berührung durch eine Struktur, oder sogar das Gefühl einer realen Hand in deiner Hand. Lasse dieses Gefühl zu, ihre Hand in deiner Hand zu spüren, ganz real, und lass ihre Gegenwart so real wie möglich in dir werden.

Die Göttin

Sie ist die Königin Isis, dein Führer und Freund, die Freundin des Universums, die große Mutter ... und sie existiert in deinem Inneren, und du in ihr."

„Du spürst ihre Gegenwart nun immer mehr und immer realer ... Lass es zu, dass sie dich dahin führt, sie anzunehmen und zu umarmen. Sie umarmt dich wie eine Mutter, und du spürst, dass du endlich in ihren Armen nach Hause gekommen bist ... Und nun bist du in das Herz von Isis eingetreten ..."[14]

Das ist nichts anderes als der Aufruf, eine heidnische Göttin anzubeten. Genau wie im Paradigma bringt die Königin diese Anbeter der Göttin in den königlichen Palast.

Und dennoch gibt es noch mehr, was in diesem Geheimnis verborgen liegt. In ihrem Buch über Isis beschreibt uns Frau Houston den Mythos dieser alten Göttin. Isis wandelte einst über die Erde auf der Suche nach dem Körper ihres Mannes Osiris. Schließlich traf sie auf die Küste eines fremden Landes. Welches Land? Phönizien – also das Land von Isebel.

Dort im Heimatland der Isebel ließ die Königin von Phönizien diese ägyptische Göttin zu sich in ihren phönizischen Palast kommen.

Und wer genau ist diese Königin? Die Königin ist die Göttin von Isebel – Astarte![15]

Und so schließt sich dann wieder der Kreis dieses verborgenen Geheimnisses. Jene Person, die der First Lady im Weißen Haus diente, war also nicht einfach nur eine Fürsprecherin der Anbetung von Göttinnen, sondern es ging hier ganz konkret um die Göttin von Phönizien, um die Göttin von Israels Glaubensabfall, und auch um die Göttin der Königin Isebel – es ging um Astarte.

Aber dieses verborgene Geheimnis reicht noch viel tiefer. Zu Urzeiten war Isis auch bekannt unter der Bezeichnung „Königin des Himmels". Auch Astarte wurde „Königin des Himmels" genannt. Und in Ägypten wurden die zwei Göttinnen tatsächlich zu einer; Isis wurde zu Astarte.

Das PARADIGMA

Entgegen aller Erwartungen, aber in der voller Übereinstimmung mit dem Paradigma der alten Königin im Zusammenhang mit dem Glaubensabfall Israels, hat die First Lady also jene Priesterinnen in die höchsten Gemächer der Nation gebracht, die Priesterinnen der Göttin.

───◆◆◆───

Eine neue Figur betritt nun die Bühne des Paradigmas. Aber bevor wir uns mit dieser Figur beschäftigen, noch eine Frage: Ist es möglich, dass sogar die Jahre eines modernen Präsidenten, also die Zeit, die ihm auf der nationalen Bühne gegeben wird, in diesem Geheimnis festgelegt wurden, und das bereits mehr als zweieinhalbtausend Jahre vor dessen Geburt? Und ist es möglich, dass diese Zeit offengelegt werden kann?

Kapitel 8

DIE TAGE DES KÖNIGS

Könnte das Paradigma nicht nur die Ereignisse der Neuzeit offenbaren, sondern auch das Timing dieser Ereignisse, wann diese stattfinden müssten? Könnte es auch die genaue Zeitdauer enthalten, die einem Führer der Neuzeit auf der nationalen Bühne zugeteilt worden ist?

Es gibt natürlich einen wesentlichen Unterschied zwischen der Regentschaft der Könige im Altertum und der Regierung unserer heutigen Führer. Die damaligen Könige konnten auf unbegrenzte Zeit regieren. Es gab keine Begrenzung der

Das PARADIGMA

Amtszeit, sondern lediglich die Möglichkeit des Todes oder des Umsturzes. Aber was die Führer in den modernen demokratischen Staaten angeht, so ist ihre Zeit im Amt durch eine Frist begrenzt, auch durch den Ausgang der Wahlen. Im Fall der amerikanischen Präsidentschaft beträgt die Legislaturperiode vier Jahre mit der Möglichkeit von maximal zwei aufeinanderfolgenden Perioden, also einer Obergrenze von acht Jahren.

Im Gegensatz dazu scheinen die unterschiedlich langen und unlimitierten Zeitperioden der Führer im Altertum keinerlei Beschränkungen zu unterliegen, und es scheint dafür auch keine allgemeingültigen Regeln gegeben zu haben, so wie wir es von den Führern unserer Zeit her kennen. Im Unterschied zum Altertum, wo ein König sein Amt plötzlich nach dem Tod des Vorgängers übernahm, ist der Aufstieg der modernen Führer in den meisten Fällen ein allmählicher Prozess, der sich über mehrere Jahre hinstrecken kann. Wer also auch immer auf diese Weise ins Präsidentenamt kommt, wird also sehr wahrscheinlich über mehrere oder viele Jahre hinweg in der Regierung und auf der nationalen Bühne bleiben, entsprechend der präsidialen Legislaturperiode.

Können unter diesen Voraussetzungen diese beiden Zeitspannen, die des alten Prototyps und die des modernen Ektypus, ein biblischer König und ein amerikanischer Präsident, überhaupt in einer Verbindung miteinander stehen? Oder anders gefragt, könnten die Jahre eines alten Königs tatsächlich die Jahre eines entsprechenden modernen Präsidenten bestimmen?

―――――◆◆◆―――――

Das Paradigma von den Tagen des Königs

Der erste König im Paradigma ist Ahab. Der Ahab der neuzeitlichen Entsprechung ist Bill Clinton. Wann also betrat Bill Clinton die nationale Bühne?

Die Tage des Königs

Und gibt es ein klares Ereignis, das den Beginn seines Aufstiegs zum Präsidentenamt markiert? Also, wann genau ist Bill Clinton im nationalen Rampenlicht aufgetaucht? Wann begann seine Zeit auf der nationalen Bühne?

Ja, das gibt es. Das klar definierte Ereignis, das den Beginn der Ära Clinton und seine Zeit auf der nationalen Bühne, sowie seinen Aufstieg zur Präsidentschaft markiert, ist seine Wahl zum Gouverneur von Arkansas. Mit zweiunddreißig Jahren war er damals der jüngste amerikanische Gouverneur. Das Gouverneursamt sollte zu seiner Bühne werden, von wo aus er seine Bekanntheit auf der amerikanischen Bühne steigerte, und es diente ihm auch als Ausgangspunkt für seinen Präsidentschaftswahlkampf. Er wechselte direkt vom Amtssitz des Gouverneurs in Little Rock [Hauptstadt des US-Bundesstaates Arkansas] ins Weiße Haus nach Washington, DC.

Bereits frühzeitig in seiner Karriere musste er einen herben Rückschlag hinnehmen, als er nach seiner Amtszeit als Gouverneur bei der Wiederwahl unterlag. Da zur damaligen Zeit die Gouverneurswahlen alle zwei Jahre stattfanden, begann er sofort damit, sein Comeback zu planen. Bereits im selben Jahr seiner Niederlage arbeitete er bereits am Wiedereinzug in den Amtssitz. Die darauf folgende Wahl brachte ihn dann auch tatsächlich wieder zurück ins Gouverneursamt. Er blieb dann auch die achtziger Jahre hindurch bis 1992 in diesem Amt, und er nutzte diese Zeit intensiv, um seine Bekanntheit auf der nationalen Bühne weiter zu steigern.

Im Jahre 1985 wurde er ausgewählt, um die Demokratische Antwort auf die jährliche Ansprache des damaligen Präsidenten Reagan zur Lage der Nation abzugeben. Im Jahre 1986 bekam er den Vorsitz der nationalen Gouverneursvereinigung. Obwohl er in Betracht zog, 1987 für das Präsidentenamt zu kandidieren, entschied er sich letztlich dagegen, weil er erkannte, dass die Zeit dafür noch nicht reif sei. Am 3. Oktober 1991 gab er dann seine Kandidatur für die Präsidentschaft bekannt.

Das PARADIGMA

Obwohl dies ein gewagtes Unternehmen war und sein Wahlkampf zudem von einem Skandal begleitet wurde, konnte er einen überwältigenden Sieg verbuchen und wurde damit der zweiundvierzigste Präsident der Vereinigten Staaten. 1996 gewann er auch die Wahlen für eine zweite Amtszeit, die bis 2001 andauerte. Dieses Jahr 2001 sollte dann auch zu dem Jahr werden, das nicht nur das Ende seiner Präsidentschaft markierte, sondern auch das Ende seiner Zeit in der Regierung, des öffentlichen Amtes und der Macht.

───◆◆◆───

Wie lange dauerte nun also Bills Clintons Zeit auf Amerikas nationaler Bühne? Wie viele Jahre waren vom Beginn seines Aufstiegs zur Präsidentschaft bis zum Ende seiner zweiten Amtszeit als Präsident vergangen, also von seiner ersten Wahl zum Gouverneur von Arkansas bis zu seinem Auszug aus dem Weißen Haus? Clinton wurde im Januar 1979 für sein erstes Gouverneursamt von Arkansas vereidigt. Seine politische Karriere endete im Januar 2001 mit der Amtseinführung seines Nachfolgers. Zwischen Januar 1979 und Januar 2001 liegt eine Periode von zweiundzwanzig Jahren.

Wenn Bill Clinton der Ahab des Paradigmas ist, könnte es dann auch möglich sein, dass die Jahre seines Prototyps auch das verborgene Geheimnis seiner eigenen Jahre enthalten? Clintons Zeit an der Macht wurde durch die Wahlzyklen des Gouverneursamtes in Arkansas und durch die Fristen der amerikanischen Präsidentschaft bestimmt. Die Zeitspanne, in der Ahab an der Macht war, unterlag natürlich nicht derartigen Zyklen, die die maximale Länge hätten bestimmen können. In seinem Fall war es auch kein allmählicher Aufstieg. Als König Omri starb, nahm Ahab den Thron ein, und er blieb auch in diesem Amt bis zu seinem Tod auf dem Schlachtfeld.

Wie lange dauerte nun also die Regierungszeit von König Ahab? Wie viele Jahre lagen zwischen dem Tod des Vaters und seinem eigenen Sterben? Die Antwort darauf finden wir in

Die Tage des Königs

1. Könige 16, 22. Wir finden diese Antwort an der Stelle, wo sein Name das erste Mal erwähnt wird:

„Und Ahab, der Sohn Omris, wurde König über Israel im 38. Jahr Asas, des Königs von Juda; und Ahab, der Sohn Omris, regierte über Israel in Samaria 22 Jahre."

Es ist also eine exakte Übereinstimmung. Die Zeitperiode von Bill Clinton ist genauso lang, wie sie im alten Paradigma seines Vorläufers König Ahab offenbart ist. Die Jahre des Prototyps und die Jahre des Gegenstückes stimmen also exakt überein. Die Jahre der Amtszeit von Ahab sind identisch mit den Jahren von Bill Clinton.

> Der König, der den Vorsitz bei der weiteren Vertiefung des Glaubensabfalls führt, der an der Spitze eines Kulturkrieges zur Abkehr von den biblischen Standards steht, und der zusammen mit seiner Frau regiert – seine Tage an der Macht, seine Zeit auf der nationalen Bühne wird zweiundzwanzig Jahre dauern.

Aber was geschieht, wenn wir noch einen etwas anderen Maßstab anlegen und die Bekleidung öffentlicher Ämter mit einbeziehen? Obwohl es seinem Einzug auf die nationale Bühne nicht wirklich diente und es wohl auch keine Plattform für seinen Aufstieg zur Präsidentschaft war, bekleidete Clinton für eine kurze Zeit vor seiner Wahl zum Gouverneur ein öffentliches Amt. 1976 gewann Clinton für die Demokraten die Wahl zum Generalstaatsanwalt von Arkansas und trat das Amt 1977 an. Es war das erste Mal, dass er ein öffentliches Amt bekleidete. Von dort wechselte er direkt ins Gouverneursamt.

Bei der anstehenden Wiederwahl im November 1980 verlor er das Gouverneursamt. Im November 1982 trat er erneut an und gewann die Wahl.

Somit bekleidete er von Januar 1981 bis Januar 1983 kein öffentliches Amt. Danach hatte er ohne Unterbrechung ein

Das PARADIGMA

öffentliches Amt bis zum Ende seiner Präsidentschaft im Januar 2001.

Wie lange bekleidete Bill Clinton also tatsächlich öffentliche Ämter?

Von seinem Amtsantritt als Generalstaatsanwalt von Arkansas bis zu seinem Scheitern bei der Wiederwahl zum Gouverneur, also von Januar 1977 bis Januar 1981, diente er vier Jahre in einem öffentlichen Amt. Danach, vom Januar 1983 bis Januar 1993, folgte seine Zeit als Gouverneur. Und er bekleidete somit weitere zehn Jahre ein öffentliches Amt. Und dann folgte letztlich seine Präsidentschaft vom Januar 1993 bis Januar 2001, also noch einmal acht Jahre des öffentlichen Amtes. Wir addieren vier plus zehn plus acht und kommen wieder auf zweiundzwanzig Jahre – also wieder dieselbe Zahl wie im Paradigma von Ahab.

◆◆◆

Zwei Figuren – der alte Herrscher des Paradigmas und der moderne Herrscher als Gegenstück, der Prototyp und der Ektypus, König Ahab und Präsident Clinton. Ihre beiden Welten könnten nicht unterschiedlicher sein. Der eine regierte eine Monarchie im Nahen Osten, und der andere regierte eine moderne westliche Demokratie und Supermacht. Der eine kam über das königliche Erbe in sein Amt, und der andere gewann demokratische Wahlen.

Die Amtszeit des einen war durch den Tod seines Vaters und durch den eigenen Tod auf dem Schlachtfeld begrenzt. Die Amtszeit des anderen war bestimmt von Entschlossenheit, Ehrgeiz, Wahlkämpfen, Verlusten, Comebacks, politischen Sorgen und Strategien, Verzögerungen, von der amerikanischen Wählerschaft, von den auswärtigen Angelegenheiten und letztlich von den besonderen Fristen, die die amerikanische Präsidentschaft begrenzen.

Aber trotz all dieser unzähligen Faktoren und Variablen entsprach die Zeit der modernen Figur genau der Zeit der Figur

Die Tage des Königs

im Altertum. Der Zeitrahmen der Regierung von König Ahab entsprach dem Zeitrahmen und den begrenzten Jahren von Bill Clinton – die zweiundzwanzig Jahre des Königs.

———◆◆◆———

Wir werden jetzt das Paradigma einer ganz anderen Figur öffnen, eines Fremden von jenseits der Grenzen des alten Israel – ein Widersacher. Er wird letztendlich eine zentrale Rolle innerhalb des Paradigmas spielen. Und er wird das Geheimnis hinter einer der entscheidensten Figuren des modernen Zeitalters offenbaren.

Kapitel 9

DER WIDERSACHER

Die Ehe zwischen Ahab und Isebel zementierte Israels Allianz mit seinem nordwestlichen Nachbarland Phönizien und sorgte für ein gewisses Maß an Frieden zwischen den beiden Nationen. Aber in Richtung Osten war die Situation etwas anders. Jenseits des Jordan, in der Ausdehnung genauso weit gen Norden wie die Grenzen des assyrischen Reiches, lag das aramäische Königreich Aram-Damaskus. Regiert wurde dieses Land Aram-Damaskus von Ben-Hadad.

Das PARADIGMA

Dieser König Ben-Hadad wurde zu Ahabs Widersacher und größtem Feind und stellte eine ständige Bedrohung für die Sicherheit Israels dar, insbesondere im letzten Teil der Regierungszeit von Ahab. Er plante Angriffe, Invasionen und Überfälle ins Land und richtete Drohungen gegen Ahab und das Königreich. Angesichts dieser Drohungen schwankte Ahab hin und her zwischen Schwäche einerseits und abrupten Anzeichen von Stärke andererseits. Bei alldem, so berichtet uns die Bibel, erwies Gott Gnade gegenüber Israel und seinem König, indem er das Land vor dem vollen Maß der Zerstörung bewahrte, wozu Ben-Hadad eigentlich fähig gewesen wäre.

Während einem dieser Versuche durch Ben-Hadad, Zerstörung über das Land zu bringen, gab Gott ihn in die Hände von Ahab. Im Hinblick auf die Gefahr, die Ben-Hadad für Israel darstellte, müsste man nun eigentlich erwarten, dass Ahab seinen Widersacher entweder hätte umbringen oder zumindest dauerhaft einsperren müssen. Aber Ahab tat etwas völlig Unerwartetes. Er ließ ihn frei. Er entließ tatsächlich diesen Mann in die Freiheit, der ganz klar zu jener Zeit die größte Gefahr für Israels Sicherheit repräsentierte.

Das war kein unbedeutendes Ereignis. Die Entscheidung sollte sich als ein entscheidender Wendepunkt in der Regentschaft von Ahab erweisen. Auch für den Herrn war diese Angelegenheit offenbar wichtig genug, um diesbezüglich ein klares prophetisches Wort an den König zu richten. Nachdem Ahab Ben-Hadad freigelassen hatte, stand, so heißt es, ein Prophet am Wegesrand, um auf den König zu warten und ein prophetisches Wort an ihn weiterzugeben:

„Da ging der Prophet hin und stellte sich an den Weg, um dem König zu begegnen. Und er machte sich unkenntlich durch eine Binde über seinen Augen. Und es geschah, als der König vorüberging, da schrie er dem König zu und sagte: Dein Knecht war ausgezogen mitten in den Kampf, und siehe, da wandte sich ein Mann herzu und brachte einen anderen Mann zu mir und sagte: Bewache diesen Mann! Sollte er etwa vermisst wer-

Der Widersacher

den, dann soll dein Leben für sein Leben einstehen, oder du sollst ein Talent Silber darwiegen. Und der König von Israel sagte zu ihm: So ist dein Urteil gesprochen, du selbst hast entschieden. Da entfernte er schnell die Binde von seinen Augen, und der König von Israel erkannte ihn, dass er einer von den Propheten war. Und er sagte zu ihm: So spricht der HERR: Weil du den Mann, auf dem mein Bann lag, aus der Hand gelassen hast, soll dein Leben für sein Leben einstehen und dein Volk für sein Volk!"

(1. Könige 20, 38-42)

Die Entscheidung von Ahab, Ben-Hadad ziehen zu lassen, nachdem der Herr ihn in seine Hände gegeben hatte, würde also tödlich enden. Es bedeutete Gottes Gericht über Ahab.

Zum ersten Mal wurde hier das Ende seiner Regentschaft und seines Lebens verfügt und prophezeit. Die Entscheidung, Israels Hauptfeind und Widersacher frei zu lassen, bedeutete eine Katastrophe, nicht nur für Ahab selbst, sondern letztlich für die gesamte Nation. Ben-Hadad würde nun natürlich auch weiterhin die Sicherheit der Nation bedrohen und das Land gefährden. Es bestand kein Zweifel daran, dass er in der Zukunft wieder in das Land einfallen würde, um eine Katastrophe herbeizuführen.

---◆◆◆---

Das Paradigma des Erzfeindes

Ist es möglich, dass selbst dieser Aspekt des Paradigmas eine Parallele in der Neuzeit hat? Könnte es eine Person in der modernen Geschichte geben, die diesem Paradigma des Erzfeindes, des Eroberers bzw. des Widersachers entspricht? Hat sich das Paradigma von Ben-Hadad in unseren Zeiten manifestiert?

Ben-Hadad II begann seine Regentschaft bereits mehrere Jahre, bevor Ahab König wurde. Aber wie es scheint, stellte er nur zur Zeit der Regierung von Ahab eine aktive Bedrohung

Das PARADIGMA

und Gefahr dar. Wenn Präsident Clinton der Ektypus von Ahab ist, dann müsste es also, gemäß dem Paradigma, während Clintons Präsidentschaft noch einen weiteren Emporkömmling mit einer Bedrohung für die Nation gegeben haben – also den Ektypus von Ben-Hadad. Hat sich also das Paradigma von Ben-Hadad auch in unserer heutigen Zeit manifestiert? Wir werden diesen neuzeitlichen Ben-Hadad im Paradigma nachfolgend als „Widersacher" bezeichnen.

> Parallel zur Regierung des Königs wird sich ein Mann erheben, der eine Bedrohung und aktive Gefahr für die Nation darstellen wird – er wird zum Widersacher des Königs und der Nation werden.

Bill Clinton wurde im Januar 1993 als Präsident der Vereinigten Staaten vereidigt. Wenn sich das Paradigma von Ben-Hadad tatsächlich in der modernen Welt manifestiert hat, dann hätte dieser Ektypus also während der Präsidentschaft von Clinton auftreten müssen. Gibt es eine solche Person?

Ja, diese Person gab es wirklich. Tatsächlich entwickelte sich diese Person zu einer Gefahr für den Weltfrieden, und das weniger als dreißig Tage bevor Clinton als zweiundvierzigster Präsident Amerikas vereidigt wurde. Es geschah am 29. Dezember 1992 in Form eines Terrorangriffs. Jener Mann, der hinter dem Angriff stand, wurde Osama bin Laden genannt.

Amerikanische Soldaten waren auf der Durchreise nach Somalia, um dort an der Operation „Restore Hope" teilzunehmen, und sie stiegen im „Gold Mohur Hotel" in Aden (Jemen) ab. Agenten der Terrorgruppe Al Kaida zündeten eine Bombe am Hotel, mit dem Ziel, die Soldaten zu töten. Der Bombenanschlag verfehlte allerdings sein eigentliches Ziel, weil die Soldaten das Anwesen bereits vor der Explosion verlassen hatten. Man geht jedoch davon aus, dass dieses Ereignis der erste Terrorakt war, für den Osama bin Laden verantwortlich war.[1]

Der Widersacher

Und so nahmen diese beiden ihre jeweiligen Rollen ein, der Ben-Hadad des Paradigmas und der Ahab des Paradigmas, mit einem zeitlichen Unterschied von weniger als einem Monat, der eine als Führer der westlichen Welt und der andere als Erzfeind und Widersacher.

> Er wird zum berüchtigsten Erzfeind der Nation werden.

In der Ära Clinton spitzte sich der Hass von Bin Laden auf Amerika und auf alles, was durch Amerika repräsentiert wurde, immer weiter zu. Während der Amtszeit von Clinton erklärte Bin Laden in einer Verlautbarung den Vereinigten Staaten offiziell den Krieg.[2]

Amerika erkannte erst recht spät die wahre Bedrohung, die von Bin Laden ausging, aber letztlich kam man doch an den Punkt, ihn als Hauptfeind und als Bedrohung zu sehen – als Widersacher der Nation.

Ben-Hadad kam aus Aram-Damaskus, östlich von Israel, und von Osten aus führte er auch Krieg gegen die Nation. Er entstammte einem semitischen Volk und hatte somit eigentlich eine Verbindung zu den Juden. Er sprach einen aramäischen Dialekt, also eine semitische Sprache, und mit dieser semitischen Sprache formulierte er seine Drohungen gegen Israel, was auch dem Paradigma entspricht:

> Der Widersacher wird aus einem Land östlich der Nation kommen, aus einem semitischen Land, von wo aus er Kriege führt. Er wird ein Semit sein und wird seine Drohungen gegen das Land des Königs in semitischer Sprache abgeben.

Genau wie Ben-Hadad kam auch Bin Laden aus dem Osten, und aus dem Osten heraus führte er seinen Krieg gegen die Nation, die klares Ziel seines Hasses war. Bin Laden war zwar Araber, aber auch die Araber sind im Grunde ein semitisches

Das PARADIGMA

Volk. So war also auch Bin Laden ein Semit, genau wie Ben-Hadad. Arabisch ist eine semitische Sprache, und somit verkündete auch Bin Laden, genau wie Ben-Hadad, unaufhörlich seine Drohungen und Kriegserklärungen in einer semitischen Sprache.

> Der Widersacher wird ständig Anschläge planen, entsprechende Strategien entwickeln und dem Land des Königs verbal mit der Vernichtung drohen.

Genau wie zur Zeit von Ahab, als Ben-Hadad immer wieder mit der Vernichtung Israels drohte, so verbreitete auch Bin Laden im Laufe der Amtszeit von Clinton seine Drohungen, und er plante Anschläge gegen Amerika. Er ging sogar soweit, Amerika den Krieg zu erklären und damit zu drohen, auf amerikanischem Boden Zerstörung zu bringen.

> Der Widersacher wird nicht nur drohen, sondern auch handeln. Er wird mehrere Angriffe gegen die Nation des Königs ausführen und Tod und Zerstörung bringen.

Bin Laden stieß während der Amtszeit von Clinton nicht nur Drohgebärden gegen Amerika aus, sondern er startete auch Angriffe gegen Amerika und gegen amerikanische Bürger überall in der Welt.

> Der Widersacher wird zu einer zunehmenden Bedrohung werden und eine reale und massive Gefahr darstellen, speziell in den späten Regierungsjahren des Königs.

Genauso wie sich die Gefahr, die von Ben-Hadad ausging, in den letzten Jahren der Regentschaft von Ahab zuspitzte, so verhielt es sich auch mit Osama bin Laden. Es war im Jahre 1996, in der Mitte der Amtszeit von Präsident Clinton, als Bin Laden den USA offiziell den Krieg erklärte. Im Jahre

Der Widersacher

1997 unterzeichnete er eine Fatwa, ein islamisches Rechtsdokument, in dem die Tötung von Nordamerikanern und ihrer Verbündeten zur islamischen Pflicht erklärt und bewusst dazu aufgerufen wurde.[3] Im Jahre 1998 war er verantwortlich für die Bombardierung zweier amerikanischer Botschaften in Ostafrika, wobei Hunderte getötet und Tausende verletzt wurden.[4] Nach diesem Angriff war der Name von Bin Laden in aller Munde, und das FBI hatte ihn auf der Liste der meistgesuchten Verbrecher ganz nach oben gesetzt. Er wurde jetzt als eine ernste Bedrohung der Sicherheit der Nation gesehen, und das aus gutem Grund, denn schon bald würde er damit beginnen, einen noch viel größeren und tödlicheren Angriff gegen die von ihm gehasste Nation zu planen.

> Der Name des Widersachers wird aus der Verbindung zweier nahöstlicher Worte gebildet. Auf Hebräisch wird das erste Wort zusammengesetzt aus dem Buchstaben „bet" bzw. „b" gefolgt von dem Buchstaben „nun" bzw. „n". Daraus ergibt sich die Bildung und Aussprache des Namens „Bn".

Der Name von Israels altem Widersacher Ben-Hadad wurde aus der Verbindung von zwei nahöstlichen Worten gebildet. So verhält es sich auch mit dem Namen Bin Laden. Auch er setzt sich aus zwei nahöstlichen Worten zusammen. Auf Deutsch besteht der Name Ben-Hadad aus acht Buchstaben, aufgeteilt auf zwei miteinander verbundenen Worten. Der Name Bin-Laden setzt sich ebenso aus acht Buchstaben zusammen, die auf zwei miteinander verbundenen Wörtern aufgeteilt sind. Das erste Wort im alten Namen besteht aus drei, und das zweite aus fünf Buchstaben. Dieses identische Merkmal findet sich auch bei Bin-Laden wieder; das erste Wort im Namen Bin Laden besteht aus drei, und das zweite aus fünf Buchstaben. Die beiden Namen besitzen zudem auch gemeinsame Vokalkonsonanten.

Das PARADIGMA

Das erste Wort im Namen dieser beiden Männer ist eigentlich nahezu identisch: Ben und Bin. Tatsächlich wird im Nördlichen Afrika der als Bin Laden bekannte Name häufig auch als Ben Laden wiedergegeben. Und in den nahöstlichen Sprachen, wo der Name seinen Ursprung hat, gibt es diesbezüglich eigentlich keine wirkliche Unterscheidung. Bin ist hier einfach nur eine arabische Version des Hebräischen Ben. In der ursprünglichen hebräischen Bibel, in der es keine schriftlichen Vokale gab, setzte sich das Wort einfach nur aus den hebräischen Buchstaben „bet" bzw. „b" und „nun" bzw. „n" zusammen. Daraus ergibt sich dann einfach nur „Bn". In der geschriebenen arabischen Sprache verhält es sich ebenso, dass die Vokale häufig weggelassen werden. Somit ergibt sich auch hier dasselbe: „Bn".

Es dürfte kaum irgendeine andere Person in der Neuzeit infrage kommen, die weltweit mit einem Namen bekannt ist, der dieselben Eigenschaften hat wie der alte Widersacher und Erzfeind Israels, also Ben-Hadad, oder eben Osama bin Laden in der Neuzeit.

> Das erste Wort des zweiteiligen Namens des Widersachers hat in der Muttersprache die Bedeutung „Sohn".

In der alten hebräischen Sprache, wie auch in der aramäischen Sprache, also der Muttersprache von Ben-Hadad, bedeutet das Wort „Ben" ein und dasselbe, nämlich „Sohn". Auf Arabisch, der Muttersprache von Bin Laden, bedeutet das Wort „Bin" ebenfalls „Sohn".

Im Paradigma gab der Herr den Feind der Nation in die Hände von König Ahab, und er hätte jetzt eigentlich die Möglichkeit gehabt, das Übel von Ben-Hadad zu beenden und damit die Katastrophe zu verhindern, die dieser Erzfeind unweigerlich in der Zukunft über Israel bringen würde. Aber er ließ ihn ziehen.

Der Widersacher

> Der König wird den Widersacher in die Hände bekommen und die Möglichkeit haben, ihn zu stoppen. Aber er wird ihn stattdessen freilassen.

Für die Erfüllung dieses Teils des Paradigmas hätte Präsident Clinton Bin Laden also in die Hände bekommen und die Möglichkeit haben müssen, ihn zu stoppen oder zu beseitigen, und er hätte Bin Laden dann auch wieder freigeben müssen. Könnte dies tatsächlich so geschehen sein?

Am 27. November 2002 wurde der Untersuchungsausschuss zum Terroranschlag vom 11. September 2001 eingerichtet, um die Ereigniskette vor dem Angriff am 11. September zu ergründen. Es stellte sich tatsächlich heraus, dass Präsident Clinton die Chance hatte, Bin Laden zu verhaften oder zu töten, aber er hatte seinerzeit entschieden, diese Gelegenheit nicht zu nutzen. Der Ausschuss fand heraus, dass Clinton bzw. die Clinton-Regierung diese Chance nicht nur einmal, sondern insgesamt neunmal gegeben wurde. Jedes Mal ließ Clinton, oder jemand, der unter seinem Befehl stand, die Gelegenheit verstreichen, oder auf die eine oder andere Weise wurde die Chance verpasst. Jedes Mal, wenn es sich irgendwie ergab, konnte Bin Laden doch wieder entwischen.[5]

Das ist natürlich nicht vergleichbar mit einer direkten Freilassung von Bin Laden, aber was auch immer der Grund oder die Gründe waren, es bedeutet auf jeden Fall eine Wiederholung des alten Paradigmas von Ahab und Ben-Hadad, den Erzfeind ziehen zu lassen.

Die Entscheidung des Königs, den Widersacher ziehen zu lassen, wird in den folgenden Jahren Unheil über das Land bringen in Form von Angriffen und Zerstörung.

Ahabs Entscheidung, Ben-Hadad freizulassen, sollte letztlich Unheil über die Nation bringen. Eine dieser Katastrophen würde auch ein Anschlag gegen das Land des Königs beinhalten, wie auch gegen die Hauptstadt des Königreiches.

Das PARADIGMA

Das waren dann auch die Folgen der Entscheidung von Clinton, auf die Gelegenheiten zur Beendigung dieser Bedrohung zu verzichten. Osama bin Laden brachte letztlich eine Katastrophe an die amerikanische Küste. Bin Laden leitete einen Anschlag auf amerikanischem Boden, der als schlimmster Terrorangriff in die amerikanische Geschichte eingehen sollte. Der Angriff konzentrierte sich auf die wichtigsten Städte Amerikas.

Zu dieser Tragödie kam erschwerend hinzu, dass Clinton durch den Direktor der CIA-Abteilung für Terrorismusbekämpfung zuvor gewarnt wurde, dass Bin Ladens Terrororganisation Al Kaida sich auf einen Angriff gegen Amerika vorbereiten würde, einschließlich der Ausbildung von Agenten zur Entführung von Flugzeugen. Die Warnung erging zur gleichen Zeit, als sich eine der wichtigsten Möglichkeiten eröffnete, Bin Laden zu töten. Geheimdienstberichte hatten offenbart, dass sich Bin Laden auf seiner Residenz in Kandahar in Afghanistan aufhalten würde. Clinton jedoch beschloss, diese Möglichkeit ungenutzt verstreichen zu lassen.

Später, nach dem Ende seiner Präsidentschaft, rechtfertigte Clinton seine Entscheidung, Bin Laden nicht getötet zu haben. Er wollte nicht riskieren, dass unschuldige Menschen dabei getötet werden. Die Begründung seiner Entscheidung wirft jedoch Fragen auf im Hinblick auf seinen früheren Befehl, eine pharmazeutische Fabrik zu bombardieren, wobei das Risiko bewusst in Kauf genommen wurde, dass unschuldige Menschen getötet werden. „Ich hätte ihn fast bekommen", sagte Clinton. „Und ich hätte ihn töten können."[6]

Das Timing seiner Stellungnahme war bemerkenswert. Er gab die Erklärung am 10. September 2001 ab. Innerhalb von Stunden nach diesen Worten wurde Amerika von Terroristen der Al Kaida geschlagen, mit einem Angriff, der fast dreitausend Menschen das Leben kostete, und der von Osama bin Laden geleitet wurde. Die zeitliche Konvergenz zwischen Clintons Anerkennung, dass er tatsächlich beschlossen hatte, Bin Laden zu verschonen, und dem eigentlichen Unglück, das dann

Der Widersacher

auf amerikanischem Boden geschah, ist schon recht gespenstisch, wenn man es im Lichte des Paradigmas von Ahab und Ben-Hadad betrachtet. Es wird umso gespenstischer im Licht des Wortes, das damals vom Propheten an Ahab weitergegeben wurde, nachdem er Ben-Hadad hatte ziehen lassen:

„Und er sagte zu ihm: So spricht der HERR: Weil du den Mann, auf dem mein Bann lag, aus der Hand gelassen hast, soll dein Leben für sein Leben einstehen und dein Volk für sein Volk!"[7]

Die Entscheidung, Ben-Hadad ziehen zu lassen, musste also zwangsläufig auf eine zukünftige Katastrophe hinauslaufen und dem Volk Israel Tod bringen. Genauso führte auch die Entscheidung, Bin Laden zu verschonen, zu Unheil und Tod auf amerikanischem Boden, an einem warmen Septembertag, im Voraus angedeutet durch das Paradigma.

———◆◆◆———

Wir haben die Rolle von Ahab und Isebel beim Glaubensabfall einer Nation von Gott gesehen, aber jetzt werden wir in einen anderen Bereich vordringen. Es geht um einen Skandal, eine verborgene Sünde, eine Geschichte von Habgier, Betrug und Mord, die mit einem Weinberg in Zusammenhang steht, und eine Tat, die nicht nur die Zukunft von Ahab, sondern auch die seiner Frau bestimmen sollte – und letztlich die Zukunft der gesamten Nation.

Kapitel 10

DER WEINBERG

Nur wenige Menschen würden den Namen Nabot kennen. Und doch sollte dieser Name die Zukunft der zwei berühmtesten Monarchen bestimmen.

Die große Sünde von Ahab und Isebel war ihr totaler Krieg gegen Gott und gegen Seine Weisungen, einschließlich ihrer Rolle bei der massiven Beschleunigung des geistlichen Niedergangs ihrer Nation. Aber der Fall um Nabot war eine völlig andere Sache. Er stand in Verbindung mit einer ganz anderen Art der Sünde, nicht national oder kulturell, sondern ganz per-

Das PARADIGMA

sönlich. Nabot wurde konfrontiert mit der Habgier, der Begehrlichkeit, der Gewinnsucht, dem Betrug, der Manipulation, der Falschaussage, des Diebstahls und des Mordes von Seiten des Königspaares. Der Fall Nabot wurde zum eigentlichen Skandal ihres Lebens.

Aber wer war nun dieser Nabot? Dieser Mann lebte in der Nähe des Palastes von Ahab und Isebel in der Ebene Jesreel. Er besaß einen Weinberg:

„Und es geschah nach diesen Ereignissen: Nabot, der Jesreeliter, hatte einen Weinberg, der in Jesreel war, und zwar gleich neben dem Palast Ahabs, des Königs von Samaria. Und Ahab redete zu Nabot und sagte: Gib mir deinen Weinberg! Er soll mein Gemüsegarten werden, denn er ist nahe bei meinem Haus. Ich gebe dir dafür einen besseren Weinberg als den hier. Oder wenn es besser ist in deinen Augen, gebe ich dir Geld als Kaufpreis für ihn."

(1. Könige 21,1-2)

Obwohl er bereits der reichste Mann in Israel war, wollte Ahab noch mehr. Er sah einen Weinberg, der im Besitz eines anderen war und wollte ihn für sich haben. So bot er Nabot einen anderen Weinberg oder einen entsprechenden Geldbetrag an. Aber es verstieß gegen das Gesetz Gottes, den Besitz eines Vorfahren zu verkaufen. Nabot schien also ein gottesfürchtiger Mann gewesen zu sein. Seine Antwort auf das Begehren des Königs spiegelt dieses antike Dekret wider:

„Aber Nabot sagte zu Ahab: Das lasse der HERR fern von mir sein, dass ich dir das Erbe meiner Väter gebe! Da ging Ahab in sein Haus, missmutig und wütend über das Wort, das der Jesreeliter Nabot zu ihm geredet hatte ..."

(1. Könige 21,3-4)

Erneut trat an dieser Stelle die ungestüme Natur von Ahab zu Tage, und sein Verhalten erinnert hier wohl mehr an ein kleines Kind als an einen König. Es heißt hier sogar: „Und er legte sich auf sein Bett und wandte sein Gesicht ab und aß nichts." Als Isebel ihn nach dem Problem befragte, berichtete

Der Weinberg

er ihr über die Weigerung Nabots, den Weingarten zu verkaufen.

„Da sagte seine Frau Isebel zu ihm: Du, du übst doch jetzt die Königsherrschaft über Israel aus."

(1. Könige 21,7)

Die Worte der Königin könnte man auch folgendermaßen übersetzen: „Bist du denn nicht der König über Israel?" In den Augen von Isebel war die Angelegenheit unter der Würde von Ahab. Phönizische Monarchen standen in der Regel auch über dem Gesetz und konnten tun und lassen, was sie wollten. Die Monarchen Israels waren jedoch genauso an die göttlichen Gesetze gebunden wie ihre Untertanen und ihr Volk. Aber Isebel wollte ein solches Gesetz und eine solche Hoheitsgewalt natürlich nicht anerkennen.

„Ich werde dir den Weinberg des Jesreeliters Nabot geben."

(1. Könige 21,7)

Das Wesen der Königin offenbart sich durch ihre Worte. Man kann ihre Verachtung spüren, ihre Ungeduld, ihre Herrschsucht, ihre Dominanz über den König und ihre Weigerung, irgendein Hindernis zur Durchsetzung ihres Willens zu akzeptieren, selbst wenn dieses Hindernis mit dem Wort Gottes in Verbindung stand. In den Augen von Isebel ist Ahab zu schwach, um das zu tun, was ein König tun sollte, und so nimmt sie die Sache nun selbst in die Hand.

„Dann schrieb sie Briefe im Namen Ahabs und siegelte sie mit seinem Siegel und sandte die Briefe an die Ältesten und an die Vornehmen, die mit Nabot zusammen in seiner Stadt wohnten."

(1. Könige 21,8)

Hier erleben wir auf Seiten der Königin die klare Absicht, die Autorität ihres Mannes zu missbrauchen, um ihre eigenen Pläne voranzutreiben. In diesem Fall schloss ihr Plan auch Mord ein. Sie ordnete eine Versammlung der Stadtbewohner an, auf der Nabot als ein ehrenwerter Gast behandelt werden sollte. Zwei Männer sollten ein falsches Zeugnis gegen ihn

Das PARADIGMA

ablegen. Im weiteren Verlauf wurde Nabot dann aus der Stadt geführt und gesteinigt.

„Und sie sandten zu Isebel und ließen ihr sagen: Nabot ist gesteinigt worden und ist tot."

(1. Könige 21,14)

Mit dem Tod von Nabot sah Isebel nun kein Hindernis mehr für die Besitznahme des Weinberges durch Ahab, da der Besitzer nun tot war.

„Und es geschah, als Isebel hörte, dass Nabot gesteinigt worden und tot war, sagte Isebel zu Ahab: Mache dich auf, nimm in Besitz den Weinberg des Jesreeliters Nabot, der sich geweigert hat, ihn dir für Geld zu geben! Denn Nabot lebt nicht mehr, er ist tot."

(1. Könige 21,15)

Und so ging Ahab nun hin zum Weinberg von Nabot, um ihn in Besitz zu nehmen. Es gab nichts, was ihm dabei im Weg stand, abgesehen von Gott und einem Propheten mit Namen Elia.

„Da geschah das Wort des HERRN zu Elia, dem Tischbiter: Mache dich auf, geh hinab, Ahab, dem König von Israel, entgegen, der in Samaria wohnt! Siehe, er ist im Weinberg Nabots, wohin er hinabgegangen ist, um ihn in Besitz zu nehmen."

(1. Könige 21,17-18)

Dort im Weinberg würde Elia dem König Ahab eine Prophetie geben, ein Wort, das sein Ende, wie auch das Ende von Isebel und letztlich auch das Ende ihrer Dynastie besiegeln sollte.

───◆◆◆───

Das Paradigma vom Weinberg

Wenn sich das Paradigma von Ahab und Isebel in der Neuzeit manifestiert hat, könnte es dann zur gleichen Zeit auch eine Manifestation des Skandals von Ahab und Isebel gegeben haben? Könnte es eine moderne Manifestation von Nabot

Der Weinberg

gegeben haben? Und wenn ja, wie könnte diese Manifestation ausgesehen haben?

Die Antwort ist ein klares Ja. Tatsächlich würde der Skandal von Nabot mehrere Manifestationen haben. Nabot wird hier zu einem Beispiel dafür, dass ein einzelnes Ereignis in der alten Welt mehr als nur eine Manifestation in der Neuzeit haben kann, oder anders gesagt: Die verschiedenen Facetten und Merkmale ein und desselben alten Ereignisses können verschiedene Manifestationen in der Moderne haben.

Das Paradigma von Nabot erzeugte mehr Manifestationen, als man in einem Kapitel offenlegen könnte. Wir beginnen also mit der ersten Manifestation.

> Die Regentschaft des Königs und der Königin wird nicht nur wegen des nationalen Glaubensabfalls in die Geschichte eingehen, sondern auch wegen ihrer eigenen persönlichen Skandale.

Was mit Nabot geschah, führte letztlich dazu, dass die Regentschaft von Ahab und Isebel nicht nur vom nationalen Glaubensabfall und dem Abweichen von den biblischen Standards gekennzeichnet war, sondern auch von Skandalen. Genauso ging auch die Regierungszeit von Bill und Hillary Clinton nicht nur wegen ihres Aktivismus gegen traditionelle oder biblische Werte in die Geschichte ein, sondern auch wegen Skandalen und Affären. In der Ära Clinton gab es einen Skandal nach dem anderen, und manchmal sogar mehr als einen gleichzeitig. Es geht hier nicht darum, Wahrheit oder Fehlverhalten im Zusammenhang mit irgendwelchen Skandalen zu beurteilen. Aber allein die Tatsache, dass die Ära Clinton wegen der Skandale in die Geschichte einging, und dass beide in mindestens einen oder in mehrere dieser Skandale verwickelt waren, also sowohl der Präsident wie auch die First Lady, bedeutet eine weitere Übereinstimmung mit dem Paradigma von Ahab und Isebel.

Das PARADIGMA

> Der König und die Königin werden bis zum Ende ihrer Regentschaft von Skandalen verfolgt werden.

Der Skandal im Zusammenhang mit Nabot sollte Ahab und Isebel für den Rest ihres Lebens verfolgen. Der Präsident und die First Lady wurden ebenfalls bis zum Ende der Jahre ihrer Macht von Skandalen heimgesucht. Die Skandale begleiteten sie von der Zeit des Gouverneursamtes über den Einzug ins Weiße Haus bis zum Ende der Präsidentschaft. Sogar bis zum letzten vollen Tag vor dem Ende seines Amtes musste sich Clinton noch mit Skandalen befassen.

> Bei dem Skandal des Königs und der Königin wird ein Grundbesitz im Mittelpunkt stehen.

Der Skandal von Ahab und Isebel drehte sich um ein Grundstück bzw. um Grundbesitz. Es ging um den Weinberg von Nabot. Auch während der Präsidentschaft von Clinton stach ein Skandal besonders hervor, der die Clintons die längste Zeit hinweg verfolgte. Dieser Skandal ging unter dem Namen „Whitewater-Affäre" in die Geschichte ein. Worum ging es dabei? Es ging um Landbesitz und Grundstückskäufe. In der biblischen Überlieferung dürften sich nur schwer weitere Beispiele finden lassen, in denen ein Königspaar in ähnlicher Weise in einen Skandal verwickelt gewesen wäre, so wie Ahab und Isebel im Zusammenhang mit diesem Stück Land in Form des Weinberges.

Und auch in der amerikanischen Geschichte findet sich nichts an vergleichbaren Skandalen, die an die Grundstücksaffäre des Präsidenten und der First Lady heranreichen.

> Der Skandal wird die Aneignung und Inbesitznahme von Land einschließen, ausgeführt vom König und der Königin.

Der Weinberg

Gegen Ende der 70er Jahre, bereits zu Beginn seiner politischen Laufbahn, wurde Bill Clinton, zusammen mit seiner Frau Hillary, Mitglied einer Gesellschaft, um Land zu kaufen und persönlichen Gewinn daraus zu erzielen. Die Gesellschaft trug den Namen „Whitewater Development Corporation".[1] Auch bei diesem Skandal ging es um Grunderwerb, also derselbe Hintergrund wie bei dem alten Skandal um Ahab, Isebel und Nabot.

> Der Skandal wird sich um das Problem widerrechtlicher Aktivitäten im Zusammenhang mit Landbesitz drehen, und er wird diejenigen betreffen, die sich dieses Land aneignen.

Die Inbesitznahme des Weinberges von Nabot durch Ahab und Isebel war illegal. Der Grundstückerwerb von Clinton bezüglich des Whitewater-Landes war fast von Beginn an von zweifelhaften Finanzaktivitäten begleitet. Ihr Hauptpartner musste ins Gefängnis, zusammen mit seiner Frau, weil sie sich weigerten, die Frage zu beantworten, ob Präsident Clinton im Rahmen dieser Affäre vor Gericht gelogen habe oder nicht. Bis zum Prozessende wurden insgesamt fünfzehn Personen, die mit diesem Skandal in Verbindung standen, wegen des Verstoßes gegen Bundesgesetze verurteilt.[2] Obwohl gegen die Clintons kein Strafverfahren eingeleitet wurde, blieb der gegen sie erhobene Verdacht bestehen und führte immer wieder zu entsprechenden Ermittlungen. Aussagen schienen nicht der Realität zu entsprechen und verdächtige Aktivitäten begleiteten die Angelegenheit über Jahre hinweg. Das bedeutet natürlich jetzt keine Schuldzuweisung gegenüber den Clintons. Es geht hier nicht um ihre Schuld oder Unschuld, sondern es geht hier um eine alte Vorlage. Die Regentschaft von Ahab und Isebel war ständig von dem Skandal bezüglich des Landerwerbs und der illegalen Aktivitäten im Zusammenhang mit dieser Inbesitznahme des Landes begleitet. So fanden sich auch die moder-

Das PARADIGMA

nen Gegenbilder von Ahab und Isebel inmitten eines Skandals und einer Ermittlung wieder, und es ging auch hierbei wieder um Land, um den Erwerb von Grundstücken und um die Frage, ob es beim Landerwerb illegale Aktivitäten gegeben hatte.

Aber es gab auch noch ein weiteres skandalöses Element – nämlich Nabot und natürlich auch sein Tod.

> Der Skandal des Königs und der Königin wird mit dem Tod eines Mannes in Verbindung stehen.

Im Juli 1993 wurde Vince Foster, der Berater im Weißen Haus und Freund von Clinton war, im „Fort Marcy Park" in Virginia tot aufgefunden. Seine Zusammenarbeit mit den Clintons ging bis Mitte der 70er Jahre zurück. Er zog mit ihnen von Arkansas nach Washington, DC und diente als ihr Rechtsanwalt. Sein Tod wurde zum Gegenstand von Kontroversen und Gerüchten, und er führte zum Vertrauensverlust während der Clinton-Präsidentschaft, obwohl damals die Theorie vom Selbstmord vorherrschte.[3] Durch den Tod von Vince Foster kam ein weiterer Faktor zu der Wolke des Verdachts und der Skandale hinzu, die sich über die Clintons und über das Weiße Haus gelegt hatte. Viele gingen davon aus, dass es sich um Mord gehandelt haben müsste.

Der Tod von Foster wurde sogar zum Fokus einer großangelegten behördlichen Untersuchung.[4] Nochmals sei gesagt, dass Gerüchte natürlich nicht auf der Wahrheit beruhen müssen, aber von außen betrachtet gibt es auch hier wieder eine Ähnlichkeit und Parallele zum alten Skandal. Genau wie damals bei Ahab und Isebel, so waren auch die Skandale um Bill und Hillary Clinton mit dem Tod eines Mannes verbunden, einschließlich der Frage, ob es sich um Mord gehandelt haben könnte.

Der Weinberg

> Der Mann, dessen Tod mit dem König und der Königin in Verbindung gebracht wird, ist auch Teil des Grunderwerbs durch das Königspaar und Teil des Skandals, der diesen Grunderwerb umgibt.

Mehr als durch irgendetwas anderes ist Nabot wegen des Landes bekannt geworden, weswegen er dann auch im Zusammenhang mit dem Skandal ermordet wurde. Deshalb stellt sich auch für die Neuzeit die Frage, ob irgendeine Verbindung zwischen Vince Foster und dem Whitewater-Skandal bestehen könnte?

Vince Foster und Hillary Clinton arbeiteten in Arkansas in einer Anwaltskanzlei (Rose Law Firm) zusammen. Das Unternehmen war an Immobilien-Transaktionen beteiligt, die später in den Fokus der Whitewater-Ermittlungen rücken sollten. In der Tat war es Foster, der 1992 die Clintons bei ihrem letzten Whitewater-Deal vertrat. Er unterzeichnete auch die Papiere, mit denen der Verkauf der verbliebenen Anteile der Whitewater-Gesellschaft an James McDougal, ihrem früheren Whitewater-Partner, besiegelt wurde. Und Foster war es auch, der die Whitewater-Papiere bis zu seinem Tod aufbewahrte.[5]

Fosters Tod fügte diesem Skandal nur noch eine weitere Kontroverse hinzu. Innerhalb von Stunden nach seinem Ableben drangen Mitarbeiter des Weißen Hauses in sein Büro ein und beseitigten alle juristisch relevanten Aufzeichnungen, die die Whitewater-Affäre betrafen. Hinter der Eliminierung der Unterlagen stand Bernard Nussbaum, der Chefberater im Weißen Haus. Nussbaum gab die Aufzeichnungen an Maggie Williams weiter, Hillary Clintons Stabschefin.[6]

Später rückte der Tod von Foster erneut in den Fokus der Bundesermittler, gemeinsam mit den Ermittlungen um die Whitewater-Affäre. Genau wie im Fall von Nabot, so standen also auch jetzt diese bundesstaatlichen Ermittlungen im Zusammenhang mit diesem Grundstücksskandal in Verbindung mit dem Tod eines Mannes.

Das PARADIGMA

Spätere Untersuchungen offenbarten dann schließlich, dass die Skandale im Umfeld der Clinton-Regierung eine Schlüsselrolle beim Tod von Foster spielten. Er fühlte sich offensichtlich überrollt von dem Druck, der auf ihm lastete, und er sah seinen Ruf ernsthaft in Gefahr.[7] Genau wie im Fall von Nabot befand Foster sich im Fokus der öffentlichen Beschuldigungen und der Verleumdungen seines Rufs.

Bei dem Grundstück, das Ahab unbedingt für sich haben wollte, handelte es sich um einen Weinberg. Ein Weinberg ist selbstredend ein Ort, wo Früchte angebaut und geerntet werden. Der Name des Mannes, der den Weinberg besaß, war Nabot. Welche Bedeutung hat der Name Nabot? Nabot bedeutet „Früchte".

Ist es nun Zufall oder ein Zeichen von Gott, dass der Name des Opfers, Nabot, verbunden ist mit dem Land, das zum Kern des Skandals wurde, ein Weinberg – also ein Ort, an dem man Früchte anbaut.

> Der Name des Opfers wird eine Verbindung zu dem Grundstück haben, das sich der König und die Königin aneignen, und dieses Land wird in den Fokus des Skandals rücken.

Was war das für Land, das die Clintons erwarben, und das dann ins Zentrum des Skandals rückte?

Es war ein Waldgrundstück. Über die „Whitewater Development Corporation" kauften die Clintons zweihundert Morgen Waldfläche entlang des White-River in der Ozark-Region.[8] Somit war also der „Weinberg" des Whitewater-Skandals ein Wald.

Wenn der Name von Nabot im alten Fall eine Verbindung zum Land aufweist, könnte dann nicht vielleicht die Möglichkeit bestehen, dass auch der Name des neuzeitlichen Nabot eine Verbindung zu dem Land des Whitewater-Skandals hat?

Welche Bedeutung hat der Name Foster? Man kann die Bedeutung auch folgendermaßen beschreiben:

Der Weinberg

„Ein Amtsträger, der für einen Wald verantwortlich ist."[9]

Foster war der Name, der dem Bewahrer und Hüter des Waldes gegeben wurde. Und das genau war auch die Aufgabe von Vince Foster. Er war der juristische Hüter und Wächter über die Waldgrundstücke von Whitewater.

Er hatte eine Verbindung zu diesem Land durch seine Anwaltstätigkeit, durch seine Beteiligung an dem realen Verkauf des Landes und letztlich auch durch die bundesstaatlichen Ermittlungen bezüglich der Beziehungen zwischen den beiden. Unabhängig davon bestand schon von Beginn an eine Verbindung mit seinem Namen. Während der Name von Nabot im alten Fall eine Verbindung zu einem Weinberg hatte, so wies der Name im neuzeitlichen Fall also eine Verbindung zum Wald auf.

Im Mittelalter diente ein „Förderer und Bewahrer des Waldes" als Interessenvertreter der Herrscher des Landes oder der Königshäuser, die im Besitz des Waldes waren.

Somit wurde Foster zum rechtlichen Verwalter von Whitewater für den Präsidenten und für die First Lady.

Die Verbindung zwischen dem Weinberg von Nabot und Whitewater reichen allerdings noch weiter. Wir wissen aus alten Aufzeichnungen und biblischen Hinweisen, dass Weinberge nicht nur Orte für Weinreben waren, sondern auch für Bäume. Die Baumpflanzungen waren eine effiziente Maßnahme zur vielfältigen Nutzung des Weinberges, und sie boten zudem einen wirksamen Schutz für ein besseres Wachstum der Reben.

Der Besitzer eines Weingartens war also gleichzeitig auch verantwortlich für den Schutz und die Bewahrung der Bäume. Ein Weinberg war also ein Ort von beidem, ein Ort der Früchte und ein Ort der Bäume – Früchte, wie im Namen Nabot im alten Fall, und Bäume, wie im Namen Foster im neuzeitlichen Gegenbild.

———◆◆◆———

Das PARADIGMA

Aber es gibt noch mehr Aspekte in diesem Teil des Paradigmas zu entdecken. Zudem gäbe es auch noch mehr über diese neuzeitliche Geschichte zu berichten – noch mehr Geheimnisse, noch mehr Skandale und weitere Rückwirkungen, die alle mit dem alten Weinberg in Verbindung stehen.

Das Paradigma wird nun einen Skandal offenbaren, der Amerika erschütterte und zu großen Veränderungen in der Welt führte – aber es geht dabei nicht nur um den Skandal an sich und seine Aufdeckung, sondern auch um die tatsächliche Zeit der Enthüllung – also um das genaue Jahr, in dem sie stattfand.

Kapitel 11

DIE PROPHETIE

Der Skandal um Nabot war so ungeheuerlich, dass Gott beschlossen hatte, das Gericht über Ahab, Isebel und ihre Dynastie endgültig zu besiegeln. Durch die Inbesitznahme des Erblandes von Nabot hatten sie Gottes Gesetz über das Land übertreten. Aber das war natürlich nicht das einzige Gesetz, das sie verletzt hatten, sondern sie übertraten auch die Zehn Gebote. In der Bibel ist dazu folgendes niedergeschrieben:

„Du sollst nicht das Haus deines Nächsten begehren. Du sollst nicht begehren die Frau deines Nächsten, noch seinen Knecht,

Das PARADIGMA

noch seine Magd, weder sein Rind noch seinen Esel, noch irgendetwas, was deinem Nächsten gehört."

(2. Mose 20,17)

Die Bibelstelle beginnt mit dem Begehren. Ahab begehrte den Besitz seines Nächsten und Nachbarn. Nachdem Isebel in die Geschichte eingegriffen hatte, eskalierte die Situation sehr schnell. Was mit einem Begehren begann, endete dann letztlich mit einem Mord. Nachfolgend die konkreten Anweisungen, die Isebel den Ältesten jener Siedlung gab, in der Nabot lebte:

„Ruft ein Fasten aus und lasst Nabot obenan im Volk sitzen! Und setzt ihm gegenüber zwei Männer, Söhne der Bosheit, dass sie gegen ihn zeugen, indem sie sagen: Du hast Gott und den König gelästert! Dann führt ihn hinaus und steinigt ihn, dass er stirbt!"

(1. Könige 21,9-10)

Der Plan verlangte also, dass zwei Männer ein falsches Zeugnis gegen Nabot ablegen sollten, um ihn dann der Gotteslästerung zu überführen. Das bedeutete natürlich auch noch ein weiteres Übertreten der Zehn Gebote:

„Du sollst gegen deinen Nächsten nicht als falscher Zeuge aussagen."

(2. Mose 20,16)

So hatte das königliche Paar also noch ein weiteres Gebot übertreten. Sie ordneten ein falsches Zeugnis gegen Nabot an, gegen ihren Nächsten und Nachbarn.

Der Plan der Isebel verlangte auch, dass der Mann zu Tode gesteinigt werden sollte. Paradoxerweise benutzte sie ausgerechnet die Anklage der Gotteslästerung als Vorwand, um diesen Mord auszuführen:

„Dann führte man ihn zur Stadt hinaus und steinigte ihn, und er starb."

(1. Könige 21,13)

Und so verletzte das königliche Paar noch ein weiteres der Zehn Gebote:

Die Prophetie

„Du sollst nicht morden".

(2. Mose 20,13)

Im Rahmen dieser Intrige hatten Ahab und Isebel also bereits vier der Zehn Gebote gebrochen, und es schien ja so, dass sie ohne Folgen davonkommen würden. Während Ahab jedoch noch dabei war, den widerrechtlich angeeigneten Weinberg in Besitz zu nehmen, begegnete er dem Propheten Elia, der den Auftrag hatte, ein Wort von Gott an ihn weiterzugeben:

„Und rede zu ihm und sage: So spricht der HERR: Hast du gemordet und auch fremdes Gut in Besitz genommen? ... An der Stelle, wo die Hunde das Blut Nabots geleckt haben, sollen die Hunde dein Blut lecken, ja, deines."

(1. Könige 21,19)

Nachdem Ahab seinerzeit den Erzfeind Ben-Hadad freigelassen hatte, folgte bereits die erste Prophetie über seinen Tod. Aber nun, nach dem Mord an Nabot, wurde das Gericht über ihn nicht nur besiegelt, sondern es wurde jetzt auch die Art und Weise dieses Gerichtes bestimmt. Was Nabot angetan wurde, sollte nun gleichermaßen auch Ahab widerfahren.

Aber die Prophetie, einschließlich des darin enthaltenen Gerichtsurteils, ging noch einen Schritt weiter:

„... Ich habe dich gefunden, weil du dich verkauft hast, um zu tun, was böse ist in den Augen des HERRN. Siehe, ich bringe Unheil über dich und fege aus hinter dir her. Ich werde von Ahab ausrotten, was männlich ist, den Unmündigen und den Mündigen in Israel. Und ich mache dein Haus dem Haus Jerobeams, des Sohnes Nebats, gleich und dem Haus Baschas, des Sohnes Ahijas, wegen des Zornes, zu dem du mich gereizt hast, und weil du Israel zur Sünde verführt hast."

(1. Könige 21,20-22)

Das Gericht sollte also auf zwei Ebenen geschehen. Gott würde die Regentschaft von Ahab beenden und Ahab sollte getötet werden. Aber Gott wollte zum anderen auch das Ende

Das PARADIGMA

des Königshauses insgesamt, einschließlich des Bösen und der Sünden, die damit verbunden waren.

Aus den Worten von Elia geht klar hervor, dass die angekündigten Gerichte nicht nur eine Antwort auf den Mord an Nabot waren, sondern die Gerichte ergingen als Reaktion auf die Gesamtheit des Bösen und der Sünde, die Ahab und Isebel über Israel gebracht hatten, indem sie die Nation von Gott wegführten:

„... wegen des Zornes, zu dem du mich gereizt hast, und weil du Israel zur Sünde verführt hast."

(1.Könige 21,17-18)

Der Mord an Nabot war eigentlich nur noch der letzte Tropfen, der den Becher zum Überlaufen brachte. Weil jedoch die Sünden von Ahabs Königshaus letztlich die ganze Nation betrafen, würde das Gericht auch die ganze Nation erschüttern. Aber das Gericht sollte natürlich auch besonders jene Person treffen, durch die dieses ganze Übel letztlich ausgelöst wurde. Dort in Nabots Weinberg wurde durch den Propheten auch das Ende der Königin vorhergesagt.

„Und auch über Isebel hat der HERR geredet und gesprochen: Die Hunde sollen Isebel fressen an der Vormauer von Jesreel. Wer von Ahab in der Stadt stirbt, den werden die Hunde fressen, und wer auf freiem Feld stirbt, den werden die Vögel des Himmels fressen."

(1. Könige 21,23-24)

Gott wollte also die Tage von Ahab beenden und auch die Tage von Isebel zu einem Ende bringen. Es ist beachtenswert, dass die Gerichtsurteile über die beiden getrennt voneinander ausgesprochen wurden, und es ist in diesem Zusammenhang auch bemerkenswert, dass der König im Fokus der Anklage und des Gerichtes stand. Auch wenn Ahab von Isebel aufgestachelt wurde, so trug er letztlich die Verantwortung.

Als Ahab die Worte von Elia hörte, tat er etwas Überraschendes:

Die Prophetie

„Und es geschah, als Ahab diese Worte hörte, da zerriss er seine Kleider und legte Sackleinen um seinen Leib und fastete; und er lag im Sacktuch und ging still einher.

(1. Könige 21,27)

Das Zerreißen der Kleider und das Anlegen von Sackleinen in Asche bei gleichzeitiger Enthaltung von der Nahrungsaufnahme waren Zeichen des Bedauerns, der Reue und der Buße. Es war ein weiteres Anzeichen für die innere Zerrissenheit und das gespaltene Wesen von Ahab. Aber der Herr schaute auf die Bußfertigkeit von Ahab und erweiterte das Maß Seiner Barmherzigkeit:

„Da geschah das Wort des HERRN zu Elia, dem Tischbiter: Hast du gesehen, dass Ahab sich vor mir gedemütigt hat? Weil er sich vor mir gedemütigt hat, will ich das Unheil nicht in seinen Tagen kommen lassen; erst in den Tagen seines Sohnes werde ich das Unheil über sein Haus kommen lassen."

(1. Könige 21,28-29)

So wurde das Gericht also zumindest vorerst aufgehalten, die Auswirkungen und Konsequenzen des Gerichtes wurden hinausgezögert – zumindest teilweise. Das Gericht sollte also nicht urplötzlich hereinbrechen. Die Katastrophen sollten zu verschiedenen Zeiten geschehen. Das eigene Ende von Ahab sollte zuerst kommen, und danach dann das Ende des Königshauses und das Ende von Isebel.

Das, was dort im Weinberg von Nabot geschah, sollte sich noch als sehr bedeutsam und entscheidend erweisen. Das Böse von Ahab und Isebel wurde offengelegt, ihrer Regentschaft wurden Grenzen gesetzt und ihr Ende wurde prophezeit.

Im Whitewater-Skandal haben wir die erste Manifestation dieses Skandals auf der neuzeitlichen Weltbühne gesehen, der das Königshaus von Ahab begleitete. Jetzt werden wir auch den Rest sehen, und wir werden darin eine weitere Dimension des Paradigmas entdecken, eine Dimension, die nicht nur die Ereignisse der Neuzeit offenbart, sondern auch das Timing dieser Ereignisse.

Das PARADIGMA

Das Paradigma der Prophetie

Die Vorlage von Nabot, die wir im vorherigen Kapitel betrachtet haben, gab uns ein Beispiel dafür, dass sich ein einzelnes Ereignis im Paradigma mit mehr als nur einem Ereignis in der Neuzeit manifestieren kann. Die verschiedenen Facetten dieses einzelnen Ereignisses manifestieren sich also mitunter getrennt voneinander. Wir haben eine dieser Manifestationen im vorherigen Kapitel betrachtet, der Skandal um ein Stück Land, das im Privatbesitz war, und das widerrechtlich den Besitzer wechselte. Aber nun möchten wir uns einem anderen Skandal zuwenden.

Der Skandal um Nabot war begleitet von folgenden Dingen: Habgier, Begehrlichkeit, Verschleierung, sich einfach das nehmen, was einem nicht gehört, also Diebstahl, falsches Zeugnis, Betrug, Irreführung, Mord und das Übertreten der grundlegendsten Gesetze Gottes. Darauf folgte die Offenlegung dieser Sünden, die der Regentschaft des Königspaares eine Grenze setzen und ihr Vermächtnis besiegeln würde. Dies alles sollte dann im letzten Teil der Regierungszeit von König Ahab geschehen.

Gab es irgendein entsprechendes Ereignis, irgendeine vergleichbare Enthüllung oder einen ebensolchen Skandal auch in der Regierungszeit von Präsident Clinton?

> Innerhalb der Regierungszeit des Königs und der Königin wird es zu einer entscheidenden Offenlegung der persönlichen Sünde kommen. Diese Enthüllung wird im letzten Teil der Regierungszeit des Königs geschehen.

Im Jahre 1998 trat ein Skandal zu Tage, der die Ära Clinton unauslöschlich kennzeichnen würde. Dieser Skandal schloss auch die Offenlegung der persönlichen Verfehlungen des Präsidenten ein, und er ging unter dem Namen „Lewinsky-Affäre" in die Geschichte ein. Die Enthüllung dieser Affäre geschah im letzten Teil seiner Präsidentschaft und bedeutete noch ein-

Die Prophetie

mal eine Zuspitzung aller früheren Skandale, wie etwa die Ermittlungen im Zusammenhang mit der Whitewater-Affäre, der rätselhafte Tod von Vince Foster und andere Skandale. Alle „Nabots" der früheren Jahre verschmolzen nun quasi zu einem, zur „Lewinsky-Affäre". Sie sollte sich zu dem tonangebenden Skandal in der Ära Clinton entwickeln und den Rest seiner Regierungsjahre entscheidend prägen.

> Der Skandal wird Sünde, Lust und Begehrlichkeit in den höchsten Kreisen der Regierung offenlegen – der König, der etwas begehrt und sich das nimmt, was ihm nicht gehört.

Genauso wie der Skandal um Nabot die Habgier des Königs und seine Begehrlichkeit gegenüber Dingen einschloss, die ihm nicht gehörten, so verhielt es sich auch mit dem Lewinsky-Skandal im Hinblick auf Bill Clinton. Bei dem Skandal ging es um die ehebrecherische Affäre des Präsidenten mit einer Praktikantin im Weißen Haus, mit Monica Lewinsky. Es ging um Sünde, Habgier und sexuelle Lust, und die Affäre geschah im allerhöchsten Haus des Landes, im Weißen Haus.

> Der Skandal wird von Betrug und vom Auftreten falscher Zeugen geprägt sein.

Der Skandal um Nabot schloss Betrug und das Auftreten der beiden falschen Zeugen ein. In der Lewinsky-Affäre legte der Präsident selbst ein falsches Zeugnis ab, und er belog die komplette Nation bezüglich dieser Angelegenheit.[1]

Auch vor Gericht gab er später ein falsches Zeugnis ab, indem er irreführende und sich widersprechende Aussagen machte.[2]

Das PARADIGMA

> Der Skandal wird das Brechen der fundamentalsten Gesetze Gottes einschließen – die Übertretung der Zehn Gebote.

Im Skandal um Nabot hatten Ahab und Isebel eine klare Übertretung der Zehn Gebote begannen. Im Lewinsky-Skandal brach der Präsident ebenfalls die Zehn Gebote und gab ein falsches Zeugnis.

> Der König wird mit seinen Sünden konfrontiert werden. Sie werden öffentlich gemacht.

Ahab wurde durch den Propheten Elia mit seinen eigenen Sünden konfrontiert. Seine Handlungen wurden zweifellos überall in Israel bekannt, und sie wurden in den biblischen Schriften für alle Menschen überliefert und öffentlich gemacht. Dem Präsidenten wurden seine Sünden durch die Medien vor Augen geführt, sowie durch die Bundesermittlungen, durch das Gerichtsverfahren, durch die beiden Häuser des Kongresses und letztlich auch durch das amerikanische Volk.

> Durch die Offenlegung seiner Sünden und im Schatten des bevorstehenden Gerichtes wird der König sein Bedauern, seine Reue und seine Bußfertigkeit bekunden.

Obwohl Ahab sein Herz verhärtet und einen langen Krieg gegen die Wege und Weisungen Gottes geführt hatte, zeigte er überraschender Weise Anzeichen von Bedauern und Reue, als ihm seine persönlichen Sünden vor Augen geführt wurden. So verhielt es sich auch bei Ahabs Gegenbild, Präsident Clinton. Nach der Offenlegung seiner Sünden und dem Scheitern, diese Vergehen zu leugnen, trat er die Flucht nach vorn an und zeigte öffentlich Bedauern und Reue.

Die Prophetie

Wegen der Reue und Bußfertigkeit von Ahab gewährte Gott einen Aufschub der Gerichtsurteile über seinem Leben, seinem Königshaus und seiner Nation. Die Gerichte würden zweifellos geschehen, aber Gott zögerte sie noch hinaus. Zudem sollten sie nicht plötzlich alle auf einmal hereinbrechen, sondern im Laufe von verschiedenen Zeitperioden. Das volle Maß der Gerichtsurteile würde erst nach dem Tod des Königs zum Tragen kommen. Viele der Konsequenzen und Auswirkungen der Regierungszeit von Ahab sollten die Nation also erst in den Tagen seines Nachfolgers treffen.

> Es wird ein Aufschub für die ausgesprochenen Gerichtsurteile gewährt. Die Konsequenzen und Auswirkungen der Taten des Königs, seiner persönlichen Sünden und seiner Führung, die die Nation von Gott wegführte, werden auf einen späteren Zeitpunkt verschoben. Die Urteile, Konsequenzen und Folgen werden nicht sofort wirksam, sondern über eine ausgedehnte Zeitspanne hinweg. Die meisten Gerichte werden erst nach dem Ende der Königsherrschaft vollstreckt, also innerhalb der Regentschaft eines nachfolgenden Königs.

Ist es möglich, dass diese Muster und diese Dynamik auch in den Regierungsjahren von Clinton zu beobachten sind, also eine Aufschiebung von Nachwirkungen und Folgen hin zu einem späteren Zeitpunkt?

Welche grundlegenden Ereignisse geschahen in Amerika nach dem Ende der Präsidentschaft von Clinton? Die Nation wurde von zwei gewaltigen Ereignissen erschüttert. Eines war die weltweite Finanzkrise von 2008. Könnte dieses Ereignis eine dieser Nachwirkungen und eine Folge dessen gewesen sein, was wirklich in der Ära Clinton gesät wurde und dann in die Tage eines nachfolgenden Präsidenten fiel?

Gemäß dem amerikanischen Magazin „Columbia Journalism Review" unterstützte und unterzeichnete Clinton mehr

Das PARADIGMA

Gesetze zur Deregulierung des Finanzsektors als jeder andere Präsident vor ihm. Er drängte das von den Demokraten dominierte Repräsentantenhaus, den „Gramm-Leach-Bliley Act" zu verabschieden. Die Verordnung kippte entscheidende Beschränkungen und Auflagen des „Glass-Steagall-Gesetzes", das bisher kommerzielle Investment-Banking-Produkte und entsprechende Dienstleistungen verhindert hatte und bereits seit der großen Weltwirtschaftskrise in Kraft war.[3]

Zudem deregulierte er durch den „Commodity Futures Modernization Act" (Verordnung zur Modernisierung von Warentermingeschäften) den Handel mit Derivaten. Diese Verordnung eröffnete neue Möglichkeiten für den stark risikobehafteten Derivate-Handel, was ein Kommentator einst als „wirtschaftsliberales Wild-West-Verhalten" bezeichnete.[4] Weiterhin unterzeichnete er den „Riegle-Neal Interstate Banking and Branching Efficiency Act". Dies erlaubte internationale Bankaktivitäten und führte zu einer Welle von Bankfusionen. Zudem verhinderte es fast vollständig die staatliche Regulierung des Bankenwesens.[5]

Außerdem änderte Clinton die Gesetze bezüglich des Regierungssponsorings durch Unternehmen. Er lockerte diverse Standards und die staatliche Kontrolle, und er verfügte, dass die amerikanischen Hypothekenbanken Fannie Mae und Freddie Mac massiv in Subprim-Hypotheken investieren konnten.[6]

Zweifellos meinte Clinton, dass er bei all dem genau das Richtige getan hätte und erkannte nicht die Folgen, die seine Entscheidungen haben würden. Dennoch, der Effekt jeder einzelnen Entscheidung von Clinton auf die zukünftige weltweite Finanzkrise war enorm, und die Wirkung aus der Kombination aller dieser Gesetze zusammengenommen war verheerend.

Das amerikanische Fachmagazin „Columbia Journalism Review" gelangte in diesem Zusammenhang zu folgender Schlussfolgerung:

> „Die Quintessenz ist: Bill Clinton war verantwortlich für die abträgliche Finanzderegulierung – und damit letztlich

Die Prophetie

für die Finanzkrise im Jahre 2008 – mehr als jeder andere Präsident."[7]

Somit findet sich die gesamte Dynamik der verzögerten Folgen und Nachwirkungen, die die Regentschaft von Ahab hinsichtlich der Geschichte Israels kennzeichneten, in gleicher Weise auch in der Präsidentschaftszeit von Bill Clinton und in den darauffolgenden Jahren. Die weltweite Finanzkrise, die Amerika und die gesamte Welt im Jahre 2008 heimsuchte, war letztlich eine Nachwirkung aus der Zeit der Ära Clinton.

Aber es gab auch noch ein anderes gewaltiges globales Ereignis mit der damit verbundenen Krise, das sich nach dem Ende der Ära Clinton ereignete. Es war der 11. September 2001 („Nine-Eleven"). Könnte sich die Dynamik des Paradigmas von Ahab auch in diesem schlimmsten aller Terrorangriffe in der amerikanischen Geschichte manifestiert haben? Könnte das, was in New York City und Washington geschah, eine weitere nachfolgende Auswirkung der Ära Clinton gewesen sein?

Wir haben die Antwort darauf ja bereits zuvor gefunden. Während der Regierungszeit von Clinton trat Osama Bin Laden als eine Gefahr für Amerika und die gesamte Welt in Erscheinung. Clinton verzichtete damals auf die Möglichkeit, Bin Laden zu töten, ebenso wie Ahab seinerzeit auf die Chance verzichtet hatte, Israels Erzfeind Ben-Hadad zu töten. Und wir haben auch bereits festgestellt, dass Clinton gerade einmal zehn Stunden vor den Flugzeuganschlägen seinen Fehler einräumte.

> Wenn der König wegen seiner Sünden gerügt und zurechtgewiesen wird, empfängt er gleichzeitig auch das prophetische Wort bezüglich der kommenden Katastrophe.

Es geschah dort im Weinberg des ermordeten Nabot, wo Elia ein Wort der Rüge und Zurechtweisung wegen der begangenen Sünden an König Ahab weitergab, verbunden mit der Prophezeiung der zukünftigen Katastrophe. Im Dezember 1998 wurde

Das PARADIGMA

Präsident Clinton vor dem US-Kongress öffentlich gerügt und dann wegen Meineids angeklagt, zusammen mit dem Vorwurf der Behinderung der Justiz bezüglich des Skandals um Monica Lewinsky.[8] Könnte es sein, dass ihm im selben Monat auch ein Wort gegeben wurde bezüglich einer zukünftigen Katastrophe?

In der Tat, es geschah im selben Monat, im Dezember 1998, dass Clinton eine vertrauliche Mitteilung vom CIA erhielt. In der Betreffzeile war zu lesen: „Bin Laden bereitet sich darauf vor, die Vereinigten Staaten mit entführten Flugzeugen und auf andere Weise anzugreifen".[9] Das war definitiv eine klare Warnung vor dieser massiven Katastrophe, die Amerika treffen sollte. Genauso wie König Ahab damals im Weinberg von Nabot empfing der Führer also beides, sowohl Rüge und Zurechtweisung für seine Sünden, wie auch die Vorhersage der zukünftigen Katastrophe.

Im Fall von König Ahab gab es eine zugrunde liegende Verbindung zum Stamm Levi, vom Tag des Skandals bis hin zur Zeit der Gerichtsurteile.

Levi war der dritte Sohn von Israels Erzvater Jakob. Seine Nachfahren waren als Leviten bekannt, und sie gehörten zu den bekanntesten und wichtigsten der zwölf Stämme der Nation. Levi war zudem der priesterliche Stamm, also der Stamm der Priester und Verkündiger. Die Leviten waren für den Tempel, für die Opfer, die heiligen Feste, die heiligen Gefäße und für die Anbetung Gottes verantwortlich. Die Leviten waren die Bewahrer der Gesetze und Weisungen Gottes. Sie verkündeten Seine Gebote und unterwiesen die Nation in Seinen moralischen Prinzipien und Geboten. So sind die Weisungen Gottes im Alten Testament auch unter dem Namen „Levitische Weisungen" bekannt.

Als sich jedoch das Nordreich vom Südreich abspaltete, wies der Norden auch das levitische Gesetz und das levitische Priestertum von sich. Der erste König des Nordreiches, König Jerobeam, ersetzte die Leviten durch Priester, die er selbst

Die Prophetie

ausgewählt hatte. Aber letztlich führte erst Ahab auf ganz verschiedene Art und Weise diesen Glaubensabfall zu einem neuen Tiefpunkt. Zusammen mit Isebel führte er ein neues Priestertum ein, das Priestertum von Baal.

Der eigentliche Absturz von Ahab begann dann mit seiner widerrechtlichen Inbesitznahme des Weinberges. Nabot, der Besitzer des Weinberges, lehnte die Kaufangebote des Königs ab, indem er feststellte, dass er den Erbbesitz seines Vaters nicht weggeben könne. Er bezog sich damit auf eine Verordnung, wonach es gegen das Gesetz verstieß, ursprünglichen Besitzern Land wegzunehmen. Das Land musste im Besitz der ursprünglichen Eigentümer verbleiben oder innerhalb einer bestimmten Zeit an sie zurückgegeben werden. Das war eines der Gebote des levitischen Gesetzes. In einem Kommentar wird dazu festgestellt:

> „Der Wunsch, sich das Grundstück seines Begehrens in Jesreel einzuverleiben, den Weinberg seines Nachbarn Nabot, den er entweder kaufen oder im Austausch für ein gleichwertiges Grundstück erwerben wollte, wurde durch Nabot in Übereinstimmung mit dem Levitischen Gesetz zurückgewiesen (siehe 3. Mose 25, 23). Eine falsche Anschuldigung wegen angeblicher Gotteslästerung wurde gegen ihn erhoben, er wurde ermordet, und Ahab nahm daraufhin das von ihm begehrte Grundstück in Besitz."[11]

Dieses Grundprinzip taucht also erstmalig im Buch Levitikus (3. Buch Mose) auf, in jenem Buch also, dessen Name vom Stamm Levi abgeleitet wird. Der Niedergang von Ahab, so wie er im Kommentar beschrieben ist, könnte also auch auf eine fehlende Kenntnis des levitischen Gesetzes zurückzuführen sein, bedingt durch die Tatsache, dass das Nordreich die levitischen Gesetze abgelehnt und von sich gewiesen hatte. Im Kommentar heißt es dazu:

> „Außerdem verfolgte das Gesetz in Israel das Ziel, das Eigentumsrecht am Boden innerhalb der Familie zu bewahren ... Ahab hatte möglicherweise keine Kenntnis

Das PARADIGMA

von diesem Gesetz, weil die levitischen Priester ihre Stellung in Israel verloren hatten."[12]

Somit wurden das Ende und der Niedergang von Ahab in dem Moment eingeleitet, als er das levitische Gesetz übertreten hatte. Aber die levitische Verbindung war an diesem Punkt noch nicht beendet. Am Tag seines Gerichtsurteils sollte diese Verbindung wieder relevant werden. Dieses Urteil manifestierte sich in der Schlacht um die Stadt Ramot-Gilead, die Israel an das Königreich von Aram verlor. Ahab wurde beim Versuch der Rückeroberung getötet. So wurde diese Stadt sowohl zum Auslöser für die Vollstreckung des Gerichts über Ahab, als auch zum Ort seines endgültigen Niedergangs.

Ramot-Gilead war nicht nur irgendeine israelitische Stadt – es war auch eine levitische Stadt. Sie wurde einst dem Stamm Levi gegeben, der diese Stadt bewohnen und bevölkern sollte. In dem Versuch, sich einen Weinberg anzueignen, der ihm nicht gehörte, hatte Ahab das levitische Gesetz verletzt, und in dem Versuch, die levitische Stadt wieder einzunehmen, fand er sein entsprechendes Ende. Oder mit anderen Worten gesagt: Sein Niedergang begann mit der Übertretung des levitischen Gesetzes und endete mit seinem Gerichtsurteil in der levitischen Stadt. Somit standen seine Übertretung, sein Skandal, sein Niedergang und sein Gericht allesamt in einer Verbindung mit dem Stamm Levi. Und so lautet das entsprechende Paradigma folgendermaßen:

> Der Skandal des Königs wird mit seiner Übertretung des levitischen Gesetzes beginnen. Genauso wird auch das Gericht wegen seiner Sünden mit dem priesterlichen Stamm in Verbindung stehen. Somit wird der gesamte Niedergang des Königs, von der Begehung der Sünde bis hin zum Gericht wegen dieser Sünde, mit dem Stamm Levi verbunden sein.

Die Prophetie

Könnte sich sogar dieser Teil des Paradigmas im neuzeitlichen Gegenbild manifestieren? Könnte es irgendeine Verbindung zwischen dem modernen Gegenbild von Ahab, Präsident Clinton, und dem Stamm Levi geben? Könnte wirklich eine Verbindung zwischen dem Skandal, der seine Präsidentschaft befleckte und ins Wanken brachte, und Israels altem Priestertum bestehen?

Die erste Verbindung ist die Natur des Skandals selbst. Nicht nur, dass der Skandal von Clinton die Übertretung von universalen ethischen Maßstäben bedeutete, sondern es war auch ganz konkret eine Übertretung der levitischen Gesetze, der Zehn Gebote, die eine Zusammenfassung der göttlichen Weisungen sind. Aber es gab auch noch mehr Aspekte, die einen Rückschluss auf die alten Zeiten zulassen.

Im Laufe der Jahre und Jahrhunderte, die seit den alten biblischen Zeiten verstrichen sind, haben die Nachkommen von Levi, die Leviten, entsprechende Nachnamen angenommen, um ihre Identität zu bewahren. Diese Namen haben ihren Ursprung in dem alten hebräischen Namen „Levi". Aus „Levi" entstand der jüdische Nachname „Levin", und aus „Levin" kam „Lewin" und daraus wurde dann irgendwann der Name „Lewinsky".

Mit anderen Worten, der Skandal, der letztlich das Gericht über Bill Clintons Präsidentschaft brachte, stand in einer Verbindung zum Stamm Levi. Der Name Lewinsky, wie bei Monica Lewinsky, ist einfach ein moderner Weg zur Kennzeichnung des antiken Stammes Levi. So trägt also der Skandal des Präsidenten, der „Lewinsky-Skandal", den Namen des Stammes Levi. Und genauso gab es auch eine Verbindung zu dem Ort Ramot-Gilead, der Stadt der Leviten, in der der König Ahab wegen des Skandals seines Königtums gerichtet wurde.

Lewinsky ist eben kein beliebiger Name. Monica Lewinsky trägt nicht nur den Namen der Leviten, sondern als eine Person, die mit einem solchen Namen geboren wurde, ist sie auch ein Nachkomme des Stamms Levi. Monica Lewinsky gehört

Das PARADIGMA

zu den Leviten, also zu jenen Personen, die in der damaligen Zeit das Gesetz hochgehalten und umgesetzt haben. Dieses Gesetz hatte König Ahab gebrochen, was zu seinem Untergang führte. Sie war von demselben Stamm, der diese Stadt besaß und bevölkerte, und in der das Gericht über Ahab vollstreckt wurde.

Was König Ahab getan hatte, bedeutete die Übertretung und Entweihung des levitischen Gesetzes. Was Präsident Clinton getan hatte, bedeutete ebenfalls nicht nur die Übertretung des levitischen Gesetzes, sondern seine Begehrlichkeit, seine Falschaussage und sein Ehebruch bedeuteten auch die Entweihung einer levitischen Person. Das, was sich im Zusammenhang mit Ahab im Altertum ereignete, vollzog sich also ebenso in der Neuzeit mit seinem Gegenbild. In diesem Punkt hatten König Ahab und Präsident Clinton erneut eine Gemeinsamkeit und Übereinstimmung. Der Skandal, wie auch der Niedergang der beiden Männer, stand gleichermaßen in einer Beziehung und Verbindung zum Stamm Levi.

◆◆◆

Wann wurde innerhalb der Regierung von Ahab seine Sünde offengelegt? Wir wissen, dass es im letzten Teil seiner Regierungszeit geschah. Und wir wissen auch noch mehr darüber. Die Bibel liefert uns die entsprechenden Angaben, um das genaue Jahr zu ermitteln. Die Offenlegung der Sünde von Ahab fand demnach im neunzehnten Jahr seiner Regierung statt. So lautet das Paradigma:

> Die Bloßstellung des Königs wird neunzehn Jahre nach seinem Amtsantritt geschehen.

Was geschieht, wenn wir die neunzehn Jahre des Paradigmas betrachten, also von der Zeit des Beginns der Regentschaft bis zum Beginn seines Skandals, und wenn wir diese Zeitachse dann an den neuzeitlichen Ahab anlegen, also an Bill Clinton? Was wird dann wohl geschehen?

Die Prophetie

Wir müssten demnach mit dem Amtsantritt von Clinton beginnen, also mit seinem Amtsantritt als Gouverneur im Jahre 1979. Wenn wir dann die neunzehn Jahre von Ahab hinzufügen, dann bringt es uns in das Jahr 1998.

Ist in diesem Jahr irgendetwas Bedeutendes geschehen? Ja, so ist es. Es ist das Jahr, in dem der Monica-Lewinsky-Skandal ausbrach, also der „Nabot" von Clinton. Das Paradigma hat soeben das Jahr des Skandals ermittelt.

Aber ist es vielleicht möglich, den Fakten des Paradigmas noch detailgetreuer auf den Grund zu gehen? Clintons Machtübernahme begann, als er den Amtseid als Gouverneur von Arkansas ablegte. Wann genau fand dieses Ereignis statt? Es geschah im Januar des Jahres 1979.

Wenn wir nun die neunzehn Jahre von Ahab hinzufügen, befinden wir uns dann logischerweise im Januar des Jahres 1998. Gab es irgendein bedeutendes Ereignis in diesem speziellen Monat? Der Januar 1998 ist exakt der Monat, in dem der größte Skandal in der Präsidentschaft Clintons ausbrach und in dem seine Sünden offengelegt wurden.

Zwei Herrscher, der eine herrschte über ein altes Königreich und der andere über eine moderne, westliche Nation. Der Skandal des Erstgenannten dreht sich um einen Weinberg in der Nachbarschaft des königlichen Palastes und der Schauplatz des anderen Skandals war das Weiße Haus.

Und dennoch stehen diese beiden Herrscher auf eine gewisse Weise in einer Verbindung miteinander, sogar was ihre Skandale und Affären betrifft. Der Skandal des alten Königs begann im neunzehnten Jahr nach seinem Amtsantritt offen zu Tage zu treten. Der Skandal des modernen Präsidenten – unter Berücksichtigung der unzähligen Handlungen, Ereignisse, Details und Variablen der Politik, der Medien und des Staates – manifestierte sich zum gleichen Zeitpunkt, im neunzehnten Jahr nach dem Machtantritt.

◆◆◆

Das PARADIGMA

Aber auch an diesem Punkt gibt es immer noch mehr in diesem Geheimnis zu entdecken. Wir haben uns das Paradigma angesehen, das uns unter anderem auch das Timing von Ereignissen in der modernen Welt offenbart. Wir werden jetzt in einen weiteren Bereich vordringen, in dem die Enthüllung des Paradigmas auf geradezu gespenstische Art noch wesentlich genauer wird.

Kapitel 12

DAS ENDE

In dem Wort, das in Nabots Weinberg an König Ahab weitergegeben wurde, ging es um Ereignisse, die noch geschehen sollten, und das betraf das Ende seiner Herrschaft und seines Lebens. Aber wann genau sollten diese Dinge geschehen?

Weil Ahab ehrliche Reue zeigte, wurde das prophezeite Gericht hinausgeschoben, insbesondere jener Teil, der seine Dynastie betraf. Das Gericht sollte zunächst Ahab treffen, und dann später auch sein Königshaus. Der Bericht über dieses Gerichtsurteil beginnt gleich im ersten Vers nach der Zusage

Das PARADIGMA

der Verzögerung. Die Ereignisse nahmen nun ihren Lauf gemäß der Prophezeiung über das Ende des Königs, und letztlich war es Ahab selbst, der die Ereigniskette in Gang setzte:

> *„Und der König von Israel sagte zu seinen Dienern: Habt ihr nicht erkannt, dass Ramot in Gilead uns gehört? Und wir bleiben still, anstatt es der Hand des Königs von Aram zu entreißen. Und er sagte zu Joschafat: Willst du mit mir nach Ramot in Gilead in den Kampf ziehen?"*
>
> (1. Könige 22,3-4)

Nachdem er Ben-Hadad drei Jahre zuvor freigelassen hatte, beschloss Ahab nun, gegen ihn in den Krieg zu ziehen, um die israelitische Stadt Ramot-Gilead zurückzuerobern. Dabei warb er um die Mithilfe von Joschafat, dem König des Südreiches Judah:

> *„Und der König von Israel und Joschafat, der König von Judah, zogen hinauf nach Ramot in Gilead. Und der König von Israel sagte zu Joschafat: Ich will mich verkleiden und in den Kampf ziehen. Du aber lege deine königlichen Kleider an! So verkleidete sich der König von Israel und zog in den Kampf."*
>
> (1. Könige 22,29-30)

Ahab verkleidet sich mit gutem Grund:

> *„Der König von Aram hatte aber seinen 32 Wagenführern befohlen: Ihr sollt weder gegen einen Geringen noch gegen einen Großen kämpfen, sondern gegen den König von Israel allein!"*
>
> (1. Könige 22,31)

Ben-Hadad befahl also seinen Kommandeuren, den Kampf letztlich nur gegen eine Person zu führen-gegen Ahab. Anscheinend erfüllte die Verkleidung aber durchaus ihren Zweck. In der biblischen Überlieferung finden sich keine Informationen darüber, dass Ahab entdeckt wurde. Aber Gottes Gericht war trotzdem unausweichlich besiegelt. Und so wurde Gottes Gerichtsurteil vollstreckt, trotz der Verkleidung, in der ihn niemand erkennen konnte:

Das Ende

„Und ein Mann spannte den Bogen aufs Geratewohl und traf den König von Israel zwischen die Tragbänder des Panzers und den Panzer. Da sagte er zu seinem Wagenlenker: Wende um und bring mich aus der Schlacht hinaus! Denn ich bin schwer verwundet. Und der Kampf wurde heftig an jenem Tag. Und der König hielt sich angesichts der Aramäer im Wagen noch aufrecht; und am Abend starb er ..."

(1. Könige 22,34-35)

So geht auf dem Schlachtfeld von Ramot-Gilead die Herrschaft von König Ahab schließlich doch zu Ende. Er wurde im Zuge des Kampfes mit dem Mann getötet, den er einst freigelassen hatte, Ben-Hadad. Der Herr hatte ihn einst davor gewarnt, dass sein eigenes Leben für das Leben desjenigen dahingegeben würde, das er verschont hatte.

Was auf dem Schlachtfeld von Ramot-Gilead geschah, war alles genauso von Elia im Weinberg von Nabot vorausgesagt worden. Selbst das scheinbar zufällige Abfeuern des tödlichen Pfeiles war ein impliziter Teil der Erfüllung:

„So spricht der HERR: An der Stelle, wo die Hunde das Blut Nabots geleckt haben, sollen die Hunde dein Blut lecken, ja, deines."

(1. Könige 21,19)

Was wie eine Aneinanderreihung von zufälligen Ereignissen erscheinen könnte, diente letztlich alles der Erfüllung der Prophezeiung:

„... und das Blut der Wunde floss in das Innere des Wagens. Beim Untergang der Sonne erging der laute Ruf durchs Lager: Jeder Mann in seine Stadt und jeder Mann in sein Land! So starb der König und kam nach Samaria. Und man begrub den König in Samaria. Und als man den Wagen am Teich von Samaria, wo die Huren sich wuschen, abspülte, da leckten die Hunde sein Blut, und die Huren badeten darin nach dem Wort des HERRN, das er geredet hatte."

(1. Könige 22,35-38)

Das PARADIGMA

Es geschah also alles „nach dem Wort des HERRN, das er geredet hatte". Der Bericht betont unmissverständlich die Verbindung zwischen dem Ende des Königs und der damaligen Aufdeckung seiner Sünden im Weinberg, Jahre vor seinem Tod. Der tödliche Pfeil im Zuge der Kampfhandlungen ist das Ergebnis der Prophetie im Weinberg, und das Blut des Königs ebenfalls, denn es sollte mit seinem Blut dasselbe geschehen wie mit dem Blut von Nabot, seinem Opfer.

So kommt die Herrschaft von König Ahab, der gemeinsam mit Isebel „... tat, was böse war in den Augen des HERRN, mehr als alle, die vor ihm gewesen waren ..." (1. Könige 16,30) nun zu einem angemessenen und skandalösen Ende, mit Hunden, die sein Blut lecken, und an einem Pool, der ansonsten den Prostituierten zur Reinigung dient.

Das Paradigma vom Ende

Worauf will uns das Paradigma von Ramot-Gilead hinweisen? Wir werden jetzt das Geheimnis um das Ende des Königs und die genaue Verbindung mit dem Skandal des Königs lüften.

Wir müssen dazu an dem Punkt beginnen, wo wir aufgehört haben, aber wir konzentrieren uns zunächst ganz besonders auf das Paradigma von Ramot-Gilead:

> Der Skandal des Königs wird ihn weiterhin verfolgen, und er wird die Konsequenz bis zum Ende seiner Herrschaft zu spüren bekommen. Das Ende seiner Regierungszeit wird von dem Skandal gekennzeichnet sein.

Es ist offensichtlich, dass Ahab an die Prophezeiung von Elia glaubte, was ihn dann ja auch an den Punkt führte, tieftraurig und voller Reue zu sein. Er hätte sie nicht vergessen können. Die Sache muss ihm in den folgenden Jahren wirklich an die Nieren gegangen sein. Und die Prophezeiung sollte dann ja auch jedes nachfolgende Ereignis seines Lebens

Das Ende

bestimmen, bis sich letztlich, zum Ende seiner Regentschaft, alles zuspitzte.

Im neuzeitlichen Fall hatte der Präsident ebenfalls die Folgen seines Skandals in der gesamten verbleibenden Zeit seiner Präsidentschaft zu tragen. Es verfolgte ihn bis zum Ende seiner Amtszeit. Am allerletzten Tag seiner Präsidentschaft, nachdem er wegen Missachtung des Gerichtes angeklagt wurde, weil er bewusst eine Falschaussage abgegeben hatte, gab Clinton seine Lizenz als Jurist in Arkansas zurück und räumte endgültig ein, bezüglich der Lewinsky-Affäre eine falsche Aussage unter Eid gemacht zu haben. Dieses Eingeständnis war Teil eines Deals, um eine Anklage wegen Meineids und den endgültigen Ausschluss aus der Anwaltskammer zu vermeiden.[1]

Er war also definitiv schuldig. Genauso wie die Herrschaft von König Ahab in einem Skandal endete, so war es letztlich auch bei der Präsidentschaft von Bill Clinton. Auch sein Ende war vom Skandal geprägt, und der Lewinsky-Skandal verfolgte ihn immer noch. Die Affäre wurde zu seinem neuzeitlichen Nabot. Teil des Skandals von Nabot war die Enthüllung der Sünde des Königs. Wie aber kam es in dem neuzeitlichen Fall letztlich zur Enthüllung der Sünde?

Es begann im Winter 1998. Der unabhängige Anwalt Ken Starr untersuchte den Skandal um den Grundstückskauf von Clinton im Zusammenhang mit der Whitewater-Affäre. Starr wurde von einer Angestellten des Pentagon kontaktiert. Ihr Name war Linda Tripp. Sie informierte Starr über die Lewinsky-Affäre. Am nächsten Tag nahm Tripp, in Zusammenarbeit mit dem FBI, eine Unterhaltung mit Lewinsky in einer Bar in Pentagon-City (Virginia) auf.

Drei Tage später, am Freitag derselben Woche, bekam Ken Starr grünes Licht vom Generalstaatsanwalt, Ermittlungen wegen möglicher Vergehen durch das Weiße Haus einzuleiten, darunter auch wegen Behinderung der Justiz. FBI-Agenten und US-Anwälte befragten Lewinsky in einem Hotelzimmer. Noch in der gleichen Nacht nahmen Tripps Anwälte Kontakt mit dem

Das PARADIGMA

Washingtoner Büro des Nachrichtenmagazins Newsweek auf und übergaben zwei Tonbandaufnahmen mit den Gesprächen zwischen Tripp und Lewinsky. Die Redakteure von Newsweek beschlossen jedoch, mit der Veröffentlichung der Geschichte noch zu warten.

Am darauffolgenden Samstag bestritt Präsident Clinton noch unter Eid die sexuellen Beziehungen mit Lewinsky. Außerdem erklärte er, er könne sich nicht erinnern, ob er jemals allein mit ihr gewesen sei. In dieser Nacht wurde auf der Internetseite des News-Magazins „Drudge Report" eine Story im Internet veröffentlicht, die enthüllte, dass Newsweek angeblich einen Artikel über eine ehemalige Praktikantin des Weißen Hauses vernichtet habe, die Sex mit dem Präsidenten gehabt haben soll. Der Internet-Journalismus war damals noch ein relativ neues Phänomen, und obwohl die Geschichte sich langsam über die Abonnenten der Webseite verbreitete, dauerte es dennoch einige Zeit, bis die Sache dann schlussendlich von den Mainstream-Medien aufgegriffen wurde. Die Washingtoner Büros der wichtigsten Mainstream-Nachrichtenorganisationen thematisierten die Geschichte erst am darauffolgenden Montag.[2]

Aber erst der nächstfolgende Dienstag sollte dann als Tag der Bankrotterklärung der Ära Clinton gegenüber der Nation und der gesamten Welt in die Geschichte eingehen. Am Abend zuvor informierte der fassungslose Pressesprecher des Weißen Hauses, Mike McCurry, den Präsidenten, dass die Washington Post die Geschichte in ihrer Morgenausgabe bringen würde. Noch in der Nacht postierten sich eine Vielzahl von Autos, Satelliten-Übertragungswagen, Fernsehkameras und Reporter mit Nachtsichtausrüstung vor dem Haus von Linda Tripp in der Hoffnung auf eine Story.

Die Washington Post und das Washingtoner Büro der Los Angeles Times bereiteten gemeinsam die Story für die Titelseite der Morgenausgabe vor. Gegen 22.30 Uhr wurde die Story dann auch bereits im Internet veröffentlicht. Zur gleichen Zeit bereitete sich Jackie Judd von ABC-News darauf vor, die Story

Das Ende

in der Sendung „Nightline" zu thematisieren, aber der Moderator der Sendung, Ted Koppel, war dagegen. Judd entschied sich deshalb für eine Veröffentlichung über ABC-Radio sowie auf der ABC-News-Webseite. Damit war der Stein endgültig ins Rollen gebracht. Die Nachricht schlug ein wie eine Bombe. Die Story bestimmte die Schlagzeilen im ganzen Land und auf der ganzen Welt. Sie war jetzt endgültig in aller Munde.[3]

Ahabs Sünden und Skandale wurden von einem Propheten in einem Weinberg offengelegt. Von diesem Moment an war das Schicksal des Königs letztlich besiegelt. Von der Aufdeckung seiner Sünde bis zum Ende seiner Herrschaft war es also nur noch eine Frage der Zeit-aber wieviel Zeit genau? Wieviel Zeit verging von der Aufdeckung des Skandals bis zum Ende von Ahabs Herrschaft? Die Antwort findet sich im allerersten Vers nach dem Bericht über die Aufdeckung und Prophetie im Weinberg:

„Und sie verhielten sich drei Jahre lang ruhig; es war kein Krieg zwischen Aram und Israel. Aber im dritten Jahr, da kam Joschafat, der König von Judah, zum König von Israel herab."

(1. Könige 22,1-2)

Es lagen also drei Jahre zwischen der Aufdeckung des Skandals und dem Ende von Ahabs Herrschaft, drei Jahre zwischen der Prophezeiung und ihrer Erfüllung. Folgerichtig heißt es in dem dazugehörigen Paradigma:

> Von dem Moment der Aufdeckung der Sünde des Königs und des Skandals bis zum Ende seiner Herrschaft werden drei Jahre vergehen.

Wenn wir also, gemäß dieser Vorlage, von der Zeit der Aufdeckung des königlichen Skandals drei Jahre hinzurechnen, dann gelangen wir in die Zeit des Endes seiner Königsherrschaft. Oder umgekehrt, wenn wir vom Ende der Königsherrschaft drei Jahre abziehen, dann gelangen wir wieder in die Zeit der Aufdeckung des Skandals.

Das PARADIGMA

Was würde passieren, wenn wir dieses Schema auch beim neuzeitlichen Fall zur Anwendung bringen? Die Herrschaft von Ahabs Gegenbild Bill Clinton endete im Jahre 2001. Wenn wir nun diese drei Jahre von König Ahab zurückrechnen, wo befinden wir uns dann? Es führt uns in das Jahr 1998. Und es ist auch hier genau wie im Paradigma, 1998 ist das Jahr des Skandals. 1998 ist das Jahr, in dem die Sünden des Präsidenten offengelegt wurden. Vom Skandal des Präsidenten bis zum Ende seiner Präsidentschaft gingen drei Jahre ins Land, die drei Jahre von Ahab.

Aber könnte dieses Geheimnis des Paradigmas vielleicht sogar noch weiter reichen?

Was den alten Fall betrifft, so kennen wir das genaue Datum von Ahabs Ende nicht. Aber im Fall des neuzeitlichen Ahab wissen wir das genaue Datum schon. Clintons zweiundzwanzigjährige Macht ging gegen Ende des Winters im Jahre 2001 mit der Vereidigung seines Nachfolgers zu Ende, nämlich am 20. Januar. Von daher ist also der 20. Januar 2001 das konkrete Datum, das im Paradigma das Ende von Ahabs Herrschaft markiert. Was passiert nun, wenn wir von diesem Datum des Endes der Ära Clinton drei Jahre abziehen? Wohin wird es uns bringen? Es bringt uns zum 20. Januar 1998. Gab es irgendein bedeutsames Ereignis an diesem Tag? Der 20. Januar 1998 war genau der Tag, an dem der Skandal des Präsidenten um die Welt ging. Der 20. Januar war der Tag, an dem die Nachrichtenmedien das Haus von Linda Tripp umlagerten. Es war der Tag, an dem der Präsident darüber informiert wurde, dass die Washington Post den Artikel veröffentlichen würde. Der 20. Januar war auch der Tag, an dem die Nachricht vom Skandal im Internet veröffentlicht wurde. Der 20. Januar war also der Tag der Aufdeckung und Offenlegung: Der Tag von Nabot. Es passierte also alles genauso wie in der alten Vorlage. Darin offenbart uns das Paradigma auch das Timing der modernen Ereignisse bis hin zum genauen Datum.

Wenn wir im Gegenzug von dem Zeitpunkt ausgegangen wären, an dem der Clinton-Skandal öffentlich gemacht wurde,

Das Ende

dann würden wir, zuzüglich der drei Jahre von Ahab gemäß dem Paradigma, wieder beim 20. Januar 2001 landen, genau an dem Tag also, an dem die Präsidentschaft von Clinton endete, also exakt der Tag, an dem die zweiundzwanzig Jahre des neuzeitlichen Ahab abgelaufen waren.

Von dem Tag an, als der Skandal im Weinberg des Naboth aufgedeckt wurde, würde der König noch drei Jahre bis zum Ende seiner Regierungszeit als König von Israel haben.

Ab dem Tag, als die Story über die Monica-Lewinsky-Affäre in die Welt hinausgetragen wurde, hatte Bill Clinton drei Jahre bis zum Ende seiner Regierungszeit als Präsident der Vereinigten Staaten. Der Tag des Skandals markierte den letzten Tag der Clinton Ära – genau drei Jahre, auf den Monat, die Woche und sogar den Tag genau.

Die Behauptung, dass eine dreitausend Jahre alte Vorlage sich auch in den Ereignissen der modernen Welt manifestieren oder diese bestimmen könnte, ist natürlich schon sehr gewagt und radikal zugleich. Und dennoch, wie wir festgestellt haben, entspricht das Paradigma des alten Israel nicht nur den Ereignissen, die Tausende von Jahren nach der Bildung des Paradigmas geschehen sind, sondern es offenbart diese Ereignisse sogar bis hin zum genauen Tag des Geschehens.

———◆◆◆———

Wir werden im weiteren Ablauf sehen, wie dieses verborgene Geheimnis eines der wichtigsten Ereignisse der modernen Geschichte vorhersagt, ein Ereignis, das die größte Intelligenz-Organisation auf der Erde nicht vorhersehen konnte. Und doch war das uralte Geheimnis dann auch noch so exakt, dass, wenn man das Paradigma gekannt hätte, man den genauen Tag im Kalender hätte markieren können, viele Jahre, bevor es dann wirklich geschehen ist.

Kapitel 13

DER TAG

Wir werden nun eine der weiteren Facetten des Paradigmas öffnen, verbunden mit einem Ereignis, das den Lauf der modernen Geschichte verändert hat. Wir werden sehen, wie die alte Vorlage das vermochte, was kein Experte, kein System und keine Technologie der modernen Welt in der Lage war zu tun, nämlich dieses wesentliche Ereignis bis hin zum genauen Zeitpunkt vorauszusagen, ein Phänomen mit unfassbaren und verblüffenden Auswirkungen.

Das PARADIGMA

Um herauszufinden, was wirklich passiert ist, müssen wir noch einmal zum Weinberg zurückkehren. Dort wartet eine weitere Offenbarung auf uns. Aber diese Offenbarung liegt nicht in den Worten Elias, sondern in den Handlungen von Ahab verborgen. Als Ahab Elias Gerichts-Prophezeiung hörte,

„da zerriss er seine Kleider und legte Sacktuch um seinen Leib und fastete; und er lag im Sacktuch und ging still einher ..."

(1. Könige 21,27)

Der König zeigt hier Reue und Bußfertigkeit. Was wirklich in seinem Herzen war, ist natürlich schwer abzuschätzen. Aber wie es scheint, war seine Reue angesichts des bevorstehenden Gerichts auf Grund seiner Sünden wirklich aufrichtig und echt. Und dennoch müssen wir aus dem, was danach geschah, wohl davon ausgehen, dass seine Reue nicht tief oder real genug war, um wirklich dauerhafte Veränderungen zu bewirken. Trotzdem war ein gewisses Maß an Reue vorhanden, und der Herr nimmt es auch zur Kenntnis und zeigt Gnade:

„Weil er sich vor mir gedemütigt hat, will ich das Unheil nicht in seinen Tagen kommen lassen; erst in den Tagen seines Sohnes werde ich das Unheil über sein Haus kommen lassen."

(1. Könige 21,29)

Die Gerichte sollten zwar immer noch geschehen, aber nicht zu Lebzeiten von Ahab – oder besser gesagt, nur das erste Gericht in Form seines eigenen Endes würde noch in seine Lebenszeit hineinfallen. Die anderen Gerichte sollten erst nach dem Ende seines Königtums beginnen, also während der Regentschaft des Nachfolgers.

In diesem Zusammenhang ist es entscheidend, dass wir auch die andere Prophetie im Hinterkopf behalten, die Ahab nach der Freilassung von Ben-Hadad gegeben wurde:

„Weil du den Mann, auf dem mein Bann lag, aus der Hand gelassen hast, soll dein Leben für sein Leben einstehen und dein Volk für sein Volk!"

(1. Könige 20,42)

Der Tag

In dieser Prophetie wird mehr als nur ein Unheil verkündet, nämlich einerseits das Ende des Königs, und dann auch das Unheil, das über das Volk kommen sollte. Die Auswirkungen bestehen also darin, dass die Zerstörungen durch Ben-Hadad sowohl Ahab wie auch sein Volk treffen würden. Man kann weiterhin schlussfolgern, dass Ben-Hadad ein aktiver Teil dieses angekündigten Unheils sein würde. Ahab hatte Ben-Hadad ziehen lassen. Deshalb würde dieser jetzt auch die Möglichkeit haben, die Nation anzugreifen.

Es würde also ein zukünftiges Unglück geschehen, aber gibt es vielleicht noch weitere Hinweise darauf, was dies alles in der Zukunft umfassen könnte?

Elias Weinberg-Prophezeiung enthielt das hebräische Wort „ra", was mit „böse" übersetzt werden kann. Es bedeutet aber auch Widrigkeiten, Schwierigkeiten, Unglück, Schaden, Not, Verletzung, Trauer, Elend und Verletzung. All diese Dinge sollten also über das Land und das Haus Ahabs hereinbrechen.

Wenn wir diese beiden Prophezeiungen zusammenfassen, dann können wir Folgendes feststellen: Das Gericht über Ahab und sein Königshaus bestand aus mehr als nur einer Manifestation und erstreckte sich über einen längeren Zeitraum. Es begann mit Ahabs Ende, aber danach waren auch andere davon betroffen. Das Gericht kam als Reaktion auf die persönlichen Sünden und Verfehlungen des Königs und der Königin, aber auch als Reaktion auf ihre Rolle beim Glaubensabfall der gesamten Nation von Gott.

Da wir ja bereits wissen, was als nächstes passierte, können wir noch ein weiteres Element der Prophezeiung und damit des Paradigmas bestimmen. Das Unglück nahm seinen Ursprung an einem Punkt jenseits der Grenzen der Nation, also bei den Feinden des Landes, und der Erzfeind der Nation spielte dabei eine entscheidende Rolle.

Bei der Öffnung des letzten Geheimnisses hatten wir zwei Ereignisse der neuzeitlichen Geschichte betrachtet, bei denen das alte Paradigma bis auf den Tag genau offenbarte, wann

Das PARADIGMA

diese geschehen würden. Der Ausgangspunkt für diese Festlegung oder den Countdown war der Tag der Offenlegung, also der Tag, an dem die Sünden des Königs aufgedeckt wurden. Die modernen Ereignisse folgten der Vorlage der Enthüllung von Ahabs Sünden im Weinberg von Nabot. Aber das, was dort in diesem Weinberg geschah, war mehr als einfach nur eine Enthüllung von Sünden und Vergehen. Vielmehr erleben wir an diesem Ort auch die Antwort und Reaktion des Königs auf diese Offenlegung, nämlich seine Reue. Jedes dieser verschiedenen Elemente spielt gleichermaßen eine Rolle bei der Bestimmung der Zeit, zu der die zukünftigen Katastrophen eintreffen würden.

So werden uns also diese beiden Facetten des Paradigmas beschäftigen – die Aufdeckung der Sünden des Königs einerseits, und die Reue und Bußfertigkeit des Königs wegen seiner Sünden im Gefolge dieser Offenlegung andererseits. Dies wird uns ein Geheimnis über eines der wesentlichsten Ereignisse in der Neuzeit eröffnen.

Das Paradigma vom Tag

Wir entdecken jetzt ein weiteres Geheimnis des Paradigmas – die Reue des Königs. Könnte sich diese Facette der alten Überlieferung auch im neuzeitlichen Szenario manifestieren? Und falls ja, wie bzw. in welcher Form? Wir können die Antwort darauf nur finden, wenn wir die Reaktion des Präsidenten auf die Enthüllung und Aufdeckung seiner Sünden und des Skandals beleuchten. Aber wie sah seine Reaktion aus?

In den Tagen, nachdem sich die Nachricht vom Skandal verbreitet hatte, bestritt Clinton öffentlich und wiederholt, eine sexuelle Beziehung zu Lewinsky gehabt zu haben. In diesen Tagen gingen die Worte eines seiner bekanntesten Statements während seiner Präsidentschaftszeit in die Geschichte ein, als er äußerte:

„Ich hatte keine sexuellen Beziehungen mit dieser Frau ..."[1]

Der Tag

Selbst die First Lady war Teil dieser Dementis, als sie eine der berühmtesten Aussagen in ihrer öffentlichen Laufbahn machte und behauptete, dass es sich um eine Lüge und um eine „riesige Verschwörung aus dem rechten Lager"[2] handeln würde.

Der Präsident hielt über den Zeitraum von 7 Monaten an seiner Leugnung fest. Aber dann, am 17. August, nachdem er vor einer Grand Jury unter Eid gestellt worden war und Zeugnis ablegen musste, war er gezwungen, seine Beziehung zu Lewinsky einzuräumen. Clinton wandte sich daraufhin über das Fernsehen an das amerikanische Volk und gab zu, dass alles, was er bislang über die Affäre gesagt hatte, falsch gewesen sei. Er habe tatsächlich eine sexuelle Affäre mit Lewinsky im Weißen Haus gehabt. Er sagte damals Folgendes:

> „Heute Nachmittag, in diesem Raum, von diesem Stuhl aus, habe ich vor einem unabhängigen Rechtsanwalt und vor der Grand Jury unter Eid ausgesagt. Ich habe wahrheitsgemäß auf die Fragen geantwortet, einschließlich der Fragen über mein Privatleben, Fragen, die kein amerikanischer Bürger jemals gern beantworten möchte. Trotzdem muss ich die volle Verantwortung für alle meine öffentlichen und privaten Handlungen übernehmen."[3]

War das nun die Reue und Buße des Königs? Es war ein Geständnis, aber ganz sicher keine Reue oder gar Buße. Der Präsident wurde aus der Not heraus dazu gedrängt. Nachdem Clinton die Affäre vor der Grand Jury eingestanden hatte, bestand für ihn eigentlich gar keine andere Möglichkeit mehr, die Angelegenheit, die er vorher vor der amerikanischen Öffentlichkeit verweigert hatte, zuzugeben.

Nach Lage der Dinge war es wohl auch vor allem eine politische Verteidigungsrede. Der Präsident ging danach auch auf seine eidesstattliche Aussage vom Januar ein und sagte:

> „Meine Antworten waren juristisch korrekt ..."[4]

Nun, genau das waren sie aber gerade nicht. Es war nur eine weitere Falschaussage aus seinem Munde. Später, in einem

Das PARADIGMA

Deal, der das Ziel hatte, einer Anklage wegen Meineid aus dem Weg zu gehen, räumte er dann doch ein, dass er tatsächlich unter Eid falsch ausgesagt hatte. Dann begann er in einem Anflug aus Wut und Zorn das Ermittlungsverfahren anzugreifen, durch das der Skandal ans Licht gebracht wurde:

> „Es ist eine Tatsache, dass diese Angelegenheit ein politisch motivierter Prozess ist … der bereits viel zu lange andauert … niemand profitiert davon, nur wir selbst … Es ist an der Zeit, das Streben nach persönlicher Genugtuung bei der Zerstörung eines Lebens zu stoppen, einschließlich der Ausspähung des Privatlebens …"[5]

Das war nichts anderes als ein Akt politischer Notwendigkeit. Keineswegs war es Reue oder gar Buße. Im Gegensatz zu Ahabs Reaktion auf die Enthüllung seiner Sünden gab es keine Hinweise auf ein wirkliches Bedauern oder Reue für das, was er getan hatte. Die Rede wurde viel kritisiert, und sogar Clinton selbst musste später zugeben, dass er das, was sich zugetragen haben soll, nicht bereut hat. Im alten Fall jedoch hatte der König Anzeichen von Demut und wahrer Umkehr gezeigt. Zumindest hatte es äußerlich diesen Anschein. Im Paradigma heißt es dazu:

> Nachdem seine Sünden aufgedeckt werden, wird der König Trauer, Reue, Demut und Buße vor Gott und Menschen zeigen.

Wenn das also das Paradigma ist, hat so etwas dann jemals stattgefunden? Gab es einen vergleichbaren Akt der Reue auf Seiten des Ahab der Neuzeit, so wie es bei Ahab im Altertum der Fall war? Das Paradigma zeigt auf, dass es so geschehen würde. Und es geschah auch tatsächlich, nämlich beim alljährlichen Gebetsfrühstück im Ostflügel des Weißen Hauses vor einer Versammlung von über hundert Pastoren. Der Präsident sprach dort folgende Worte:

Der Tag

„Ich stimme denen zu, die gesagt haben, dass ich bei meinem ersten Statement nicht genug Reue gezeigt habe. Ich denke nicht, dass es einfach ist zu bekunden, dass man gesündigt hat. Es ist mir wichtig, dass jeder, der verletzt wurde, weiß, dass das Bedauern, das ich empfinde, wirklich echt ist ... Ich habe alle Beteiligten um Vergebung gebeten. Aber ich glaube, dass mehr als Bedauern notwendig ist, um Vergebung zu empfangen – es braucht mindestens zwei weitere Dinge. Erstens braucht es echte Reue – eine feste Entschlossenheit, die eigenen Machenschaften zu ändern und wieder gut zu machen. Ich habe bereut und Buße getan ... Und wenn meine Umkehr echt und nachhaltig ist, und wenn ich sowohl einen zerschlagenen Geist wie auch ein starkes Herz beibehalten kann, dann könnte aus dieser Sache noch etwas Gutes für unser Land werden ... Ich bitte darum, dass Gott mir ein reines Herz geben möge ..."[6]

Das war der Akt der Reue und Buße durch den Präsidenten. Er hat es sogar als solche bezeichnet. Und auch, wenn man natürlich niemals in das Herz eines anderen Menschen hineinschauen kann, so hätten seine Worte wohl kaum reumütiger oder zerknirschter sein können. Er brachte sein tiefes Bedauern über seine Sünden zum Ausdruck sowie sein Bedürfnis nach Vergebung und der Notwendigkeit eines dauerhaften Wandels in seinem Leben. Es dürfte wohl kaum ein anderer Präsident in der amerikanischen Geschichte zu finden sein, der so ausdrücklich, vorbehaltlos und öffentlich seine Buße demonstrierte. Dies war zugleich ein zentraler Teil von Ahabs Paradigma. Und dieser Präsident, der das Paradigma auch in diesem Punkt manifestierte, war Ahabs neuzeitliches Gegenbild. Der moderne Ahab hatte also letztlich doch das gleiche getan, wie der historische Ahab.

Wir haben jetzt das Puzzleteil, das wir benötigen: Die Reue und Buße des Königs. Somit stellt sich nun die Frage: Wieviel Zeit verging von Ahabs Akt der Buße bis zum Hereinbrechen des ersten Unglücks von Elias Prophezeiung über die Nation?

Das PARADIGMA

Es müsste ja in beiden Fällen die gleiche Zeitspanne sein. Die Antwort finden wir sofort nach dem Bericht über Ahabs Reue und Buße:

„Hast du gesehen, dass Ahab sich vor mir gedemütigt hat? Weil er sich vor mir gedemütigt hat, ... Und sie verhielten sich drei Jahre lang ruhig; es war kein Krieg zwischen Aaram und Israel. Aber im dritten Jahr ..."

(1. Könige 21,29 – 22,2)

Die Bibelstelle verbindet die Reue des Königs mit einem Zeitraum von drei Jahren. Erst drei Jahre nach Ahabs Reue über seine Sünden würde also die Katastrophe über das Land hereinbrechen.

> Drei Jahre nach Aufdeckung des Skandals und der Reue des Königs über seine Sünden wird die Katastrophe geschehen.

Um dem Paradigma zu folgen, müssen wir den Tag der Reue des Königs bestimmen. Im neuzeitlichen Fall zeigt der Präsident seine Reue öffentlich auf dem alljährlichen Gebetsfrühstück im Weißen Haus. Gemäß dem Paradigma sollte die Katastrophe drei Jahre nach dem Tag der Reue eintreten. Beginnend mit dem Tag der Reue des Präsidenten müssen wir also drei Jahre hinzufügen und dann schauen, wo es uns hinbringt.

Könnte also in Übereinstimmung mit dem Paradigma an diesem Tag ein signifikantes Ereignis geschehen sein? Also, zu welchem Tag führt uns nun das alte Paradigma?

Es führt uns tatsächlich zum 11. September 2001.

Der Tag der öffentlichen Buße des Präsidenten war der 11. September 1998. Drei Jahre später geschah, gemäß dem Paradigma, die Katastrophe. Der größte Terroranschlag in der amerikanischen Geschichte, „Nine Eleven", ereignete sich also auf den Tag genau drei Jahre nach dem Tag der öffentlichen Reue des Königs.[7]

Der Tag

Aber dieses Geheimnis geht sogar noch über diese Zeitangabe hinaus. Es war nicht nur der Tag, an dem der Präsident sein öffentliches Schuldeingeständnis abgab, sondern es war der Morgen des 11. September 1998. Auch die Katastrophe geschah am Morgen des 11. September 2001.

Die Veranstaltung im Weißen Hauses mit dem öffentlichen Schuldeingeständnis des Präsidenten begann um 8.30 Uhr, genau in der Stunde, in der auch das Unglück vom 11. September begann. Wenn man nun die drei Jahre des Paradigmas von diesem Moment an hinzufügt, dann führt es uns zum 11. September 2001 um 8.30 Uhr. Sechzehn Minuten später begann das Unglück. Dieses alte Geheimnis offenbart uns also die genaue Stunde dieses wichtigsten Ereignisses der Neuzeit.

Der Präsident hielt seine Rede in der Zeit zwischen 9 und 10 Uhr, und genau drei Jahre später kam es zum Höhepunkt der Katastrophe – es war die Stunde, in der auch der Südturm und das Pentagon getroffen wurden, und in der der Südturm einstürzte.

Die Veranstaltung im Weißen Haus dauerte offiziell zwei Stunden, also von 8.30 Uhr bis 10.30 Uhr. Könnten wir durch die Hinzufügung der drei Jahre des Paradigmas vielleicht auch die gleiche Zeitperiode des Unglücks erhalten, das die Nation traf? Wir haben bereits festgestellt, dass der Angriff kurz nach Beginn dieses Zeitraums begann. Aber was ist mit dem Ende? Der Anschlag endete mit dem Einsturz des Nordturms. Wann ist das passiert? Es geschah um 10.29 Uhr, drei Jahre später auf den Tag, auf die Stunde und auf den Zeitpunkt genau.

Mit anderen Worten, drei Jahre nach dem Ende des Ereignisses mit dem öffentlichen Schuldeingeständnis des Präsidenten kam auch das Ende der Zeitperiode innerhalb der Katastrophe vom 11. September – innerhalb von nur einer Minute.

Der 11. September, jener Tag, der Amerika und die Welt erschüttert und den Verlauf der neuzeitlichen Geschichte entscheidend verändert hat, dieser Tag entsprach exakt den Zeitparametern des alten Paradigmas.

Das PARADIGMA

Im historischen Fall hatte Ahab anscheinend unmittelbar nach der Aufdeckung seiner Sünden Buße getan. Aber im neuzeitlichen Fall zeigte der Präsident diese Reue und Buße erst einige Monate nach der Offenlegung seiner Sünden. Im modernen Fall lagen also zwischen der Aufdeckung der Sünden des Königs und der Reue des Königs mehr als sieben Monate – konkret waren es 234 Tage. Wenn wir also die drei Jahre des Paradigmas in beiden Fällen zur Anwendung bringen, dann müssen wir mit zwei unterschiedlichen Zeitpunkten arbeiten: Das erste Datum ist der 20. Januar 2001, der Tag, der das Ende der Clinton-Ära bzw. das Ende seiner Präsidentschaft markiert. Das zweite Datum ist der 11. September 2001, der Tag, an dem sich die größte amerikanische Katastrophe der Neuzeit ereignete. Diese ausschlaggebenden Ereignisse sind so angeordnet und mit den gleichen 234 Tagen voneinander getrennt, wie die Offenlegung der Sünden des neuzeitlichen Königs und das Geständnis des Königs drei Jahre zuvor.

Im Paradigma sind beide Ereignisse mit dem verbunden, was an jenem besagten Tag des Kampfes in Ramot-Gilead geschah, drei Jahre nach der Prophezeiung durch Elia im Weinberg. Es war der Tag, an dem die Herrschaft des Königs endgültig zu Ende ging. Aber es war zugleich auch ein Tag der Katastrophe für Israel in mehrerer Hinsicht, ein Tag der militärischen Niederlage, ein Tag des Blutvergießens und ein Tag, an dem der Verlust von Menschenleben zu beklagen war. Folgendermaßen lautet das entsprechende Paradigma:

> Drei Jahre nach der Reue und Buße des Königs wird es einen Tag des Blutvergießens und des Verlustes von Menschenleben geben – ein Tag der nationalen Katastrophe.

Also genau drei Jahre nach der öffentlichen Reue des Präsidenten, auf den Tag genau am 11. September 2001, gab es einen Tag des Blutvergießens und des Verlustes von Menschenleben – ein Tag der nationalen Katastrophe. Aber was geschah sonst

Der Tag

noch in Ramot-Gilead? Es war der Tag der Rückkehr von Ben-Hadad, dem Erzfeind und Hauptwidersacher der Nation. Es war der Tag, an dem die mit ihm verbundene klare und gegenwärtige Gefahr für die Nation wieder neu an die Oberfläche kam. Es war der Tag seines Sieges, der Tag, an dem er einen tödlichen Schlag gegen die Nation ausführte. Es war der Tag des Erzfeindes und Widersachers.

> Drei Jahre nach der Reue und Buße des Königs wird der Tag kommen, an dem der Eroberer und Erzfeind der Nation erneut auf der Bühne erscheint. Es wird der Tag sein, an dem die Gefahr, die er in den zurückliegenden Jahren darstellte, zurückkehren und die Nation mit einem traumatischen und tödlichen Schlag treffen wird. 3 Jahre nach dem Tag der Reue und Buße des Königs wird der Tag des Erzfeindes und Widersachers kommen.

Drei Jahre nach Clintons Reue und Buße im Ostflügel des Weißen Hauses kam also dieser Tag des Erzfeindes in Person von Osama Bin Laden. Es war der Tag, an dem Amerika von einem traumatischen und tödlichen Schlag getroffen wurde. Ben-Hadad führte seine Armee in den Krieg um die Stadt Ramot-Gilead, gegen König Ahab. Es gibt jedoch keine Aufzeichnungen darüber, dass Ben-Hadad tatsächlich persönlich aktiv in den Kampf und in den tödlichen Schlag eingegriffen hätte. Aber der Krieg stand unter seinem Befehl und wurde von ihm geleitet, unter Anwendung seiner Strategie.

> Der Erzfeind wird den tödlichen Schlag nicht selbst ausführen, aber er wird das Ziel des Schlages bestimmen und die Durchführung leiten. Er wird seine Männer in die Schlacht befehlen. Er wird der Drahtzieher sein.

Bin Laden griff auch nicht persönlich aktiv in den Terroranschlag vom 11. September ein, aber er hat ihn befehligt und

Das PARADIGMA

geleitet. Er war der Vordenker dieses Planes und setzte ihn dann auch um. Er überwachte die Umsetzung seines Planes. Er war definitiv der führende Kopf bei diesem Ereignis.

Aber bei dieser alten Vorlage kommen noch weitere Elemente ins Spiel. Ben-Hadad würde gemäß der Prophezeiung Elias nicht nur Schläge gegen Israels Armee ausführen, sondern er würde auch in das Land Israel eindringen und Samaria belagern, die Hauptstadt des Landes, die zugleich die bedeutendste Stadt war.

> Der Erzfeind greift nicht nur das an, was dem Königreich zugehörig ist, sondern er wird auch in das Land und in die Hauptstadt eindringen, in die bedeutendste Stadt des Landes.

Bin Laden hat also nicht nur die amerikanischen Interessen in der Welt attackiert, sondern gemäß der von ihm selbst formulierten Drohung brachte er den Krieg direkt nach Amerika. Im Fall von Ben-Hadad war Samaria die Hauptstadt der Nation und zugleich die bedeutendste Stadt. Im neuzeitlichen Fall traf dieses Merkmal auf zwei unterschiedliche amerikanische Städte zu – New York City und Washington, DC. Am 11. September 2001 wurden beide Städte zum Angriffsziel und mussten den Zorn von Bin Laden erfahren.

Aber es gab auch noch weitere Elemente. Das in Elias Prophetie verwendete hebräische Wort „ra" steht nicht nur für die Beendigung der Herrschaft Ahabs, sondern auch für die Katastrophen, die sich nach dem Ende seiner Regentschaft ereignen würden, und dies galt somit auch für Amerika nach dem Ende der Ära Clinton. Der 11. September wurde zu einem Tag des „ra", zu einem Tag der Schwierigkeiten, des Unglücks, des Schadens, der Not, der Verletzung, der Trauer und des Elends.

Die Katastrophen der Prophetie von Elia hatten sowohl eine nationale wie auch eine persönliche Dimension. Obwohl Ahab die größte Verantwortung trug, weil er Israel gegen die Wege

Der Tag

und Weisungen Gottes geführt und Israel zur Sünde geleitet hatte, war es ja immer noch die Nation selbst, die ihm bei diesem Glaubensabfall gefolgt war. Und die kommenden Katastrophen würden deshalb auch die ganze Nation erschüttern. Der 11. September brachte letztlich ganz Amerika ins Wanken, und der Anschlag fiel zudem in eine Zeit, in der sich der Glaubensabfall der Nation von Gott massiv beschleunigt hatte.

Tatsächlich bestand die erste Reaktion der Nation im Gefolge der Katastrophe darin, den Namen Gottes anzurufen, sich zum Gebet zu versammeln, zu den nationalen Gebetshäusern zu strömen und den Segen Gottes zu erbitten. Aber diese „Umkehr" war nur von kurzer Dauer und führte letztlich nicht zu einer landesweiten Umkehr oder gar zu einer Neuausrichtung des Kurses in der gesamten Nation. Nachdem der erste Schock gewichen war, wurde der Abwärtskurs des landesweiten Abfalls vom Glauben wieder aufgenommen.

Als der Schutz von Israel genommen wurde und die Feinde das Land angreifen konnten, bedeutete dies zugleich einen Weckruf, einen Hinweis auf eine notwendige Korrektur, eine Warnung, ein Alarmzeichen, und sogar ein erstes Anzeichen für ein Gerichtsurteil über die gesamte Nation. Was den 11. September betrifft, so war dieses Ereignis nicht nur Teil des Paradigmas, sondern zugleich auch Teil dieses alten Geheimnisses der Warnung und des Gerichtes. Dies wird auch in meinem Buch „Der Vorbote" *(The Harbinger)* offengelegt, und wir werden diesen Punkt in einem späteren Kapitel noch einmal aufgreifen.

———◆◆◆———

Der 11. September offenbarte die Verletzbarkeit des stärksten Systems der nationalen Verteidigung und Sicherheit, das jemals zuvor von einer Nation aufgebaut wurde, sowie die Durchdringung des am meisten ausgefeilten Geheimdienstsystems eines Landes, das jemals entwickelt wurde. Jede Abteilung und jeder einzelne Staatsapparat wurden davon über-

Das PARADIGMA

rascht. An diesem ruhigen Morgen des 11. September wusste niemand, dass dies geschehen würde. Und dennoch war der genaue Zeitpunkt dieses Geschehens bereits im Paradigma festgelegt. Eine biblische Vorlage, die zweieinhalbtausend Jahre zuvor im Nahen Osten geformt wurde, lieferte den Zeitpunkt des Unglücks mit Jahr, Monat und Woche, sogar mit dem exakten Datum.

Lange bevor sich dieses Datum in das kollektive Bewusstsein der ganzen Welt einbrannte, lange bevor die Kämpfer der Al-Kaida ihr Einsatzdatum erfuhren, und auch lange bevor selbst Osama Bin Laden sich dieses Datum überhaupt vorstellen konnte, war dieser Tag bereits in dieser alten Vorlage festgeschrieben. Wenn man das Paradigma gekannt und den ersten Teil dieser Ereigniskette mit der Offenlegung der Sünde und dem Ende der Ära Clinton gesehen hätte, dann wäre man tatsächlich in der Lage gewesen, den 11. September als Tag der Katastrophe zu bestimmen.

Man hätte sogar die Natur dessen vorhersagen können, was an diesem Tag geschehen sollte, denn das Paradigma hatte den 11. September 2001 ja nicht nur als Tag der nationalen Katastrophe, sondern auch als Tag der Rückkehr des Erzfeindes Osama Bin Laden bestimmt.

Lange vor diesem Morgen, der die Großmächte der Welt kalt erwischte, war sich niemand dessen bewusst, dass das Paradigma diesen Tag bereits vorherbestimmt hatte.

———◆◆◆———

Wir sind nun also am Ende der Herrschaft von König Ahab und der Präsidentschaft von Clinton angelangt. Was als nächstes in der amerikanischen Geschichte geschah, ist Teil einer ganz anderen Zeitepoche. Geht nun auch das Paradigma weiter? Wird es uns weitere Offenbarungen bezüglich der Ereignisse unserer Zeit eröffnen? Die Antwort ist eindeutig ja.

Kapitel 14

DIE SCHATTENKÖNIGIN

Der König war gestorben. Er verblutete auf seinem Streitwagen, und sein lebloser Körper wurde nun zurück nach Samaria in die Hauptstadt gebracht, um ihn dort beizusetzen. Was nun eigentlich hätte geschehen müssen, so das landläufige Bild, wäre also zwangsläufig auch das baldige Ende von Isebel. Aber tatsächlich passierte etwas ganz anderes.

Die Position und Macht von Isebel war immer von Ahab abhängig gewesen. Er war der gebürtige König der Nation. Sie war eigentlich nur eine Außenstehende. Mit seinem Tod verlor

Das PARADIGMA

sie gleichzeitig auch die Grundlage ihrer Macht. Ihre frühere Position konnte sie nun nicht mehr aufrechterhalten. Aber Isebel war viel zu durchtrieben und ehrgeizig, um jetzt einfach so im Nichts zu verschwinden, die nationale Bühne zu verlassen oder sich sehr weit vom Machtzentrum zu entfernen.

Aus der weiteren Überlieferung erfahren wir, dass Isebel auch weiterhin eine wesentliche Rolle in der Regierung Israels spielte. Während Ahabs Herrschaft zu Ende war, ging die Herrschaft von Isebel weiter. Sie überlebte das Ende der Regierungszeit ihres Mannes und blieb weiterhin ein aktiver Teil an den Schalthebeln der Macht. Sie war nach wie vor eine der prominentesten Persönlichkeiten in der israelitischen Regierung und wohnte in der Hauptstadt der Nation sowie in ihren königlichen Palästen. Sie hatte zwar nun nicht mehr dieselbe Position und Autorität wie während der Regentschaft ihres Mannes, und sie konnte auch nicht mehr als Mitregentin präsidieren, als regierende Königin oder gar als First Lady des Königreiches. Aber sie agierte und wohnte weiterhin an den höchsten Schalthebeln der Macht und der Regierung. Sie konnte zwar nun nicht mehr von oben herab befehlen, wie sie es einmal getan hatte, aber sie konnte immer noch diejenigen beeinflussen, die diese Macht jetzt innehatten.

Sie musste sich nun neu erfinden in ihrer neuen Position mit einer Identität unabhängig von der ihres Ehemannes. Sie versuchte, die Hebelwirkung der Autorität ihres verstorbenen Mannes zu nutzen, um ihre eigenen Befugnisse auszuweiten und eine neue Basis der Macht am Hof und unter den Menschen aufzubauen. Ihre Anhänger bestanden natürlich aus jenen Leuten, die sich am stärksten für die neue Moral und zugleich gegen die traditionellen und biblischen Werte ausgesprochen hatten, einschließlich jener Personen, die am engsten mit der Verehrung von Baal verbunden waren. Das schloss natürlich auch ihre stärksten Unterstützer ein, die an der Praxis der Kinderopfer beteiligt oder darin involviert waren.

Es gab in der Geschichte natürlich auch andere ehemalige mitregierende Königinnen, die die Herrschaft ihrer Ehemän-

Die Schattenkönigin

ner überdauert hatten. Normalerweise erhielten sie dann einen Ehrenstatus. Aber Isebels Natur, ihre Vergangenheit und auch ihre Ambitionen ließen es einfach nicht zu, sich mit einem solchen eher passiven Ehrenstatus oder mit einer ausschließlich zeremoniellen Stellung zufriedenzugeben. Vielmehr versuchte sie, auch weiterhin als prominenter politischer Akteur im Zentrum der Macht aktiv zu bleiben.

Die Kontroverse, die sie als regierende Königin umgab, sollte ihr nun auch zweifellos in ihrer neuen Rolle als ehemalige Königin folgen. Während die anderen ehemaligen First Ladys meistens unpolitisch waren und somit auch nicht als Bedrohung galten, blieb Isebel eine polarisierende Figur, verbissen politisch, gefeiert von einigen, von anderen wiederum gehasst, also eine ehemalige Königin mit Anhängern einerseits und Feinden andererseits.

Obwohl sie in ihrer neuen Position doch eher zurückhaltender und dezenter agieren musste, war ihre Person immer noch von dem bestimmt, was sie auch während ihrer Zeit auf dem Thron ausmachte. Gemeint ist vor allem ihre Unfähigkeit, ihren eigenen Willen zurückzustecken. Es gab zweifellos viele in Israel, die ihren Intentionen nie voll vertrauten. Jene, die den Wegen und Weisungen Gottes treu geblieben waren, sahen in ihrer Person eine Gefahr, weil ihr Leben vor allem vom Machtstreben und von der Feindschaft gegenüber Gott bestimmt war. Unabhängig davon, wie lange sie auf Israels Thron regiert hatte, und wie sehr sie sich vielleicht auch die Besonderheiten des seinerzeit von ihr angenommenen Königreiches zu eigen gemacht hatte, so blieb sie dennoch für viele nur die phönizische Eiferin. An ihr haftete auch weiterhin der Makel, die traditionellen Werte des Königreiches, das sie mitregierte, verachtet und gegen die biblischen Grundlagen dieses Königreiches gekämpft zu haben.

Tatsächlich finden wir keinen Hinweis darauf, dass Isebel in ihrer nun eingeschränkten Rolle weniger radikale Ansichten gehabt hätte als während ihrer aktiven Zeit auf dem Thron. Es scheint auch nicht so gewesen zu sein, dass ihr Eifer für die

Das PARADIGMA

Verehrung von Baal und gegenüber allen Dingen, die damit im Zusammenhang standen, in irgendeiner Weise nachgelassen hätte. Umso mehr mussten diejenigen, die gegen ihre Agenda aufbegehrten, befürchten, dass ihnen das gleiche wiederfahren würde, wenn Isebel wieder ungehindert vom Thron aus agieren könnte – dass sie nämlich den Thron benutzen würde, um einen umfassenden Krieg gegen Gott und seine Wege und Weisungen zu führen.

Vorerst blieb es jedoch dabei, dass Isebel lediglich am Ort der Schaltzentrale der Macht verblieb und weiter in den höchsten Gemächern wohnte, als hervorstechendste ehemalige Königin der Nation und als eine Schattenkönigin.

Das Paradigma der Schattenkönigin

> Die Herrschaft des Königs war zu Ende gegangen. Das Paradigma legt den Fokus nun auf die Königin. Sie verfolgte nun ihren Weg allein weiter.

Im Januar 2001 kam das politische Ende von Bill Clinton. Die Clinton-Regierung, die Clinton-Herrschaft und die Clinton-Ära waren damit beendet. Das Paradigma wird somit jetzt zu seiner Frau Hillary Clinton wechseln. Obwohl der Mann im modernen Szenario noch am Leben ist und auch weiter als Berater seiner Frau zur Verfügung steht, so war er nun nicht mehr König und Herrscher des Landes. Ahab fand den Tod, aber Isebel machte weiter. Gemäß dem Paradigma würde also Hillary Clinton, nach dem Ende von Bill Clintons Zeit als Führer des Landes, ihre Arbeit fortsetzen. Sie nahm jetzt in ihrem Streben nach politischer Macht eine Solo-Rolle ein.

Die Schattenkönigin

> Mit dem Ende der Königsherrschaft wird auch die primäre Quelle der politischen Macht der Königin entfernt. Aber sie wird zu ehrgeizig sein, um einfach im Nichts zu verschwinden und die nationale Bühne zu verlassen, oder sich sehr weit vom Zentrum der Macht wegzubegeben.

Genauso wie Isebel am Ende der Regierungszeit ihres Mannes ohne ihre primäre Quelle der Macht dastand, so war nun auch Hillary Clinton am Ende der Präsidentschaft ohne ihre Quelle der politischen Macht. Aber wie Isebel war auch sie einfach zu ehrgeizig, um still und leise abzutreten oder von der nationalen Bühne zu verschwinden. Sie strebte auch weiterhin nach Macht im Land und verfolgte das klare Ziel, möglichst nahe am Machtzentrum der Nation zu verbleiben, und so übernahm sie das Amt einer US-Senatorin. In diesem Amt würde sie sowohl auf der nationalen Bühne verbleiben als auch recht nahe am Zentrum der amerikanischen Regierung.

> Nach dem Ende der Regierungszeit ihres Mannes wird die Königin nicht mehr dieselbe Position und Autorität besitzen wie als Mitregentin. Sie wird auch nicht mehr den Status als Königin oder First Lady des Landes haben. Aber sie wird weiter an den Schalthebeln der Macht verbleiben und in den höchsten Kammern sitzen.

Genauso wie Isebel nicht mehr dieselbe Position und Autorität besaß wie während der Herrschaft von Ahab, sie aber dennoch weiterhin in den Palästen, Räumen und Schaltzentralen der Monarchie aus- und eingehen konnte, so verhielt es sich auch mit ihrem Gegenbild Hillary Clinton. Ihrer Autorität beraubt, die sie in den Tagen der Regierungszeit ihres Mannes innehatte, agierte sie auch weiterhin in den Schaltzentralen der Macht. Sie ging im Kongress ein und aus und hatte ihren Sitz in den höchsten Kammern des Landes.

Das PARADIGMA

> Die Königin wird als eine aktive und prominente Persönlichkeit auch weiterhin ihren Einfluss auf die Regierung der Nation und auf die Machthaber ausüben.

Und so wurde die ehemalige amerikanische First Lady als US-Senatorin zu einem aktiven Vertreter der Regierung des Landes. Die Kombination aus ihrer Geschichte und ihrer Persönlichkeit machten sie zu einem der prominentesten Mitglieder der amerikanischen Regierung. Sie würde immer noch einen bedeutenden Einfluss auf die Regierung der Nation ausüben.

> Die Königin wird weiter in der Hauptstadt der Nation wohnen.

Nach ihren Tagen als regierende Königin wohnte Isebel auch weiterhin in den königlichen Palästen Israels und in Samaria, der Hauptstadt des Nordreiches. Genauso war es auch bei ihrem neuzeitlichen Gegenbild, der ehemaligen First Lady, die als Senatorin ebenfalls in der Hauptstadt der Nation wohnte, in Washington, DC.

> Die Königin wird sich nun innerhalb der Bedingungen ihrer Position und Rolle neu definieren und unabhängig von ihrem Ehemann eine neue Identität entwickeln.

Am Ende von Bill Clintons Präsidentschaft musste sich Hillary Clinton also unabhängig von ihrem Ehemann selbst neu definieren, entsprechend den Parametern ihrer neuen Position und einer neuen politischen Identität. Sie war nun nicht mehr Hillary Clinton, die First Lady, sondern eine eigenständige Führungsperson.

Die Schattenkönigin

> Die Königin wird die Autorität ihres Mannes nutzen, um ihre eigene Machtbasis auszubauen. Ihre wichtigsten Unterstützer werden aus jenem Lager kommen, das am stärksten ihre neue, kosmopolitische Moral unterstützt, bei gleichzeitigem Widerstand gegen die traditionelle biblische Moral.

Hillary Clinton würde also nun damit beginnen, ihre eigene Machtbasis auszubauen. Ihre eifrigsten Befürworter waren naturgemäß diejenigen mit einer liberalen Ausrichtung und einer kosmopolitischen Perspektive, zugunsten der neuen Moral, die ihnen als progressiv galt, wobei die meisten dieser Mitstreiter eine starke Haltung gegen die traditionelle und biblische Moral einnahmen. Sie kandidierte für das Amt der Senatorin im Bundesstaat New York, weil die dortige Wählerschaft als die liberalste und weltoffenste Wählerschaft gilt, die am wenigsten mit den traditionellen oder biblischen Werten verbunden ist. Dies erhöhte die Wahrscheinlichkeit eines Erfolges, mehr als an anderen Orten oder Bundesstaaten im Land.

> Die stärksten Unterstützer der Königin werden die Verfechter der Praxis der Kindsopfer sein.

Isebels stärkste Unterstützer waren die Götzenanbeter von Baal, die Kindsopfer praktizierten oder unterstützten. Somit waren auch die Unterstützer von Hillary Clinton, dem neuzeitlichen Gegenbild, insbesondere unter denjenigen zu finden, die die Praxis der Tötung ungeborener Kinder entweder selbst praktizierten oder die Abtreibungen unterstützten. Diejenigen also, die am stärksten zugunsten der Abtreibung Sturm liefen, standen auch ganz klar hinter ihr.

Das PARADIGMA

> Sie wird sich im Gegensatz zu anderen ehemaligen First Ladys des Landes nicht nur durch ihr Streben nach der eigenen politischen Macht auszeichnen, sondern auch dadurch, dass sie eine polarisierende Figur bleibt, verbissen politisch, von einigen geliebt, von anderen wiederum gehasst, mit Anhängern einerseits und Feinden andererseits.

In Israel gab es nie zuvor eine ehemalige Königin wie Isebel. Und auch in Amerika gab es nie zuvor eine ehemalige First Lady wie Hillary Clinton, die sich so vehement für den Weg der eigenen politischen und gewählten Macht entschieden hat. Clinton war verbissen politisch und galt in den Augen vieler als bedrohlich. Sie war eine polarisierende Figur in der amerikanischen Politik mit leidenschaftlichen Anhängern einerseits und leidenschaftlichen Feinden andererseits.

> Viele werden ihren Motiven, ihrer Agenda und ihren Ambitionen misstrauen. Viele gläubige Menschen stellen sich voller Furcht die Frage, was wohl alles passieren könnte, wenn sie noch einmal die Macht zurückgewinnen und ohne Einschränkungen agieren würde.

Während Hillary Clintons Zeit im Amt der Senatorin bestand bei vielen der Verdacht, dass ihr Sitz im Kongress nur ein Sprungbrett für ihr Streben nach der Präsidentschaft war. Und viele gläubige Menschen fragten sich voller Furcht, was wohl mit der Religionsfreiheit geschehen würde, wenn dieses Streben jemals erfolgreich gewesen wäre.

Die Schattenkönigin

> Selbst in ihrer verhaltenen Rolle als ehemalige First Lady des Landes wird die Königin immer noch an denselben radikalen Ansichten festhalten, die sie von Beginn an hatte, einschließlich ihrer Leidenschaft für die Praxis der Kinderopfer.

Die Hinweise, die uns vorliegen, deuten klar darauf hin, dass Isebel sich nie von ihrer Anbetung von Baal und damit auch nicht von ihrer Unterstützung der Kinderopfer abgewandt hatte. Genauso setzte sich auch bei Hillary Clinton die leidenschaftliche Verteidigung der Abtreibung nach dem Ende der Herrschaft ihres Mannes fort. Die extreme Natur dieser fortdauernden Unterstützung zeigte sich unter anderem im März 2003, als sie im Senat das Wort ergriff und die grausame Teilgeburtsabtreibung verteidigte, also jener grausame Akt, den bereits ihr Ehemann als Präsident verteidigt hatte.[1] Es gab wohl kaum einen anderen Bereich in Hillary Clintons Karriere, den sie ebenso konsequent und leidenschaftlich vertrat wie das Thema Abtreibung.

Die folgende Facette des Paradigmas könnte durchaus als logische Abfolge gesehen werden, aber sie ist in jedem Fall bemerkenswert:

> Die Königin wird ihre neue Machtposition zweiundzwanzig Jahre nach der ersten Machtübernahme des Königs einnehmen.

Isebels neue Rolle und Position an der Macht begann zweiundzwanzig Jahre nach der Machtübernahme von Ahab als König. Hillary Clintons Leben änderte sich mit dem Ende der Clinton-Präsidentschaft radikal. Aber wäre sie zu diesem Zeitpunkt einfach ins Privatleben zurückgekehrt, wie es für eine ehemalige First Lady eigentlich üblich war, dann wäre damit wohl auch der Bericht über das Paradigma an dieser Stelle zu

Das PARADIGMA

Ende gewesen. Andererseits, wenn sie ihre politische Solo-Karriere erst zu einem späteren Zeitpunkt begonnen hätte, dann wäre sie vielleicht immer noch ein Gegenbild als Person gewesen, aber nicht mehr innerhalb des Zeitrahmens im Paradigma.

Stattdessen begann sie mit dieser Neuorientierung sogar noch vor dem Ende der Clinton-Regierung. Noch während der letzten Tage der Clinton-Präsidentschaft begann sie damit, ihre Rolle als First Lady im Weißen Haus abzulegen und ihre Karriere als prominente Regierungspersönlichkeit in der höchsten Machtebene der Nation aufzunehmen, genauso wie ihre Vorläuferin aus alten Zeiten. Und das alles geschah im Zeitrahmen der zweiundzwanzigjährigen Machtperiode ihres Mannes, so wie es dem Paradigma von Isebel entspricht. Und da dies im Januar 2001 geschah, waren es auf den Monat genau zweiundzwanzig Jahre. [Ergänzung des Übersetzers: Am 3. Januar 2001 wurde sie als Senatorin von Vizepräsident Al Gore in seiner Rolle als Senatspräsident im Beisein ihres Mannes vereidigt. Dessen Amtszeit als Präsident endete 17 Tage später.]

Im Jahre 2007 wurden dann die Erwartungen vieler bestätigt, als Hillary Clinton ihre Kandidatur für das Präsidentenamt ankündigte. Es war das erste Mal, dass sie jemals öffentlich ihre Absicht verkündete, genau das zu tun, was nach Meinung der meisten Menschen ohnehin ihre eigentliche Absicht war. Das Datum war der 20. Januar.

Dieses Datum sollte uns eigentlich bekannt vorkommen. Der 20. Januar war der Tag, an dem die Clinton-Präsidentschaft zu Ende ging, was im Paradigma dem Tod des Königs Ahab in seinem Kampfwagen bei der Schlacht um Ramot-Gilead entspricht.

Hillary Clinton mag den Tag in der Hoffnung darauf gewählt haben, tatsächlich die nächste Präsidentin zu werden, weil es traditionell der Tag der Vereidigung amerikanischer Präsidenten ist. Was auch immer ihre Motive waren, genau dieses Datum zu wählen, es war auf jeden Fall in doppelter Hinsicht

Die Schattenkönigin

auffällig. Der 20. Januar ist auch das Datum, das den größten Skandal der Clinton-Jahre markiert. Es war der Tag, an dem der Lewinsky-Skandal ausbrach, also der Tag, an dem die Sünde des Königs aufgedeckt wurde. Zudem begann am 20. Januar der Drei-Jahres-Countdown, jene drei Jahre im Leben von Ahab, beginnend mit der Offenlegung seiner Sünden im Weinberg bis zum Ende seiner Regentschaft auf dem Schlachtfeld, bzw. vom Präsidentschaftsskandal bis zum Ende der Clinton-Präsidentschaft. Aber im Gegensatz zu ihren eigenen Erwartungen, wie auch zu den Erwartungen vieler, scheiterte sie bei ihrem Streben nach dem höchsten Amt im Staate, wobei auch das Teil des Paradigmas ist:

In der Regierungszeit der beiden Könige, die ihrem Ehemann folgen, wird die ehemalige Königin nicht in der Lage sein, den Thron selbst zu übernehmen.

In der Zeit nach dem Ende von Bill Clintons Herrschaft, also in den Tagen seiner zwei Nachfolger, sollte es Hillary Clinton also nicht gelingen, die amerikanische Präsidentschaft zu übernehmen.

Aber was wird danach mit dem Thron geschehen? Die Offenbarung des Paradigmas lautet diesbezüglich folgendermaßen:

Der Thron wird nicht an die Königin gehen, sondern an einen anderen – an einen Mann jüngeren Alters.

Wer war dieser Mann? Er wird nun im Paradigma in Erscheinung treten.

Kapitel 15

DER ERBE

Der Bericht, der mit Ahab und Isebel begann, wendet sich nun einer neuen Figur zu.

Sein Name war Joram. Er war der Sohn von Ahab und Isebel. Für den weiteren Verlauf dieser Darstellung wird seine Herrschaft den Hintergrund und die Kulisse liefern. Joram war der Zweitgeborene im Königshaus von Ahab. Der Erstgeborene war Ahasja, aber er sollte letztendlich kaum mehr als eine Fußnote einnehmen, da seine Zeit an der Macht bereits nach zwei Jahren wieder beendet war. Die meisten der wäh-

Das PARADIGMA

rend der Regentschaft von Ahab prophezeiten Ereignisse fanden während der Herrschaft von Joram statt. Genau wie Ahab seinerzeit durch den Propheten Elia mit seinem Fehlverhalten konfrontiert wurde, so wurden auch Jorams Sünden offengelegt, jedoch von Elias Nachfolger Elischa.

Als Sohn von Ahab und Isebel wuchs Joram in einem Haus der Sünde und des Glaubensabfalls auf. Durch Isebel wurde er an die Praktiken des Heidentums herangeführt. Von seinem Vater Ahab bekam er das Beispiel eines schwerwiegenden Glaubensabfalls vorgelebt. Und so verinnerlichte er das Bewusstsein um die Gegenwart Gottes in ähnlicher Weise wie sein Vater Ahab, also eher zögerlich, und er schwankte immer wieder hin und her, vor und zurück. Es scheint, dass Joram die gleiche Einstellung wie sein Vater in sich trug, insbesondere auch, wenn es um die Missachtung der Wege und Weisungen Gottes geht.

Ähnlich wie sein Vater mag Joram wohl gelegentlich den Namen Gottes ausgesprochen und mitunter sogar ein Wort Gottes beachtet haben. Aber ebenso wie sein Vater führte er bestenfalls ein Leben, dessen Wissen und Erkenntnis von Gott ohne Grundlage und ohne Tiefgang war. Im schlimmsten Fall führte er sogar ganz aktiv einen Krieg gegen Gott.

Und dennoch schien sich das Wesen von Joram recht deutlich von seinem Vater zu unterscheiden. Während Ahab einen sehr ausdrucksstarken Charakter hatte und seine Emotionen dramatischen Schwankungen unterlagen, scheint Joram von einem viel kühleren Temperament gewesen zu sein.

Während Ahab sich nach einer großen Sünde zu großem Bedauern und hin zur Buße bewegen konnte, war es nur schwer vorstellbar, dass Joram jemals öffentlich Reue zeigen oder Buße tun würde.

Während Ahab mit Rücksichtslosigkeit agieren konnte, erschien Joram eher entschieden vorsichtig. Diese Vorsicht motivierte ihn anscheinend auch, die von seinem Vater aufgestellte Säule am Baals-Tempel zu entfernen, nachdem er das

Der Erbe

Gerichtsurteil über seinen Vater und über das Land miterlebt hatte.

Aber auch dies scheint wohl eher ein äußerer Akt gewesen zu sein, um seine Stellung abzusichern, und weniger eine Tat der aufrichtigen Überzeugung. Wir finden keine Hinweise darauf, dass Joram jemals die Anbetung Baals stoppte oder sich ihr bewusst widersetzte. Vielmehr setzte er sie während seiner Regierungszeit aktiv fort. Der Baals-Tempel stand während der Regierungszeit von Joram immer noch inmitten der Hauptstadt. Er setzte den Weg des Götzendienstes fort, und das bedeutete den unverminderten weiteren Abfall der Nation in den moralischen Relativismus, in die Fleischeslust, in die sexuelle Unmoral und in das Ablegen von absoluten Werten.

Er entsprach nicht dem mutigen Wegbereiter in der Person seines Vaters Ahab, und er war auch nicht der heftige Eiferer, wie etwa seine Mutter Isebel. Seine Eltern hatten einen Grundstein gelegt, aber Joram setzte nur den Glaubensabfall weiter fort. Er würde seinen Vater Ahab sogar in Feindseligkeit gegenüber Gottes Volk übertreffen, als er den Tod des Propheten Elisa befahl.

Obwohl Jorams Temperament etwas gesitteter schien als das seiner Eltern, führte er in vielerlei Hinsicht nur das weiter, was sie begonnen hatten. Und so setzte die Nation ihre Talfahrt und ihren Abfall fort.

Das Paradigma des Erben

In der Vorlage von Joram wird die Schlüsselfigur als „der Erbe" bezeichnet, um ihn von Ahab zu unterscheiden, der auch weiterhin als „der König" bezeichnet wird.

> In der Zeit des Paradigmas, in den Tagen nach dem Ende der Herrschaft des Königs, wird es nicht die Königin sein, die auf dem Thron regiert – sondern ein Mann, der beträchtlich jünger ist – der Erbe.

Das PARADIGMA

Obwohl Hillary Clinton vor den Vorwahlen der Partei im Jahre 2008 noch als aussichtsreichste Kandidatin der Demokraten galt, und sie dann sogar in 21 Bundesstaaten Vorwahlsiege einfahren konnte, kam es zu einer Kehrtwende, von der die meisten Beobachter überrascht waren. Die Delegierten der Demokraten nominierten letztlich Barak Obama zu ihrem Kandidaten für die Präsidentschaftswahl. Er war wesentlich jünger als Clinton und gehörte zu einer anderen Generation.

> Der Erbe wird die Fortsetzung des Königs und das Vermächtnis der Königin repräsentieren.

In allen wesentlichen Fragen bezüglich des Glaubensabfalls und des Paradigmas folgte Barack Obama dem Verlauf der von den Clintons eingeschlagenen Ausrichtung. Politisch, kulturell und ideologisch war er ihr Erbe.

Obamas politische Karriere begann mit der Wahl in den Senat von Illinois. Das war im Jahr 1996. Dieses Jahr markierte zugleich den Mittelpunkt der Clinton-Ära. Dieselbe Wahlperiode also, die Bill Clinton zurück ins Weiße Haus brachte, führte auch Barack Obama in sein erstes öffentliches Amt. Obamas politische Geburt geschah also im Herzen der Clinton-Jahre, eine passende Zeit für die Geburt eines politischen Erben.

> Der Erbe wird dort anknüpfen, wo der König aufgehört hatte. Was der König einst versucht hatte, wird der Erbe versuchen umzusetzen. Was der König begonnen hatte, wird der Erbe versuchen zu vervollständigen.

Obama knüpfte dort an, wo Bill Clinton aufgehört hatte. Strategien, für die Clinton der Wegbereiter war, wurden von Obama weiter verfolgt und vorangetrieben. Programme und Gesetzesinitiativen, die Clinton versuchte umzusetzen, wurden von Obama wieder aufgegriffen. Durchführungsverordnungen, die Clinton unterzeichnet aber später wieder rückgän-

Der Erbe

gig gemacht hatte, setzte Obama wieder in Kraft. Er war das klare Gegenbild von Joram, dem Erben von König Ahab.

> Der Erbe wird der dritte König des Paradigmas sein, und der zweite König in der Linie der Nachfolger auf dem Thron nach dem Ende der Herrschaft des Königs.

Wenn Joram der zweite König in der Linie der Nachfolger nach der Herrschaft von Ahab war, dann müsste demnach auch Obama der zweite Herrscher in der Linie der Nachfolger der Präsidentschaft nach dem Ende der Clinton-Ära sein.

Ahasja, der erstgeborene Sohn, mit einer Regierungszeit von weniger als zwei Jahren, bekam jedoch nicht sehr viel mehr als nur eine Fußnote im Bericht über das Königshaus. Es erscheint jedoch irgendwie unmöglich, etwas Vergleichbares im neuzeitlichen Fall zu finden, denn das hätte ja ein Präsident sein müssen, der vom Tag seiner Vereidigung nur zwei Jahre oder weniger im Amt gewesen wäre.

Abgesehen davon geht es im Paradigma jedoch vorrangig um das Thema des Glaubensabfalls. Der klare Fokus liegt auf dem geistlichen Abfall der Nation und der Herrscher, die die Nation in diesen Glaubensabfall hineinführten. Was auch immer man von der Präsidentschaft des George W. Bush als Nachfolger von Clinton halten mag, zumindest im Hinblick auf den Glaubensabfall gab es während der Bush-Präsidentschaft eine Unterbrechung bei dieser Entwicklung, die in den Clinton-Jahren begonnen hatte. Anstatt solche Probleme noch zu unterstützen, versuchte er, sie zurückzudrängen oder gar umzukehren. Diese Dynamik findet sich auch in den Vorläufern, wobei nahezu jeder Führer, der zum biblischen Vorboten des Gerichts auf amerikanischem Boden wurde, der Demokratischen Partei angehörte. Das soll jetzt keine Wertung sein. Es ergibt sich einfach aus der Bewertung der Ereignisse, die sich im Zusammenhang mit diesem Geheimnis entfaltet haben. Jeder Führer in meinem Buch „Der Vorbote" *(The Harbinger)*,

Das PARADIGMA

der die historische Verkündigung des Gerichts über Amerika repräsentierte, war ein Demokratischer Politiker. Auch im Paradigma folgt die Vorlage des Glaubensabfalls einer Kette von demokratischen Führern, bis sie dann eine dramatische Wende erreicht.

Damit ist nicht gesagt, dass alle Standpunkte einer politischen Partei biblisch sind, oder alle Standpunkte einer anderen Partei nicht biblisch sind. Es soll damit auch nicht zum Ausdruck gebracht werden, dass alle jene, die mit einer bestimmten Partei verbunden sind, grundsätzlich unbiblische Positionen unterstützen, und es kann auch nicht argumentiert werden, dass alles, was der Demokratischen Partei innewohnt, eine Verbindung zu unbiblischen oder antibiblischen Positionen erfordert. In den 50er Jahren formulierte der liberalste Präsidentschaftskandidat der Demokraten, Adlai Stevenson, bei der Annahme der Präsidentschaftsnominierung sogar folgenden Grundsatz: „Wir müssen diese großen christlichen und humanistischen Ideen zurückgewinnen". Aber seitdem hat sich die Demokratische Partei einer Metamorphose unterzogen und wurde zu der Partei, die sich für die Tötung ungeborener Kinder einsetzt und einen Krieg gegen die biblischen Werte führt.

Bei den Schlüsselthemen im Zusammenhang mit der Israel-Krise und bei den zentralen Fragen des Paradigmas hat sich diese Partei ganz bewusst gegen die Schrift und die Wege Gottes entschieden. Sie ist zu einer Partei geworden, die sich für den amerikanischen Abfall vom Glauben eingesetzt hat.

Da das Hauptaugenmerk des Paradigmas der Glaubensabfall ist, zeigt das Rampenlicht auch auf jene Führer, Institutionen und Mächte, die diesen Glaubensabfall verkörpern oder vorantreiben. Darüber hinaus folgt das historische Paradigma konkret dem Könighaus von Ahab, und nach Ahabs Ende konzentriert es sich auf die zwei Hauptakteure, die aus diesem Hause stammen, Isebel und Joram. So folgt das Paradigma in der Neuzeit der Ära Clinton und seinem Vermächtnis, und es wird sich in der Folge auf die zwei Hauptakteure konzentrieren, nämlich auf Hillary Clinton und Barack Obama. Mit die-

Der Erbe

sen beiden Figuren wird sich die neuzeitliche Wiederholung der Ereignisse in einem kontinuierlichen Verlauf bewegen.

Auch wenn sich nicht jedes Detail der alten Vorlage manifestieren muss, so dürfte Präsident George W. Bush tatsächlich auch mit anderen Details des Paradigmas im Zusammenhang stehen, oder anders gesagt, er wird es mit Ereignissen in der modernen Welt in Einklang bringen. Bush dient hier sozusagen als Platzhalter, um letztlich dann die Herrschaft Obamas als Präsident einzuleiten, gemäß der Ordnung von Jorams Herrschaft als dritter Herrscher des Paradigmas und als zweiter nach der Herrschaft des Ahab-Ektypus.

> Der Erbe wird gelegentlich nach außen hin Frömmigkeit zeigen und das Einhalten der Gebote vorgeben, aber sowohl durch sein Handeln wie auch durch seine Untätigkeit wird er die Nation in Richtung der Missachtung gegenüber Gott führen.

Joram entfernte zwar die Säule am Baals-Tempel, aber er ließ es zu, dass die dortige Anbetung weiter florieren konnte. Obama würde demnach das gleiche Verhaltensmuster zeigen. Als er für das Präsidentenamt kandidierte, da erklärte er noch, dass er als Christ und wegen seiner Verbindung zu Gott nicht für die Homosexuellen-Ehe sein könne, sondern nur dagegen. Er hielt diese Position auch zumindest in den ersten Jahren seiner Präsidentschaft weiter aufrecht. Später enthüllte ein enger Berater Obamas jedoch, dass seine Worte falsch gewesen seien. Tatsächlich sei er nicht gegen die Homosexuellen-Ehe gewesen, sondern dafür, und das schon von Beginn an.[1]

So zeigte Obama in diesem Punkt also nach außen seine Unterstützung gegenüber der biblischen Moral, aber er berief sich dann wiederum auf den Namen Gottes in seiner Ablehnung. Er anerkannte, dass ein Christ nicht die biblischen Standards der Ehe als Vereinigung von Mann und Frau brechen kann. Anderserseits tat er aber auch alles in seiner Macht ste-

Das PARADIGMA

hende, um diese biblischen Standards aufzuweichen und zu beseitigen.

> Der Erbe wird die Politik des Königs in Form der Änderung und Modifizierung der allgemeinen Standards und der Moral fortführen. Er wird ebenfalls zu einem Akteur für die Schwächung und den Umsturz der ultimativen und biblischen Werte.

Obama führte also Clintons Politik der „Neudefinierung ... der unabänderlichen Ideale, die uns von Anfang an geleitet haben" weiter.[2] Ob in Fragen der Ehe, der Heiligkeit des Lebens, der Sexualität, des Glaubens, des Christentums, der männlichen und weiblichen Identität oder der religiösen Freiheit, Obama widersetzte sich in allen genannten Punkten kontinuierlich den biblischen Maßstäben und Werten, die seit Jahrtausenden Bestand haben und zugleich die Basis der westlichen Zivilisation darstellen.

> Der Erbe wird die Politik des Königs bezüglich der Sexualmoral und der Aufweichung der Geschlechteridentität fortsetzen.

Während Jorams Regierung die Anbetung Baals und andere Formen des Götzendienstes weiterführte, so galt dies natürlich auch für die damit verbundenen Praktiken der sexuellen Unmoral, einschließlich der Riten der Kadeshim, also der männlichen Prostituierten und der Aufweichung der Geschlechteridentitäten. Auch Obama führte Clintons Politik der Sexualmoral, der Befürwortung der Homosexualität und der Aufweichung der Geschlechteridentitäten fort. Er wurde zum unermüdlichen Befürworter der neuen und antibiblischen Moral, die die Clintons zum normalen und allgemeingültigen Standard erhoben hatten. In den Tagen von Obama würde sich diese neue Moral dann fest etablieren.

Der Erbe

> Unter dem Erben wird die Praxis der Kindsopferung im ganzen Land fortgeführt.

Genau wie die Baals-Anbetung, so wurden unter Joram auch die Kindsopfer weiter praktiziert. Auch Obama hielt in seiner Präsidentschaft an den gleichen Überzeugungen fest, wie die Clintons. Im Senat von Illinois hatte er sogar gegen ein Gesetz gekämpft, mit dem Babys geschützt werden sollten, die eine Abtreibung überlebt haben und normalerweise dem Tod überlassen werden. Viele sahen dies als Kindsmord an. Sogar extreme Abtreibungsbefürworter unter den Abgeordneten hatten sich für einen solchen Schutz ausgesprochen.

Dadurch offenbarte er seine absolut extreme Haltung beim Thema Abtreibung. Natürlich brachte er diese Einstellung auch ins Weiße Haus mit und setzte sie während seiner Präsidentschaft in die Praxis um.

> Der Erbe wird zu einem weiteren Glied in der Kette des Glaubensabfalls der Nation von Gott. Unter seiner Herrschaft wird sich das Land noch weiter von der biblischen Grundlage entfernen, auf der die Nation einstmals gegründet wurde.

Obama stellte seinen Präsidentschaftswahlkampf unter das Motto „Veränderung", und tatsächlich war sein späteres Handeln dann von Veränderungen geprägt. Die weitreichendsten Veränderungen gab es dabei im sozialen, moralischen und selbst auch im geistlichen Bereich, wobei es bei alledem immer nur in eine Richtung ging: Amerika wurde noch weiter von seiner biblischen Grundlage weggezogen.

In einer Rede, die er im Rahmen seines ersten Präsidentschaftswahlkampfes gehalten hatte, berührte Obama auch das Thema des Glaubens. Er outete sich dabei als klarer Gegner

Das PARADIGMA

der konservativ Gläubigen, und er machte eine Aussage, die ihn auch in der Zukunft immer wieder einholte. Er sagte:

„Was auch immer wir einst waren, wir sind keine christliche Nation mehr ...".[3]

Die Tatsache, dass er dann die Worte „zumindest nicht ausschließlich" anfügte, als er erkannte, was er da wirklich gesagt hatte, auch angesichts der Tatsache, dass der niedergeschriebene Text in seinem Redekonzept „nicht mehr nur eine christliche Nation" lautete, machte diese Entgleisung letztlich nur noch bemerkenswerter. Es würde ein frühes Zeichen eines größeren Musters sein. Das, was Obama einerseits öffentlich zu Fragen des Glaubens äußerte, und das, was dann andererseits oftmals unbeabsichtigt, in einem privaten Rahmen oder in Situationen, in denen er frei mit Gleichgesinnten sprechen konnte, aus seinem Munde kam, einschließlich seiner Handlungen, stand häufig in einem krassen Widerspruch zueinander.

Dessen ungeachtet war er der erste große Kandidat in der Geschichte der Nation, der öffentlich eine solche oder ähnlich lautende Erklärungen abgab, die seine Grundlinie bestätigten.

So sehr, wie es vielleicht auch tatsächlich der Wahrheit entsprach, dass Amerika keine christliche Nation mehr war, so sprach Obama diese Worte bereits in seinem ersten Präsidentschaftswahlkampf aus, und sie würden sich dann am Ende seiner Präsidentschaft noch weitaus mehr als wahr erweisen. Tatsächlich war Amerika nach der Obama-Ära weniger christlich als bei seiner Machtübernahme, sowohl im kulturellen Sinne wie auch moralisch, und statistisch.

———◆◆◆———

Aber Amerika wurde nicht nur weniger christlich, sondern es wurde auch zunehmend zu einer bewusst anti-christlichen Nation. Wie diese Tatsache in Verbindung mit dem Paradigma und mit der Herrschaft von Barack Obama steht, werden wir im weiteren Verlauf noch sehen.

Kapitel 16

DAS FEINDLICHE KÖNIGREICH

Die Hauptstadt war belagert. Entsetzt über das Elend und die Erniedrigung durch die Belagerung war Joram voller Zorn, und seine Rage fand auch einen Sündenbock:

„Und es geschah, als der König die Worte der Frau hörte, da zerriss er seine Kleider ... Und er sagte: So soll mir Gott tun und so hinzufügen, wenn der Kopf des Elischa, des Sohnes Schafats, heute auf ihm bleibt!"

(2. Könige 6,30-31)

Das PARADIGMA

Obwohl Elischa natürlich nicht für die Probleme der Nation verantwortlich war, machte ihn der König zum Mittelpunkt seines Zornes. Aber der Prophet war durchaus nicht der einzige Sündenbock:

„Elischa aber saß in seinem Haus, und die Ältesten saßen bei ihm. Und der König sandte einen Mann vor sich her ... Noch redete er mit ihnen, siehe, da kam der Bote zu ihm herab; und der König sagte: Siehe, dieses Unglück kommt von dem HERRN. Was soll ich noch länger auf den HERRN warten?"

(2. Könige 6,32-33)

Der König gab nicht nur dem Propheten die Schuld für die Schwierigkeiten des Volkes, sondern letztlich beschuldigte er auch Gott selbst, und das geschah nicht zum ersten Mal. Es war ein Verhaltensmuster des Königs. Er hatte Gott in der Vergangenheit schon mehrfach für seine Probleme verantwortlich gemacht, wie zum Beispiel während seines Kampfes gegen das Königreich Moab:

„Der König von Israel aber sagte zu ihm: Nein! Hat doch der HERR diese drei Könige gerufen, um sie in die Hand Moabs zu geben!"

(2. Könige 3,13)

In einem Kommentar heißt es dazu:

„Er hatte allerdings eine schlechte Meinung vom Gott Israels und betrachtete ihn als eine bösartige Gottheit. Wenn also die alliierten Armeen gegen Moab marschieren und unter einem ernsthaften Wassermangel zu leiden hatten, dann meinte er, dass es Gott selbst gewesen sei, der sie bewusst in die Hände der Moabiter geben wollte (siehe 2. Könige 3,13). Oder als das Land unter einer Hungersnot zu leiden hatte, während die Hauptstadt von den Aramäern belagert wurde, da meinte er, dass dieses Übel ebenfalls nur von Gott sein könne, dem man umsonst vertraue und von dem nichts Gutes zu erwarten wäre ..."[1]

Das feindliche Königreich

Der Herr hatte Geduld und Gnade gezeigt, nicht nur gegenüber der Nation Israel, sondern auch gegenüber Joram selbst. Er hatte Elischa mehr als einmal benutzt, um ihn zu warnen. Dennoch sandte Joram nun einen Mann aus, der Elischa aufspüren und töten sollte. Aber das Problem war natürlich kein Beziehungsproblem mit Elischa, sondern es lag viel tiefer. Es lag in seinem falschen Gottesbild verwurzelt.

Wir erleben Joram hier als einen Menschen, dessen Gottesbild, und damit auch seine Sicht auf alles andere, im klaren Widerspruch zur Schrift und zum Wort der damaligen Propheten stand. Er mag den Namen des Herrn vielleicht noch in den Mund genommen haben, aber letztlich waren ihm das Wort Gottes und Seine Weisungen fremd. Die Bibelstelle enthüllt, dass er Gott im Grunde nur als eine Art Götzen anbetete-mit anderen Worten, einen subjektiven Gott, den sich die Israeliten nach ihren Vorstellungen selbst erschaffen hatten. Mit diesem subjektiven Gott konnte er sich noch anfreunden, nicht jedoch mit dem lebendigen Gott der Bibel, und schon gar nicht mit Seinen Wegen und Weisungen. Und jene im Volk, die den Wegen und Weisungen Gottes treu geblieben waren, blieben dem König im besten Fall ein Rätsel, und im schlimmsten Fall ein Stolperstein. Wie man an seinem Versuch sehen kann, Elischa nach dem Leben zu trachten, scheute er auch nicht davor zurück, die Gerechten zu verfolgen. In den Worten und Handlungen des Königs in Bezug auf Gott, auf Seine Wege und auch gegenüber jenen, die Gott treu waren, zeigte sich eine ausgeprägte und markante Feindseligkeit.

Das PARADIGMA

Das Paradigma des feindlichen Königreichs

> Obwohl der Erbe den Namen Gottes anruft, werden ihm die Wege und Weisungen Gottes letztlich fremd bleiben. Er wird sich mit diesen Wegen und Weisungen nicht anfreunden können, auch nicht mit jenen, die daran festhalten. Er wird solche Menschen als ein Rätsel und Hindernis für seine Agenda sehen. Seine Worte und Aktionen werden eine ausgeprägte und deutliche Feindseligkeit gegenüber der Sache Gottes zeigen.

Auch Obama mag mitunter den Namen Gottes angerufen haben, aber als es darum ging, mit dem Wort Gottes umzugehen oder eine echte Schlussfolgerung daraus zu ziehen, da schien er sich selten wohlzufühlen. Tatsächlich konnte er sich kaum mit den Fragen des Glaubens anfreunden. Und er schien sich noch weniger im Umgang mit denen wohlzufühlen, die dem Wort Gottes folgten. Während seiner Zeit im Weißen Haus trennte er sich von denen, die weiter an den biblischen Werten festhielten, und er schloss sich vielmehr denen an, die sich diesen Werten am meisten widersetzten. Er machte bei mehr als einem Anlass entsprechende Andeutungen gegenüber gläubigen Menschen und betrachtete sie als Problem, Hindernis oder sogar als Feinde. Im Rahmen einer Spendenaktion in San Francisco sagte Obama hinter verschlossenen Türen bezüglich einer Kleinstadt in Amerika Folgendes:

„Und es ist nicht verwunderlich, dass sie verbittert sind, sich an Waffen oder Religion oder Antipathie gegenüber Menschen klammern, die nicht wie sie sind ..."[2]

Die Aussage führte zu einem politischen Aufruhr. Aber es war nun mal immer am aufschlussreichsten, hinter verschlossenen Türen einen Einblick in Obamas wahre Gedanken und seine Haltung gegenüber Gott und gegenüber den Menschen zu erhalten, die Gott nachfolgten. Seine Sichtweise brachte ihn

Das feindliche Königreich

dazu, eine der entscheidendsten Neudefinitionen von Werten und biblischen Normen der Neuzeit vorzunehmen. In der Mitte seiner Präsidentschaft kündigte Obama an, dass er die Position, die er während der Präsidentschaftswahl noch abgelehnt hatte, nun vertreten würde, also genau jene Position, die er nach eigenen Worten als Christ damals nicht hätte annehmen können.[3]

Aber er nahm diese Position nicht nur an, sondern er unterstützte sie auch ganz aktiv. Es ging dabei unter anderem um die Neudefinition der historischen und biblischen Definition der Ehe. Er begann damit, die Regierungsbehörden zwecks Aufhebung dieser historischen Definition der Ehe unter Druck zu setzen. Seine Bemühungen waren erfolgreich und gipfelten in der legendären Außerkraftsetzung der bisher gültigen Ehegesetze durch den Supreme Court (Oberster Gerichtshof), die bislang die Geschichte der Menschheit bestimmt hatten.[4]

Was Clinton begonnen hatte, das hatte Obama nun abgeschlossen. Seine Präsidentschaft war maßgeblich daran beteiligt, Amerika noch entscheidender von seiner biblischen Grundlage wegzubewegen.

> Während sich der Glaubensabfall fortsetzt, wird die Kultur nicht nur akzeptieren, was als falsch erkannt wurde und was das Wort Gottes zur Sünde erklärt, sondern sie wird es sogar feiern und für heilig erklären.

An dem Tag, an dem die durch Gottes Wort definierte Ehe zerschlagen wurde, ordnete Obama an, das Weiße Haus in den Regenbogenfarben erstrahlen zu lassen, um das neue Gesetz zu feiern.[5]

Wie in den Tagen von Ahab und Joram war das höchste Haus des Landes nun zu einen Symbol des Glaubensabfalls geworden. Wir begannen dieses Kapitel mit einem Blick auf die ausgesprochene Feindseligkeit von König Joram gegenüber Gott

Das PARADIGMA

und seinem Volk. Nun werden wir sehen, welche Auswirkungen dies in der Neuzeit hat.

> In demselben Maße, wie eine Zivilisation das Böse als gut bezeichnet, wird sie auch das Gute als böse bezeichnen. In gleichem Maße, wie die weltlichen und gottlosen Dinge geheiligt werden, so werden auch die wirklich heiligen Dinge verachtet und als gotteslästerlich bezeichnet. In demselben Maße, wie die Ungerechtigkeit legitimiert wird, so werden auch die Gerechten delegitimiert.

Das ist die Schattenseite dieses Absturzes. Während die menschliche Kultur akzeptiert, was vormals als Sünde bezeichnet wurde, wird sie gleichzeitig damit beginnen, das zu verwerfen, was einst als Gerechtigkeit galt, und man wird aufhören, sie zu achten. Die Gerechtigkeit, und alles, was damit verbunden ist, wird dann nur noch toleriert, und die betreffenden Menschen werden ausgegrenzt, verunglimpft, und schlussendlich werden sie sogar kriminalisiert und verfolgt.

Im Zuge des Abfalls der westlichen Zivilisation von Gott und vom biblischen Glauben müssen wir also davon ausgehen, auch mit diesem Phänomen konfrontiert zu werden-mit Anfeindung und Verfolgung. Dies beinhaltet auch die fortschreitende Ausgrenzung der Christen und jener Menschen, die auch weiterhin an den biblischen Werten festhalten. Genau an diesem Punkt sind wir in der amerikanischen und westlichen Zivilisation bereits angekommen.

In jeder Phase des beschleunigten Glaubensabfalls müssen wir auch eine entsprechende Beschleunigung und Ausweitung der Ausgrenzung von Gläubigen erwarten, und genauso erleben wir es ja auch. In der Clinton-Ära, die im Zuge des amerikanischen Abfalls vom Glauben zahlreiche Premieren und Dammbrüche erfahren hat, wurde ein Gesetz erlassen, das sich gegen die Menschen richtet, die gegen die Tötung von Kindern in Abtreibungskliniken protestieren.[6]

Das feindliche Königreich

Das Gesetz wurde so breit gefächert, dass es sogar zu dem Phänomen führte, dass Christen verhaftet und ins Gefängnis gesteckt wurden, nur weil sie gegen das protestierten, was sie als Mord ansahen, oder weil sie eine Beratung angeboten oder einfach nur gebetet haben.

Während der Obama-Jahre erlebte die Ausgrenzung der Christen eine besondere Ausprägung. Teilweise war dies auch auf die allgemeine Abkehr der menschlichen Gesellschaft von Gott zurückzuführen. Aber größtenteils war es, gemäß dem Paradigma, auf den Herrscher der Nation zurückzuführen, genauso wie in der Vorlage von Joram. Er sah Gott ganz klar als seinen Gegner. Aber Joram sah daneben auch Gottes Diener Elischa als seinen Gegner. So führte auch Obama mit seiner Politik nicht nur einen Krieg gegen das Wort Gottes, sondern er verunglimpfte in besonderer Weise auch jene, die weiter am Wort Gottes festhielten.

In einer Rede vor einem Publikum aus Befürwortern der Homosexualität sprach er unter anderem auch über diejenigen, die nicht mit seiner Agenda einverstanden waren:

> „Ich muss Ihnen sicher nicht sagen, dass es da auch diejenigen gibt, die sich nicht einfach nur weigern, unserem Weg zu folgen, sondern sie wollen die Uhr auch wieder zurückdrehen ..."[7]

Diejenigen, die der Präsident hier meinte, waren ganz klar jene Personen, die weiter am Wort Gottes festhielten. Gemäß den Worten des Präsidenten folgten sie nicht „unserem Weg". In nur einem einzigen Satz hatte er damit all diejenigen ausgegrenzt und aus dem Mainstream seines Amerika entfernt, die weiterhin dem biblischen Wort treu blieben, wie etwa die evangelikalen Christen. Diejenigen, die der Bibel treu blieben, wurden jedoch nicht nur ausgegrenzt, sondern sie waren nun Hindernisse und Gegner, sie stellten eine Bedrohung dar und waren zu Feinden geworden.

Als Obama beispielsweise in seiner ersten Amtszeit als Präsident eine Ansprache vor der größten amerikanischen

Das PARADIGMA

Abtreibungsorganisation „Planned Parenthood" (Geplante Elternschaft) hielt, bezeichnete er die Führer der amerikanischen „Pro-Life-Bewegung" als Feinde, wenn nicht sogar als Schurken. Seine abschließenden Worte gegenüber dieser Abtreibungsorganisation waren: „Gott segne euch". Mehrere Kommentatoren stellten daraufhin die berechtigte Frage, welcher Gott das denn wohl sein soll, der diejenigen segnet, die das ungeborene Leben töten und Kinder im Mutterleib zerstückeln.[8] Es gab tatsächlich einen solchen Gott. Sein Name war Baal.

◆◆◆

Nachfolgend eine Aufstellung von einigen dieser gottesfeindlichen Handlungen unter der Obama-Regierung, gerichtet gegen Gott selbst, gegen seine Wege und Weisungen, sowie gegen Sein Volk.[9] Man sollte in diesem Zusammenhang beachten, dass das, was im amerikanischen Militär geschah, noch stärker dieses Bild bestätigt, weil das Militär noch intensiver dem Einfluss und den Ordnungen der Regierung unterliegt als die allgemeine Bevölkerung. Man sollte auch bedenken, dass es sich hier nur um einen groben Abriss handelt, der zudem auch nur die ersten Jahre der Obama-Regierung abdeckt:

- Bereits im Januar 2009, dem Monat, in dem Obama seine Präsidentschaft angetreten hatte, beseitigte er die Maßnahmen zum Schutz von ungeborenen Kindern,[10] und sein designierter Vize-Außenminister erklärte, dass die Amerikaner für Abtreibungen bezahlen müssten.[11] Im Februar desselben Jahres kündigte Obama seinen Plan an, den Gewissensschutz für das Gesundheitspersonal zu annullieren, und das bedeutete, dass sie dann gezwungen waren, an Handlungen teilzunehmen, die sie mit ihrem Gewissen oder mit ihrem Glauben eigentlich nicht vereinbaren konnten, wie etwa die Tötung von Ungeborenen.[12]
- Im März zahlte Obama fünfzig Millionen Dollar an UNFPA, die UNO-Agentur, die mit jenen Funktionären

Das feindliche Königreich

der Bevölkerungskontrolle in China zusammenarbeitet, die Zwangsabtreibungen durchführen.[13] Im selben Monat schloss die US-Regierung Pro-Life-Gruppen von der Teilnahme an einer vom Weißen Haus gesponserten Veranstaltung für das Gesundheitswesen aus.[14] Im April verfügte die Obama-Regierung, dass eine Inschrift mit dem Namen „Jesus" an einer religiösen Universität abgedeckt werden musste, während der Präsident dort eine Rede hielt.[15]

* Im Mai warfen Vertreter der Obama-Regierung den Mitgliedern der Pro-Life-Bewegung Gewalt und Rassismus, sowie Durchführung von „kriminellen" Handlungen vor.[16] Im selben Monat weigerte sich der Präsident, im Weißen Haus Gastgeber für den landesweiten Tag des Gebetes zu sein.[17] Im September wurde eine Frau von der Obama-Regierung zur Leiterin der „Equal Employment Opportunity Commission" ernannt, die zuvor deutlich gemacht hatte, dass die Gesellschaft keine „privaten Überzeugungen" tolerieren sollte, einschließlich privater religiöser Überzeugungen, die sich negativ auf homosexuelle Rechte auswirken könnten.[18] [Hinweis des Übersetzers: Die U.S. Equal Employment Opportunity Commission (EEOC) ist eine Bundesbehörde in den Vereinigten Staaten mit dem Auftrag, Diskriminierung in Beschäftigung und Beruf zu beenden.]

* Im Juli 2010 setzte die Obama-Regierung Bundesmittel ein, um eine Verfassungsänderung in Kenia voranzutreiben, wodurch die Abtreibung legalisiert wurde.[19] Im August wurde auf Anweisung der Obama-Regierung die Finanzierung für 176 Enthaltsamkeits-Bildungsprogramme gekürzt.[20] Im September brachte die Obama-Regierung eine gerichtliche Entscheidung zu Fall, bei der es um die Bewilligung von Bundesmitteln für die embryonale Stammzellenforschung ging.[21]

* Im Oktober begann Obama damit, das Wort Schöpfer wegzulassen, wenn er die Unabhängigkeitserklärung zitierte.

Das PARADIGMA

Die Unterlassung konnte kein Versehen gewesen sein, da er diese Unterlassung bei nicht weniger als sieben Gelegenheiten wiederholte.[22]

- Im Januar 2011 weigerte sich die Obama-Regierung, ein Kreuz aus einem Denkmal des Ersten Weltkrieges in der Mojave-Wüste wieder aufzubauen, verfügt durch ein Bundesgesetz.[23] Seit über zwei Jahren hatte Obama es zugelassen, dass die Stelle eines Botschafters für Religionsfreiheit – eine Position, die eingerichtet wurde, um gegen religiöse Verfolgung auf der ganzen Welt zu kämpfen – unbesetzt blieb. Er besetzte dann den Posten im Februar wieder neu, aber erst, nachdem er von Seiten der Öffentlichkeit und des Kongresses stark unter Druck gesetzt wurde.[24] Im selben Monat ordnete Obama gegenüber dem Justizministerium an, die Verteidigung des Gesetzes zum Schutz der Ehe einzustellen.[25]

- Im April trieb Obama die Umsetzung des Anti-Diskriminierung-Gesetzes voran, das zum ersten Mal in der amerikanischen Geschichte keinen Schutz für religiöse Gruppen enthielt.[26] Im August veröffentlichte die Obama-Regierung neue Vorschriften für das Gesundheitswesen, wodurch der religiöse Gewissensschutz für medizinische Mitarbeiter hinsichtlich der Abtreibung aufgehoben wurde.[27] Im September informierte die Armee das „Walter Reed National Military Medical Center" (führende medizinische Einrichtung für Militärpersonal) darüber, dass keine religiösen Gegenstände (wie beispielsweise Bibeln) bei Krankenhausbesuchen erlaubt seien.[28] Im selben Monat untersagte der Stabschef der Luftwaffe den Kommandeuren die Weitergabe von Informationen an die Piloten über religiöse Veranstaltungen oder Gottesdienste, die ihnen zur Verfügung stehen.[29] Im Dezember 2011 attackierte die Regierung die religiösen Überzeugungen anderer Nationen mit der Begründung, diese würden eine Behinderung beim Ausleben von Homosexualität darstellen.[30]

Das feindliche Königreich

* Im Januar 2012 erklärte die Regierung, dass die Kirchen keinen besonderen rechtlichen Schutz mehr bei der Einstellung ihrer Prediger und Pastoren genießen.[31]
  Im Februar entfernte die Luftwaffe das Wort „Gott" aus ihren offiziellen Emblemen und von den Uniform-Abzeichen.[32] Im April untersagte die Luftwaffe, dass Bibeln in den Unterkünften zur Verfügung gestellt werden.[33] Im Mai positionierte sich die Obama-Regierung gegen den Gewissensschutz für Militär-Seelsorger, die gleichgeschlechtliche Ehen nicht mit ihrem Glauben vereinbaren konnten.[34] Im Juni ordnete die Regierung an, dass die offiziellen Embleme der US-Militärs nicht mehr auf den Bibeln der Militärangehörigen erscheinen dürfen.[35]

* Im Januar 2013 erklärte Obama seinen Widerstand gegen die Aufnahme eines Schutzes für das Gewissensrecht der Militärseelsorger im „National Defense Authorization Act" (US-Bundesverordnung zur Nationalen Verteidigung).[36] Im Februar kündigte die Regierung an, dass religiöse Gewissensrechte im „Affordable Care Act" nicht mehr anerkannt oder geschützt würden (Verordnung zur Verbesserung der Gesundheitschance für US-Bürger, auch „Obamacare" genannt).[37] Im April begann die US-Agentur für Internationale Entwicklung mit der Ausbildung homosexueller Aktivisten, um die traditionellen und biblischen Werte überall in der Welt umzukehren, wobei der Fokus auf jenen Ländern lag, deren Kultur stark im Katholizismus verwurzelt ist.[38] Im selben Monat erstellte die Luftwaffe eine Richtlinie unter dem Titel „Religiöse Toleranz", allerdings ohne Rücksprache mit religiösen Gruppen. Man wurde dabei nur von einer militanten atheistischen Organisation beraten. Der Führer dieser Organisation beschrieb religiöses Personal als „menschliche Monster" und „spirituelle Vergewaltiger" und erklärte, dass Soldaten, die ihren Glauben verbreiteten, wegen Verrat angeklagt und bestraft werden sollten.[39] Im selben Monat wurde bekannt, dass Soldaten in der Ausbildung

Das PARADIGMA

gelehrt wurde, dass diejenigen, die Mitglied im evangelikalen Christentum und im Katholizismus werden, gefährliche religiöse Extremisten seien, vergleichbar mit Al Kaida.[40]

- Im Mai gab das Pentagon Folgendes bekannt: Wenn ein Mitglied der Luftwaffe seinen Glauben mit einem anderen Mitglied teilt, und wenn sich dadurch ein Missbehagen bei einem anderen Mitglied einstellt, dann kann derjenige, der seinen Glauben weitergegeben hat, vor ein Kriegsgericht gestellt werden.[41] Im selben Monat ordnete die Obama-Regierung an, dass Arbeitgeber ihren Angestellten Abtreibungspillen anbieten müssen, was im Widerspruch zu den Anweisungen mehrerer Bundesgerichte zum Schutz des Gewissens stand.[42] Ebenfalls im gleichen Monat widersprach die Regierung in scharfer Form einer Änderung im Nationalen Verteidigungsgesetz im Zusammenhang mit dem Schutz der religiösen Rechte von Soldaten und Militärgeistlichen.[43]

- Im Juli wurde ein Luftwaffen-Sergeant, der eine gleichgeschlechtliche Ehe-Zeremonie beanstandete, die in der Kapelle der Luftwaffenakademie durchgeführt wurde, getadelt, und es wurde ihm gegenüber deutlich gemacht, wenn er nicht einverstanden sei, müsse er das Militär verlassen. Später wurde ihm mitgeteilt, dass er zum Ende des Jahres in den Ruhestand versetzt würde.[44] Im Oktober wurde Militärführern in einem Geheimdienst-Briefing in der Militärbasis Fort Hood (eine der größten Militärbasen in den USA in Texas) die Anweisung gegeben, die Soldaten seien darüber zu informieren, dass evangelikale Christen eine Bedrohung für die Nation darstellen würden.[45]

———◆◆◆———

Ich möchte nochmals betonen, dass diese Aufstellung nur ein kurzer Abriss ist und nur die ersten Jahre von Obamas

Das feindliche Königreich

Präsidentschaft umfasst. Darin sind noch nicht einmal diverse juristische Feindseligkeiten aufgeführt, wie beispielsweise die Festnahme und Inhaftierung einer christlichen Bezirkssachbearbeiterin, weil sie sich nicht in der Lage sah, eine gleichgeschlechtliche Heiratsurkunde zu unterschreiben und dass das Weiße Haus ihrer Verhaftung zustimmte.[46] Die feindseligen Aktionen dauerten bis zum Ende der Obama-Präsidentschaft. Noch in seinen letzten Monaten im Amt drohte er mit seinem Veto gegen den religiösen Schutz im Nationalen Verteidigungsgesetz.[47] Zuvor im selben Jahr wurde ein Veteran der Luftwaffe, der eingeladen worden war, auf einer Ruhestandszeremonie in der „Travis Air Force Base" eine Rede zu halten, inmitten seiner Rede von mehreren Armeeangehörigen gestoppt. Sie schoben und trugen ihn sogar teilweise aus der Zeremonie heraus. Er wurde angefeindet, weil er in seiner Rede das Wort „Gott" verwendet hatte.[48]

In den vier verbleibenden Monaten seiner Präsidentschaft veröffentlichte Obamas Kommission für Bürgerrechte einen Bericht, der Religionsfreiheit und Glaubensfreiheit als „Codewörter für Diskriminierung, Intoleranz, Rassismus, Sexismus, Homophobie, Islamophobie, christliche Vorherrschaft oder jegliche Form von Intoleranz" bezeichnete.[49]

Mehrere Analysten äußerten ihre Sorge darüber, dass die Regierung durch die Veröffentlichung eines solchen Berichts den Weg für die endgültige Beseitigung der Religionsfreiheit und für die zukünftige Verfolgung von Christen geebnet hätte. Zweitausend Jahre zuvor waren es ebenfalls die Feindschaft des Staates gegen Christen und der Versuch, die Christen zu zwingen, gegen ihren Glauben und ihr Gewissen zu handeln, was letztlich zum Blutvergießen in den römischen Kampfarenen führte. Viele zeigten sich besorgt, dass sich auch heute ein ähnliches Muster in der heutigen westlichen Zivilisation entfalten könnte.

Es ist eigentlich unmöglich, nach dem Lesen einer solchen Zusammenstellung die Augen vor dieser tiefgreifenden und tief verwurzelten Feindschaft gegenüber dem biblischen Glauben

Das PARADIGMA

zu verschließen. Aber das Paradigma, mit dem wir es hier zu tun haben, ist das Paradigma von Joram, einem Mann, dessen Worte und Handlungen genau dies aufzeigen.

———◆◆◆———

Joram war jedoch nicht allein im königlichen Palast. Da gab es noch eine andere Person.

Kapitel 17

ERBE UND KÖNIGIN

Joram herrschte nicht allein. Er war zwar der König, aber da gab es ja auch noch eine andere Person, die mit ihm im königlichen Palast lebte, eine Figur von großem Einfluss, bekannt im ganzen Königreich und im ganzen Land gefürchtet – es war Isebel.

Sie war ständig im politischen Leben Israels präsent, und das nicht nur unmittelbar nach dem Ende der Herrschaft von Ahab, sondern sie konnte auch noch Jahre nach dem Ende seiner Herrschaft ihren Einfluss wahren.

Das PARADIGMA

Die meisten dieser einflussreichen Jahre waren auf die Herrschaft ihres Sohnes Joram fokussiert. Sie hatte eine festen Platz am Hofe und eine bedeutsame Stellung, nicht nur als die ehemalige Königin und First Lady des Landes, sondern auch als Königinmutter. Der König war ihr Sohn.

Durch ihre frühere Position und die vielen Jahre an der Spitze der israelitischen Regierung hatte sie einen bedeutenden Status und viel Einfluss. Sie hatte an der Seite von Ahab als seine Mitregentin agiert, und sie wusste nur zu gut, wie man die Staatsmaschinerie für die eigenen Zwecke und Ziele einsetzt. Nachdem sie während der Regentschaft ihres Mannes so stark in die Regierung der Nation involviert war, strebte sie zweifellos auch in der Regierungszeit ihres Sohnes nach einem ähnlichen Einfluss.

Wir wissen, dass Isebel Ahab zum Handeln anregte und seine Politik mitbestimmt und geleitet hat. So war sie durchaus geübt darin, ihren Einfluss zu nutzen und den König zu führen und zu beeinflussen, und sogar seine Politik zu bestimmen. Diese Fähigkeit leistete ihr in ihrer neuen Position als Königinmutter gute Dienste, wobei ihre primäre Machtausübung nun darin bestand, den König zu lenken und zu beeinflussen und dadurch das Königreich zu beeinflussen.

Ganz sicher war Isebel eine besonders willensstarke Königin mit einer unbeugsamen Persönlichkeit. An Ahabs Seite hatte sie die Grenzen dessen überschritten, was man eigentlich von ihrer Position erwartet hätte. Es gibt keinen Grund anzunehmen, dass irgendwelche dieser Eigenschaften in ihrer neuen Position als Königinmutter aufgehoben oder vermindert waren.

Man kann Isebels Einfluss in den Worten und Taten von König Joram deutlich erkennen. Als Joram den Propheten Elischa als seinen Feind einstufte und ihm nach dem Leben trachtete, da folgte er haargenau den Spuren von Isebel, die seinerzeit auch Elia als Feind ansah und versuchte, ihn töten zu lassen. Auch als Joram den Gott Israels als seinen Gegner einstufte, stimmte seine Haltung exakt mit der Einstellung seiner Mutter überein.

Erbe und Königin

Aus dem, was im weiteren Verlauf der biblischen Überlieferung offenbart wird, wissen wir, dass Isebels Wirkung und Einflussnahme auf das Königreich noch immer beträchtlich war. Wir wissen auch, dass sie im unmittelbaren Umfeld des Königs verblieb, da sie auch in späteren biblischen Berichten im Zusammenhang mit dem königlichen Palast in Jesreel erwähnt wird. Die Rolle von Isebel und ihr Einfluss in den Jahren nach der Regentschaft von Ahab werden in Kommentaren folgendermaßen beschrieben:

„Nach Ahabs Tod hielt Isebel die Macht über ihren Sohn weiter aufrecht ..."[1]

„Es scheint, dass Isebel nach dem Tod ihres Ehemannes einen erheblichen Einfluss gegenüber ihrem Sohn Joram ausübte ..."[2]

„Auch nach Ahabs Tod hatte Isebel immer noch einen großen Einfluss auf Israel ... auf ihre Söhne ... die als nachfolgende Könige regierten, und sie förderte ihre religiösen Strategien ..."[3]

So bestieg Joram den Thron also nicht allein, sondern an der Seite von Isebel, seiner Mutter. Sie war diejenige mit der größeren Erfahrung in den höchsten Ebenen der Macht. Sie wurde zu seinem Ratgeber in Fragen der staatlichen Belange, der Auslandsbeziehungen, der Innenpolitik und der Religion. Zweifellos hat sie ihn auch beeinflusst und zum Handeln animiert. Die beiden hatten gemeinsam den Vorsitz der Regierung des Landes, der jüngere Mann im Rampenlicht, der auch die höchste Autorität im Königreich innehatte, und die ältere Frau, seine Ratgeberin, die im Schatten des Thrones ihren Einfluss ausübte.

So stark, wie sie es denn vermochte, versuchte sie natürlich zweifellos auch, als Fürsprecherin des Götzen Baal und der anderen phönizischen Gottheiten einzutreten. Obwohl ihre formale Machtbefugnis nach der Regentschaft ihres Mannes geschmälert wurde, bestand ihre informelle Machtausübung

Das PARADIGMA

darin, den König und das Königreich in einem beträchtlichen Maße zu beeinflussen. Ihre Rolle als Königinmutter, zusammen mit ihrer Vergangenheit als eine Person, die einstmals das Königreich mit eiserner Hand beherrscht hatte, wurde sie zu einer bedrohlichen und furchterregenden Figur. Selbst im Schatten des Thrones behielt sie zweifellos noch einen übergroßen Einfluss. Sie war schließlich Isebel.

―――◆◆◆―――

Das Paradigma vom Erben und der Königin

In der gesamten amerikanischen Geschichte gab es noch nie ein vergleichbares Szenario, das zu dieser Vorlage des Paradigmas gepasst hätte. Die Vorlage müsste sich demnach in den modernen Gegenbildern von Joram und Isebel erfüllen.

Isebel machte nach dem Ende der Regierungszeit ihres Mannes weiter. Sie hielt sich weiter im Umfeld der Macht auf und verblieb in den Regierungseinrichtungen der Nation. Genauso machte auch Hillary Clinton nach dem Ende der Präsidentschaft ihres Mannes weiter. Sie hatte ihre eigene politische Karriere verfolgt, blieb auf der nationalen politischen Bühne präsent und lebte weiterhin in der Hauptstadt. Aber das Paradigma geht noch einen Schritt weiter. Isebel lebte nicht einfach nur in der Hauptstadt oder in den Regierungsstätten, sondern sie hielt sich innerhalb des königlichen Palastes auf. Dazu das Paradigma:

> Die ehemalige Königin und First Lady wohnt nicht nur in der Hauptstadt der Nation, sondern sie wird sich auch im königlichen Palast aufhalten, im Haus des Königs.

Das moderne amerikanische Äquivalent zum Haus oder Palast des Königs ist das Weiße Haus. Das Paradigma spricht davon, dass sich die ehemalige First Lady im Palast ihres Nachfolgers aufhält und aktiv an der Regierung der Nation beteiligt ist.

Erbe und Königin

Damit dieser Teil der alten Vorlage erfüllt werden kann, müsste sich die ehemalige First Lady also im Weißen Haus bewegen und dort nach dem Ende der Präsidentschaft ihres Mannes auch aktiv mitwirken. Sie müsste also in irgendeiner Weise Teil des Stabes oder Kabinetts eines anderen Präsidenten sein.

Noch nie in der amerikanischen Geschichte war eine First Lady ins Weiße Haus zurückgekehrt, um Teil des Kabinetts eines anderen Präsidenten zu werden. Doch genau dies enthüllt dieses Paradigma. Obwohl es zuvor noch nie geschehen war, müsste diese Erfüllung also demnach in den Tagen von Jorams Gegenbild geschehen, also innerhalb der Regierungszeit von Barak Obama.

Innerhalb von nur einer Woche nach seiner Wahl zum Präsidenten, im November 2008, kontaktierte Obama Hillary Clinton mit der Bitte, als Außenministerin Teil seines Kabinetts zu werden.[4] Die Kämpfe zwischen den Lagern von Obama und Clinton während des Wahlkampfes waren so heftig, dass sich eigentlich nur wenige Menschen vorstellen konnten, dass dies tatsächlich möglich wäre. Aber gemäß dem Paradigma würde die ehemalige First Lady wieder in das Weiße Haus einziehen. Clinton akzeptierte, und Anfang Januar sagte sie dann endgültig zu, das Amt der Außenministerin zu übernehmen. Was in der amerikanischen Geschichte noch nie passiert war, hatte sich jetzt manifestiert. Der Erbe und die ehemalige First Lady waren nun zusammen im Palast, genauso, wie es das Paradigma offenbart hatte.

> Der Erbe wird seine Herrschaft im Palast antreten, zusammen mit der ehemaligen Königin als Teil seines Hofes.

Joram begann seine Regentschaft als König mit Isebel an seiner Seite, die Teil seines königlichen Hofes war. So begann auch Barack Obama seine Präsidentschaft mit der ehemaligen First Lady, Hillary Clinton, als Teil seines Kabinetts. Es ist in diesem Zusammenhang auch bemerkenswert, dass Obamas

Das PARADIGMA

Wahl die erste Rückkehr eines demokratischen Präsidenten in das Weiße Haus seit dem Ende der Clinton-Präsidentschaft war. Dies war also der erste mögliche Moment, wo das Paradigma hätte erfüllt werden können, da die ehemalige First Lady ja nur unter einer Regierung ihrer eigenen Partei in das Weiße Haus zurückkehren konnte. Sie nutzte also den ersten möglichen Moment, um wieder in den Palast des Königs einzuziehen.

> Die ehemalige First Lady wird im Königspalast wohnen, nicht nur als einfaches Mitglied des Königshauses und auch nicht nur in einer zeremoniellen Rolle – sondern sie wird eine aktive Rolle bei der Steuerung und Beeinflussung der Herrschaft des neuen Führers spielen.

Also kehrte Hillary Clinton nicht als ehemalige First Lady ins Weiße Haus zurück, und auch nicht, um nur eine eher zeremonielle Position einzunehmen, sondern sie wurde zu einem aktiven Player in der Regierung des neuen Präsidenten.

> Die ehemalige Königin wird den neuen Führer als Beistand und Chefberaterin lenken und beeinflussen.

Isebel diente Joram zweifellos als Beistand und Beraterin, genauso, wie sie einst als Beistand und Beraterin ihres Mannes agierte. Sie versuchte nun gleichfalls den neuen König im Bereich der öffentlichen Ordnung zu beeinflussen. Auch Clinton in ihrem Amt als Außenministerin agierte also nicht nur als Vertreterin Obamas, sondern ebenso als Beraterin in allen Fragen der öffentlichen Ordnung. Die Tage von Joram und Isebel im königlichen Palast führen zu folgendem Paradigma:

Erbe und Königin

> Im höchsten Haus der Nation werden sich zwei große Machtfiguren befinden – die jüngere und mehr in der Öffentlichkeit stehende von beiden, der Erbe, regiert jetzt als König auf dem Thron – und die ältere Machtfigur, die ehemalige First Lady als Übertragung aus einer früheren Herrschaft, strebt nach Macht und ist dennoch durch ihre Position eingeschränkt. Sie steht im Schatten des Erben.

Aus der Kombination von Clinton und Obama ergab sich das, was in vielen Augen als ein merkwürdiges und unpassendes Duo wahrgenommen wurde – zwei der wichtigsten Machtfiguren. Die jüngere und nach außen sichtbare Machtfigur von beiden war Obama, der Präsident – und die ältere von beiden, die ehemalige First Lady, war ein Überbleibsel der Clinton-Jahre, die jedoch immer noch ihren Ehrgeiz hatte und nach politischer Macht und nach der Präsidentschaft strebte. Ihre eingeschränkte Position als Kabinettsmitglied ließ sie jedoch immer nur im Schatten des Präsidenten stehen.

Isebels Eifer für Baal war in der Zeit mit Joram natürlich keineswegs zurückgegangen. Zweifellos hielt sie auch weiterhin an der phönizischen Religionspraxis fest, einschließlich der Opferung von Kindern. Bill Clintons Präsidentschaft hatte seinerzeit mit der Unterzeichnung von präsidialen Durchführungsverordnungen begonnen, die die Ausweitung der Abtreibungspraxis in der ganzen Welt zum Ziel hatten. Barack Obamas Präsidentschaft begann ebenfalls mit der Unterzeichnung von ähnlichen Verordnungen. Diese beiden Unterzeichnungen lagen sechzehn Jahre auseinander. Aber es gab einen gemeinsamen Nenner zwischen den beiden Ereignissen – es gab nämlich eine Person, die die gleiche im Weißen Haus blieb, und das in beiden Regierungsperioden – jene Person, für die die Abtreibung das mit Abstand wichtigste Anliegen war – Hillary Clinton. Dies war auch in den Regierungen von Ahab und Joram der allerwichtigste gemeinsame Nenner zwischen Isebel und den beiden Herrschern.

Das PARADIGMA

Isebel beriet und beeinflusste Joram jedoch nicht nur in innenpolitischen Fragen, sondern auch auf dem Gebiet der Außenpolitik, der Beziehungen zwischen Israel und ihrer Heimat Phönizien, zwischen Israel und Aram-Damaskus, dem Land des Erzfeindes ihres Mannes, Ben-Hadad, sowie zwischen Israel und anderen Ländern. Wenn Isebel die Verbreitung der Verehrung und Anbetung Baals, einschließlich der damit verbundenen Opferriten und der sexuellen Unmoral, in andere Nationen hätte ausweiten können, dann hätte sie dies wohl auch getan. Es ist eher unwahrscheinlich, dass sie oder Joram wirklich die Macht dazu hatten – aber Hillary Clinton und Barack Obama hatten diese Macht schon.

> Die ehemalige Königin, an der Seite des Erben, wird weiterhin an ihren Wegen und Überzeugungen festhalten, und sie wird deshalb auch weiterhin eine Vorkämpferin der neuen Moral und der Praxis der Kinderopfer sein. Sie wird sich immer noch der biblischen Moral und den biblischen Werten widersetzen und versuchen, sie zu Fall zu bringen.

Hillary Clinton nutzte, gemeinsam mit Obama, die amerikanische Außenpolitik als ein Instrument, um in anderen Nationen den sozialen und moralischen Wandel herbeizuführen. Sie machten die neue Moral zu einem Ziel der Außenpolitik und versuchten, andere Nationen mit traditionellen oder biblischen Ansichten in Richtung der Themen dieser neuen Moral zu verändern, wie etwa Abtreibung und Homosexualität. Sie versuchten diese Länder sogar mit Druck zu zwingen, ihre Ansichten und Gesetze entsprechend zu verändern. Clinton machte die amerikanische Außenpolitik zu einem Instrument des Feminismus. Sie und Obama versuchten, die Verbreitung der Abtreibung in der ganzen Welt voranzutreiben. Millionen US-Dollar wurden in entsprechende Kampagnen gesteckt, um die Abtreibungspraxis in armen Ländern auszuweiten.

Erbe und Königin

Genauso wie Isebel gegen den traditionellen religiösen Glauben kämpfte, so versuchte nun auch Außenministerin Clinton, der Welt zu diesem Thema eine Lehrstunde zu erteilen. Sie stellte den traditionellen religiösen Glauben öffentlich als ein Hindernis dar, eine gegnerische Kraft, die man überwinden müsse, damit die Werte und die Politik, die sie und Obama vertraten, der ganzen Welt auferlegt werden konnten.

Wenn Isebel heutzutage höchstpersönlich den Posten der amerikanischen Außenministerin in der Neuzeit des einundzwanzigsten Jahrhunderts bekommen würde, dann könnten wir uns auch bei ihr den Vollzug einer ähnlichen Agenda sehr gut vorstellen.

———◆◆◆———

Aber es gab da immer noch eine Angelegenheit, die nicht abgeschlossen war – Osama Bin Laden. Trotz aller massiven Anstrengungen amerikanischer und globaler Polizei- und Nachrichtendienste konnte er sich immer noch der Festnahme entziehen. Könnte das Paradigma auch das enthalten, was in Bezug auf Amerikas Erzfeind geschah? Die Antwort ist erstaunlicherweise ja.

Kapitel 18

DER ATTENTÄTER

Der Erzfeind der Nation war immer noch auf freiem Fuß. Ben-Hadad, der König von Syrien bzw. Aram-Damaskus, hatte nicht nur das Königreich Israel bedroht – sondern er hatte mehr als einmal eine Tragödie an die Grenzen der Nation gebracht, eine nationale Katastrophe, eine Invasion und die Belagerung der Hauptstadt. Er stellte eine kontinuierliche Bedrohung für Israels Sicherheit und sein Wohlergehen dar. König Ahab hatte seinerzeit den Fehler gemacht, ihn ziehen zu lassen. Er würde es wohl bitter bereut haben, wenn er noch am Leben gewe-

Das PARADIGMA

sen wäre, denn Ben-Hadad brachte erneut Unglück über die Nation.

Aber die Tage von Ahabs Herrschaft waren jetzt vorbei. Ben-Hadad hatte diese Zeit überdauert, und er bedeutete immer noch eine große Gefahr für die Sicherheit der Nation, genau wie zu früheren Zeiten. Aber die Vergeltung für sein Blutvergießen sollte nun kommen. Die Zeit seines Endes rückte immer näher.

„Und Elischa kam nach Damaskus. Ben-Hadad aber, der König von Aram, war krank. Und es wurde ihm berichtet: Der Mann Gottes ist hierhergekommen. Da sagte der König zu Hasael: Nimm ein Geschenk mit dir und geh dem Mann Gottes entgegen und befrage den HERRN durch ihn und sage: Werde ich von dieser Krankheit genesen?"

(2. Könige 8,7-9)

Elischa ging in das Land von Ben-Hadad, dem Erzfeind der Nation – der zugleich auch sein Feind war. Ben-Hadad hatte seine Soldaten zuvor nach Israel geschickt, um den Propheten zu ergreifen. Die Schrift enthüllt nicht den Grund für Elischas Besuch, aber der Ausgang dieses Buches offenbart dann letztendlich den Hauptzweck, der dahinterstand. Die Bibelstelle führt uns eine neue Figur mit Namen Hasael vor Augen. Hasael kam aus dem engsten Umfeld des Königshofes von Ben-Hadad. Sein Name wird bereits an früherer Stelle erwähnt, als Gott dem Propheten Elia den Auftrag gab, Hasael zum König von Syrien zu salben (siehe 1. Könige 19, 15). Wir wissen nicht, ob Elia diesen Auftrag damals erfüllt hatte. Aber nun ist es Elischa, der mit Hasael zusammentrifft, und im Grunde macht er hier nichts anderes.

„Und Hasael ging ihm entgegen und nahm ein Geschenk mit sich und allerlei Kostbares von Damaskus, eine Traglast für vierzig Kamele. Und er kam und trat vor ihn hin und sagte: Dein Sohn Ben-Hadad, der König von Aram, hat mich zu dir gesandt und lässt sagen: Werde ich von dieser Krankheit genesen? Elischa sagte zu ihm: Geh hin, sage ihm: Du wirst

Der Attentäter

bestimmt genesen! Aber der HERR hat mich sehen lassen, dass er stirbt, ja, dass er stirbt."

(2. Könige 8,9-10)

Die Antwort des Propheten hat zu unterschiedlichen Interpretationen geführt. Einige Ausleger gehen davon aus, dass die Krankheit von Ben-Hadad im Grunde nicht tödlich gewesen sei. Er würde sich von seiner Krankheit erholen, es sei denn, dass ihn noch etwas viel Gefährlicheres als die Krankheit erwarten würde. Eine andere Auslegung legt die Vermutung nahe, dass dieses Wort vielleicht auch strategischer Natur gewesen sein könnte, also eine bewusste Desinformation an einen bösen König, der nicht wusste, wie es um sein Ende stand.

„Dabei starrte er unbeweglich vor sich hin und war über die Maßen entsetzt. Dann weinte der Mann Gottes. Da sagte Hasael: Warum weint mein Herr? Er sagte: Weil ich erkannt habe, was du den Söhnen Israels Böses antun wirst: ... Elischa aber sagte: Der HERR hat mich dich sehen lassen als König über Syrien."

(2. Könige 8,11-13)

Der Prophet offenbarte gegenüber Hasael unter Tränen, dass er der neue König über Syrien werden sollte, anstelle von Ben-Hadad.

„Dann ging er von Elischa weg und kam zu seinem Herrn. Der sagte zu ihm: Was hat Elischa dir gesagt? Er sprach: Er hat mir gesagt: Du wirst bestimmt genesen."

(2. Könige 8,14)

Es gibt auch verschiedene Ansichten über Hasael. Einige Kommentatoren glauben, dass er bereits entsprechende Pläne hatte, den Thron von seinem Meister zu übernehmen. Andere glauben, dass Elischas Prophezeiung ihn erst auf den Gedanken gebracht haben könnte. Wir haben keine Überlieferung darüber, ob Elischa gegenüber Hasael auch in vollem Umfang ausgeführt hat, wie sich die Prophezeiung konkret erfül-

Das PARADIGMA

len würde. Aber allein schon die Verkündigung und Weitergabe der Prophezeiung reichte aus. Ben-Hadad war dem Tode geweiht und Hasael sollte König von Syrien werden. Das Treffen des Propheten mit dem Abgesandten des Königs sollte sich noch als sehr bedeutsam erweisen, denn es setzte eine ganze Kette von Ereignissen in Gang, die die Frühgeschichte verändern würden:

„Und es geschah am folgenden Tag, da nahm er die Decke und tauchte sie ins Wasser und breitete sie über sein Gesicht, so dass er starb. Und Hasaël wurde an seiner Stelle König."

(2. Könige 8,15)

Hasael nahm die Sache also selbst in die Hand und wurde zum Attentäter und Mörder an seinem Meister. Er wurde der neue Herrscher von Aram-Damaskus. Obwohl er zweifellos ein böser und skrupelloser Mann war, so war das Ereignis letztlich doch die Erfüllung einer Prophezeiung, die lange auf sich warten ließ, und es war zugleich die Vollstreckung eines seit langem angekündigten Gerichtsurteils. Die Zeit der Bedrohung Israels durch Ben-Hadad war nun endlich vorüber. Der Erzfeind der Nation war tot.

Das Paradigma des Attentäters

Die Ermordung des Anführers von Aram-Damaskus scheint auf den ersten Blick nicht viel mehr als nur eine verwirrende Fußnote der Frühgeschichte zu sein. Aber dieses spezielle Ereignis gehört zum Paradigma. Könnte auch hinter dieser eher rätselhaften Facette der alten Vorlage, wie bereits bei den anderen, eines der dramatischsten Ereignisse unserer Zeit stehen?

Wenn das moderne Gegenbild von Ben-Hadad im Paradigma Osama Bin Laden ist, und wenn das Paradigma auch den Tod von Ben-Hadad beinhaltet, könnte es dann also auch den Tod von Osama Bin Laden enthalten und voraussagen?

Wir wollen nun das Paradigma der Ermordung und des Todes des Erzfeindes öffnen und schauen, wohin es uns führt.

Der Attentäter

Zunächst müssen wir in der Geschichte wieder etwas zurückgehen.

> In der Regierungszeit von König Ahab erhob sich der Erzfeind gegen Israel. Er stellt eine ständige Bedrohung der Nation dar und marschiert auch in das Land ein. Der erste Teil seines zweiteiligen Namens wird „Bn" ausgesprochen und bedeutet „Sohn". Ahab hatte die Möglichkeit, den Erzfeind der Nation zu beseitigen, aber er ließ ihn frei. Dieser Erzfeind und Widersacher brachte letztlich Unglück über die Nation. Er startete seinen Angriff gegen die Hauptstadt und gegen die bedeutendste Stadt im Land.

Hier geht es um das Paradigma von Ben-Hadad, dem Erzfeind und Widersacher. Es manifestierte sich in dem Erzfeind der Neuzeit, also in Bin Laden.

> Drei Jahre nach dem Schuldbekenntnis des Königs bringt der Erzfeind Unglück über die Nation.

Wie wir bereits gesehen haben, ereilte die Katastrophe vom 11. September 2001 Amerika, und dahinter stand der Erzfeind der Nation, Osama Bin Laden. Dieses Unglück geschah, gemäß dem Paradigma, drei Jahre nach dem Schuldeingeständnis des Präsidenten, auf den Tag genau.

Aber was passierte dann nach dem 11. September 2001?

Sobald klar war, dass Bin Laden als Drahtzieher hinter dem Angriff stand, wurde er zum meistgesuchten Menschen auf der Erde. Und so begann denn auch die umfangreichste und kostspieligste Menschenjagd in der Weltgeschichte. Eine Belohnung von fünfundzwanzig Millionen Dollar wurde für seine Festnahme geboten. Al-Kaida-Kämpfer wurden festgenommen und in geheimen Gefängnissen auf der ganzen Welt verhört. Die Geheimdienste verbrachten unzählige Stunden mit dem

Das PARADIGMA

Abhören von Telefonen und der Auswertung von E-Mails und Satellitenbildern.

Anfänglich gab es Gerüchte, Bin Laden sei getötet oder schwer verletzt worden, er leide an Nierenversagen oder sei eines natürlichen Todes gestorben. Schon bald wurde deutlich, dass es Bin Laden offensichtlich sehr gut gelang, alle Bemühungen zur Aufdeckung seines Aufenthaltsortes zu vereiteln, falls er nicht ohnehin bereits tot wäre. Alle Ermittlungsbemühungen der amerikanischen Geheimdienste und der Ermittlungsbehörden in der gesamten Welt hatten keine wirklich greifbaren Ergebnisse vorzuweisen.

Im Jahre 2005 ging man innerhalb der CIA allgemein davon aus, dass die Hinweise zur Ergreifung von Bin Laden inzwischen gar nicht mehr aktuell waren. Nationale Sicherheits- und Geheimdienstmitarbeiter vermuteten, dass sich Bin Laden in der abgelegenen Bergregion zwischen Afghanistan und Pakistan verbergen könnte.

Diese Annahme erwies sich jedoch als falsch. Bin Laden lebte auf einem Anwesen mitten in einem bevölkerten Gebiet in Pakistan. Er versteckte sich sozusagen in der Öffentlichkeit. Nach einer ganzen Serie von Eigentümlichkeiten, Vermutungen, Hinweisen und Wendungen des Schicksals zur rechten Zeit, nach Jahren der erschöpfenden Verfolgungsjagd, die zugleich die massivste Menschenjagd in der Geschichte war, wurde man schließlich doch auf sein Anwesen aufmerksam.[1]

Die Ereigniskette, die letztlich zum Tod von Ben-Hadad führte, wurde seinerzeit von Elischa ausgelöst. Er war ein Bürger Israels, er kam also aus dem Königreich, gegen das Ben-Hadad Krieg führte. Es waren seine Worte, die mit dem Mantel der Verschwiegenheit über den Tod von Ben-Hadad an Hasael weitergegeben wurden, und die dann letztlich zum Auslöser des Attentates bzw. des Mordes wurden. So ist das Paradigma:

Der Attentäter

> Die Ereignisse, die zum Tod des Erzfeindes führen, werden ihren Ursprung in der gleichen Nation haben, gegen die der Erzfeind Krieg geführt hat und in die er eingefallen ist.

Die Ereigniskette, die zum Tod von Osama Bin Laden führte, hatte also ihren Ursprung in derselben Nation, die der Terrorist bedroht hatte, und in die er am 11. September auch eingefallen war. Die Pläne zur Liquidierung wurden zunächst von den US-Geheimdiensten geheim gehalten.

Gemäß der alten biblischen Überlieferung wurde das Urteil bereits zuvor durch übernatürliche Mittel eingeleitet. Elischa sprach damals von Dingen, die er nur durch die göttliche Autorität und durch göttliche Eingebung wissen konnte. Es waren Elischas prophetische Worte der Erkenntnis, die sich seinerzeit gegen Ben-Hadad richteten, gegen seine Versuche, Zerstörung über Israel zu bringen.

Irgendwann war Ben-Hadad alarmiert, dass die Worte und Pläne, die er heimlich ausgesprochen hatte, seinen Feinden bereits bekannt waren:

„Da wurde das Herz des Königs von Aram über diese Sache sehr beunruhigt, und er rief seine Knechte und sagte zu ihnen: Könnt ihr mir nicht mitteilen, wer von den Unseren zum König von Israel hält? Da sagte einer von seinen Knechten: Nein, mein Herr und König, aber der Prophet Elischa, der in Israel ist, teilt dem König von Israel die Worte mit, die du in deinem Schlafzimmer redest."

(2. Könige 6, 11-12)

Elischa wusste also durch seine prophetische Begabung, was in Ben-Hadads Schlafzimmer geredet wurde, und genau diese Gabe der Prophetie von Elischa war es dann auch, die das Ende von Ben-Hadad einleitete.

Das Ende von Bin Laden stand natürlich nicht in einem direkten Zusammenhang mit prophetischen Gaben. Aber auch

Das PARADIGMA

in diesem Fall geschah es durch mehr als nur durch menschliche Intelligenz, sondern durch den Erwerb von Kenntnissen, die andernfalls verborgen geblieben wären. Ben-Hadad war besorgt, weil seine Worte und Handlungen gegenüber den Feinden bekannt gemacht wurden, und so war es auch bei Bin Laden. Aus diesem Grund vermied er jegliche Form der Kommunikation über Handy oder Internet.

Aber der Durchbruch kam dennoch, als der US-Geheimdienst durch verdeckte Ermittlungen den Aufenthaltsort in der pakistanischen Stadt Abbottabad ausfindig machen konnte. Es führte diejenigen, die nach Bin Laden suchten, zu seiner Wohnresidenz, sogar bis hinein in sein Schlafzimmer.

In Anbetracht dessen ist es erwähnenswert, dass Hasaels Name eine Bedeutung hat. Der Erzfeind wird von einem Menschen getötet, dessen Name folgende Bedeutung hat: „Gott hat gesehen".

Wir lernen Hasael in der biblischen Überlieferung als jenen Menschen kennen, der von Ben-Hadad ausgesandt wurde, um die Botschaft des Königs an den Propheten zu übermitteln und ihm ein Geschenk zu übergeben:

Da sagte der König zu Hasael: Nimm ein Geschenk mit dir und geh dem Mann Gottes entgegen und befrage den HERRN durch ihn und sage: Werde ich von dieser Krankheit genesen?"

(2. Könige 8,9)

Das Wort, das einen Menschen beschreibt, der ausgesandt wird, um eine Botschaft zu übermitteln oder Waren auszuliefern, ist „Kurier". In einem Kommentar wird der Auftritt von Hasael in dieser Bibelstelle folgendermaßen umschrieben:

„Ben-Hadad gab diesmal keinen Haftbefehl in Auftrag, wie bei früheren Gelegenheiten, sondern diesmal war es eine ganz andere Art von Auftrag in Form eines Bittgesuches ... Ben-Hadad bat im Angesicht seiner Krankheit um ein hilfreiches Wort von Elischa ... Der Kurier der Nachricht des Königs war Hasael, der damit zum ersten Mal in dieser Geschichte offiziell in Erscheinung trat."[2]

Der Attentäter

Wer war dieser Hasael? Er war Ben-Hadads Kurier und wurde ausgesandt, um Elischa zu treffen, weil Ben-Hadad selbst seinen Wohnbereich nicht mehr verlassen konnte. Und er wurde dann wiederum als Kurier zurück zu Ben-Hadad gesandt, um die Worte des Propheten zu übermitteln. Aber es war Hasaels Funktion als Kurier, die letztlich zum Tod von Ben-Hadad führte. Nachfolgend das Paradigma des Kuriers:

> Der Erzfeind, der sein Quartier nicht mehr verlassen kann, wird einen Kurier aussenden, um durch ihn Nachrichten oder Gegenstände auszusenden oder zu empfangen. Aber am Ende wird sein Kurier zur Schlüsselfigur bei seiner Ermordung.

Laut Paradigma war es also der Kurier des Erzfeindes und Widersachers, der zur Schlüsselfigur des Attentates wurde. Auf der Jagd nach Bin Laden gab es zahlreiche Verhöre von Al-Kaida-Kämpfern, wobei immer wieder die Rede von einem Mann war, dem Bin Laden besonders vertraute und der ihm zu Diensten war – sein Kurier.

Irgendwann gelang es den Geheimagenten, den Familiennamen des Kuriers zu ermitteln. Dann begannen sie, die Kommunikation zwischen der Familie des Kuriers und anderen Personen in Pakistan zu überwachen.

Im Sommer 2010 notierten pakistanische Agenten der CIA die Kennzeichen eines weißen Suzuki, der auf den Straßen nahe Peshawar in Pakistan unterwegs war. Das Auto wurde von Bin Ladens Kurier gefahren. Sie begannen damit, ihn durch ganz Zentral-Pakistan zu verfolgen. Schließlich führte er sie zu einem stark befestigten Komplex in der Stadt Abbottabad. Nach jahrelanger erfolgloser Suche hatte sie der Kurier zur Residenz von Bin Laden geführt.[3]

Auch wenn er seinen Anteil am Tod seines Meisters sicher nie eingeräumt hätte, so war es letztlich doch dieser Kurier, der zur Schlüsselfigur bei der Tötung von Osama Bin Laden

Das PARADIGMA

wurde. Wie im Paradigma war es also auch hier der Kurier, der dem Erzfeind und Widersacher letztlich den Tod brachte.

Als Hasael sich näherte, um das Attentat auszuführen, lag Ben-Hadad vermutlich im Bett.

> Wenn das Attentat bevorsteht, wird der Erzfeind in seinem Bett liegen.

Am 1. Mai 2011 startete eine Flotte aus Hubschraubern mit einer Kommandoeinheit der Navy von ihrer Basis in Jalalabad in Afghanistan. Sie überquerten die pakistanische Grenze und begaben sich zu dem besagten Gelände in Abbottabad. In Pakistan war es gerade kurz nach Mitternacht. Die Hubschrauber stürzten sich förmlich auf ihr Ziel und die Navy-SEALs (Spezialeinheit der US Navy) stürmten das Gelände. Ein Feuergefecht brach aus. Mehrere von Bin Ladens Leuten wurden getötet, während sich die Mitglieder der Einheit ihren Weg in den dritten Stock des Gebäudes bahnten. Dort trafen sie auf das eigentliche Ziel ihrer Mission – Bin Laden.

Als die Hubschrauber auf dem Gelände landeten, befand sich Bin Laden in seinem Schlafzimmer. Wie im Paradigma beschrieben lag der Erzfeind im Schlafzimmer auf seinem Bett, als seine Tötung bevorstand. Hasael betrat Ben-Hadads Schlafgemach mit der klaren Absicht, ihn zu töten.

Wir wissen nicht, ob Ben-Hadad Widerstand geleistet hat oder nicht, aber er befand sich anscheinend in einer geschwächten und wehrlosen Position.

> Der Attentäter wird in die Schlafräume des Erzfeindes eindringen. Dort wird der Erzfeind der Nation in seinem eigenen Schlafzimmer getötet.

Die erste Navy-Einheit, die bis zu Bin Laden vordringen konnte, fand ihn im Schlafzimmer. Es wurden mehrfach Schüsse auf ihn abgegeben. Er starb in einer Blutlache vor sei-

Der Attentäter

nem Bett. Gemäß dem Paradigma drang der Attentäter in den Schlafbereich des Erzfeindes der Nation vor, und dort wurde sein Ziel getötet.[4] Der Erzfeind und Widersacher starb in seinem eigenen Schlafzimmer.

◆◆◆

Aber wie sieht es nun mit dem Timing dieses Ereignisses aus? Könnte das Timing der Ermordung im alten Paradigma auch den Zeitpunkt der Tötung von Osama Bin Laden offenbaren oder in sich tragen? Was sagt uns das Paradigma dazu?

Fest steht, dass die Tötung von Ben-Hadad nicht innerhalb der Regentschaft von Ahab und auch nicht in der Regierungszeit des Königs geschah, der ihm unmittelbar folgte.

> Der Erzfeind wird nicht während der Regentschaft des ersten Königs des Paradigmas, gegen den der Erzfeind zuerst gekämpft hat, ums Leben gebracht. Er wird auch noch nicht während der Herrschaft seines Nachfolgers getötet.

Was geschah mit Bin Laden? In den 90er Jahren, als er eine ständige Bedrohung für die amerikanische Sicherheit darstellte, hatte die Clinton-Regierung ein verständliches Interesse daran, ihn zu töten, aber aus verschiedenen Gründen gelang dies nicht. Die Clinton-Regierung wurde von der Bush-Regierung abgelöst. Weniger als ein Jahr nach Beginn dieser Amtszeit ereignete sich „Nine-Eleven". Von diesem Zeitpunkt an gehörte die Festnahme oder Tötung von Bin Laden zu den höchsten Prioritäten der amerikanischen Außenpolitik. Doch in den Tagen der Bush-Regierung würde es auch unter Ausschöpfung aller denkbaren Ressourcen der einzigen Supermacht der Welt nicht zu einem greifbaren Ergebnis in der Jagd nach Bin Laden kommen.

Dies alles stand in voller Übereinstimmung mit den Parametern des Paradigmas. Der Erzfeind sollte nicht in der Regie-

Das PARADIGMA

rungszeit des ersten Königs des Paradigmas getötet werden, und auch nicht in der Regierungszeit seines Nachfolgers. Ben-Hadad wurde erst in der Regierungszeit des dritten Königs getötet, also der zweiten Regentschaft nach Ahabs Ende. Er wurde während der Herrschaft des Erben Joram getötet.

> Die Tötung des Erzfeindes geschieht in der Herrschaftszeit des dritten Königs.

Wenn die Ermordung in der Herrschaft des Herrschers im Paradigma stattfinden soll – oder in den Tagen des zweiten Präsidenten nach dem Ende der Clinton-Regierung – dann bedeutet es, dass Bin Laden in der Präsidentschaft von Barack Obama ermordet werden würde. Und genauso war es dann ja auch.

Als Ben-Hadad in seinem Schlafzimmer in Aram-Damaskus ermordet wurde, saß König Joram auf dem Thron in seinem königlichen Palast in Israel. Er begrüßte zweifellos die Nachricht vom Tod seines Feindes mit großer Befriedigung. Aber er befand sich ja nicht allein im königlichen Palast, sondern er war dort zusammen mit der ehemaligen First Lady des Landes, mit Isebel. Auch sie dürfte sich über den Tod von Ben-Hadad gefreut haben, denn er war während der Herrschaft ihres Mannes der tödliche Stachel im Fleisch gewesen.

> Zur Zeit der Tötung des Erzfeindes wird sich der dritte König, der Erbe, im königlichen Palast aufhalten, zusammen mit der ehemaligen First Lady. Beide werden sich über die Nachricht von seiner Tötung freuen.

Das Bild der beiden, die im Weißen Haus zum Zeitpunkt der Ermordung wohnen, würde in der ganzen Welt verbreitet werden. Beide freuten sich, als sie die Nachricht bekamen, dass Bin Laden ausgeschaltet werden konnte.

Der Attentäter

Könnte uns das Paradigma noch mehr im Zusammenhang mit diesem Ereignis offenbaren? Könnte es vielleicht auch den Zeitpunkt der Tötung Bin Ladens offenbaren?

Während in der Bibel keine genauen Zeitangaben bezüglich der Ereignisse rund um den Tod von Ben-Hadad zu finden sind, so liefert uns die Geschichtsschreibung genug Informationen über den Zeitpunkt des Attentates. Hasael begann seine Herrschaft als König im Jahre 842 vor unserer Zeitrechnung. Es ist also zugleich das Jahr, in dem Ben-Hadads Herrschaft zu Ende ging – das Jahr, in dem er von Hasael getötet wurde.

Wir können nun die Zeit der Ermordung in Beziehung zu den Parametern der alten biblischen Überlieferung setzen:

- ◆ Ahab starb im Jahre 852 vor unserer Zeitrechnung. Die Ermordung von Ben-Hadad fand also zehn Jahre nach dem Ende der Herrschaft von Ahab statt.
- ◆ Ahabs Tod trat drei Jahre nach der Enthüllung seines Skandals in Nabots Weinberg ein, drei Jahre nach seiner anschließenden Reue. Die Ermordung von Ben-Hadad fand demnach dreizehn Jahre nach der Offenlegung des königlichen Skandals und seiner anschließenden Umkehr statt.
- ◆ Ahab starb in der Schlacht von Ramot-Gilead, am Tag des Blutvergießens und der Katastrophe, am Tag von Ben-Hadad, der als Israels Erzfeind obsiegte und der Nation einen tödlichen Schlag versetzte. Ben-Hadad wurde also zehn Jahre nach dem Tag des Blutvergießens und der Katastrophe bzw. zehn Jahre nach dem Tag seines tödlichen Schlages ausgeschaltet.

Wir haben damit jetzt alle Daten, die benötigt werden, um das Timing der Ermordung innerhalb der Parameter des Paradigmas zu bestimmen.

Das PARADIGMA

> Der Erzfeind wird zehn Jahre nach dem Ende der Herrschaft des Königs (jener König, gegen den er zuerst kämpfte, der König, der die Möglichkeit hatte, ihn zu verhaften oder ihn zu töten, diese Chance aber nicht wahrnahm).

> Die Tötung wird dreizehn Jahre auf sich warten lassen, dreizehn Jahre nach der Enthüllung der Sünde des Königs, dreizehn Jahre nach dem Skandal und dreizehn Jahre nach der Buße des Königs.

> Die Ermordung des Erzfeindes wird zehn Jahre nach dem Tag des Blutvergießens und der Katastrophe geschehen, zehn Jahre nach seinem Sieg, als er der Nation einen tödlichen Schlag versetzte.

Lassen sie uns jedes dieser Paradigmen betrachten und sehen, wohin es uns dann führt. Es geschah also zehn Jahre nach dem Ende der Regierungszeit des Königs: Der erste König des Paradigmas und derjenige, mit dem Ben-Hadad zum ersten Mal gekämpft hatte, war Ahab. Ahabs modernes Gegenbild ist Bill Clinton. Gemäß dem Paradigma ereignete sich die Tötung des Erzfeindes Osama Bin Laden zehn Jahre nach dem Ende von Clintons Präsidentschaft. Das Ende von Clintons Präsidentschaft war im Jahre 2001. Zehn Jahre danach befinden wir uns im Jahre 2011.

Es geschah dreizehn Jahre nach der Enthüllung der Sünde und des Skandals des Königs: Die endgültige Offenlegung der Sünde und des Skandals des Präsidenten geschah im Jahre 1998. Dreizehn Jahre nach dieser Offenlegung befinden wir uns im Jahre 2011.

Der Attentäter

Das Paradigma deutet also eindeutig auf das Jahr 2011 hin, als Zeitpunkt für die Ermordung des Erzfeindes. Und so würde Osama Bin Laden, im Einklang mit dem Paradigma, im Jahr 2011 ermordet werden.

Weiterhin gibt es auch noch die Verbindung zum 11. September 2001:

> Die Ermordung des Erzfeindes wird zehn Jahre nach dem Tag des Blutvergießens und der Katastrophe der Nation geschehen – jenem Tag, der zum scheinbaren Sieg über seine Feinde wurde.

Gemäß dem Paradigma würde Osama Bin Laden zehn Jahre nach dem Unglück, das er Amerika zugefügt hatte, ermordet werden – also zehn Jahre nach „Nine-Eleven". Selbst die größte Menschenjagd in der Geschichte und alle Mittel und Möglichkeiten der amerikanischen und globalen Geheimdienste vermochten es nicht, Bin Laden in den Jahren unmittelbar nach dem 11. September auszuschalten, in Übereinstimmung mit dem Paradigma. Sein Tod war erst für das zehnte Jahr nach der Katastrophe bestimmt, die er einst auf das amerikanische Festland brachte – also für das Jahr 2011.

Als Bin Ladens Kurier die Geheimdienstagenten zu dem Anwesen in Abbottabad führte, und als die CIA dann feststellte, dass sich Bin Laden innerhalb dieses Komplexes aufhielt, bedeutete dies ein Schlüsselereignis und einen entscheidenden Durchbruch nach einer zehnjährigen Jagd. Bereits vom Moment dieser Entdeckung an (beginnend mit der Aufspürung des weißen Suzuki) war das Ende von Bin Laden besiegelt. Wann ist dies geschehen? Es geschah im September 2010. Der September 2010 markierte also einen Wendepunkt im Countdown, den Beginn des zehnten Jahres von 9/11, und somit das Jahr, in dem der Erzfeind getötet werden sollte.

Obwohl er es nicht wissen konnte, ebenso wie es auch seine Opfer nicht wissen konnten: Von dem Moment an, wo Bin Laden

Das PARADIGMA

seinen Plan ausführte, die Katastrophe am 11. September 2001 über Amerika zu bringen, hatte er sein Schicksal bereits besiegelt. Gemäß dem Paradigma hatte der Erzfeind nach diesem Tag noch zehn Jahre zu leben. Dann, im zehnten Jahr, wurde er in seinem Schlafzimmer getötet.

———◆◆◆———

Wir sind nun dabei, den letzten Akt zu öffnen, und wir werden sehen, dass dabei alle Elemente des Paradigmas zusammengeführt werden und es zur Erfüllung all dessen kommt, was prophezeit wurde.

Kapitel 19

DER KRIEG DER THRONE

Das große Kräftemessen bzw. die Machtprobe beginnt. Es gab letztlich zwei Nationen in einer. Die erste Nation wurde von Joram, Isebel, dem Königshaus Ahabs, den Baals-Anbetern und der Mehrheit im Volk repräsentiert, die einfach als Mitläufer dem Glaubensabfall folgten. Die zweite Nation wurde von den Propheten und von denen repräsentiert, die Gott und Seinem Wort treu geblieben waren. Sie befanden sich in der Minderheit und folgten trotz aller Widerstände weiter dem Weg der

Das PARADIGMA

Rechtschaffenheit und Gerechtigkeit. Sie beteten für eine nationale Rückkehr zu Gott, also für eine Erweckung.

Aber je länger es dem Königshaus von Ahab gestattet wurde, an der Macht zu bleiben, desto stärker war es in der Lage, den biblischen Glauben zurückzudrängen, und es stieg mit den Jahren die Wahrscheinlichkeit, dass es dem Königshaus auch tatsächlich gelingen würde. Einige Kommentatoren beschreiben den Ernst der Situation folgendermaßen:

„... Die Baals-Anbetung war im Nordreich fest verankert, und sie breitete sich nun auch zunehmend im Südreich aus."[1]

„Ungebremst hätte diese Bewegung sicherlich den biblisch-fundierten Glauben im Nordreich komplett ausgelöscht."[2]

Der Einfluss des Königshauses Ahab erstreckte sich mittlerweile über Jahrzehnte hinweg. Aufgrund der langen Zeitperiode und der allgemeinen Trägheit im Volk wurde die Ausrichtung des Königshauses immer mehr zum festen Bestandteil der Regierung, des Brauchtums, der Kultur und des Glaubens. Dieser Einfluss breitete sich inzwischen sogar schon auf das Südreich Judah aus, wo er später sogar das Überleben von König Davids Dynastie bedrohen würde. Für das Volk Gottes schien die Situation hoffnungslos zu sein. Das Königshaus von Ahab hielt am Thron fest, und es zeigte sich kein Ausweg.

Aber da gab es ja noch eine Prophetie, nämlich Elias Wort an Ahab im Weinberg von Nabot. Isebel musste davon gewusst haben. Ob sie ihrem Sohn Joram jemals davon erzählt hat, wissen wir nicht. In dem Wort wurde unter anderem der Umsturz und die Überwindung von Ahabs Dynastie prophezeit. Dies würde auch den Sohn von Ahab, das gesamte Königshaus von Ahab und seine Frau Isebel betreffen.

Aber wann würde dies geschehen? Gemäß dem Wort Elias sollte es nach Ahabs Ende während der Regentschaft seines Sohnes dazu kommen. Dieser Sohn konnte eigentlich nur Joram sein.

Der Krieg der Throne

Die Prophezeiung erwähnt auch Isebel ausdrücklich namentlich. Isebel würde also zum Zeitpunkt der Erfüllung der Prophetie immer noch präsent und eine markante Kraft auf der nationalen Bühne sein. Der Sturz vom Thron würde sich demnach zum Ende der Herrschaft Jorams ereignen.

Zwei Kräfte, zwei Weltanschauungen, zwei verschiedene Ausrichtungen, zwei Zukunftsaussichten und zwei gegensätzliche Zivilisationen standen kurz vor dem Auseinanderbrechen. Es kam zum Showdown, zum großen Kräftemessen.

Das Paradigma vom Krieg der Throne

> Es werden zwei Nationen in einer sein – der erste Teil hat sich an die neue Moral gebunden oder akzeptiert diese, einschließlich des stetigen Absturzes der Nation in den Glaubensabfall und des Zerfalls der biblischen Moral. Der andere Teil wird fest entschlossen sein, Gott und seinen Weisungen treu zu bleiben, dem Glaubensabfall zu widerstehen und für eine landesweite Rückkehr zu Gott zu beten. Während der Regentschaft des Erben werden Regierung und Kultur in den Händen des ersten Teils liegen.

Während der Obama-Ära war die amerikanische Kultur besonders stark polarisiert. Es gab im Grunde zwei Amerikas – das eine Amerika fühlte sich größtenteils einer antibiblischen Moral verpflichtet, einschließlich der Zerschlagung der biblischen Werte, und das andere Amerika zeigte sich größtenteils entschlossen, Gott auch weiterhin treu zu bleiben und dem Glaubensabfall zu widerstehen. Im Laufe der Zeit war diese Polarisierung immer stärker ausgeprägt.

Wir hatten bereits festgestellt, dass die Obama-Regierung gegenüber den biblischen Werten, und gegenüber denen, die diesen Werten treu geblieben waren, feindselig eingestellt war. Während der Obama-Jahre kam es immer häufiger vor, dass

Das PARADIGMA

Christen, und auch diejenigen, die an den biblischen Werten festhielten, ausgegrenzt, stigmatisiert, verleumdet, boykottiert, von ihren Arbeitsplätzen verdrängt, vor Gericht gestellt, für schuldig befunden und dann auch bestraft wurden.

> Der Zustand der Kultur wird zunehmend ein schreckliches Bild abgeben und den Gläubigen einfach nur noch hoffnungslos erscheinen. Die Nation wird den Wendepunkt scheinbar bereits überschritten haben. Die Zukunft der Nation wird vielen so erscheinen, als wenn die Ausrichtung in Sachen Unmoral, Gottlosigkeit und Verfolgung bereits fest verankert und versiegelt ist.

Am Ende der Obama-Jahre sahen diejenigen, die an Gottes Wegen festhielten, den Zustand der amerikanischen Kultur zunehmend hoffnungslos. Sie hatten den schier endlosen Krieg gegen die biblischen Werte und den unerbittlichen Eingriff in die Religionsfreiheit miterlebt. Und nun, so schien es, war ein Punkt überschritten, von dem aus es keine Rückkehr mehr gab.

Wenn bei den anstehenden Wahlen ein weiterer Präsident gewählt würde, der dem Weg von Barack Obama folgen sollte, dann würde dies vermutlich ein Glaubensabfall von Dauer sein. Die Ernennung von Richtern des Supreme Court durch einen solchen Präsidenten würde die Nation weit über die Präsidentschaftswahl hinaus beeinflussen. Und es sah tatsächlich so aus, als ob der Ausgang dessen, was im politischen, im kulturellen und im geistlichen Bereich des Landes vor sich ging, bereits festgelegt war.

> Wenn die Herrschaft des Erben sich seinem Ende nähert, dann werden Ereignisse zusammenfließen und einen dramatischen Kampf der verschiedenen Kräfte, Ausrichtungen, Weltanschauungen, Agenden, Kulturen und Werte auslösen.

Der Krieg der Throne

Im Fall von Joram bedeutete das Ende seiner Regierung einen Entscheidungskampf zwischen den verschiedenen Mächten und Weltbildern. Der daraus resultierende Konflikt brachte eine Katastrophe über das Königshaus. In der Neuzeit endete die Amtszeit eines Präsidenten immer mit einem Konflikt, der einer Präsidentschaftswahl wohl innewohnt. Allerdings führen Wahlen nicht immer automatisch zu einem dramatischen Showdown von Kulturen und Werten. Aber für die Präsidentschaftswahlen am Ende der Obama-Präsidentschaft galt das ganz sicher. Im Wahlkampf erlebten wir eine dramatische Kollision von verschiedenen Weltanschauungen, und der Wahlkampf erwies sich als einer der dramatischsten und beispiellosesten Wahlkämpfe in der amerikanischen Geschichte. Am Ende der Obama-Ära zeigte es sich, dass dieser Konflikt der Kulturen, Weltanschauungen und Werte die gesamte Nation zunehmend polarisierte.

> Sowohl der Erbe wie auch die ehemalige First Lady werden in diesem Konflikt und Machtkampf eine markante Rolle spielen.

Am Ende von Jorams Herrschaft standen sowohl der König wie auch die Königin-Mutter im Brennpunkt des Umbruchs und des Machtkampfes in ihrer Nation – Joram als König, und Isebel als diejenige, die zuallererst Teil dieser Veränderungen war, die nun zu einer Herausforderung wurden. In vielerlei Hinsicht nahm Isebel jetzt sogar noch eine markantere Rolle ein, zumal es auch ihr Name war, der in den Prophetien über die Dinge genannt wurde, die im Begriff waren zu geschehen, und nicht der Name von Joram.

Auch die beiden Gegenbilder von Joram und von Isebel, also Obama und Hillary Clinton, standen nun im Brennpunkt des Konfliktes der Kulturen, Werte und Parteien, der die Wahl von 2016 bestimmte. Die ehemalige First Lady startete ihren zweiten Anlauf zum Sieg bereits im April 2015.

Das PARADIGMA

Isebels Grundüberzeugung und ihre Agenda bezüglich der Nation Israel bestand immer darin, dass die tiefsitzenden Glaubensüberzeugungen verändert werden müssten. Warum? Damit sich die Verehrung und Anbetung von Baal ausbreiten und entfalten konnte. Sie hatte versucht, die Veränderung dieser tiefen Glaubensüberzeugungen durch Erlasse und Verordnungen, durch einen Kulturimport sowie durch Druck und einen Krieg der Verfolgung umzusetzen. Wir haben keine Hinweise darauf, dass sich ihre Überzeugungen und ihre Agenda hinsichtlich dieses Ziels jemals geändert hätten.

> Für die Grundüberzeugung und die Agenda der ehemaligen First Lady mussten die tiefsitzenden Glaubensüberzeugungen verändert werden.

Der Start von Clintons Präsidentschaftswahlkampf wurde mit einem Werbevideo professionell aufgezogen. Die erste große Rede ihres Wahlkampfes hielt sie dann etwas später im gleichen Monat. Es geschah 2015 auf dem „Women in the World Summit" (Weltfrauengipfel) in New York. Das war mehr als nur die erste große Rede ihres Wahlkampfes. Es war vielleicht die interessanteste Rede, die sie je gehalten hatte, denn sie enthielt die möglicherweise aufschlussreichste Aussage, die sie jemals in der Öffentlichkeit preisgegeben hatte. Sie sagte:

„... die tief verwurzelten kulturellen Codes, die Glaubensansichten und die strukturellen Verzerrungen müssen verändert werden."[3]

Niemals in der amerikanischen Geschichte hatte jemals ein bedeutender Präsidentschaftskandidat solch radikale Worte geäußert. Selbst ein amtierender Präsident oder ein großer Regierungsführer hat noch nie zuvor solche tiefgreifenden Äußerungen von sich gegeben. Die Ausprägungen ihrer inneren Haltung waren einfach nicht zu übersehen. Sie erklärte nicht nur öffentlich ihren Konflikt mit den Glaubensansichten, sondern im Grunde rief sie zu einem Umsturz auf. Eine solche

Aussage lässt eine Autorität über dem Wort Gottes vermuten. Dass es überhaupt geschehen war, und das zu Beginn der Präsidentschaftswahlen, war ein Vorzeichen dafür, wie hoch die Einsätze im Innersten ihres Herzens bei dieser Wahl und im Zusammenhang mit dem Krieg der Werte sein würden.

Im Zentrum des Paradigmas von Isebel stand der klare Versuch der Königin, die tiefen Glaubensüberzeugungen ihres neuen Heimatlandes zu verändern und die Nation gegenüber dem Baals-Kult zu öffnen. Fundamentaler Bestandteil dieses Kultes war die Opferung von Kindern. Um diese Praxis auszuweiten, musste sie nicht nur das biblische Verbot der Anbetung falscher Götter und Götzen aufheben, sondern sie musste gleichzeitig die biblische Vorschrift bezüglich der Heiligkeit des menschlichen Lebens außer Kraft setzen. Wenn Hillary Clinton also den Wandel von tiefsitzenden Glaubensüberzeugungen forderte, was genau stand dann hinter diesem Aufruf? Der Kontext war eigentlich sehr klar. Die Glaubensüberzeugungen mussten verändert werden, damit die Abtreibung weiter ausgedehnt werden konnte, was dem Tod von noch mehr ungeborenen Kindern gleichkam.

Für Clinton, wie auch für Isebel, war der Glaube an die Heiligkeit des menschlichen Lebens vom Zeitpunkt seiner Empfängnis an, wie es in der Heiligen Schrift bezeugt wird, ein Hindernis, das zerschlagen werden musste. Somit war die Aufforderung, dieser Glaubensüberzeugungen auszuräumen, damit die Praxis der Opferung von Kindern ungehindert ausgeweitet werden konnte, im Grunde eine Erklärung, die näher an der Haltung Isebels war als jemals zuvor in der Geschichte der amerikanischen Präsidentschaft. Und die Tatsache, dass diese Worte nun aus dem Munde des modernen Gegenbildes von Isebel kamen, ist so atemberaubend, wie die Aussage selbst.

Isebels Antipathie gegenüber dem biblischen Glauben und die Folgen dieser abneigenden Haltung sind in dem nachfolgenden Kommentar beschrieben:

Das PARADIGMA

„Aus dem Verlauf ihrer Vorgehensweise kann man nur den Schluss ziehen, dass sie das jüdische Rechts- und Glaubenssystem hasste, denn es musste ihr zwangsläufig als intolerant und anti-sozial erscheinen. Sie versuchte daher, es mit allen ihr zur Verfügung stehenden Mitteln niederzuschlagen, ..."[4]

Es war dieselbe tiefsitzende Antipathie gegenüber dem biblische Glauben und den Werten, die sich auch gerade im Präsidentschaftswahlkampf von Clinton offenbarte. Dieser Wahlkampf wurde zur schamlosesten Anti-Life-Kampagne, die jemals von einem bedeutenden Präsidentschaftskandidaten in der amerikanischen Geschichte vertreten wurde.

> Die eifrigsten Fürsprecher der ehemaligen Königin und First Lady werden die Befürworter der Tötung von Kindern sein.

Die größte Unterstützung bekam Isebel natürlich aus den Reihen der Baals-Priester und der Aschtoret-Priester [Aschtoret = kanaanitische Göttin – auch Astarte genannt], die Kindsopferungen praktizierten oder befürworteten. Wer waren demnach die größten, stärksten und überzeugtesten Befürworter und Unterstützer in Hillary Clintons Wahlkampf? Es waren diejenigen, die die Abtreibung auf Verlangen befürworteten. In der Tat pumpten die größten Abtreibungsorganisationen in Amerika riesige Mengen an Geld in die Clinton-Kampagne, in dem Versuch, sie ins Weiße Haus zu bekommen. Die Intensität dieser Unterstützung führte dazu, dass die größte Abtreibungsorganisation des Landes alle historischen Präzedenzfälle durchbrach und zum ersten Mal in ihrer Geschichte einen Präsidentschaftskandidaten unterstützte, obwohl sich Clinton noch in der Primärphase befand.[5]

So wichtig war ihnen also diese Sache. Sie alle teilten die allgemeine Auffassung, dass Hillary Clinton als Präsidentin praktisch jede Einschränkung und alle Schutzmaßnahmen bezüglich der Abtreibung beseitigen würde.

Die „Democratic National Convention"* von 2016, die Clinton zur Präsidentschaftskandidatin nominierte, wurde zur schamlosesten anti-biblischen Versammlung in der Geschichte der Demokratischen Partei. [*Die Democratic National Convention (DNC) ist eine Versammlung der Demokratischen Partei in den USA, die im Turnus von vier Jahren stattfindet.]

Man machte sich nun nicht einmal mehr die Mühe, die Tötung des ungeborenen Lebens hinter einer beschönigenden und indirekten Terminologie zu verschleiern, wie etwa „reproduktive Gesundheit" oder „Entscheidung der Frau". Jetzt wurde ganz unverblümt über Abtreibung gesprochen. Nun wurde es vor den Augen der Nation umjubelt.

Die Versammlung der Demokraten hatte sich bezeichnenderweise als Gastrednerin die Präsidentin von „Planned Parenthood Federation of America" [PPFA, kurz Planned Parenthood – dt. „Geplante Elternschaft"] eingeladen, der auch die Ehre zuteilwurde, neben dem ehemaligen Präsidenten Bill Clinton Platz zu nehmen, eine Geste, aus der deutlich wurde, wie hoch geschätzt und heilig inzwischen die Praxis der Kindstötung geworden war. Aber sie kam nicht allein. Um die ganze Sache noch zusätzlich zu befeuern, richtete auch die Präsidentin der „National Abortion Rights Action League"* ihre Worte an die versammelten Delegierten. [*eine politische Vereinigung in den Vereinigten Staaten, deren Hauptziele ein freierer Zugang zu Abtreibungseingriffen und die Aufwertung der Entscheidungskompetenzen von schwangeren Frauen und Mädchen sind.] Als sie schließlich über ihre eigene Abtreibung sprach, brach die Menge in Jubel aus. Ein Journalist bezeichnete die Versammlung denn auch als „eine Jubelfeier für die Vernichtung des ungeborenen Lebens".[6] In Isebels Paradigma wird die Verehrung des phönizischen Gottes und der damit verbundenen Kindesopferungen nicht nur gefördert, sondern auch ganz bewusst eingefordert.

Das PARADIGMA

> Die Königin wird die Praxis der Opferung von Kindern nicht nur anregen und unterstützen, sondern sie wird versuchen, die Teilhabe der Nation daran zu erzwingen.

Auf dieser Versammlung der Demokraten, die Hillary Clinton als Präsidentschaftskandidatin nominierte, wurde eine Linie durchbrochen, die zuvor noch nie überschritten worden war. Es wurde zur Aufhebung jedes staatlichen Schutzes bezüglich der Abtreibung aufgerufen, so dass die Abtreibung dann praktisch in jedem Fall auf Verlangen der Frau hätte durchgeführt werden können. Gefordert wurde unter anderem die Aufhebung des im Jahre 1973 vom Kongress beschlossenen „Helms Amendment", wodurch die ausländische Finanzierung von Schwangerschaftsabbrüchen verhindert werden sollte. Weiterhin wurde die Aufhebung des „Hyde Amendment" gefordert, einem Bundesgesetz, das seit 1976 in Kraft ist. Dieses Gesetz untersagt, bis auf wenige Ausnahmen, dass staatliche Mittel für die Finanzierung von Abtreibungen bereitgestellt werden. Es wurde geschätzt, dass allein dieses Gesetz Hunderttausende von Menschenleben gerettet hat.[7]

Die Aufhebung dieser Schutzmaßnahmen hätte zur Folge gehabt, dass jeder amerikanische Steuerzahler, und damit auch Christen und jene Personen, die die Tötung eines ungeborenen Kindes als schwerwiegenden, unmoralischen Akt ansehen, letztlich gezwungen wäre, die Abtreibungspraxis mit zu finanzieren und somit Teil dieser Praxis zu werden. Hätte Clinton die Wahl gewonnen und diese Agenda umgesetzt, dann wären diejenigen, die diesen Sieg durch ihre Abstimmung ermöglicht hätten, mitschuldig am Blut der Unschuldigen gewesen. Im weiteren Verlauf des Wahlkampfes vertrat Clinton ohne jegliche Hemmungen die extremsten Positionen in Bezug auf Abtreibung, einschließlich der Befürwortung der Spät- und Teilgeburtsabtreibungen. Unter anderem bezeichnete sie Pro-Life-Bewegungen als „terroristische Gruppen".[8]

Der Krieg der Throne

In ihrem Wahlkampf beteuerte sie, dass es „keine wichtigere Sache als die Verteidigung der Abtreibung gibt".[9]

Es führt kein Weg an dieser Einschätzung vorbei: Die Praxis der Tötung ungeborener Kinder war ihr Hauptanliegen. Als der Wahlkampf in die letzte Runde ging, gingen alle Umfragen noch davon aus, dass Clinton einen entscheidenden und substanziellen Sieg erringen würde.

Viele gläubige Menschen begannen bereits damit, sich auf eine Zukunft als verfolgte Minderheit in ihrer Nation vorzubereiten. Es erschien alles nur noch hoffnungslos. Aber dann geschah etwas Entscheidendes und das Weiße Haus war schockiert. Auch die Medien, die Demokraten und selbst die Republikaner waren schockiert. Letztlich war die ganze Welt schockiert.

Und dennoch war dies alles bereits von alters her in dem Geheimnis des Paradigmas verborgen.

———◆◆◆———

Wir lüften nun dieses Geheimnis, denn das Paradigma offenbart uns einen neuen Akteur auf der Bühne, eine der umstrittensten Figuren überhaupt – der Krieger.

Kapitel 20

DER KRIEGER

Das Paradigma nimmt jetzt eine dramatische Wendung. Mit dem Auftreten einer einzigen Figur wird sich alles verändern. Der Aufstieg dieses Mannes auf der nationalen Bühne wird plötzlich und unerwartet geschehen. Er wird das Königreich in ein Chaos stürzen. Und dennoch wurde auch dieses Ereignis bereits viele Jahre vor dem Aufstieg dieser Person vorausgesagt, mitten in einer einsamen Wüste.

Es war auf dem Berg Sinai, wo der Prophet Elia Zuflucht gesucht hatte, weil sein Leben durch Königin Isebel bedroht

Das PARADIGMA

war. Dort wurde erstmals der Name Jehu erwähnt, der Sohn von Nimschi. Der Prophet wurde aufgefordert, Jehu als König über Israel zu salben. Wir wissen nicht, ob Elia den Befehl ausführte. Aber Jahre später würde sein Nachfolger Elischa dafür sorgen, dass die Mission seines Vorgängers vollendet wurde:

„Und der Prophet Elischa rief einen von den Söhnen der Propheten und sagte zu ihm: Gürte deine Hüften und nimm diesen Ölkrug in deine Hand und geh nach Ramot-Gilead! Und wenn du dahin gekommen bist, dann sieh dich dort nach Jehu um, dem Sohn des Joschafat, des Sohnes Nimschis; zu dem geh hinein und lasse ihn aus der Mitte seiner Brüder aufstehen und in die innerste Kammer gehen! Und nimm den Krug mit Öl und gieß es auf sein Haupt aus und sage: So spricht der HERR: Ich habe dich hiermit zum König über Israel gesalbt! Dann öffne die Tür und flieh und warte nicht!"

(2. Könige 9,1-3)

Die Handlung war revolutionär und bahnbrechend. Ein neuer König wurde gesalbt, während der amtierende König noch auf dem Thron saß. Es war König Joram. Jehu wurde gesalbt, um ihm zu folgen. Die Salbung fand in Ramot-Gilead statt, also an demselben Ort, an dem Ahab seinerzeit zu Tode kam. Dieser Tod war damals der erste Teil des Gerichts gewesen. Der zweite Teil, also das Ende der Ahab-Dynastie, war für einen späteren Zeitpunkt vorgesehen. Aber nun war die Zeit dafür gekommen.

„Da ging der Diener, der Diener des Propheten, nach Ramot-Gilead. Als er hineinkam, siehe, da saßen die Obersten des Heeres beisammen. Und er sagte: Ich habe ein Wort an dich, Oberster. Da sagte Jehu: An wen von uns allen? Er sagte: An dich, Oberster."

(2. Könige 9,4-5)

Der Diener traf Jehu in einem Militärlager an. Er war in den Kampf um die Stadt Ramot-Gilead involviert und stand unter dem Befehl von König Joram:

Der Krieger

"Da stand Jehu auf und ging ins Haus hinein; und der Prophetenschüler goss das Öl auf sein Haupt und sagte zu ihm: So spricht der HERR, der Gott Israels: Ich habe dich zum König über das Volk des HERRN gesalbt, über Israel. Du sollst das Haus Ahabs, deines Herrn, erschlagen! Und ich räche das Blut meiner Knechte, der Propheten, und das Blut aller Knechte des HERRN fordere ich von der Hand Isebels. Ja, das ganze Haus Ahabs soll umkommen ..."

(2. Könige 9,6-8)

Der Diener und Beauftragte von Elischa salbte Jehu zum König von Israel. Er sollte die Nachfolge von Joram antreten, und es wurde ihm auch eine Prophezeiung mit auf den Weg gegeben, in der das Ende der Ahab-Dynastie vorausgesagt wurde. Die Worte ähnelten denen, die Ahab selbst einst von Elia in Nabots Weinberg empfangen hatte. Nun allerdings wurde diese Prophezeiung an die Person gerichtet, die sie tatsächlich zur Erfüllung bringen sollte. Mit Jehus Salbung waren die Würfel endgültig gefallen. Der Fall und das Ende des Königshauses von Ahab war nun eingeleitet worden. Durch diese unscheinbare Figur sollte die Wende in der Geschichte der Nation eingeleitet werden. Dieser Mann sollte nun also im Mittelpunkt des Landes stehen, absolut ohne politische Erfahrung und ohne politische Macht. Wer war dieser Mann?

Im Gegensatz zu denen, die im Königshaus residierten, deren Autorität er also herausfordern sollte, hatte Jehu kein königliches Blut oder eine entsprechende Abstammung, die ihm ein Recht auf den Thron geben würde. Er war auch kein Politiker. Er war ein Außenseiter, eine Figur, die man wohl am allerwenigsten als Herrscher im Blick haben würde. Er war keineswegs ein Gentleman, sondern vielmehr rau und ungehobelt. Er war zwar als Führungspersönlichkeit bekannt, jedoch nur als Führer, dessen Autorität absolut außerhalb des Bereiches der Politik oder der Zivilregierung lag. Er war ein Krieger, ein militärischer Kommandeur, ein Kämpfer, konfrontativ, streitsüchtig und kämpferisch. Er konnte rücksichtslos und brutal sein.

Das PARADIGMA

Aus der biblischen Überlieferung geht hervor, dass Jehu nicht sehr viele, wenn überhaupt irgendwelche von den Eigenschaften repräsentierte, die man eigentlich von einem gottesfürchtigen Menschen erwarten würde. Es erscheint fraglich, ob Jehu bis zu diesem Zeitpunkt der prophetischen Salbung überhaupt jemals ein Leben geführt hatte, das einem göttlichen Leben zumindest nahe kam. Jehu war überheblich und versuchte, sich selbst darzustellen. Er war rücksichtslos und konnte zuweilen außer Kontrolle geraten. Er handelte impulsiv, unüberlegt und in offensichtlicher Missachtung der möglichen Konsequenzen seiner Aktionen.

Andererseits sprach er selbst auch davon, dass er eine Leidenschaft für Gott habe. Er würde den Worten des Propheten Folge leisten und sogar noch darüber hinausgehen. Und während er einerseits einem Impuls folgen konnte, so war er andererseits auch in der Lage, strategisch und taktisch berechnend zu agieren, um seine Mission zu erfüllen. Er hatte eigentlich keine Ahnung, welche Schritte er als nächstes tun sollte, um die Regierung oder das Königreich zu übernehmen. Aber er hatte ein großes Selbstvertrauen, dass er es schaffen könnte. Kurz gesagt, Jehu war ein Mann mit großen Extremen und einer Vielzahl von Widersprüchen. Er war anders als jeder andere Führer seiner Zeit. Er widersetzte sich einer kritischen Auseinandersetzung und setzte sich über Konventionen hinweg.

Jehu war beharrlich, hartnäckig, entschlossen und konnte große Verwegenheit und Wagemut zeigen. Er war in der Lage, massive Ereignisse in Gang zu bringen. Er könnte und würde den damals bestehenden Status quo erschüttern. Er war in der Lage, die Dinge ins Wanken zu bringen, aber er repräsentierte gleichzeitig auch Chaos. Er konnte zerstören und umstürzen. Er konnte niederreißen und alles um sich herum auf den Kopf stellen.

Und dennoch war er ein Wegbereiter, nicht trotz all dieser Dinge, sondern wegen dieser Dinge. Er wurde für eine Zeit

Der Krieger

berufen, in der sich das Böse praktisch in jedem Bereich der Regierung und der Kultur manifestiert hatte und nun drohte, die Wege und Weisungen Gottes gänzlich zurückzudrängen. Er war in dem Moment emporgekommen, wo der Abfall der Nation am Rande der Unumkehrbarkeit versiegelt zu werden drohte, und wo der Überrest der Kinder Gottes kaum noch Hoffnung auf Besserung hatte. Er würde dieses System des Bösen und diese Regierung der Finsternis zum Erzittern bringen.

Obwohl mit seinem Emporkommen zweifellos gemischte Motive verbunden waren, und obwohl er die Bedeutung seiner Rolle vielleicht nie vollständig verstanden hatte, so war er in dem größeren Zusammenhang der Dinge dennoch ein auserwähltes Gefäß, ein Instrument des Gerichtes.

Er war ein Schwert mit der Bestimmung, ein Königshaus zu stürzen, und er war ein Schutzschild, um die endgültige Manifestierung des Glaubensabfalls aufzuhalten. Er war der widersprüchlichste und am wenigsten vorstellbare Krieger, dazu berufen, ein Königreich zu stürzen, das gegen die Wege und Weisungen Gottes kämpfte.

Das Paradigma des Kriegers

Das Paradigma enthüllt uns nun eine dramatische Wende der Ereignisse, einen Umbruch, einen Aufstand auf der politischen Bühne des alten Israel. Somit müssen wir auch auf der neuzeitlichen politischen Bühne von einer derartigen dramatischen Wende und einem großen Umbruch ausgehen. Wir öffnen jetzt das Paradigma des Kriegers, einem Mann mit Namen Jehu.

In den letzten Tagen der Herrschaft des Königs Joram begann Jehu seinen Aufstieg zur Macht. Zur Zeit seiner Salbung hatte er noch keinerlei politische Erfahrung. Sein Aufstieg kam plötzlich und überraschend für Israel und seine Führer.

Das PARADIGMA

> Während die Herrschaft des Erben dem Ende entgegen geht, wird eine neue, umstrittene und am wenigsten vorstellbare Person mit dem Aufstieg zur Macht beginnen. Dieser Mann wird ohne politische Erfahrung die nationale Bühne betreten. Sein Aufstieg wird plötzlich und unerwartet sein und wird die Nation und ihre Führer überraschen.

Damit sich die Manifestationen des Paradigmas fortsetzen können, müsste demnach also gegen Ende der Obama-Ära eine kaum vorstellbare und denkbare Person die politische Bühne der Nation betreten. Der plötzliche Aufstieg dieser Figur würde die Regierung und die ganze Nation überraschen.

Im historischen Fall war es der Aufstieg dieser eher unwahrscheinlichen Person, die das Ende der Herrschaft des Königs herbeiführte. Auch im neuzeitlichen Fall der Präsidentschaft kam dieses Ende in der vorherbestimmten Zeit. Der Aufstieg dieser neuen Macht im neuzeitlichen Fall bewirkte zwar nicht unmittelbar das Ende der Herrschaft, aber er stand in zeitlicher Übereinstimmung mit dem Ende der Obama-Präsidentschaft. Hat der Aufstieg zur Macht mit einer solchen eher umstrittenen und am wenigsten wahrscheinlichen Persönlichkeit ohne politische Erfahrung in dieser Zeit begonnen?

Die Antwort lautet eindeutig ja. Donald Trump war die umstrittenste und am wenigsten vorstellbare Persönlichkeit in der Geschichte der amerikanischen Präsidentschaft. Sein Aufstieg zur politischen Macht begann am 16. Juni 2015, als er seine Kandidatur für die Präsidentschaft verkündete, während Obama das Schlusskapitel seiner Ära einläutete. Noch überraschender als seine Ankündigung waren jedoch sein anschließender Erfolg und seine Überlegenheit. Er überraschte Amerika und die amerikanischen Führer.

Der Krieger

> Er wird eine umstrittene Persönlichkeit sein. Er wird ein Repräsentant sein, der die Dinge ins Wanken bringt und eine Bedrohung für den gegenwärtigen Zustand der Nation darstellen.

Jehu war eine umstrittene und widersprüchliche Persönlichkeit, und das galt auch für Donald Trump. Für den gegenwärtigen Zustand der Politik und der Kultur bedeutete er eine Bedrohung – eine Kraft, die die Dinge ins Wanken brachte.

> Von außerhalb der Politik und der Regierung betritt er als Außenseiter die nationale Bühne.

Genau wie Jehu kein Mitglied des Königshauses oder der herrschenden Klasse war, so war auch Donald Trump kein Regierungsmitglied. Er war kein Politiker. Er kämpfte als Außenseiter in Washington und als Außenseiter in der Politik um das Amt des Präsidenten.

> Er wird kein Gentleman oder Diplomat sein – sondern rau und ungehobelt.

Jehu war gewiss kein liebenswürdiger Gentleman, sondern er war rau und barsch, was gleichermaßen auch für Donald Trump zutrifft. Seine Kommunikation ist oftmals ungehobelt, seine Art ist aggressiv und sein Temperament ist turbulent.

> Vor der Zeit seines Aufstiegs wird er bereits als Führerpersönlichkeit bekannt sein, allerdings nicht im Bereich der Politik und der Regierung.

Jehu war bereits ein bekannter Führer, allerdings in einem ganz anderen Bereich als König Joram. Auch Donald Trump war vor seinem Aufstieg zur politischen Macht bereits als Füh-

Das PARADIGMA

rungspersönlichkeit bekannt, wenngleich auch er noch nicht im Bereich der Politik aktiv war. Genau wie Jehu besaß auch Trump in der Vergangenheit bereits Befehlsgewalt, aber er spielte bislang keine direkte Rolle bei der politischen Führung der Menschen im Land.

> Er wird ein Krieger und ein Kämpfer sein, ein Mann des Krieges, konfrontativ, streitsüchtig und kämpferisch. Zuweilen wird er auch brutal sein.

Jehu war in erster Linie ein Mann des Krieges, ein Kämpfer. Dies gilt auch für sein neuzeitliches Gegenbild Donald Trump. Er ist ein Kämpfer, ein Mann von unzähligen Schlachten. Es ist beachtenswert, dass eine der wichtigsten Erfahrungen im jugendlichen Leben des modernen Jehu der Besuch einer Militärschule war.

Seine Biographie verzeichnet seine Jahre an der New Yorker Militärakademie als prägend und entscheidend für den Rest seines Lebens. Dort lernte er, zu wetteifern und zu gewinnen.

Trump zeigte sich konfrontativ, streitsüchtig und kämpferisch. Und genau wie Jehu konnte er beim Erreichen seiner Ziele zuweilen auch brutal sein. Über den historischen Führer heißt es in einem Kommentar:

„Jehu war ein Mann des Militärs, dessen Leben so sehr mit der Militärstrategie und der Eroberung verbunden war, dass er, im Gegensatz zu David, nicht in der Lage war, seinen Glauben und die Ehre Gottes in seine Schlachten einfließen zu lassen ..."[1]

Auch Trump sprach oft über sein Leben unter Verwendung von Begriffen aus dem Kampfgeschehen. Er redete von gewinnen oder verlieren bzw. von Sieg oder Niederlage. Er hat sein Leben dem Erfolg, der Eroberung und dem Triumph gewidmet.

Der Krieger

> Seine Vergangenheit wird nicht von Eigenschaften geprägt sein, die man von einem gottesfürchtigen Mann erwarten würde. Er wird sich der Prahlerei und der Selbstdarstellung hingeben. Er wird rücksichtslos im Umgang mit seinen Feinden sein, und er wird sich auch nicht scheuen, sie zu täuschen und zu überlisten. Er wird glauben, dass die Zwecke und Ziele letztlich die Mittel rechtfertigen.

Aus seinen nachfolgenden Wegen und Handlungen, wie sie uns in der Bibel überliefert sind, wird deutlich, dass Jehu sein Leben nicht als ein Mann Gottes führte. So ist es auch im Fall von Donald Trump offensichtlich, dass das Leben, das er bisher geführt hat, nicht typisch für christliche Tugenden war, und auch seine Taten zeigten bislang nicht das, was man eigentlich von einem gottesfürchtigen Mann erwarten würde. Und während Jehu inmitten seines Aufstiegs zur Macht als Prahler und Aufschneider beschrieben wird, so wurde auch Donald Trump durch seine Prahlerei und Selbstdarstellung bekannt. In einem Kommentar heißt es über Jehu:

„Er hat Freude daran, seine Feinde zu überlisten"[2]

Solche Worte könnte man wohl genauso auch über Donald Trump schreiben. Und wie bei Jehu scheint es so zu sein, dass Trump in Fragen des Krieges meint, dass die Zwecke und Ziele letztlich die Mittel rechtfertigen.

> Und dennoch wird er von Gott und von seinem Eifer sprechen, den Willen Gottes zu erfüllen, und er wird zuweilen auch die Worte des göttlichen Rates suchen und beherzigen.

Während Jehu von Gott sprach, so hat auch Donald Trump immer wieder öffentlich von Gott gesprochen. Er bekundete seinen Eifer, Gottes Willen zu erfüllen, indem er beispielsweise

Das PARADIGMA

versuchte, Männer und Frauen des Glaubens von der Aufrichtigkeit seiner Einstellungen zu überzeugen. Er erhielt zuweilen auch göttlichen Rat, den er manchmal auch beherzigt hat.

> Sein natürliches Temperament wird bei seinem Aufstieg zur Macht eine bedeutsame Rolle spielen. Er wird große Zähigkeit, Entschlossenheit, Kühnheit und Wagemut zeigen. Er wird Selbstvertrauen ausstrahlen und ist absolut siegessicher, trotz seiner mangelnden Erfahrung in der Regierung. Er wird über die Fähigkeit verfügen, massive Ereignisse ins Rollen zu bringen.

Genauso wie Jehus Temperament ein wesentlicher Teil seines Aufstiegs zur Macht war, so galt auch Trumps Temperament als zentraler Teil Seines Erfolges. Wie Jehu, so verfügt auch Trump über Courage, Verwegenheit und Hartnäckigkeit. Als modernes Gegenbild von Jehu ist er ebenso erfüllt von Selbstvertrauen und absolut davon überzeugt, dass er in der Lage wäre, die Nation zu führen, obwohl er keinerlei Erfahrung in der Regierung aufzuweisen hat.

> Er wird den momentanen Istzustand ins Wanken bringen, die Konvention umkrempeln und jegliche kritische Auseinandersetzung ablehnen. Er wird niederreißen und stürzen. Er wird das politische Reich der Nation und seinen momentanen Status quo in einen Zustand des Chaos versetzen.

Jehu brachte die damaligen Umstände ins Wanken, und auch Trumps bloße Präsenz im Präsidentschaftswahlkampf führte zu einem politischen Erdbeben. Er durchbrach alle gängigen Konventionen und setzte sich über eine kritische Analyse hinweg. Genau wie Jehu konnte er niederreißen, abbauen und umstürzen. Er versetzte den Bereich der Politik und den

Der Krieger

Status Quo in einen Zustand des Chaos. Er wurde sogar der „Chaoskandidat" genannt.³

> Und dennoch werden über allem, was ihn ausmacht oder auch nicht ausmacht, ein höheres Ziel und eine übergeordnete Bestimmung stehen. Sein Aufstieg wird zu dem Zeitpunkt geschehen, wo der Glaubensabfall der Nation am Rande der scheinbaren Unumkehrbarkeit angelangt und versiegelt ist, und wo gleichzeitig die Gefahr besteht, dass die Wege und Weisungen Gottes gänzlich unterbunden werden. Er wird ungeachtet dessen zu einem Instrument werden, um den Tag dieser endgültigen Versiegelung aufzuhalten. Er wird ein Schwert sein, um Gericht zu bringen, ein Pflug, um die Dinge umzukrempeln und einen Umbruch herbeizuführen, und er wird ein Hammer sein, um zu zerschlagen.

Trump, wie auch sein historischer Vorgänger, wurde trotz seiner Fehler zu einem Wegbereiter für das Erreichen von Zielen und Bestimmungen, die über sein eigenes Verständnis hinausgehen. Das wirft die Frage auf: „Kann Gott auch diejenigen gebrauchen, die Ihm nicht gedient, Ihm nicht nachgefolgt oder sich Ihm zwecks Umsetzung Seiner Ziele und Bestimmungen nicht hingegeben haben?" Ja, das kann Er, und im Fall von Jehu hat Er das auch getan. Auch Trump ist zu einer Zeit aufgestiegen, als der Abfall der Nation bereits am Rande der völligen Dominanz, der Versiegelung in die Unumkehrbarkeit und der Gefahr angelangt war, dass die Wege und Bestimmungen Gottes in allen Lebensbereichen komplett den Bach runtergehen. Es gab zweifellos andere und gemischte Motive hinter Trumps Aufstieg. Trotzdem wurde er dazu gebraucht, sich den missbrauchenden Kräften des anti-biblischen, anti-göttlichen und anti-christlichen Angriffs entgegenzustellen. Er versicherte, die religiöse Freiheit und die Heiligkeit des Lebens zu verteidigen.

Das PARADIGMA

> Der Krieger wird zum Nachfolger des Erben gesalbt, um als König das Land zu regieren.

Das prophetische Wort, das Jehu gegeben wurde, lautete: *„So spricht der HERR, der Gott Israels: Ich habe dich zum König über das Volk des HERRN gesalbt, über Israel."*
(2. Könige 9, 6)

Somit wurde Jehu also nicht nur zum Kampf, sondern auch zum Thron berufen. Er wurde zum König gesalbt, als Nachfolger von Joram. Gemäß dem Paradigma war dieser umstrittene und am wenigsten in diesem Amt vorstellbare Krieger dazu bestimmt, der neue Herrscher des Landes zu werden. Deshalb war Donald Trump in der modernen Vorlage dazu bestimmt, der nächste Präsident der Vereinigten Staaten zu werden. Genau wie Jehu der Nachfolger von Joram wurde, so folgte auch Donald Trump im neuzeitlichen Fall Barack Obama.

> Der Krieger wird gesalbt, um gegen die ehemalige Königin und ihre Agenda zu kämpfen.

Die Ablösung Jorams durch Jehu ist Teil des prophetischen Wortes, das ihm gegeben wurde, wonach er König werden sollte. In der Prophezeiung wird Joram diesbezüglich jedoch nicht erwähnt, wohingegen Isebels Name mehrfach auftaucht. Jehu musste also letztlich gegen die ehemalige First Lady und Queen antreten, also gegen Isebel. Dieser raue, ungestüme und streitsüchtige Führer hatte also, gemäß dem Paradigma, gegen die ehemalige First Lady anzutreten. Die Vorlage würde also demnach auf einen Konflikt, einen Showdown und eine persönliche Konfrontation zwischen Donald Trump und Hillary Clinton hinauslaufen, und es ist genau das, was dann ja auch wirklich geschah.

———◆◆◆

Der Krieger

Im Mittelpunkt des Präsidentschaftswahlkampfes stand das Aufeinandertreffen von Werten, Kulturen und Agenden. Es ist schon sehr beeindruckend und bemerkenswert, dass diese historische Vorlage nun tatsächlich ein Wettrennen offenbart – ein Rennen im wörtlichen Sinne mit dem Thron der Nation als Ziel.

Kapitel 21

DAS WETTRENNEN

Nachdem er Jehu gesalbt und die Berufung über ihm ausgesprochen hatte, das Königshaus Ahab niederzuschlagen, floh der Prophet aus dem Lager. Diejenigen, die die Begegnung beobachteten, fragten Jehu daraufhin, was das denn zu bedeuten habe:

„Und Jehu kam heraus zu den Knechten seines Herrn. Und man sagte zu ihm: Ist es Friede? Warum ist dieser Rasende zu dir gekommen? Er sagte zu ihnen: Ihr kennt ja den Mann und sein Geschwätz. Sie aber sagten: Ausflüchte! Berichte uns doch! Da

Das PARADIGMA

sagte er: So und so hat er zu mir geredet und hat gesagt: So spricht der HERR: Ich habe dich zum König über Israel gesalbt! Da nahmen sie schnell jeder sein Kleid und legten es unter ihn auf die nackten Stufen; und sie stießen ins Horn und riefen: Jehu ist König!"

(2. Könige 9,11-13)

Nach dem Hören der Prophezeiung riefen die Mitglieder von Jehus Einheit ihn zu Israels König aus, als Nachfolger von Joram.

„So stiftete Jehu, der Sohn Joschafats, des Sohnes Nimschis, eine Verschwörung gegen Joram an. Joram aber hatte Wache gehalten bei Ramot-Gilead, er und ganz Israel, wegen Hasael, dem König von Aram (Syrien) ..."

(2. Könige 9,14)

Jehu konzentrierte sich nun also ganz auf den Umsturz von Joram. Dieser war auf dem Schlachtfeld in Ramot-Gilead verwundet worden, genau wie auch sein Vater Ahab Jahre zuvor an derselben Stelle verwundet wurde. Er kehrte in die Stadt Jesreel zurück, um sich von seinen Verletzungen zu erholen.

„Und Jehu bestieg den Wagen und fuhr nach Jesreel, denn dort lag Joram krank danieder ..."

(2. Könige 9,16)

Jehu bestieg seinen Wagen und begann mit seinen Reitern ein Wettrennen um den Thron. Sein erster Gegner war der König höchst selbst. Danach würde er den Fokus auf Isebel legen.

Die Bibelstelle erweckt den Eindruck einer raschen Abfolge der Ereignisse. Jehu startete mit seinem Streitwagen in einen blitzschnellen Feldzug und erreichte die Stadt Jesreel. Es blieb ihm nur wenig Zeit für irgendeine durchdachte oder detaillierte Strategie. Er agierte nur im Affekt und spontan, und anscheinend improvisierte er, wo er nur konnte. Gleichzeitig war Jehu natürlich auch ein militärischer Kommandeur, und von daher war ihm strategisches Denken nicht fremd. In die-

Das Wettrennen

sem Fall bestand seine Strategie darin, die Stadt Jesreel zu erreichen, noch bevor die Kunde von seiner Rebellion dorthin gelangen konnte. Zu diesem Zweck ergriff er einige Maßnahmen, um die Geheimhaltung seines Plans sicherzustellen. Die mächtigste Waffe seines Feldzuges war aber zweifellos die Geschwindigkeit und der Überraschungseffekt. Wenn es ihm gelingen würde, seine Gegner zu überraschen, dann würde er auch gewinnen.

Und so stand Jehu plötzlich im Mittelpunkt der Geschichte Israels, schlagartig wie aus dem Nichts heraus und ohne Vorwarnung. Er überraschte den König, der absolut keine Ahnung von dem hatte, was sich gerade ereignete. Jehus Aufstieg wurde zu einem totalen Schock für seine Gegner und für die Mächtigen.

In der Stadt Jesreel erblickt der Wächter auf den Stadtmauern, wie Jehu sich der Stadt nähert:

„Und der Wächter berichtete: Er ist bis zu ihnen gekommen, kehrt aber nicht zurück. Und das Fahren gleicht dem Fahren Jehus, des Sohnes Nimschis; denn er fährt wie in Raserei."

(2. Könige 9,20)

Die Beschreibung des Stadtwächters ist faszinierend. Anscheinend war der Fahrstil von Jehus Streitwagen so unverwechselbar, dass man ihn bereits aus der Ferne identifizieren konnte. Die Bibelübersetzung beschreibt seinen Fahrstil als „wie in Raserei". Die Definition dieses Wortes ist voller Wut, Zorn, extreme Verärgerung und heftige Leidenschaft. Mit diesem Wort wurde also keineswegs nur Jehus Fahrstil beschrieben, sondern auch sein Temperament. Im originalen Urtext ist diese Beschreibung noch viel augenfälliger. Das an dieser Stelle verwendete hebräische Wort zur Beschreibung von Jehus Fahrstil ist „shigaon". Es bedeutet im wörtlichen Sinne verrückt, wahnsinnig und durchgedreht. Mit anderen Worten, Jehu fuhr seinen Wagen normalerweise wie ein Verrückter oder Wahnsinniger. Das entspricht auch dem Bild, das wir von

Das PARADIGMA

seinem Naturell haben: Impulsiv, hemmungslos und wild. In einem Kommentar wird er folgendermaßen beschrieben:

> „Genau wie sein Temperament überstürzt und stürmisch war, so zeigte sich auch sein Vormarsch."[1]

Jehu musste zuweilen ein Mann gewesen sein, der außer Kontrolle geraten konnte, bis hin zu einem rücksichtslosen Verhalten. Ein anderer Kommentar beschreibt dieses Verhalten so:

> „Er kam mit rasender Geschwindigkeit daher, nicht nur, weil er einen Auftrag hatte, sondern auch, weil er sich gedrängt sah bei einer Hals-über-Kopf-Veranlagung, die ihm den Ruf eines rücksichtslosen Fahrers einbrachte, sogar unter den Wachleuten."[2]

Unabhängig davon, in welchem Umfang dies auch wirklich für sein Wesen galt, ist das hebräische Bibelwort „shigaon" letztlich der eigentliche Schlüssel, um Jehus Wettrennen auf den Thron treffend zu beschreiben. Trotz dieser verrückten und wahnsinnigen Natur seines Rennens würde es ihn letztlich zu seinem Ziel führen. Dieses Ziel war die Erfüllung der Prophezeiung von Elia, die der Prophet einst an König Ahab im Weinberg von Nabot richtete.

Das Paradigma des Wettrennens

Wir öffnen nun das Paradigma des Wettrennens.

> Bevor der Krieger an die Macht kommt, muss der Bote Gottes ihn salben und ein prophetisches Wort über ihm aussprechen.

Jehus Aufstieg zur Macht wurde durch eine Salbung und das Aussprechen eines prophetischen Wortes in Gang gesetzt. Es war ein unwirkliches und widersprüchliches Ereignis. Jehu war ein Mann des Blutvergießens und von Gottesfurcht oder Frömmigkeit weit entfernt, wohingegen dieser Akt der Salbung ein heiliger Akt war.

Das Wettrennen

Gab es mit dem Emporkommen von Donald Trump an die Macht auch eine vergleichbare Handlung, die an ihm vorgenommen wurde? Die Antwort ist ja. Obwohl es möglicherweise nicht wie der Beginn seines Aufstiegs erscheinen mag, so war Donald Trump dennoch der Präsidentschaftskandidat in der amerikanischen Geschichte, über den am meisten gebetet und prophezeit wurde. Während seines Wahlkampfes standen christliche Führer nicht nur im Gebet für ihn und über ihm, sondern sie gaben auch prophetische Worte an ihn weiter. Seine Amtseinführung zeichnete sich durch mehr Gebet aus als bei jeder anderen Veranstaltung, die einem im Gedächtnis geblieben ist.

Im historischen Fall von Jehu bedeutete das Wort des Propheten und die Salbung keineswegs eine umfassende Billigung all der Dinge, die Jehu bisher getan hatte oder noch tun würde. Vielmehr war es ein Zeichen dafür, dass er für ein prophetisches Ziel zur Verfügung stehen sollte. So verhielt es sich auch im Fall von Donald Trump.

„So stiftete Jehu, der Sohn Joschafats, des Sohnes Nimschis, eine Verschwörung gegen Joram an."

(2. Könige 9,14)

> Der Krieger wird seine Aufmerksamkeit zunächst darauf lenken, einen Angriff gegen den Führer des Landes zu initiieren, gegen den Erben.

Nachdem der Prophet ihn gesalbt hatte, konzentrierte sich Jehu auf das Königshaus Ahab und auf den amtierenden Führer dieses Hauses, König Joram. Noch bevor Trump seine Kandidatur angekündigt hatte, begann er damit, Barack Obama zu attackieren. Nachdem er dann seine Kandidatur verkündet hatte, nahmen die Angriffe an Schärfe zu und liefen dann auch bis zur Wahl weiter. Trumps Wahlkampf war zuallererst ein Angriff gegen die Herrschaft und gegen den Ist-Zustand der Obama-Regierung.

Das PARADIGMA

„Und Jehu bestieg den Wagen und fuhr nach Jesreel, denn dort lag Joram krank danieder ..."

(2. Könige 9,16)

> Der Krieger wird ein Wettrennen auf den Thron beginnen, mit dem Ziel, das höchste Amt im Land zu übernehmen.

Jehu bestieg seinen Streitwagen und raste in Richtung des Königspalastes. Das Paradigma präsentiert uns diesen Krieger, der im wörtlichen Sinne ein Wettrennen um das höchste Amt des Landes startete. Genauso begann auch Donald Trump ein Wettrennen um das Weiße Haus, um den amerikanischen Thron, und sein Ziel war es, der neue Führer des Landes zu werden. Hinter all dem stand das Paradigma über dieses historische Rennen des vorzeitlichen Kriegers zum königlichen Palast.

> Der Krieger wird plötzlich die nationale Bühne betreten, ohne Vorwarnung und wie aus dem Nichts heraus. Er wird sich mehr auf spontane Impulse als auf eine Strategie verlassen. Der größte Teil seiner Fähigkeiten werden auf dem Überraschungs- und Schockeffekt basieren. Der Schlüssel zu seinem Erfolg wird darin bestehen, dass er seine Gegner unvorbereitet austrickst.

Beide Krieger, sowohl Jehu wie auch sein Gegenbild Donald Trump erschienen urplötzlich auf der Bühne der Nation, wie aus dem Nichts. Genauso wie Jehus Rennen um den Thron scheinbar mehr durch einen spontanen Impuls und nicht durch einen sorgfältig durchdachten Plan angetrieben war, so folgte auch Trumps Wettrennen um das Weiße Haus eher einer spontanen Inspiration. Wie Jehu, so erwischte auch Trump seine Gegner immer wieder überrascht und unvorbereitet. Mit seinem Wahlkampf löste er einen Schock und ein politisches Erdbeben nach dem anderen aus. Der größte Schock war denn

Das Wettrennen

letztendlich ohne Zweifel sein Wahlsieg, eine Überraschung, die nicht nur seine Gegner aus der Fassung brachte, sondern sogar auch viele seiner überzeugten Anhänger.

„... und das Fahren gleicht dem Fahren Jehus, des Sohnes Nimschis; denn er fährt wie in Raserei."

(2. Könige 9,20)

> Der Krieger wird sein Rennen um das höchste Amt des Landes in einer Art und Weise bestreiten, die verrückt erscheint.

Das hebräische Wort, mit dem Jehus Wettrennen um den Thron beschrieben wird, trifft wohl auch am besten auf Trumps Rennen um die Präsidentschaft zu – verrückt, wahnsinnig und durchgedreht. Nachfolgend einige Beispiele für die Beschreibung von Jehus Feldzug in verschiedenen Bibelübersetzungen:

„Derjenige, der den führenden Streitwagen fährt, der fährt wie Jehu, der Sohn Nimschis; er fährt rücksichtslos."[3]

„... das Tempo dessen, der daherkommt, ist wie das Tempo von Jehu, dem Sohn von Nimschi, denn er kommt ungestüm daher."[4]

„... er fährt wie Nimschis Sohn Jehu – irrational!"[5]

„... Es muss Jehu sein, der Sohn von Nimschi, denn er fährt wie ein Verrückter."[6]

„Der Führer der Truppe fährt wie ein Verrückter, wie Jehu ..."[7]

„Das Fahren ist wie das von Jehu, des Sohnes von Nimschi – er fährt wie ein Wahnsinniger."[8]

„... der Fahrstil sieht aus wie der von Jehu, dem Sohn Nimschis, denn er fährt wie ein Wahnsinniger."[9]

Von allen Präsidentschaftswahlkämpfen, die von einer großen Partei in der amerikanischen Geschichte geführt wurden,

Das PARADIGMA

ist es dieser Wahlkampf von Donald Trump, der wohl am genauesten mit all diesen Beschreibungen übereinstimmt, also mit dem Wahlkampf jener Person, die das moderne Gegenbild des Mannes repräsentiert, der hier beschrieben wurde.

Im Paradigma wird das Bild eines Mannes gezeichnet, der scheinbar außer Kontrolle ist. In einem Kommentar zu Jehus Rennen heißt es:

> „Der Hinweis auf Jehus rücksichtslosen Fahrstil mit seinem Streitwagen (siehe 2. Könige 9,20) legt den Schluss nahe, dass er den Ruf eines rücksichtslosen Verhaltens hatte, das auch für den Überbringer der Botschaft gefährlich hätte sein können."[10]

Jehu wird von Bibelkommentatoren als ein Mann der Tat, der Entschlossenheit und der Entschiedenheit gelobt. Aber er wird andererseits auch als ein unbesonnener Mann bezeichnet, der impulsiv und mitunter auch rücksichtslos sein konnte. All diese Eigenschaften wurden gleichermaßen auch seinem Gegenbild Donald Trump zugesprochen, vor allem in der Zeit, als Trump sein Wettrennen zum Weißen Haus bestritt.

> Trotz des unorthodoxen und ungestümen Wesens seines Feldzuges wird der Krieger am Ende den Ort seiner Bestimmung erreichen – den Königspalast.

Während Jehus Feldzug ihn letztlich in den Palast führte, so bestand das Erstaunlichste an Donald Trumps Wahlkampf wohl darin, dass er ihn trotz dieser unorthodoxen Natur letztlich doch ins Weiße Haus führte. Er überraschte nicht nur seine Kontrahenten, sondern im Grunde die ganze Nation – und die gesamte Welt. Von den Medien bis hin zu den Meinungsforschern, den Experten, den Führern beider Parteien und den einfachen Leuten auf der Straße: Jeder schien irgendwie ratlos und in Erklärungsnot. Jenseits aller Vorhersagen und Erklärungen war das am meisten in diesem Zusammenhang ver-

Das Wettrennen

wendete Wort einfach nur „verrückt". Und dennoch war auch dies Teil des Paradigmas, wo es kurz zusammengefasst heißt:

> Am Ende der Herrschaft des dritten Königs des Paradigmas erscheint der Krieger, der sein Wettrennen um den Thron der Nation bestreitet. Obwohl er selbst zu den am wenigsten wahrscheinlichen Kandidaten gehört, und sein Wettrennen um den Thron sich durch den Anschein von Irrationalität, Verrücktheit und Rücksichtslosigkeit auszeichnet, wird es ihn, allen Widrigkeiten zum Trotz, auf den Thron bringen.

———◆◆◆———

Bevor Jehu König werden konnte, musste er zuerst das Gelände aufsuchen, auf dem der Prophet Elia einst seine Prophezeiung des Gerichts ausgesprochen hatte. Sein Eintreffen auf diesem Grund und Boden würde die Erfüllung der Prophezeiung herbeiführen.

Kapitel 22

DER UMSTURZ

Bevor Jehu Samaria betreten konnte, um den Thron zu übernehmen, musste er zuerst an den Ort, an dem alles begann – in die Stadt Jesreel. Dort in Jesreel befand sich auch Nabots Weinberg. Es war der Ort, an dem Ahab und Isebel den Mord in Auftrag gegeben hatten, und dort hatte Elia auch die Prophezeiung des Gerichts verkündet, dass an ihnen beiden und an ihrer Dynastie vollstreckt werden sollte.

Das PARADIGMA

Somit musste auch Jehu nach Jesreel gehen, weil nun die Zeit gekommen war, dass das dort vergossene Blut gerächt und die dort ausgesprochene Prophezeiung erfüllt würde.

„Joram aber hatte Wache gehalten bei Ramot-Gilead, er und ganz Israel, wegen Hasael, dem König von Aram. Und der König Joram war zurückgekehrt, um sich in Jesreel von den Wunden heilen zu lassen, die ihm die Aramäer (Syrer) geschlagen hatten, als er gegen Hasael, den König von Aram, kämpfte."

(2. Könige 9,14-15)

Jesreel war also Jehus erstes Ziel. Die Prophezeiung hatte das Ende von Ahabs Dynastie vorausgesagt und zugleich bestimmt, dass es in der Regierungszeit von Ahabs Sohn geschehen würde. Joram war Ahabs Sohn. Jehus erster Kampf richtete sich also gegen Joram. Er ging nach Jesreel, um der Herrschaft Jorams ein Ende zu setzen und ihm als König von Israel nachzufolgen. Dass Joram zur Zeit des Eintreffens von Jehu in Jesreel weilte, klingt zunächst wie ein eher zufälliges Ereignis. Der König hatte die Stadt auserwählt, um sich dort von seinen Verletzungen zu erholen, die er sich gerade noch im Kampf um Ramot-Gilead zugezogen hatte. Dennoch war auch dies alles Teil einer zeitübergreifenden Prophezeiung.

„Und der Wächter stand auf dem Turm in Jesreel und sah die Schar Jehus, wie er herankam, und sagte: Ich sehe eine Schar!"

(2. Könige 9,17)

Als Jehu sich der Stadt näherte, begab sich Joram in seinen Wagen, gemeinsam mit seinem königlichen Gast, König Ahasja von Judah, um den Krieger zu treffen. Keiner von ihnen hatte dies geplant, aber der Ort, an dem sie sich trafen, war das Erbland von Nabot, dem Mann, dessen Blut diese Erde getränkt hatte. Als sich der König dem Kommandanten Jehu näherte, fragte er: „Ist es Friede, Jehu?" Daraufhin erwiderte Jehu:

„Was, Friede? Bei den vielen Hurereien deiner Mutter Isebel und ihren vielen Zaubereien!"

(2. Könige 9,22)

Der Umsturz

Obwohl er gerade gefragt hatte, ob sein Kommandant in friedlicher Absicht gekommen war, hatte er diese Antwort offensichtlich nicht erwartet. Und er war dummerweise auch völlig unvorbereitet von seinem Palast aufgebrochen.

„Da machte Joram kehrt und floh und sagte zu Ahasja: Verrat, Ahasja!"

(2. Könige 9,23)

Jehu übernahm hier nun also die Rolle des Rächers bzw. des Gerichtsvollstreckers. Er spannte seinen Bogen mit aller Kraft und schoss einen Pfeil in Richtung des Königs. Der Pfeil traf Joram zwischen seine Arme und durchbohrte sein Herz. Joram brach in seinem Wagen zusammen. Er starb ebenso wie sein Vater, der auch von einem Pfeil in seinem Streitwagen getroffen worden war.

Joram war bislang Gnade zuteil geworden. Immer wieder war er durch die Hand Gottes und durch das Wort Elischas vor seinen Feinden gerettet worden. Dennoch blieb er bis zuletzt dem Herrn und seinem Propheten gegenüber feindlich gesinnt, sogar bis zu dem Punkt, dass er den Propheten ermorden wollte. Aber die Zeit der Gnade war nun vorbei. Die Gnade, die Gott dem Königshaus Ahab erwiesen hatte, bestand ohnehin nur in der Hinauszögerung des unvermeidlichen Gerichtes. Joram, der letzte Sohn von Ahab, der jemals auf dem Thron sitzen würde, war nun tot.

„Und Jehu sagte zu seinem Offizier Bidkar: Nimm ihn und wirf ihn auf das Feldstück des Jesreeliters Nabot!"

(2. Könige 9,25)

Er starb also nicht nur den Tod seines Vaters, sondern sein lebloser Körper wurde zudem auch noch in das Feld jenes Mannes geworfen, den sein Vater und seine Mutter einst hatten ermorden lassen – Nabot.

In dieser Bibelstelle wird in besonderer Weise die prophetische Natur des Ereignisses deutlich, indem eine überraschende Information offenbart wird.

Das PARADIGMA

> *„Jehu wandte sich an seinen Offizier Bidkar: Denn denk daran, wie ich und du zweispännig hinter seinem Vater herfuhren und der HERR diesen Ausspruch über ihn tat: ‚Wenn ich das Blut Nabots und das Blut seiner Söhne gestern nicht gesehen habe! Spricht der HERR. Ich werde es dir vergelten auf diesem Feld, spricht der HERR.' Und nun nimm ihn auf, wirf ihn auf das Feld nach dem Wort des HERRN!"*
>
> (2. Könige 9,25-26)

Jehu wiederholte die Worte der Prophezeiung, die einst von Elia verkündet worden war. Nun war der Tag der Erfüllung der Prophetie gekommen. Gemäß dieser Offenbarung traf Jehu nun in Jesreel mit Ahabs Sohn zusammen, an dem Tag, für den Elia das Gericht über den König prophezeit hatte. Jehu sprach hier über ein Ereignis, das viele Jahre zuvor stattgefunden hatte. Aber er hatte es niemals vergessen. Somit wusste er, dass Ahab und sein Königshaus zum Gericht bestimmt waren. An dem Tag jedoch, als er die Prophezeiung zum ersten Mal hörte, konnte er noch nicht erkennen, dass er selbst einmal zum Instrument dieses Gerichtsurteils werden sollte.

Die Bibelstelle enthüllt auch noch etwas anderes. Jehu hatte nicht nur unter Joram, sondern auch unter Ahab gedient. Er hatte anscheinend eine hohe und angesehene Position in Ahabs Armee. Somit war er ein Bediensteter von Ahab und Isebel und damit letztlich auch ein Soldat von Baal, ein Verfechter des Bösen. Er hatte im Namen eines Königreiches gekämpft, das sich dem Bösen verschrieben hatte. Aber nun hatte er sich geändert. Jetzt wollte er gegen dieses Königreich und gegen die Sache kämpfen, die er einmal verteidigt und vertreten hatte. Jetzt war er das Instrument zur Zerschlagung dieses Reiches.

Mit Jorams Tod wurde Jehu König von Israel. Seine Herrschaft repräsentierte gleichzeitig den Fall des Königshauses Ahab.

Der Umsturz

Das Paradigma des Umsturzes

> Der Krieger wird letztendlich der ehemaligen First Lady gegenübertreten. Aber zunächst wird er gegen den Erben vorgehen. Er wird einen Angriff gegen sein Königtum führen. Im ersten Teil seines Feldzuges wird er gegen die Herrschaft des Erben Krieg führen und ihn bekämpfen.

Wie Jehu damals zuerst gegen Joram und dann gegen Isebel angetreten war, so richtete sich auch Donald Trumps Wahlkampf zunächst gegen die Präsidentschaft von Barack Obama, und dann gegen die ehemalige First Lady Hillary Clinton. Der erste Teil von Trumps Wahlkampf war weitgehend ein Aufbegehren gegen den Status quo der amerikanischen Politik. Der verantwortliche Führer für diese Ausgangslage war Barack Obama. Jehu griff Joram an. Jehus Gegenbild, Donald Trump, attackierte also Jorams Gegenbild in Person von Obama.

> Der Krieger wird den Erben überfallen. Der Erbe wird niemals davon ausgehen, dass der Krieger in der Lage sein könnte, seinen Aufstand erfolgreich auszuführen. Am Tag des Sieges des Kriegers wird er fassungslos und völlig unvorbereitet sein.

Joram war von Jehus Umsturz und seinem Feldzug in Richtung Palast völlig überrascht. Auch Obama war zu keinem Zeitpunkt davon ausgegangen, dass Trumps Wahlkampf wirklich erfolgreich sein könnte. Trump erwischte ihn sozusagen auf dem falschen Fuß. Am Tag des Sieges von Trump war Obama völlig ahnungslos und wie betäubt.

> Der Aufstieg des Kriegers bedeutet zugleich die Niederlage des Erben und das Ende seiner Herrschaft.

Das PARADIGMA

Das Emporkommen von Jehu bedeutete ganz klar die Niederlage des Erben und das Ende seiner Herrschaft. Genauso bedeutete auch der Aufstieg von Donald Trump eine Niederlage für Obama, die natürlich auch mit dem Ende seiner Präsidentschaft verbunden war.

Hinter Jorams Ende stand immer noch der Schatten von Ahab und Isebel. Ahabs Tage waren schon lange vorüber, aber Isebel war noch immer eine aktive Kraft auf der nationalen Bühne. Der bösartige Schatten von beiden lag immer noch über der Nation. Jorams Regierung endete auf dem Erbland von Nabot, auf dem Boden, der zum Symbol für die Sünde von Ahab und Isebel wurde. Es waren also nicht nur Jorams eigene Sünden, sondern auch die Sünden seiner Vorgänger, die zu seinem Verderben führten.

> Der Untergang des Erben steht in Verbindung mit dem ehemaligen König und mit der ehemaligen First Lady.

Die Niederlage von Obamas Agenda stand natürlich nicht mit einem Weinberg im Nahen Osten in Verbindung, aber genau wie bei Joram bestand eine Verbindung zum ehemaligen König und zur ehemaligen Königin. Der Wahlkampf von 2016 war vom Geist der Clinton-Ära geprägt. Er war ausdrücklich auf die Rückkehr von Bill und Hillary Clinton zugeschnitten, nur diesmal in umgekehrten Rollen. Wie im Fall von Joram, so wurde auch das Ende der Obama-Präsidentschaft vom Schatten seiner Vorgänger eingeholt.

> Der Krieger wird den Skandal und die Sünde des ehemaligen Königs beim Namen nennen.

Als Jehu in Jesreel eintraf, erinnerte er die Anwesenden an die Sünde von König Ahab und an sein Verhalten gegenüber Nabot. Er erinnerte auch an die Offenlegung der Sünde sowie an die Verkündigung des Gerichtes durch den Propheten Elia.

Der Umsturz

Was geschah diesbezüglich im neuzeitlichen Fall? Wir haben bereits den Nabot des modernen Ahab kennengelernt, jener Skandal, der die Clinton-Präsidentschaft befleckte und verfolgte. Damit sich auch dieser Teil des Paradigmas erfüllt, müsste Donald Trump also in irgendeiner Form die persönlichen Sünden von Bill Clinton zur Sprache bringen, insbesondere den Lewinsky-Skandal. Genau das ist auch wirklich geschehen. Inmitten des Wahlkampfes hat Trump genau das getan. Er thematisierte die Sünde und den Skandal der Clinton-Ära, die Lewinsky-Affäre.

> Der Krieger kannte den ehemaligen König bereits aus früheren Zeiten, wo er an der Seite des Königs stand und persönlichen Umgang mit ihm pflegte. Er hat ihn in der Vergangenheit unterstützt und verteidigt. Aber in den Tagen des Erben wird er sich gegen das Königshaus stellen.

Die biblische Überlieferung offenbart uns Jehus Vergangenheit und den Dienst an der Seite von Ahab. Er war sein Diener, sein Assistent und einer seiner wichtigsten Helfer. Als solcher unterstützte und verteidigte er den König. Aber in der Joram-Ära wandte sich Jehu gegen die Regierung und das Königshaus, dem er einmal gedient hatte.

Das Paradigma präsentiert uns den Krieger und den ehemaligen König als einstige Bekannte und Verbündete. War das tatsächlich so? Ja, das stimmt. Donald Trump und Bill Clinton waren ursprünglich Freunde gewesen. Während des Lewinsky-Skandals äußerte sich Trump sogar öffentlich zugunsten von Clinton. Aber genauso wie sich Jehu während der Regentschaft von Joram klar gegen das Königshaus von Ahab positionierte, so stellte sich auch Trump während der Regentschaft von Obama klar gegen das demokratische Establishment und gegen die Clinton-Ära.

Die Auswirkungen von Jehus Dienst für Ahab waren weitreichend. Jehu war nicht nur eine feste Größe in einem bösartigen

Das PARADIGMA

Königreich, sondern er war auch aktiv an der Ausbreitung der Agenda von Ahab und Isebel beteiligt. Er dürfte in der Tat auch ein Diener der Baals-Anbetung gewesen sein, und er war wohl auch in der einen oder anderen Form in die Praxis der Kindesopferungen involviert. Somit gehörte er ganz offensichtlich zu den führenden Vertretern des Glaubensabfalls. Dementsprechend heißt es im Paradigma:

> Vor seinem Aufstieg zur Macht stand der Krieger noch auf der anderen Seite dieses Kulturkrieges. Er half mit, den Glaubensabfall der Nation weiter voranzutreiben. Er unterstützte die Opferung von Kindern. Aber es wird eine Veränderung in seinem Leben geben. Zur Zeit seines Aufstiegs auf die politische Bühne der Nation wird er sich gegen das Böse stellen, das er einstmals unterstützte.

Jehu war ursprünglich ein Fürsprecher von Baal, und dies galt auch für Trump in der Zeit vor seinem Aufstieg, wo er keineswegs dafür bekannt war, auf der Seite der Moral oder auf der Seite Gottes zu stehen. Vielmehr verkörperte er für viele die Weltlichkeit und Unmoral. Genau wie Jehu in den Tagen Ahabs die Riten des Götzen Baal verteidigte und förderte, einschließlich der Kindstötungen, so positionierte sich auch Trump in der Vergangenheit nicht gegen die Tötung der Ungeborenen, sondern vielmehr unterstützte er diese Praxis.

Während der Regentschaftszeit der Clintons erklärte Trump, nicht nur für die Abtreibung zu sein, sondern er bekundete sogar „in hohem Maße" seine Pro-Abtreibungs-Haltung.[1]

Aber genau wie Jehu änderte auch Trump seinen Kurs. Während der Zeit seines Aufstiegs an die Macht sprach er sich klar gegen die Praxis der Tötung der Ungeborenen aus, für die er einst eingetreten war. Und genauso wie Jehu wurde er zu einem der wunderlichsten Verfechter der Wege und Weisungen Gottes und trat für das Volk Gottes ein.

Der Umsturz

Als Joram die Frage an Jehu richtete, ob er denn in Frieden gekommen sei, da reagierte Jehu mit der Gegenfrage, wie es denn im Angesicht der fortdauernden bösartigen Handlungen durch Isebel überhaupt Frieden geben könne. Jehus Krieg gegen Joram war also letztlich ein Krieg gegen Isebel, aber dieser Krieg gegen Isebel war im Umkehrschluss dann auch wieder ein Krieg gegen Joram.

Auch Trump führte im Wahlkampf um die Präsidentschaft letztlich einen Zweifrontenkrieg, den einen Krieg gegen Obama und den anderen Krieg gegen Hillary Clinton. Im Kampf gegen Obama kämpfte er gleichzeitigt gegen Clinton, und den Kampf gegen Clinton führte er gleichzeitig gegen Obama. Clinton war zwar diejenige, gegen die er kämpfte, um die Präsidentschaft zu gewinnen, aber Obama war derjenige, dessen Regierung und Agenda er beenden musste, und an dessen Stelle er nun herrschen sollte.

> Das Ende der Herrschaft des Erben wird kein freundlicher Übergang zu einem Nachfolger sein, der seine Agenda fortsetzt, sondern es wird ein feindseliger Übergang zu einem Nachfolger sein, der sich erhoben hat, gegen die Agenda seines Vorgängers zu kämpfen und sie zu stürzen.

Jorams Regierung endete mit einem feindlichen Übergang zu demjenigen, der sich dagegen erhoben hatte. Im Fall von Jorams Gegenbild Obama bedeutete das Ende seiner Herrschaft ebenfalls keinen harmonischen Übergang zu einem Nachfolger, der seine Agenda weiterführen würde. Genau wie zum Ende von Jorams Regentschaft gab es eine feindliche Übernahme, denn Obama musste die Präsidentschaft zwangsläufig an einen Nachfolger übergeben, der versuchen würde, seine Agenda zu stürzen.

Das PARADIGMA

> Der Erbe wird von einer Person auf dem Thron abgelöst, die nicht zum Königshaus gehört, einer Person, die noch niemals regiert, sondern als Kommandeur gedient hat – ein Kriegskönig.

Jorams Regierung wurde nicht von einem Mitglied des Königshauses abgelöst, sondern von einem, der noch niemals zuvor regiert hatte. Auch Obama wurde nicht von der Nachfolgerin seiner Wahl, Hillary Clinton, abgelöst, sondern von einer Person, die nicht von seinem Haus bzw. nicht von seiner Partei war, und die zuvor auch noch niemals in Regierungsverantwortung stand.

Im Januar 2017 stand Trump auf der westlichen Terrasse des Kapitols, um als fünfundvierzigster Präsident der Vereinigten Staaten vereidigt zu werden, und Obama schaute zu. Als Trump die rechte Hand hob, um das Amt der Präsidentschaft zu übernehmen, da endete Obamas Regierungszeit. Obwohl das einzige Blutvergießen, in das er involviert war, nur politischer Natur war, so war das Ende der Herrschaft des Erben nun endgültig besiegelt, genauso wie die Herrschaft seines Gegenbildes im Paradigma vor über zweieinhalbtausend Jahren ebenfalls besiegelt war – durch den Aufstieg des Kriegers.

◆◆◆

Aber Elias Prophezeiung beinhaltet noch mehr. Und auch dies muss noch erfüllt werden. Es gab noch eine andere Person, die auch am gleichen Tag in Jesreel war, an dem Jehu dort eintraf. Zwei Personen blieben übrig und wetteiferten nun um den Thron. Jetzt standen sie sich von Angesicht zu Angesicht gegenüber. Nur eine von ihnen würde übrig bleiben.

Kapitel 23

DER UNTERGANG

König Joram war tot. Aber da gab es immer noch eine andere Person in Jesreel, die auch weiterhin eine Bedrohung für Jehu und das Volk Gottes darstellte. Es hatte seinerzeit alles mit Isebel begonnen. Sie war es, die Ahab gegen Gott angestachelt hatte. Isebel war es auch, die als erste die Anbetung von Baal und anderer phönizischer Götter in Israel durchgesetzt hatte. Und sie war es, die den Krieg gegen das Volk Gottes geführt hatte. Aber jetzt hatten die Ereignisse sich überschlagen und dazu geführt, dass beide dort in Jesreel aufeinandertrafen, die

Das PARADIGMA

frühere Königin und der furchterregende Krieger, und das an ein und demselben Tag. Jehus Antwort auf Jorams Frage, ob er in Frieden gekommen sei, konzentrierte sich nicht auf den König, sondern auf die ehemalige First Lady:

„Was, Friede? Bei den vielen Hurereien deiner Mutter Isebel und ihren vielen Zaubereien!"

(2. Könige 9,22)

Jehus Kampf richtete sich also letztlich nicht gegen Joram, sondern das eigentliche Ziel war Isebel. Er musste zuerst gegen Joram als den regierenden König kämpfen. Er konnte nicht gegen Isebel kämpfen, ohne zuvor gegen den regierenden Monarchen vorzugehen. Durch den Sieg über Joram konnte er nun auch Isebel besiegen.

Nachdem Joram aus dem Weg geräumt war, hatte das Königshaus Ahab nun gerade seinen letzten Regenten verloren. Die einzige überlebende Hoffnung lag jetzt bei Isebel. Sie war die Vorkämpferin, die einzige Person, die von Beginn an dort gewesen war, und sie war nun die einzige noch Lebende aus dem Königshaus Ahab, das die Nation regiert hatte. Somit war Isebel jetzt Jehus Hauptgegner. Wenn er die Verdorbenheit und Sünde des Königshauses Ahab beseitigen wollte, dann musste er Isebels Macht ein Ende setzen. Obwohl noch nie zuvor eine Königin das Land Israel aus ihrer eigenen Autorität heraus regiert hatte, so war die Möglichkeit, dass Isebel den Thron an sich reißen könnte, doch sehr real. Es war überhaupt nicht unwahrscheinlich, dass sie diese Chance nutzen würde, um genau dies zu tun.

So gab es mit Jorams Tod zwei verbliebene Hauptkandidaten auf den Thron. Beide waren hart und ehrgeizig. Jehu, der Krieger, rau, umstritten, unberechenbar, impulsiv, manchmal rücksichtslos und immer kämpfend. Auf der anderen Seite Isebel, die polarisierende und umstrittene ehemalige First Lady, inzwischen natürlich deutlich älter als in den Tagen der Regierungszeit ihres Mannes und sogar bereits Großmutter. Aber sie war immer noch stark gefürchtet, immer noch im Krieg gegen

Der Untergang

die Wege und Weisungen Gottes, immer noch potentiell brutal, und sie war für das Volk Gottes immer noch so gefährlich wie eh und je.

Sie repräsentierte diametral entgegengesetzte Werte und kriegerische Visionen für die Zukunft der Nation. Jehu sprach vom Herrn und behauptete, im Kampf für Gott und sein Volk zu stehen. Isebel hatte die tiefen Glaubensüberzeugungen jedoch immer als Hindernis für ihre Agenda und als eine Bedrohung angesehen, die man überwinden und zerschlagen müsse. Jehu hingegen sprach von Gott, und seine Worte richteten sich gegen die Sünden Isebels, gegen ihre Verdorbenheit und ihre Feindschaft gegenüber Gottes Wegen und Weisungen. Wenn er in seiner Antwort auf Jorams Frage von ihren „Hurereien" und von ihren „Zaubereien" sprach, dann meinte er damit ihre Teilhabe und Förderung der heidnischen Rituale sowie die Anbetung von Baal und aller anderen phönizischen Götter, einschließlich des Götzendienstes, der unmoralischen Handlungen und der Opferung von Kindern. All dies fand in der Joram-Ära immer noch statt, sogar an den höchsten Stätten des Landes. Nun standen sich die beiden Gegner in der Stadt Jesreel endlich von Angesicht zu Angesicht gegenüber.

„Und Jehu kam nach Jesreel. Und als Isebel es hörte, belegte sie ihre Augen mit Schminke und schmückte ihr Haupt und schaute zum Fenster hinaus."

(2. Könige 9,30)

Als Jehu kam, trug Isebel ihr Make-up auf und schmückte ihren Kopf, höchstwahrscheinlich mit einer königlichen Krone. Es muss wohl eine etwas seltsame Situation gewesen sein.

Einige interpretieren es so, als ob sie Jehu verführen wollte. Wahrscheinlicher ist jedoch, dass damit die klare Ansage einer Herausforderung verbunden war. Sie schmückte sich selbst als Königin und schaute verächtlich auf den Krieger herab. Als sie ihn erblickte, rief sie:

„Geht es dir gut, Simri, der seinen Herrn erschlug?"

(2. Könige 9,31)

Das PARADIGMA

Damit verglich sie ihn mit dem Streitwagenkommandanten Simri, der Generationen zuvor Israels König Ela ermordet hatte, nur sieben Tage, bevor er dann selbst ermordet wurde. Isebel begegnet Jehu mit reiner Verachtung, aber Jehu lässt sich nicht abschrecken. Er reagiert nicht auf ihre Spötterei, sondern spricht stattdessen ihre Begleiter und Diener an:

„Er erhob sein Gesicht zum Fenster und sagte: Wer ist mit mir, wer? Da blickten zwei, drei Hofbeamte zu ihm hinunter."

(2. Könige 9,32)

Er forderte die Hofbeamten auf, das Gericht an ihr zu vollstrecken und sie hinabzustürzen, was sie dann auch taten. Isebel stürzte aus dem Fenster in den Tod. Es war ein dramatisches und gewaltsames Ende, eine brutale Handlung, die hier von Jehu angeordnet wurde. Aber an Isebels Händen klebte viel Blut und sie hatte ganz bewusst ein brutales Leben geführt. Das Böse, das sie anderen angetan hatte, war jetzt am Tage ihres Gerichtes zu ihr zurückgekehrt.

Jehu ging daraufhin in den Palast, um zu essen. Dort wurde sein Herz etwas weicher und er kam zu dem Schluss, dass er Isebels sterbliche Überreste mit Würde behandeln sollte. Und so beauftragte er seine Diener:

„Seht doch nach dieser Verfluchten und begrabt sie! Denn sie ist eine Königstochter."

(2. Könige 9,34)

Seine Diener kehrten jedoch mit der Botschaft zurück, dass ihre Überreste fast alle verschwunden seien. Dann erinnerte sich Jehu an das Wort, das Elia einst an Ahab in Jesreel weitergegeben hatte, wonach Isebels Körper an eben diesem Ort von den Hunden verschlungen würde. Die Prophezeiung war jetzt erfüllt, und es geschah an dem gleichen Ort, wo Isebel einst die Erde mit dem Blut Nabots hatte tränken lassen. Jene Frau, die so viel Unheil und Blutvergießen über Israel gebracht hatte, war nun aus dem Weg geräumt. In einem Kommentar wird ihr Leben mit folgenden Worten zusammengefasst:

Der Untergang

„Sie hatte Baal eingeführt; sie erschlug die Propheten des Herrn; sie initiierte den Mord an Nabot; sie stachelte zuerst ihren Mann und dann auch ihre Söhne an, das Böse zu tun ... Drei Regierungszeiten währte ihre Herrschaft, aber nun endlich war der Tag ihres Absturzes gekommen, und sie empfing den gebührenden Lohn für ihre Taten."[1]

Isebel hatte es geschafft, im Zentrum der politischen Bühne Israels zu bleiben, über die Herrschaftsperiode von drei Königen hinweg. Aber jetzt endlich, am Ende des dritten Königs, kam ihr Gericht und ihr Untergang.

Es war ein merkwürdiger Sieg und eine eher unwirkliche Revolte. Die meisten politischen Revolutionen werden im Laufe der Zeit sorgfältig geplant. Aber diese geschah wie aus heiterem Himmel und praktisch ohne irgendeine Vorplanung. Dennoch war sie erfolgreich. Wäre Isebel heil davon gekommen, dann hätte immer noch die Möglichkeit bestanden, dass Jorams Erbe und das des Königshauses Ahab wiederbelebt würde. Aber mit Isebels Niederlage war dies nun endgültig vorbei. Auch wenn Jehus Mission und sein Kampf damit noch nicht abgeschlossen waren, so gab es mit dem Ende von Isebel keine Person mehr mit einem vergleichbaren Kaliber, die seinen Aufstieg zum Thron noch hätte verhindern können. Auch wenn er den Thron noch nicht bestiegen hatte, so war er im Grunde bereits jetzt in jeder Hinsicht der agierende König.

Das Paradigma des Untergangs

> Der Krieger, der seine Angriffe zunächst gegen den Erben richtete, wird sie jetzt gegen die ehemalige Königin und First Lady richten.

Nach der Attacke gegen Joram führte Jehu seinen Krieg nun gegen Isebel. Auch Trump lenkte den Fokus seiner Angriffe zunächst auf Barack Obama und den Status Quo seiner Regie-

Das PARADIGMA

rung. Doch als sein Wahlkampf weiterging, konzentrierten sich seine Angriffe zunehmend auf die ehemalige First Lady.

> Mit dem Ende der Herrschaft des Erben wird es zwei leidenschaftliche Anwärter auf den Thron geben – der Krieger und die ehemalige First Lady.

Wie im historischen Fall wurde auch im neuzeitlichen Fall der Krieg um den Thron zwischen zwei kämpferischen und ehrgeizigen Figuren ausgefochten: Zwischen Donald Trump und der ehemaligen First Lady, Hillary Clinton. Genau wie Jehu war auch Trump der raue, umstrittene, impulsive und oft auch rücksichtslose Kämpfer. Und ebenso wie Isebel war auch Clinton die umstrittene und polarisierende ehemalige First Lady, jetzt natürlich deutlich älter als in den Tagen der Regentschaft ihres Mannes, inzwischen auch Großmutter, aber immer noch gefürchtet, immer noch im Krieg gegen die Wege und Weisungen Gottes, und vom Volk Gottes immer noch als genauso gefährlich angesehen wie eh und je.

> Die beiden repräsentieren völlig entgegengesetzte Werte und Visionen für die Nation. Der Krieger spricht über den Herrn und behauptet, für Gott und Sein Volk zu kämpfen. Die ehemalige First Lady sieht den tief verwurzelten Glauben an Gott als Bedrohung an und fordert, diesen Glauben auszurotten.

In der biblischen Überlieferung über Jehus Feldzug zum Thron finden wir viele Beispiele, in denen der Name des Herrn erwähnt wird. Er erfüllte den Willen Gottes und versuchte, Gottes Volk zu schützen. Isebel jedoch repräsentierte eine Agenda, die in direkter Opposition zu den Wegen und Weisungen Gottes stand.

Was auch immer Donald Trump im neuzeitlichen Fall vor seinem Wahlkampf ausmachte oder was auch immer er in der

Der Untergang

Vergangenheit getan haben mag, so sprach er jetzt auf jeden Fall immer mehr von Gott. Er sicherte den Gläubigen zu, für die Religionsfreiheit zu kämpfen und verfolgte Gläubige auf der ganzen Welt schützen zu wollen. Hillary Clinton jedoch, wie wir bereits gesehen haben, sagte im Gegensatz dazu, dass die Glaubensüberzeugungen verändert werden müssen. Unabhängig von den jeweiligen Persönlichkeitsprofilen repräsentierten die beiden Kandidaten völlig entgegengesetzte Weltbilder, Werte, Visionen und Agenden.

> Inmitten seines Feldzuges wird der Krieger das Wort gegen die Sünden und gegen die Verdorbenheit der ehemaligen First Lady erheben.

Während seines Wettrennens zum Thron sprach Jehu von Isebels Hurerei und Zauberei. Inmitten von Trumps Rennen zum Thron bezichtigte dieser die ehemalige First Lady der Unehrlichkeit und des Fehlverhaltens. Er bezeichnete sie unter anderem als „Crooked Hillary" („betrügerische Hillary").[2]

Es geht jetzt hier nicht darum, zu beurteilen, ob dies wahrheitsgemäß und angemessen gewesen ist oder nicht, sondern es geht vielmehr um die Tatsache, dass Trump sich ebenso wie Jehu verhielt. Inmitten seines Wahlkampfes brachte er die Sünden und die Verdorbenheit der ehemaligen First Lady zur Sprache.

> Im Rahmen dieses Feldzuges werden sich die beiden, der Krieger und die ehemalige First Lady, von Angesicht zu Angesicht gegenüberstehen.

Jehus Feldzug führte ihn zwangsläufig in die direkte Konfrontation mit Isebel. Auch der Wahlkampf im neuzeitlichen Fall brachte Trump in die direkte Konfrontation mit Hillary Clinton. Die Konfrontation zwischen Jehu und Isebel wurde, gemäß der biblischen Überlieferung, der Nation bekannt

Das PARADIGMA

gemacht. Die Konfrontation zwischen Trump und Clinton geschah im Rahmen der Präsidentschaftsdebatten, und die ganze Nation konnte sie im Fernsehen verfolgen.

> Der Krieger wird die Moral und Praktiken zur Sprache bringen, die von der ehemaligen First Lady unterstützt wurden. Dies wird auch die antibiblische Moral betreffen, einschließlich der Opferung von Kindern.

Jehu brachte Isebel mit den heidnischen Praktiken von Phönizien in Verbindung, die auch das Opfern von Kindern beinhalteten. Auch Trump konfrontierte die ehemalige First Lady in der letzten im Fernsehen übertragenen Präsidentschaftsdebatte vor der ganzen Nation mit ihrem Eintreten für die Praxis, ungeborene Kinder sogar noch bis kurz vor dem Zeitpunkt ihrer natürlichen Geburt zu töten. Clinton reagierte mit einer Trotzhaltung darauf.

Auf dem Weg zur Wahl erschien Donald Trumps Chance, die Präsidentschaft gegen Hillary Clinton zu gewinnen, hoffnungslos. Jede größere Umfrage deutete auf einen überwältigenden Wahlsieg der Demokraten hin. Aber das Paradigma zeigte etwas anderes:

> Der Aufstieg des Kriegers wird mit der Niederlage der First Lady enden.

Als Jehu nach Jesreel kam, um Isebel gegenüberzutreten, da konnte es nur ein Ergebnis geben: Der Sieg von Jehu und die Niederlage von Isebel. Ungeachtet aller Umfragen, die allesamt ihren Sieg anzeigten, hatte das Paradigma bestimmt, dass Hillary Clinton besiegt werden würde, denn im Paradigma wurde die ehemalige Königin vom Krieger besiegt. Am Ende der Herrschaft des Erben, in den Tagen des Emporkommens des Kriegers, in der Konfrontation zwischen den modernen Gegenbildern von Jehu und Isebel, also Trump und Clinton, musste es

Der Untergang

das Gegenbild von Jehu sein, das den Sieg über das Gegenbild von Isebel davontragen würde.

Aber gab es da vielleicht bereits ein Anzeichen für ihre Niederlage, noch bevor die Niederlage eintrat – ein Anzeichen, das man aus dem Paradigma hätte ableiten können?

Es geschah auf dem Parteitag der Demokraten im Sommer 2016, auf dem Hillary Clinton zur Spitzenkandidatin gegen Donald Trump nominiert wurde. Am letzten Tag dieses Parteitages, an dem sie die Nominierung annahm und alles besiegelt wurde, ereignete sich etwas. Es passierte in einer Rede des US-Abgeordneten Emanuel Cleaver. Obwohl seine Rede nur ein paar Minuten dauerte, sahen manche sie als die mitreißendste Rede des ganzen Tages, wenn nicht sogar des gesamten Parteitages. Es war eine sehr temperamentvolle Rede, was vielleicht die Merkwürdigkeit seiner Formulierungen und seiner Wortwahl ein wenig verdeckte.

Aber für jeden, der das Paradigma kennt, war die Rede die vielleicht bedeutendste des gesamten Parteitages. Im Lichte des Paradigmas war die Bedeutung dieser Rede auffallend und unverwechselbar.

Die Botschaft der Rede könnte mit folgenden Worten zusammengefasst werden:

„Sie warfen sie hinunter . . . aber sie würde nicht hinuntergeworfen bleiben."[3]

Wie bereits angedeutet, es war etwas seltsam formuliert. Man könnte im Zusammenhang mit einem politischen Führer vielleicht davon sprechen, dass er ausgeschaltet, ausgebremst oder Opfer eines Umsturzes wird. Aber im Zusammenhang mit Hillary Clinton davon zu sprechen, sie wäre hinuntergeworfen worden, ist schon einzigartig und sehr auffällig. Der Sprecher wiederholte die Phrase dann noch mehrfach: „Sie warfen sie hinunter als First Lady, aber sie blieb nicht hinuntergeworfen!" Dann bezog er sich auf ihre Amtszeit als US-Senatorin und sagte erneut: „Sie warfen sie hinunter als US-Senatorin, aber sie würde nicht hinuntergeworfen bleiben!" Dann bezog er

Das PARADIGMA

sich auf ihr Amt als Obamas Außenministerin: „Sie warfen sie hinunter als Außenministerin, aber sie würde nicht hinuntergeworfen bleiben!" Und dann nahm er Bezug auf den aktuellen Präsidentschaftswahlkampf: „Sie warfen sie auch hinunter in diesem Wahlkampf, ... aber sie wird nicht hinuntergeworfen bleiben!"[4]

In dieser kurzen Zeit von Cleavers anschwellender Rede sprach er davon, dass die frühere First Lady mehrfach gestürzt wurde, und jedes Mal leitete er den neuen Absatz mit den Worten ein: „Sie warfen sie hinunter."[5]

Was wäre, wenn wir an dieser Stelle ein Experiment durchführen würden? Was würde wohl geschehen, wenn wir diese vier Worte aus der Rede am Tage der Nominierung Clintons, „sie warfen sie hinunter", in eine Suchmaschine eingeben? Wohin werden uns die Worte dann wohl führen?

Neben allen Büchern, Schriften, Artikeln und Quellen, zu denen sie uns hinführen könnten, leiten uns diese Worte natürlich auch zur Bibel. Und wohin genau in der Bibel? Sie führen uns zu den Hebräische Schriften (Altes Testament). Und wohin genau in den Hebräischen Schriften? Ganz klar, sie führen uns zum 2. Buch der Könige, also zu jenem Buch der Bibel, das für dieses Paradigma von besonderer Bedeutung ist. Im 2. Buch der Könige wird der Aufstieg von Jehu und sein Kampf gegen das Königshaus Ahab und gegen Isebel überliefert. Die bestehende Verbindung ist beeindruckend präzise. Es war der Tag, an dem die Nominierung auf dem Parteitag besiegelt wurde, die Nominierung von Isebels Gegenbild Hillary Clinton, um gegen Jehus Gegenbild Donald Trump in den Kampf um das Präsidentenamt zu ziehen. Und die Worte der Rede, die an diesem Tag gehalten wurde, entsprechen präzise den Worten aus dem 2. Könige-Buch, in dem genau dieses Ereignis überliefert wird – der Kampf zwischen Jehu und Isebel.

Aber es geht hier noch viel tiefer. Die Schlüsselworte dieser Rede führen uns nicht nur zu einem Buch, sondern auch zu einem konkreten Kapitel. Sie führen uns zu Kapitel 9 im

Der Untergang

2. Buch der Könige. Kapitel 9 ist besonders bedeutsam, denn es handelt sich um jenes Kapitel, in dem speziell über den Kampf zwischen Jehu und Isebel berichtet wird.

Aber es wird sogar noch konkreter, denn die Worte der Rede führen uns zu einem ganz bestimmten Bibelvers, nämlich zu 2. Könige 9,33.[6]

In den vorangehenden Versen treffen Jehu und Isebel von Angesicht zu Angesicht aufeinander. Die ehemalige First Lady hatte gerade den Krieger verspottet. Jehu fragte, wer von ihren Dienern auf seiner Seite wäre, um ihn zu unterstützen. Zwei oder drei Eunuchen erschienen am Fenster. Und dann kommt 2. Könige 9,33. Es begann mit Jehus Aufforderung: „Und er sagte: Stürzt sie hinunter!"[7]

Jehu rief die Diener auf, Isebel aus dem Palastfenster hinunterzustürzen. Und so geschah es. Wir erleben den Fall von Isebel, politisch wie auch im wörtlichen Sinne. Von all den Worten in der Welt und von den mehr als dreißigtausend Versen in der Bibel entsprachen jene Worte, die auf dem Parteitag der Demokraten ausgesprochen wurden, präzise dem Bibelvers, der das Ergebnis des Kampfes zwischen Isebel und Jehu beschreibt.

Was dann in der biblischen Überlieferung folgt, ist das hebräische Wort „yishm'tuha". Wie kann man dieses Wort „yishm'tuha" übersetzen? Es bedeutet: „Sie stürzten sie hinunter."

Es entspricht also exakt den Worten auf dem Parteitag der Demokraten – dieselben Worte, die Tausende Jahre zuvor Isebels Niederlage und ihr Ende bedeuteten. Anders ausgedrückt, dieselben Worte, die die Schrift verwendet, um die Niederlage und das Ende von Isebel zu beschreiben, wurden nun in der Neuzeit auch Hillary Clinton zugewiesen. Über sie wurde gesagt, sie sei hinuntergestürzt worden. Und das alles geschah auf dem Parteitag, auf dem Hillary Clinton nominiert wurde, um gegen Donald Trump anzutreten. Es war prophetisch und ominös zugleich.

Das PARADIGMA

Der Showdown zwischen dem Krieger und der First Lady wird von den Worten „Sie stürzten sie hinunter" begleitet.

Die Worte waren also gleichsam eine Voraussage des Ergebnisses des bevorstehenden Kampfes. Die First Lady würde besiegt werden. Von den Höhen der Macht und von dem, was als ein sicher geglaubter und maßgeblicher Sieg galt, würde sie einen dramatischen politischen Absturz erleiden. Sie wurde hinuntergestürzt.

> Die ehemalige First Lady wird sich am Tage ihres Untergangs als Königin schmücken.

Isebel legte am Tag ihres Absturzes ihr königliches Gewand an und schmückte ihr Haupt, höchstwahrscheinlich mit einer königlichen Krone. Genauso verhielt sich auch Hillary Clinton am Wahlabend. Sie bereitete sich darauf vor, als erste Frau über Amerika zu herrschen. Sie bereitete eine aufwendige Feier vor und umgab sich mit einer massiven gläsernen Decke*, einschließlich einem Feuerwerk über New York. [*Der Begriff „Gläserne Decke" (engl. glass ceiling) ist eine Metapher für das Phänomen, dass qualifizierte Frauen kaum in die Top-Positionen in Unternehmen oder Organisationen vordringen und spätestens auf der Ebene des mittleren Managements „hängenbleiben" – Quelle Wikipedia.]

In Medienberichten war zu lesen, dass sich die First Lady auf ihre eigene Krönung vorbereitete. Das Wort Krönung bedeutet im wörtlichen Sinne das Aufsetzen einer Krone oder eines Kranzes, so wie es Isebel anscheinend auch getan hatte, als sie am Tag ihres Untergangs ihr Haupt schmückte. Genauso war es auch bei der ehemaligen First Lady. Jener Tag, an dem sie sich auf ihre Krönung vorbereitete und sich als Königin schmückte, sollte zum Tag ihres Untergangs werden. In einer Schlagzeile war zu lesen: „Wie die Clinton-Sieger-Partei von der Krönung zur Verzweiflung überging."[8]

Der Untergang

> Nach dem Aufruf zum Gericht über die Königin und nach ihrem Absturz wird der Krieger im Hinblick auf seine Opposition gegen sie ein gewisses Maß an Barmherzigkeit oder Erweichung zeigen.

Nachdem Jehu das Gericht über Isebel eingefordert hatte und das Urteil vollstreckt war, wandelte sich seine Haltung gegen sie. Auch Donald Trump hatte zur strafrechtlichen Verfolgung und Verurteilung der ehemaligen First Lady wegen ihrer Verbrechen aufgerufen, aber nach ihrem Untergang ließ er sich erweichen und änderte seine Haltung gegen sie.

> Der ehemaligen Königin wird es gelingen, das Zentrum der politischen Bühne der Nation während der Regentschaft ihres Mannes und während der Herrschaft der beiden nachfolgenden Führer zu besteigen. Aber am Ende der dritten Regierungszeit wird sie einen dramatischen Absturz erleiden.

Isebel hatte es geschafft, während der Herrschaftsperiode von drei Königen im Zentrum der Bühne des israelitischen Königshauses zu bleiben, beginnend mit der Ära ihres Mannes Ahab und schlussendlich mit der Herrschaft von Joram. Aber in den letzten Tagen des dritten Königs kam es zu ihrem Absturz. Auch Hillary Clinton hatte es geschafft, durch die Herrschaftszeit von drei Präsidenten hindurch im Zentrum der politischen Bühne Amerikas zu bleiben, angefangen bei ihrem Ehemann Bill Clinton und dann bis zum Ende der Ära von Barack Obama. Aber in den letzten Tagen der dritten Präsidentschaft von Barack Obama musste sie einen dramatischen Absturz erleiden.

Das PARADIGMA

> Die beiden Erzfeinde, der Krieger und die ehemalige First Lady, werden in der nordöstlich gelegenen und bedeutendsten Stadt der Nation anwesend sein, an jenem Tag, der ihr Schicksal bestimmen wird. Es wird die Stadt ihrer Niederlage und ihres Absturzes werden, und zugleich die Stadt seines Sieges, wo der Krieger zum zukünftigen König des Landes wird.

Zwei Städte waren von zentraler Bedeutung für den Aufstieg von Jehu und den Absturz des Königshauses von Ahab – Samaria, die Hauptstadt, und Jesreel, die bedeutendste nordöstliche Stadt des Landes. Am Tag des Absturzes von Isebel waren sowohl Isebel wie auch Jehu dort in dieser nordöstlichen Stadt Jesreel. Im neuzeitlichen Fall, am Tag des Absturzes der First Lady, hielten sich auch die Gegenbilder von Jehu und Isebel, also Trump und Clinton, am gleichen Ort auf, in der führenden nordöstlichen Stadt der Nation, in New York City. Genauso wie Jesreel zum Ort des Absturzes von Isebel und des Sieges von Jehu wurde, so sollte nun auch New York City zum Ort des Absturzes von Clinton und zum Ort des Triumphes für Trump werden.

> Die ehemalige First Lady wird in jener Stadt besiegt werden, die mit dem Blut des Unschuldigen und mit ihrer Sünde verbunden ist.

Jesreel war die Stätte des Isebel-Absturzes, weil dieser Ort mit dem Blut des Unschuldigen verbunden war, also mit dem Blut von Nabot. Sein Blut war wegen des Komplotts der Königin vergossen worden. Jesreel war also in besonderer Weise der Ort ihrer Sünde. Somit wurde Isebel nun auch in jener Stadt besiegt, die mit ihrer Sünde und dem vergossenen Blut des Unschuldigen verbunden war. Natürlich klebte noch sehr viel mehr Blut an den Händen Isebels. Ihre Sünden umfassten

Der Untergang

das Blut der Kinder der Nation, die dem Götzen Baal geopfert worden waren.

New York City war die Stadt von Clintons Niederlage. Wie im historischen Fall war auch diese Stadt in besonderer Weise mit Blut befleckt, speziell mit dem Blut der Unschuldigen. New York war der Ort, an dem die Abtreibung auf Verlangen in Amerika eingeführt wurde, und New York City wurde dann auch zur Hauptstadt der Abtreibung. An keinem anderen Ort in Amerika wurden mehr ungeborene Babys getötet.[9] Es war diese spezielle Sünde, die in besonderer Weise mit Hillary Clinton in Verbindung stand.

Die politischen Siege, Niederlagen und Umstürze zur Zeit des Königshauses Ahab wurden von Gewalt begleitet. Wir können dankbar sein, dass die politischen Siege und Niederlagen, die sich im neuzeitlichen Szenario abspielten, mit weitaus weniger gewalttätigen Aktionen einhergingen. Hillary Clinton war Berichten zufolge im Angesicht ihrer Niederlage wie betäubt. Aber sie machte trotzdem weiter. Tatsächlich erhielt sie nur wenige Monate nach ihrer Niederlage eine Ehrung. Im Mai 2017 zollte ihr „Planned Parenthood", die größte Abtreibungsorganisation der USA, in New York ihr Ehrerbietung für ihre Leistungen bei der Tötung ungeborener Kinder. Sie wurde als „Vorkämpferin des Jahrhunderts" geehrt.[10]

Mit anderen Worten, ihr Verdienst war es, die Abtreibungspraxis stärker als jeder andere in der modernen Geschichte vorangetrieben zu haben. Es war ein bezeichnender und aufschlussreicher Moment, durch den erneut die Verbindung mit der Königin der historischen Vorlage bestätigt wurde, die ebenfalls die Opferung von Kindern mehr als jeder andere in der damaligen Zeit vorangetrieben hatte.

Was Jehu betraf, so bedeutete sein Sieg in Jesreel die Einsetzung seines Königtums. Aber sein Auftrag war noch nicht beendet. Um seine Position endgültig zu besiegeln und den Thron zu besteigen, musste er noch nach Samaria gehen.

Das PARADIGMA

Durch seinen Sieg wurde der Krieger zum zukünftigen Herrscher des Landes. Doch weder seine Mission noch seine Kämpfe waren damit abgeschlossen. Um den Thron des höchsten Amtes im Land zu besteigen, musste er sich in die Hauptstadt begeben.

Auch Trumps Sieg in der Wahlnacht begründete seine Präsidentschaft. Aber es gab natürlich noch viele Schlachten zu schlagen. Um das Amt der Präsidentschaft anzutreten, musste er sich in die Hauptstadt der Nation begeben. Der Fokus seiner Geschichte und seiner Schlacht würde sich jetzt also nach Washington, DC verlagern.

———◆◆◆———

Bevor wir uns weiter mit Jehu auf die Reise begeben, haben wir noch ein weiteres verborgenes Geheimnis zu lüften. Nun, da die Vorlage von Joram abgeschlossen ist, stellt sich die Frage, ob das Paradigma auch das verborgene Geheimnis seiner Regentschaftszeit enthält? Könnte es also auch die Länge der Zeitepoche enthalten, die dem neuzeitlichen Gegenbild von Joram gegeben wurde? Könnten die Tage des alten Königs auch den Schlüssel für die Tage des Präsidenten des 21. Jahrhunderts enthalten?

Wir werden es jetzt sehen.

Kapitel 24
DIE TAGE DES ERBEN

Wir haben festgestellt, dass das Paradigma nicht nur die Ereignisse der Neuzeit, sondern auch das Timing dieser Ereignisse offenbart. Wie verhält es sich diesbezüglich mit der Vorlage von Joram? Was passiert, wenn wir diese Vorlage unter dem Gesichtspunkt des Timings betrachten, also bezüglich der Länge der Zeitepoche, die diesem alten König gegeben wurde? Könnte es dann auch irgendwelche Enthüllungen über das neuzeitliche Gegenbild Jorams geben, also über Barack Obama?

Das PARADIGMA

Vorbereitend müssen wir zunächst noch einmal klarstellen, dass die Herrschaftszeit der historischen Könige keine festen Grenzen hatte, die Zeit der amerikanischen Präsidentschaft allerdings schon. Im Gegensatz zum historischen Fall, wo die Könige normalerweise plötzlich und unerwartet nach dem Tod des Vorgängers den Thron bestiegen, waren die meisten amerikanischen Präsidenten bereits Jahre vor Beginn ihres Amtes als Präsident auf der nationalen Bühne oder in nationalen Ämtern aktiv. Ihr Aufstieg zur Macht geschah in den meisten Fällen allmählich über Jahre hinweg.

Im Paradigma von Ahab finden sich die Parameter seines Gegenbildes, Bill Clinton. Clintons Zeit auf der nationalen Bühne dauerte zweiundzwanzig Jahre. Die Amtszeit des alten Königs, seines Vorläufers, dauerte ebenfalls zweiundzwanzig Jahre. Die Anzahl der Jahre des modernen Herrschers entsprach also der Anzahl der Jahre des alten Herrschers. Aber wie verhält es sich nun mit Obama? Könnte das Paradigma von Ahabs Erben, Joram, die Zeitparameter offenbaren, die Barack Obama gegeben wurden? Könnte die Zeitperiode des modernen Präsidenten mit der Anzahl der Jahre des alten Königs übereinstimmen?

Schauen wir uns zunächst die Jahre von Obama genauer an.

Barack Obama machte 1983 seinen Bachelor-Abschluss an der Columbia University in New York. Danach arbeitete er als Mitarbeiter einer gemeinnützigen Organisation, die Kirchengemeinden in Chicago unterstützte. Ende 1988 studierte er Rechtswissenschaften an der Harvard Law School. Nach seinem Abschluss 1991 kehrte er nach Chicago zurück, wo er für die juristische Fakultät der Universität von Chicago arbeitete. 1995 kündigte Obama seine Kandidatur für den Senat von Illinois an. Er wurde 1996 gewählt und diente von 1997 bis 2004 als Senator von Illinois.

Es gibt wenige politische Karrieren, die so stark abgegrenzt sind, wie die von Barack Obama. In seinem Fall ist der Wendepunkt so klar, dass er praktisch keinen Raum für Interpre-

Die Tage des Erben

tation zulässt. Bis zum Jahre 2004 hatte Barack Obamas politische Karriere ihn nur bis auf die Ebene eines Bundesstaates gebracht, als einer von mehreren Senatoren in Illinois. Seine Laufbahn beschrieb die New York Times bis zu diesem Zeitpunkt als „eine weitgehend unbekannte Größe außerhalb seines Hauses im Süden von Chicago".[1] Mit anderen Worten, er war noch nicht einmal auf bundesstaatlicher Ebene allgemein bekannt, sondern nur in Chicago und dort auch nur in den südlichen Stadtteilen.

Aber im Jahre 2004 sollte sich dies alles ändern. Im Sommer dieses Jahres fand der landesweite Parteitag der Demokraten statt. Der demokratische Präsidentschaftskandidat John Kerry wählte Obama, um die Grundsatzrede zu halten. Obama hielt seine Rede am zweiten Abend des Parteitages. Es war diese Rede, die sein Auftauchen auf der nationalen Bühne markierte. Es war dieser Moment, der alles in seinem Leben veränderte.

Über Nacht war Barack Obamas Name im ganzen Land bekannt. Man redete damals sogar bereits davon, dass er eines Tages Präsident werden könnte – aber bis zu diesem Zeitpunkt hatte er noch nie ein nationales Amt bekleidet und war bis dato kaum außerhalb von Chicago bekannt. Es wurde gesagt, dass der Parteitag für zwei Personen, für John Kerry und für Barack Obama, in besonderer Erinnerung bleiben würde. Ein Artikel in der New York Times trug die Überschrift: „Die Rede, die Obama erschuf", und über diese Rede hieß es in dem Artikel, sie würde „die Grundlage für seinen Präsidentschaftswahlkampfes 2008 bilden".[2] Es war diese Rede in diesem speziellen Moment, die ihn auf die nationale Bühne katapultierte, und damit begann zugleich auch sein Aufstieg zur Präsidentschaft.

Obamas Aufstieg zur Macht und zum Ruhm vollzog sich außerordentlich schnell. Im November desselben Jahres wurde er in den US-Senat gewählt. Er wurde am 3. Januar 2005 in seinem Amt im US-Senat vereidigt. Es war das erste Mal, dass er ein nationales Amt bekleidete. Zwei Jahre später startete er bereits seinen Wahlkampf für die amerikanische Präsidentschaft. Und noch zwei Jahre später, im Januar 2009, wurde

Das PARADIGMA

er der vierundvierzigste Präsident der Vereinigten Staaten. Er entwickelte sich von einer weitgehend unbekannten Größe, zumindest außerhalb der südlichen Stadtviertel von Chicago, zum vierundvierzigsten Präsidenten der Vereinigten Staaten, in einer Zeitspanne von nur etwas mehr als vier Jahren.

———◆◆◆———

Was passiert, wenn wir die gleichen Maßstäbe wie bei der Ermittlung der Anzahl der Jahre von Bill Clinton nun auch auf die Anzahl der Jahre von Barack Obama anwenden?

Die erste Frage, die wir uns stellen müssen, ist: Wann hat Obama die nationale Bühne bestiegen? Wann hat er öffentliche Ämter auf nationaler oder national anerkannter Ebene übernommen? Wann begann er seinen Aufstieg in die Präsidentschaft?

Obama errang sein erstes öffentliches Amt auf nationaler Ebene, als er in den US-Senat gewählt wurde. Das war am 2. November 2004. Er nahm sein erstes öffentliches Amt auf nationaler Ebene an, als er als US-Senator vereidigt wurde. Das geschah am 3. Januar 2005.

Beide Daten sind ein Meilenstein in Obamas Aufstieg zur nationalen Bühne und dann zur Präsidentschaft. Aber auch diese Ereignisse werden von dem einen bahnbrechenden Ereignis in den Schatten gestellt, das alles verändert und letztlich alles ausgelöst hat – jener Abend, als er seine Grundsatzrede vor den Delegierten des landesweiten Parteitages der Demokraten hielt. Wann war das? Es geschah am 27. Juli 2004.

Betrachten wir nun als ersten anzulegenden Maßstab seine Zeit im nationalen öffentlichen Amt und fragen uns, wie lange diese Zeitspanne dauerte? Sie begann an dem Tag, an dem er als US-Senator vereidigt wurde und endete am letzten Tag seiner Präsidentschaft – also vom 3. Januar 2005 bis zum 20. Januar 2017. Es waren demnach zwölf Jahre.

Wie verhält es sich nun mit der Zeitspanne zwischen der Wahl, die ihn zuerst in ein nationales öffentliches Amt brachte,

Die Tage des Erben

und den Wahlen, die das Ende seiner Zeit im nationalen öffentlichen Amt markierten? Diese Zeitspanne begann am 2. November 2004 und endete am 8. November 2016. Auch hierbei kommen wir also auf zwölf Jahre.

Und was ist mit der Zeitspanne zwischen dem besagten Parteitag, der seinen Aufstieg zur Präsidentschaft einläutete, und jenem Parteitag, auf dem seine Nachfolgerin als Präsidentschaftskandidatin nominiert wurde? Der erste Parteitag in Boston begann am 26. Juli 2004. Der letztgenannte fand in Philadelphia statt und begann am 25. Juli 2016. Wie lang war diese Zeitspanne? Auch hier wieder zwölf Jahre.

Obamas Aufstieg zur Macht zeigt eine der klarsten politischen Laufbahnen in der amerikanischen Präsidentschaftsgeschichte. Bei jeder dieser Zählungen bekommt man als Ergebnis dieselbe Zeitspanne – zwölf Jahre.

Das Paradigma von den Tagen des Erben

Wenn Barack Obama Jorams Gegenbild bzw. der Joram des modernen Paradigmas ist, könnte es dann möglich sein, dass die Anzahl der Jahre seines Gegenbildes auch das Geheimnis seiner Jahre an der Macht enthält?

Die Obama-Jahre waren von vier nationalen Parteitagen und drei Amtszeiten bestimmt, eine als Senator und zwei als Präsident – also zwölf Jahre. Was die Zeit von Joram an der Macht betrifft, so gab es, wie bei Ahab auch, keine Verbindung zu solchen festgelegten Zeitperioden. Die Amtszeit wurde allein von drei Todesfällen bestimmt – vom Tod seines Vaters Ahab, vom Tod seines Bruders Ahasja und dann letztlich auch von seinem eigenen Tod im Zuge des Aufstiegs von Jehu.

Wie lange dauerte nun die Regierungszeit von Joram? Wie lang war die Zeitspanne zwischen dem Tod seines Bruders und seinem eigenen Tod? Die Antwort finden wir in 2. Könige 3,1:

„Und Joram, der Sohn Ahabs, wurde König über Israel in Samaria, im achtzehnten Jahr Joschafats, des Königs von Juda; und er regierte zwölf Jahre."

Das PARADIGMA

Die Antwort lautet also zwölf Jahre.

Zwölf Jahre König Joram und zwölf Jahre Barack Obama. Wir haben hier also eine weitere exakte Übereinstimmung. Die Zeit auf der nationalen Bühne, die dem Erben gemäß dem Paradigma zugeteilt war, betrug zwölf Jahre.

Genauso wie Bill Clintons Zeit auf der nationalen Bühne exakt den gleichen Parametern seines alten Vorläufers König Ahab im Paradigma folgte, so folgte auch Barack Obamas Zeit auf der nationalen Bühne exakt den gleichen Parametern seines Gegenbildes Joram im Paradigma, dem Erben und Sohn von Ahab. Man könnte also auch sagen, dass die in Jorams Paradigma zur Verfügung stehende Zeit auch die Zeit bestimmen würde, die Barack Obama gegeben war.

Als Obama sich dem Ende seiner Präsidentschaft näherte, waren die zwölf Jahre seines Paradigmas zwangsläufig und unausweichlich erreicht. Es war vorgesehen, dass er seine Abschiedsrede vor dem Parteikongress der Demokraten halten sollte, jenem Parteitag, auf dem auch seine Nachfolgerin nominiert wurde – die ehemalige First Lady. Es war der erste Parteitag der Demokraten seit dem bereits erwähnten ersten Parteitag – jener hatte ihn in das nationale Rampenlicht katapultiert und seinen Aufstieg zur Präsidentschaft eingeläutet – der wieder Ende Juli abgehalten wurde.

Seine Abschiedsrede vor dem Parteitag war für den dritten Abend vorgesehen. Das Datum war der 27. Juli. Der Tag seiner ersten Parteitagsrede, die seinen Aufstieg zum Präsidentschaftskandidaten einläutete, hielt er damals am gleichen Tag, am 27. Juli. So waren jetzt also zwölf Jahre auf den Tag genau vergangen, von dem Moment an, als sein Aufstieg zur Präsidentschaft begann. Und nun sollte die Fackel weitergegeben werden. Diese zwei Ereignisse, zwölf Jahre auseinanderliegend, markierten Anfang und Ende seiner Tage auf der nationalen Bühne. Durch die Konvergenz der Zwölf-Jahres-Spanne wurde dies umso unvermeidlicher. Auch die Presse musste dies damals zwangsläufig zur Kenntnis nehmen:

Die Tage des Erben

„In seiner Rede vor der wahrscheinlich größten Zahl von Parteitagsdelegierten seiner Präsidentschaft erinnerte Obama an den Moment vor 12 Jahren, an jenen Tag, der ihn ins Rampenlicht der nationalen politischen Bühne stellte."³

Tatsächlich wurde Obamas Rede in dieser Nacht mit zwei Worten eröffnet:

„Zwölf Jahre ..."

„Vor genau zwölf Jahren mit dem heutigen Abend habe ich meine erste Rede vor diesem Parteitag gehalten."⁴

Und dann stellten es die Kommentatoren nochmals fest:

„Barack Obama rückte mit seiner mitreißenden Rede im Jahre 2004 auf dem nationalen Parteikongress der Demokraten ins Rampenlicht der Nation. So erscheint es passend, dass er nun wieder auf dem Parteikongress der Demokraten auftritt – auf den Tag genau zwölf Jahre nach seiner Grundsatzrede als Senatskandidat von Illinois – in dem Bestreben, den politischen Staffelstab an Hillary Clinton zu übergeben."⁵

Es musste nicht zwingend alles am exakt gleichen Datum zusammenlaufen, an dem alles begann. Aber im Hinblick auf die Bedeutung von Jorams zwölftem Jahr, wie es im Paradigma offenbart wurde, ist die Tatsache, dass dies alles punktgenau zwölf Jahre nach Obamas Aufstieg zur Macht geschah, schon besonders auffällig. Es markiert und unterstreicht die Jahre, die dem Erben gemäß dem Paradigma gegeben wurden.

Man könnte es auch als Vorzeichen sehen. Die Demokraten waren voller Zuversicht, einen überwältigenden Sieg bei den anstehenden Präsidentschaftswahlen einzufahren. Aber das Paradigma sprach eine andere Sprache. In der alten Vorlage war das zwölfte Jahr kein Zeichen des kommenden Sieges für das Haus Ahab, sondern ein Vorzeichen der kommenden Niederlage.

Das PARADIGMA

> Der Entscheidungskampf zwischen den Kräften des Kriegers und dem Königshaus des Erben wird im zwölften Jahr des Erben auf der nationalen Bühne stattfinden.

Obamas Aufstieg zur Präsidentschaft und seine Zeit auf der nationalen Bühne begann 2004. Das Paradigma würde somit das Jahr 2016 als das Jahr markieren, in dem der Entscheidungskampf zwischen den beiden Kräften, denen des Kriegers und denen des Hauses Ahab, stattfinden würde. Und genauso war es dann auch.

> Im zwölften Jahr des Erben wird der Krieger die Königin besiegen.

Das Paradigma bestimmte also, dass der Sieg des Kriegers und die Niederlage der ehemaligen Königin 2016 geschehen würden, im zwölften Jahr des Erben. Und so wäre 2016 dann das Jahr, in dem Trump Clinton besiegen würde.

> Im zwölften Jahr wird die Herrschaft des Erben zu Ende gehen, und der Krieger wird den Thron besteigen, um ihn als Herrscher des Landes abzulösen.

Obama wurde im Januar 2005 zum ersten Mal in einem nationalen Amt vereidigt. Zwölf Jahre nach dieser Vereidigung fand eine andere Amtseinführung statt, die das Ende seiner Tage an der Macht bedeutete. Es war im Januar 2017, am Ende seiner zwölf Jahre in einem nationalen Amt. Obama stand auf der westlichen Terrasse des Kapitols und sah, wie Donald Trump als sein Nachfolger feierlich als Präsident eingeführt wurde.

Die Tage des Erben

Die Zusammenfassung der Tage des Erben finden wir in dem folgenden Paradigma:

> Der Erbe, der dritte König des Paradigmas, der die Nation immer weiter den Weg des Glaubensabfalls führt, und dessen Herrschaft von Feindseligkeit gegenüber den Wegen und Weisungen Gottes geprägt ist, wird zwölf Jahre auf der nationalen Bühne sein.

Wieder haben wir also zwei Figuren, einen alten König und einen modernen Präsidenten, deren Welten nicht unterschiedlicher sein könnten. Die zwölf Jahre der Regentschaft von Joram waren fast ausschließlich durch den Tod seiner Familienangehörigen zum Beginn seiner Herrschaft und durch seinen eigenen Tod bestimmt, der seiner Amtszeit ein Ende setzte.

Die zwölf Jahre bei Obama waren von ganz anderen Faktoren bestimmt. Hätte er sich nicht dafür entschieden, im Jahre 2004 für den US-Senat zu kandidieren, um dann gegen eine große Zahl von Kandidaten die Nominierung zu gewinnen – und wäre er dann nicht auserwählt worden, um seine Grundsatzrede vor dem Parteitag der Demokraten zu halten, dann hätte er das Rennen um den Senat nicht gewonnen – und wäre seine Präsidentschaftskandidatur nicht bereits zwei Jahre zuvor angekündigt worden, dann hätte er die Präsidentschaftswahl wohl nicht gewonnen und wäre somit auch nicht für eine zweite Amtszeit wiedergewählt worden. Hätte es eines dieser Details nicht gegeben, dann wären die im Paradigma enthaltenen Zeitparameter nicht eingehalten worden.

Nur weil all diese Faktoren zusammenwirkten, konnte er seine Zeit auf der nationalen politischen Bühne mit exakt der gleichen Anzahl von Jahren beenden, die seinem Gegenbild König Joram im Paradigma entspricht. Nur durch das Zusammenwirken und Zusammenfließen jedes einzelnen Ereignisses, unter Berücksichtigung der Eigenarten und Marotten der beteiligten Personen, konnten die Jahre Obamas letztlich den

Das PARADIGMA

Jahren seines historischen Vorläufers folgen. Aber wie bei Clinton all die unzähligen Macken und Wirrungen, Entscheidungen und Handlungen in seiner politischen Karriere letztlich doch dazu führten, dass die Tage seiner Macht mit den Tagen seines königlichen Gegenbildes konform gingen, genauso war es auch bei Barack Obama. Die ihm auf der nationalen Bühne zugewiesenen Tage entsprachen den Tagen, die dem alten König gegeben wurden, dessen Herrschaft mit dem Aufstieg des Kriegers zu einem dramatischen Ende geführt wurde.

───────◆◆◆───────

Wir wollen nun die vielleicht geheimnisvollste Figur im Paradigma beleuchten. Jehu begegnet auf seinem Weg in die Hauptstadt der Nation einem Mitreisenden.

Kapitel 25

DER HEILIGE MANN

Donald Trumps Wahlsieg hätte es ohne die Stimmen aus einem ganz bestimmten Teil der amerikanischen Bevölkerung nicht gegeben. Es war dieses maßgebliche und ausschlaggebende Segment, das zugleich auch das tiefste Konfliktpotential im Zusammenhang mit seiner Kandidatur in sich barg.

Wäre es denkbar, dass sich auch diese Facette der Geschichte im Paradigma wiederfindet?

Die Figur, der wir nun begegnen werden, ist Teil dieses verborgenen Geheimnisses. Sie taucht ohne Hintergrundinforma-

Das PARADIGMA

tionen in der biblischen Vorlage auf. Es werden uns keinerlei Details oder Erläuterungen gegeben. Diese Details und Hinweise kamen erst viele Jahre später.

Das Auftreten dieser Person in der biblischen Überlieferung bildet eine weitere Vorlage, die des heiligen Mannes mit Namen Jehonadab, jene geheimnisvolle Gestalt, die Jehu auf dem Weg in die Hauptstadt traf.

„Dann ging er von dort weiter und traf Jehonadab, den Sohn Rechabs, der ihm entgegenkam."

(2. Könige 10,15)

Wer war dieser Jehonadab? Die biblische Überlieferung gibt uns praktisch nichts außer einem Hinweis: Er war der Sohn oder Nachkomme von Rechab. Das Geschlecht von Rechab wird im 1. Buch der Chronik erwähnt, in Verbindung mit einem Volk, das man die Keniter nannte. Die Keniter waren ein nomadischer Stamm, der die Hebräer in das Land Israel begleitete.

Was wir über Jehonadab wissen, wurde hunderte Jahre später im Buch des Propheten Jeremia niedergeschrieben:

„Und wir haben der Stimme Jehonadabs, des Sohnes Rechabs, unseres Vaters, gehorcht, nach allem, was er uns befohlen hat: keinen Wein zu trinken alle unsere Tage, weder wir noch unsere Frauen, noch unsere Söhne, noch unsere Töchter, und keine Häuser als Wohnung für uns zu bauen. Und wir besitzen weder Weinberg noch Feld, noch Samen. So haben wir in Zelten gewohnt und haben gehorcht und getan nach allem, was unser Vater Jehonadab uns befohlen hat."

(Jeremia 35,8-10)

Das Bild, das wir hier von Jehonadab bekommen, ist also das Bild von einem gottesfürchtigen Mann, einem Führer, einem Asket und einem heiligen Mann. Seine Wirkung ist so groß, dass es Jahrhunderte nach seinem irdischen Leben noch präsent war und zum Moralkodex für eine ganze Volksgruppe

Der Heilige Mann

wurde, welche ihn Vater nannte. Jehonadab lehrte seine Kinder, und vermutlich auch seine Anhänger, bestimmte Dinge zu meiden, wie das Trinken von Wein, das Wohnen in festen Häusern oder das Bepflanzen von Feldern. Jehonadab führte sein Volk zu einem asketischen Leben, auf der Suche nach Reinheit und Heiligkeit. Er hätte sich wohl auch ganz klar gegen die Herrschaft von Joram und Isebel gestellt, einschließlich des geistlichen und moralischen Schadens, der dem gesamten Land durch das Königshaus Ahab zuteil wurde.

Ein Kommentator schrieb Folgendes über Jehonadab und Elischa:

„Beide scheinen moralisch im Widerspruch zu ihrer Generation gestanden zu haben, Elischa in seinem Dienst, und Jehonadab in seinem Zeugnis. Die Tage waren übel und böse, aber dieses Böse wohnte nicht in ihnen."[1]

Jehonadab und sein Volk hielten sich also von der Kultur in ihrem Umfeld, von der geistlichen Verdorbenheit und von der geistlichen Befleckung fern. In solchen Zeiten des moralischen Abfalls erforderte das Streben nach Heiligkeit ein gewisses Maß an Abstand von der Gesellschaft. Im Fall von Jehonadab und seinem Volk bedeutete diese Abtrennung die Enthaltung von den weltlichen Dingen.

Als er Jehonadab erblickte, unterbrach Jehu seinen Feldzug in Richtung Hauptstadt. Es ist offensichtlich, dass Jehonadab nicht nur bekannt, sondern auch hoch verehrt war. Nur so lässt sich die Ehrerbietung von Seiten des Militärkommandeurs und Kriegers erklären. Gleichermaßen war es jedoch auch Jehonadab selbst, der gezielt aufgebrochen war, um Jehu zu begegnen. Warum? Er war zweifellos zutiefst betrübt über den Götzendienst und die Unmoral in seinem Umfeld, über den Baals-Kult und über den gesamten geistlichen und moralischen Verfall der Kultur, in der er lebte. Als ein Mann Gottes, der inmitten des Glaubensabfalls leben musste, betete er ganz sicher auch für eine Umkehr und Erweckung in der Nation. Er verband mit Jehu offensichtlich die Hoffnung, dass Israels geistlicher Abfall

Das PARADIGMA

gestoppt oder zumindest gebremst werden könnte, und dass er vielleicht sogar helfen würde, eine Umkehr der Nation zu Gott zu bewirken. Ein Kommentator erklärt Jehonadabs Interesse an Jehu folgendermaßen:

> „Entsprechend war Jehonadab sehr interessiert an Jehus vermeintlichem Wunsch, die Nation vom Heidentum zu reinigen. Vielleicht hatte er gehofft, dass mit Jehu der Geist der nationalen Umkehr und eine neue Sehnsucht nach dem Herrn und Gott Israels zurückkehrt."[2]

Damals gab es in der Geschichte Israels eigentlich nur zwei Möglichkeiten: Entweder der vom Krieger angekündigte Wandel bzw. die Veränderung oder der fortdauernde Glaubensabfall und weitere Abstieg der Nation, der vom bisherigen Königshaus Ahab forciert wurde. Auch wenn Jehonadab Jehu nur als das geringere von zwei Übeln ansah, so gab es eigentlich keine andere Möglichkeit. Die einzige Alternative zur weiteren Fortführung des Glaubensabfalls der Nation und der Herrschaft des Königshauses Ahab lag in diesem feurigen Krieger. Hier sah Jehonadab offensichtlich eine gemeinsame Basis, wie auch die Kommentatoren erklären:

> „Der Rechabiter [Jehonadab] war ... offensichtlich einer der Anführer derer, die ihre Knie nicht vor Baal gebeugt hatten"[3]

> „... er akzeptierte Jehu als Diener von JHWH und war somit auch ein Widersacher des Hauses Ahab. Als Gegner von Ahab führte er die Gemeinschaft der Gläubigen in die Anbetung von JHWH ..."[4]

Jehu schien mehr als jeder andere seiner Zeit geeignet und berufen, dem Übel der Ahab-Dynastie ein Ende zu bereiten. Jehonadab hoffte, dass Jehu zu einem Werkzeug der nationalen Erlösung würde. Gleichzeitig muss er wegen Jehus Art und Charakter aber auch hin- und hergerissen gewesen sein, und er muss sich ernsthaft gefragt haben, ob eine solche Person wirklich für die Pläne und Bestimmungen Gottes geeignet sein könnte.

Der Heilige Mann

Was Jehu betrifft, so würde Jehonadab ein unschätzbarer Vorteil für seinen Feldzug bedeuten. Die Kommentatoren beschreiben dies so:

„Jehonadab war genau die Art von Mann, den Jehu brauchte, um seinen Feldzug auszuführen und dem Vorhaben Glaubwürdigkeit zu verleihen."[5]

„... Jehu, so schien es, wünschte sich die Zustimmung und Unterstützung durch Jehonadab für seine Vorgehensweise. Er rechnete damit, seine Maßnahmen dadurch gegenüber einigen rechtfertigen zu können, die seinen Aktionen ansonsten mit Missfallen begegnen würden."[6]

Als ein Mann der Heiligkeit, der zudem vom Volk geachtet wurde, bedeutete Jehonadabs Unterstützung eine zusätzliche Legitimierung für Jehus Feldzug und seine zukünftige Königsherrschaft. Der Zeitpunkt des Zusammentreffens dieser beiden Männer war besonders bedeutsam. Jehu stand inmitten seines Feldzuges in Richtung der Hauptstadt des Landes. Jehonadabs Unterstützung vergrößerte die Wahrscheinlichkeit, dass sein Königtum als legitim akzeptiert würde. Dazu schreibt ein Kommentator:

„Jehu war zweifelsohne froh, die Unterstützung von Jehonadab für seinen öffentlichen Einzug in Samaria zu bekommen. Diesem Asket eilte der Ruf der Heiligkeit voraus, und Jehus Gemeinschaft mit ihm konnte nur von Vorteil für den designierten zukünftigen Herrscher sein."[7]

Damit ist nicht gesagt, dass Jehu Jehonadab nicht aufrichtig respektierte oder dass er ihm nur deshalb zustimmen würde, weil eine Verbindung mit ihm für seinen Feldzug von großem Nutzen gewesen wäre.

„... und er [Jehu] grüßte ihn und sagte zu ihm: Ist dein Herz aufrichtig wie mein Herz gegen dein Herz?"

(2. Könige 10,15)

Das PARADIGMA

Jehu bekundete seine Unterstützung für Jehonadab und fragte ihn, ob er im Gegenzug auch auf seine Unterstützung bauen könne.

„Jehonadab sagte: Es ist so. – Wenn es so ist, dann gib mir deine Hand – und er gab ihm seine Hand. Da ließ er ihn zu sich auf den Wagen steigen."

(2. Könige 10,15)

Der Kommandant und der heilige Mann schließen sich zusammen, weil sie das gemeinsame Ziel verfolgen, das Übel der Ahab-Dynastie zu beenden.

„Und [Jehu] sagte: Komm mit mir und sieh mein Eifern für den HERRN an!"

(2. Könige 10,16)

Jehu versuchte hier, gegenüber Jehonadab klarzustellen, dass sein Glaube aufrichtig, seine Motive rein und seine Leidenschaft echt waren. Er versuchte ihn zu überzeugen, dass auch er letztlich ein Mann Gottes war. Über zweieinhalbtausend Jahre später ist diese Frage immer noch Diskussionsgegenstand.

„Und man ließ ihn auf seinem Wagen mitfahren."

(2. Könige 10,16)

Jehonadab schloss sich Jehus Feldzug und seinem Wettrennen zum Thron an – zwei Menschen, die in ihrer Art und von ihrem Charakter her wohl kaum unterschiedlicher sein konnten. Sie schlossen ein Bündnis auf der Basis eines gemeinsamen Zieles. Die zwei setzten gemeinsam die Fahrt in die Hauptstadt fort, wo Jehu den Thron besteigen würde.

Das Paradigma des Heiligen Mannes

Jehonadab repräsentierte einen bestimmten Teil der Bevölkerung der Nation, die Rechabiter, und diejenigen, die mit ihnen verbunden waren. Wer waren die Rechabiter? Die Kommentatoren beschreiben sie folgendermaßen:

Der Heilige Mann

„Wir können daher seine Angehörigen und Nachfolger wohl zu den eher treu ergebenen Teilen des Volkes Israel zählen."[8]

„... die Rechabiter repräsentierten die konservativen Verteidiger der Traditionen Israels, die auch von Elia vertreten wurden ..."[9]

„Die Rechabiter waren Mitglieder einer konservativen, asketischen, israelitischen Konfession, dessen Name auf Rechab, dem Vater von Jehonadab, zurückzuführen ist."[10]

Jehonadab war also der Anführer einer Volksgruppe, die man heute als Konservative bezeichnen würde. Aber es ging noch darüber hinaus:

„... die Rechabiter galten als eine konservativ gläubige Gruppe ..."[11]

„Jehonadab war der Führer der Rechabiter, einem ziemlich schleierhaften Clan in Israel, der anscheinend einen asketischen Lebensstil praktizierte, und der für seine halbnomadische Lebensweise bekannt war ... ebenso für seine konservativ gläubige Haltung ..."[12]

Jene Menschen, die Jehonadab repräsentierte, konnte man also am besten als „konservativ Gläubige" beschreiben. Dementsprechend lautet auch das Paradigma:

> In den Tagen des Aufstiegs des Kriegers, inmitten des nationalen Glaubensabfalls, wird es einen Teil innerhalb der Bevölkerung des Landes geben, der sich gegen den moralischen und geistlichen Verfall in ihrem Umfeld stellt. Sie versuchen, dem Wort Gottes treu zu bleiben und werden allgemein als konservativ Gläubige bezeichnet.

Genau wie damals in der Zeit von Jehu, so gab es natürlich auch in der Zeit von Trumps Aufstieg zur Macht einen Teil in der amerikanischen Bevölkerung, der versuchte, sich dem

Das PARADIGMA

moralischen und geistlichen Verfall im Land entgegenzustellen und an den Wegen und Weisungen Gottes festzuhalten. Man bezeichnet sie gemeinhin als konservativ Gläubige.

> Der moralische und geistliche Zustand ihrer Nation sowie der zunehmende Glaubensabfall bereiten ihnen großen Kummer. Sie beten für die Rückkehr ihrer Nation zu Gott und für eine geistliche Erweckung.

Genau das war die Situation gegen Ende der Obama-Ära und zur Zeit des Aufstiegs von Donald Trump. Der Zustand des Landes belastete die evangelikalen Gläubigen in ganz Amerika zutiefst. Es bereitete ihnen Kummer und Schmerzen, was sie in Amerika erlebten, und sie beteten für eine geistliche Erweckung ihrer Nation.

Die biblische Überlieferung offenbart uns nicht die Gedanken von Jehonadab oder des Volkes Gottes bezüglich der Person von Jehu. Aber für diejenigen, die ernsthaft ein Leben nach dem Willen Gottes führen wollten, dürfte Jehu sicher nicht nur Hoffnung, sondern auch Besorgnis ausgelöst haben. Diese Sorge zeigte sich dann später auch in den Worten des Geschichtsschreibers. Zweifellos waren die echten Gläubigen zwischen der Art und dem Charakter Jehus einerseits und den Versprechungen bezüglich seiner anstehenden Herrschaft andererseits hin- und hergerissen.

> Diejenigen, die Gott treu sind, werden sich mit der Natur und den Gepflogenheiten des Kriegers einerseits, und seinen Zusagen hinsichtlich seiner anstehenden Regentschaft andererseits auseinandersetzen müssen. Sie werden sich die Frage stellen, ob eine solche Person wirklich den Zielen und Bestimmungen Gottes dienen kann.

Genauso waren auch die konservativ Gläubigen und die Evangelikalen bezüglich der Person von Donald Trump hin-

Der Heilige Mann

und hergerissen. Seine Handlungen und sein Charakter bereitete ihnen Sorge. Sie stellten sich ernsthaft die Frage, ob jemand, der wenig Hinweise zeigt, wirklich ernsthaft an Gott zu glauben, ein Werkzeug für Gottes Ziele und Bestimmungen sein könnte.

> Das Volk Gottes wird hoffen, dass der Krieger sich als Instrument gebrauchen lässt, um den Abfall der Nation zu stoppen oder zumindest zu bremsen. Trotz aller Bedenken werden sie in ihm die einzige Alternative zu einer Zukunft des weiter fortschreitenden Glaubensabfalls und der Gottlosigkeit sehen.

Selbst bei allen berechtigten Bedenken, die konservativ Gläubige und Evangelikale in Bezug auf Donald Trump hatten, sahen sie in ihm dennoch die einzige Alternative zu dem, was andererseits ganz sicher geschehen würde, wenn die andere Seite die Oberhand behielte – die endgültige Festschreibung und Versiegelung des geistlichen Abfalls in Amerika. Sie hofften, dass er trotz seiner Unzulänglichkeiten dennoch zu einem wirksamen Werkzeug werden könnte, um den Abfall der Nation zu bremsen oder umzukehren.

> Inmitten seines Rennens zum Thron wird die Führung der konservativ Gläubigen versuchen, sich mit dem Krieger zu treffen, um zu sehen, ob er wirklich die Wege und Weisungen Gottes hochhalten will, und ob sie ihn unterstützen können."

Genauso wie sich Jehonadab Jehu inmitten seines Feldzuges zum Thron näherte, so taten dies auch die evangelikalen und konservativ gläubigen Führer. Sie trafen sich mit Donald Trump mitten im Wahlkampf, also während seines „Rennens" zum Weißen Haus. Sie wollten herausfinden, ob er sich wirk-

Das PARADIGMA

lich den Wegen und Weisungen Gottes verpflichtet sah und ob sie ihn unterstützen könnten.

> Der Krieger wird die Unterstützung konservativ Gläubiger erbitten und sie umwerben, weil er sie für seinen Feldzug als unschätzbar wertvoll erachtet. Er wird sich mit den konservativ gläubigen Führern treffen.

Genauso wie Jehu die Unterstützung von Jehonadab und seinem Volk suchte, so versuchte auch Trump, die Evangelikalen und die konservativ Gläubigen mit ihren jeweiligen Führern für sich zu gewinnen. Er sah ihre Unterstützung als entscheidend für den Erfolg seines Wahlkampfes und traf sich deshalb auch mehrfach mit ihnen. Die Treffen waren von entscheidender Bedeutung, um diejenigen für sich zu gewinnen, die sich noch unsicher waren, ob sie ihm ihre Unterstützung gewähren oder nicht.

> Der Krieger wird sein Treffen mit der Führung der konservativ Gläubigen nutzen, um ihnen gegenüber zu versichern, dass sein Glaube aufrichtig ist, seine Motive rein sind und sein Eifer für die Wege und Weisungen des Herrn wahrhaftig und stark ist.

„Sieh mein Eifern für den HERRN an." Das versicherte Jehu damals gegenüber Jehonadab. Genauso versuchte auch Trump durch die Treffen mit den konservativ Gläubigen deutlich zu machen, dass sein Glaube echt und sein Eifer für den Herrn wahrhaftig ist.

Einen Monat vor seiner Nominierung zum republikanischen Präsidentschaftskandidaten sprach Trump vor ungefähr tausend Führern der konservativen Christen, und diese Versammlung in New York sollte sich als eine richtungsweisende Veranstaltung erweisen.

Der Heilige Mann

Genau wie bei der Begegnung zwischen Jehu und Jehonadab bestand der Zweck der Veranstaltung darin, zu sehen, ob diejenigen, die die echte Nachfolge Gottes repräsentieren, den Feldzug dieses Mannes unterstützen würden, der um die höchste Position im Land kämpfte.

„... und er grüßte ihn und sagte zu ihm: Ist dein Herz aufrichtig wie mein Herz gegen dein Herz?"

(2. Könige 10,15)

Im Fall des historischen Treffens tat Jehu noch mehr, als Jehonadab einfach nur von seinem Eifer für Gott zu berichten. Er versicherte gegenüber diesem heiligen Mann, dass er auf seiner Seite stand.

> Beim Treffen zwischen dem Krieger und dem heiligen Mann wird der Krieger gegenüber dem heiligen Mann versichern, dass er auf seiner Seite steht.

Obwohl Trumps Treffen mit evangelikalen Führern eine Veranstaltung hinter verschlossenen Türen war, dauerte es nicht lange, bis ein Bericht mit den Gesprächsthemen dieses Treffens veröffentlicht wurde. Tatsächlich machte das Treffen Schlagzeilen: „Donald Trump schwört gegenüber den christlichen Leitern: Ich bin auf eurer Seite."[13]

So wurde auch berichtet, dass Trump den konservativ Gläubigen seine Unterstützung mit folgenden Worten zusicherte:

„Ich stehe so sehr auf eurer Seite, ich bin ein großer Gläubiger, und wir werden die Sache wieder ins richtige Lot bringen."[14]

Man sollte nicht übersehen, dass das Zitat sowohl eine Erklärung und Versicherung des Eifers für Gott wie auch ein Unterpfand der Unterstützung für das Volk Gottes war – genauso wie bei den Worten, die Jehu damals an Jehonadab richtete. Jehu ließ seiner Versicherung eine Bitte nach Unterstützung von Seiten des heiligen Mannes folgen:

Das PARADIGMA

> Der Krieger wird die konservativ gläubigen Führer bitten, sich seinem Rennen zum Thron anzuschließen.

Auch Trump bat die konservativ Gläubigen und die evangelikalen Führer, sich seinem Kampf für die Präsidentschaft anzuschließen.

> Für das Volk Gottes wäre die einzige Alternative zum Krieger die Preisgabe der Nation an den totalen Glaubensabfall sowie die endgültige Versiegelung und weitere Zunahme des moralischen und geistlichen Abfalls des Landes. Es ist die Wahl zwischen dem Krieger oder dem Königshaus des Glaubensabfalls – repräsentiert vom Erben und von der ehemaligen First Lady.

Jehu hatte sich gegen das Königshaus und gegen die Ausrichtung zum Götzen Baal gestellt, gegen die Sünde und gegen das Königshaus Ahab – genau wie Jehonadab. Die Kommentatoren betonen dementsprechend die übereinstimmende Haltung der beiden Männer:

> „Wir erkennen, dass Jehonadab mit Jehu völlig eines Sinnes war bezüglich der Zerschlagung der Baals-Anbetung."[15]

Für Jehonadab gab es entweder Jehu oder das Königshaus Ahab. Genauso gab es auch für konservativ Gläubige im Präsidentschaftswahlkampf 2016 nur entweder Donald Trump oder die ehemalige First Lady Hillary Clinton, die auch weiterhin die Förderung des moralischen Verfalls von Amerika und die Preisgabe der Nation an den Glaubensabfall repräsentierte.

Der Heilige Mann

> Im Angesicht der Alternative, und aus der Hoffnung heraus, dass der Krieger sich gebrauchen lässt, um den Kurs der Nation umzukehren, werden ihn die konservativ Gläubigen und ihre Führer in seinem Feldzug unterstützen. Es wird ein Bündnis zwischen dem Krieger und den konservativ Gläubigen des Landes geschmiedet.

Wie bei Jehonadab und Jehu sah die Mehrheit der konservativ Gläubigen keine andere Alternative als die Unterstützung von Donald Trump. Genau wie Jehonadab und Jehu, so begaben sich auch die konservativ Gläubigen gemeinsam mit Trump in den Kampf um das Weiße Haus, denn beide hatten ein gemeinsames Ziel.

> Die Verbindung zwischen den konservativ Gläubigen und dem Krieger wird noch nicht zu Beginn des Rennens geschlossen, sondern erst im letzten Teil.

In welcher Phase des Feldzuges kam Jehonadab, der Führer der konservativ Gläubigen, zu Jehu? Es geschah in der letzten Phase, also in der entscheidenden Zielphase des Rennens. Auch die Mehrheit der konservativ Gläubigen und der evangelikalen Führer schloss sich Trump noch nicht zu Beginn des Wahlkampfes an, sondern in der letzten entscheidenden Phase, auf der Zielgeraden.

Jehonadab war der Vertreter der konservativ Gläubigen seiner Zeit. Aber er war zugleich auch eine Einzelperson, ein spezielles Individuum. Niemand in der Moderne verkörpert alles, was Jehonadab ausmachte. In Trumps Kampf um das Weiße Haus gab es mehrere prominente konservativ gläubige Führer, die sich im Wahlkampf mit ihm eins machten und dabei auch durchaus Ähnlichkeit mit Jehonadab hatten. Aber gab es vielleicht dennoch jemand, der in besonderer Weise unter allen

Das PARADIGMA

anderen hervorstach? Lassen Sie uns das Paradigma des heiligen Mannes auf den Punkt bringen:

> Der Krieger wird einen Führer, einen konservativ Gläubigen, allgemein respektiert, bekannt für seine Tugend, ein Mann der Frömmigkeit und der Heiligkeit, bitten, sich seinem Rennen zum Thron anzuschließen. Die Führer, die den Wegen und Weisungen Gottes treu ergeben sind, werden ihn an den Punkt bringen, dass ihm der moralische und geistliche Zerfall seiner Nation zu einer großen Last wird. Er wird einen strikten Moralkodex bezüglich seines Verhaltens aufrechterhalten, besonders vorsichtig sein und sich von allem enthalten, was ihn verunreinigen könnte. Der Krieger wird die Partnerschaft mit ihm aus Ehrfurcht suchen, in dem Glauben, dass diese Verbindung dazu beitragen wird, seinen Feldzug zu stärken und andere davon zu überzeugen, ihm die Unterstützung zu gewähren.

Unter den konservativ Gläubigen, die Trump in seinem Feldzug beitraten, stach einer ganz besonders hervor – derjenige, den Trump dann auch bat, sein Partner zu werden und ihn beim Kampf um den Thron zu begleiten. Es war Mike Pence, ein konservativ Gläubiger. Er bezeichnete sich selbst als Dreigestirn aus christlich, konservativ und republikanisch.[16]

Er war gemeinhin sehr respektiert, ein Führer, der bekannt für seine Tugend war. Obwohl auch er natürlich letztlich ein unvollkommener Mensch ist, genau wie Jehonadab, eilte Pence der Ruf der Frömmigkeit und Heiligkeit voraus. Seine Hingabe an Gott ließ ihn zugleich tief betrübt sein über Amerikas moralischen und geistlichen Verfall. Genauso wie Jehonadab sich den Sitten und Gebräuchen der Baals-Anbetung widersetzte, so trat auch Pence in starkem Maße gegen die Tötung des ungeborenen Lebens und gegen die Förderung der Unmoral ein.

Der Heilige Mann

Jehonadab war dafür bekannt, einen strengen moralischen Verhaltenskodex aufrechtzuerhalten, was auch für Pence galt. Er war vorsichtig genug, sich von allem zu enthalten, was zur Verunreinigung oder Versuchung führen konnte, oder was auch nur den Anschein des Bösen hatte. Die Medien griffen ihn sogar an und versuchten, ihn lächerlich zu machen.[17] Und genau wie im Fall von Jehonadab, so ist auch Pence bekannt für seine Abstinenz gegenüber dem Alkohol.

Genauso wie Jehu Jehonadab bat, an Bord seines Wagens zu kommen, um sich ihm im Rennen um den Thron anzuschließen, so hatte Trump auch Pence darum gebeten, mit an Bord zu kommen und ihn sozusagen als sein Laufpartner beim Wettrennen um das Weiße Haus zu begleiten. Jehu wusste, dass die Partnerschaft mit Jehonadab dazu beitragen würde, seinen Feldzug zu legitimieren. Zudem würde diese Partnerschaft auch alle Nachfolger des heiligen Mannes davon überzeugen, ihn zu unterstützen. Genauso wusste auch Trump, dass die Partnerschaft mit Pence dazu beitragen würde, seinen Wahlkampf zu legitimieren und dabei zu helfen, dass die konservativ Gläubigen an den Punkt gelangen würden, ihn zu unterstützen.

Schauen wir nun auf die Worte der Kommentare zu dieser Allianz:

> „Jehonadab war ein Mann, der wegen seiner Frömmigkeit und seiner einfachen, primitiven Lebensweise sehr geschätzt war und großen Einfluss im Land besaß. Jehu erkannte im rechten Augenblick den Vorteil, den seine Vorhaben durch die Freundschaft und durch die Unterstützung von Seiten dieses ehrwürdigen Mannes in den Augen des Volkes haben würden. Er bedachte ihn deshalb mit besonderer Aufmerksamkeit und lud ihn ein, in seinem Wagen Platz zu nehmen."[18]

Damit soll natürlich nicht gesagt werden, dass Jehu Jehonadab nicht wirklich respektierte, sondern ihn etwa nur benutzte. Auch im Fall von Trump deuten die Hinweise auf einen echten

Das PARADIGMA

Respekt gegenüber diesen gläubigen Führern hin, mit denen er sich verbündete.

Jehu und Jehonadab hätten wohl von ihrer Art, ihrem Temperament, ihrer Vorgehensweise und ihrem Lebensstil kaum unterschiedlicher sein können. Auf der einen Seite der Krieger, und auf der anderen Seite der heilige Mann. Trump und Pence sind ebenfalls zwei Männer, die wohl kaum unterschiedlicher sein könnten. Und dennoch traten sie gemeinsam die Reise zum Thron der Nation an.

> Der konservativ Gläubige und der Krieger werden gemeinsam in die Hauptstadt ziehen. Dort wird der Krieger sich dem Thron nahen und der konservativ Gläubige wird für den Willen und Segen Gottes beten.

Während die Reise von Jehonadab und Jehu zu ihrem Höhepunkt kam, dem Einzug in Samaria, der Hauptstadt Israels, erreichte auch die gemeinsame Reise von Donald Trump und Mike Pence ihren Höhepunkt, als die beiden in Washington, DC einmarschierten. Die beiden wurden von einer Vielzahl von konservativ Gläubigen begleitet, die sich in der Hauptstadt der Nation versammelten, um das Ereignis zu sehen und für die Erfüllung der Ziele und Bestimmungen Gottes zu beten.

Die Anwesenheit von Jehu und Jehonadab in der Hauptstadt gab ein Bild ab, das wohl kaum erwartet wurde und als wenig wahrscheinlich galt. Auch die Anwesenheit von Donald Trump und der religiös-Konservativen, gemeinsam und vereint in Amerikas Hauptstadt, erschufen ein Bild, das noch kurze Zeit davor fast undenkbar gewesen wäre.

Aber genau wie im historischen Fall war die Verbindung zwischen dem Krieger und dem heiligen Mann ein deutlicher Hinweis auf die dramatischen Zeichen der Zeit und auf den kritischen Zustand, in dem sich die Nation an diesem Punkt

Der Heilige Mann

befand. Amerika stand jetzt an einem der kritischsten Punkten in seiner moralischen und geistlichen Entwicklung.

———◆◆◆———

Der Krieger schickte sich nun an, die Hauptstadt zu betreten. Er hatte gerade den Tagen einer der am meisten polarisierenden Figuren seiner Zeit, und letztlich aller Zeiten, ein Ende bereitet – Isebel. Dies führt uns zu einem weiteren Geheimnis. Wir haben bereits dieses erstaunliche und konsequente Phänomen entdeckt: Die Tage, die jedem Führer im Paradigma gegeben wurden, entsprechen den Tagen, die ihren alten Prototypen gegeben wurden.

Könnte dieses Geheimnis auch auf die Zeitspanne zutreffen, die der Königin gegeben wurde? Könnte das Paradigma also auch die Tage von Hillary Clinton offenbaren? Könnte ihr historischer Prototyp den Schlüssel dafür in sich tragen? Wir werden jetzt das Geheimnis um die Tage der Königin lüften.

Kapitel 26

DIE TAGE DER KÖNIGIN

Wir haben uns das Paradigma der Regierungszeiten angesehen, einschließlich der Zeitparameter der alten Könige. Wir haben festgestellt, dass die Jahre der neuzeitlichen Führer der Anzahl der Jahre der historischen Prototypen entsprechen. Die Jahre von Bill Clinton entsprachen den Jahren seines historischen Vorläufers König Ahab, und die Jahre Barack Obamas denen seines alten Prototypen, König Joram. Aber wie verhält es sich mit Hillary Clinton? Könnten auch ihre Jahre auf der

Das PARADIGMA

nationalen Bühne den Jahren ihres historischen Prototypen entsprechen?

Was die Führerpersönlichkeiten der Neuzeit betrifft, so betrachten wir ihren Aufstieg auf die nationale Bühne des Landes bzw. ihre Machtpositionen auf nationaler Ebene. Lassen Sie uns nun also die gleichen Maßstäbe ansetzen, die wir auch bereits zuvor angelegt haben und schauen, ob es irgendwelche Übereinstimmungen gibt.

◆◆◆

Nach dem Abschluss der Yale Law School in den frühen 70er Jahren wurde Hillary Clinton Rechtsberaterin für den Justizausschuss des amerikanischen Repräsentantenhauses. Ihre Aufgabe bestand darin, zusammen mit ihren Kollegen Beweise zusammenzustellen, auf deren Basis ein Amtsenthebungsverfahren gegen Präsident Richard Nixon aufgrund der Watergate-Affäre eingeleitet werden konnte. Nach dem Ende ihre Tätigkeit in Washington, DC zog sie nach Fayetteville, Arkansas, wo sie Bill Clinton heiratete. Während der folgenden Jahre arbeitete sie als Rechtsanwältin in der Anwaltskanzlei Rose sowie in verschiedenen Fach- und Interessenverbänden.

Genau wie bei den anderen Figuren, die mit dem Paradigma verbunden sind, gab es auch bei ihr einen klaren Wendepunkt, der ihren Aufstieg auf nationaler Ebene und zur nationalen Macht markierte. Für Hillary Clinton begann diese Zeitepoche mit der Wahl von Bill Clinton zum Gouverneur von Arkansas. Es war damals ihre erste Rolle als First Lady an der Seite ihres Mannes. Sie war zugleich der politische Partner ihres Mannes und seine strategische Mitstreiterin, nicht nur in seinem Amt als Gouverneur, sondern auch im Hinblick auf das große Ziel der amerikanischen Präsidentschaft. Und so ging sie ihren Weg von der First Lady von Arkansas zur First Lady der Vereinigten Staaten. Wie wir bereits festgestellt haben, war sie während der Clinton-Ära eine andere Art von First Lady als vergleichbare Präsidentenfrauen vor ihr.

Die Tage des Königs

Dann kam der nächste große Einschnitt in ihrem Leben. Die Clinton-Präsidentschaft näherte sich dem Ende. Zu diesem Zeitpunkt startete Hillary Clinton ihre eigene politische Karriere – das erste Mal in der amerikanischen Geschichte, dass eine ehemalige First Lady dies getan hatte. Sie war zwei Amtsperioden hindurch US-Senatorin im Bundesstaat New York. Als ihre zweite Amtszeit zu Ende ging, kandidierte sie für die Präsidentschaft. Aber sie verlor die Nominierung an Barack Obama. Später wurde sie von Obama gebeten, als Außenministerin seinem Kabinett beizutreten. Sie bekleidete das Amt in seiner ersten Amtszeit.

Am Ende dieser Amtszeit trat sie zurück. Viele gingen davon aus, dass sie einen weiteren Anlauf auf das Präsidentschaftsamt vorbereiten wollte. Sie zog sich aus dem politischen und öffentlichen Leben zurück. Im Gegensatz zu der Zeit, als Bill Clinton sein Amt als Gouverneur von Arkansas verlor und Bill und Hillary Clinton sofort wieder damit begannen, Strategien für ein neuerliches Gouverneursamt zu entwickeln, war dies tatsächlich eine echte Unterbrechung ihres öffentlichen Lebens. Es gab in dieser Zeit keinen Wahlkampf, keine politische Arbeit, einfach nichts. Mehrere Kommentatoren stellten in diesem Zusammenhang fest, dies sei das erste Mal seit Jahrzehnten gewesen, dass Hillary Clinton sich aus der Öffentlichkeit in das Privatleben zurückgezogen hatte.[1]

Im Frühjahr 2015 gab sie jedoch bekannt, wieder für das Präsidentenamt kandidieren zu wollen. Sie kam zurück ins öffentliche Leben, betrat die nationale Bühne und begann mit aller Kraft den Kampf um das Präsidentenamt. Sie blieb also durch ihren Wahlkampf im Lichte der Öffentlichkeit, bis ihre Niederlage besiegelt und Donald Trump als Präsident vereidigt wurde. Dann, im Frühjahr 2017, verkündete sie, dass sie nie wieder für ein öffentliches Amt zur Verfügung stehen würde.

———— ♦♦♦ ————

Das PARADIGMA

Das Paradigma von den Tagen der Königin

Was passiert nun, wenn wir dieselben Fragen und Standards anwenden wie beim Aufstieg von Bill Clinton und Barack Obama bezüglich der Laufbahn und Daten von Hillary Clintons Zeit auf der nationalen Bühne?

Wann betrat Hillary Clinton die nationale Bühne?

Ganz offensichtlich geschah dies, als sie die First Lady von Arkansas wurde, nachdem ihr Ehemann das Amt des Gouverneurs von Arkansas übernommen hatte. Wann war das? Es war im Januar 1979. Sie blieb First Lady von Arkansas und dann später First Lady der Vereinigten Staaten bis zum Ende der Präsidentschaft ihres Ehemannes – dem nächsten Wendepunkt in ihrem Leben.

Wann begann ihre eigene politische Karriere? Es geschah im Januar 2001, als sie das Weiße Haus verließ, um US-Senatorin zu werden.

Ihre erste Zeitperiode auf der öffentlichen Bühne, und zugleich ein bedeutender Einschnitt in ihrem öffentlichen Leben, begann 1979 und dauerte bis Januar 2001. Der Zeitraum umfasste zweiundzwanzig Jahre.

Sie setzte ihre Solokarriere als Senatorin mit dem Amt der Außenministerin fort. Dazwischen lag die Zeit ihres Präsidentschaftswahlkampfes. Dies währte bis zum nächsten großen Einschnitt in ihrem Leben, als sie als Außenministerin zurücktrat und sich im Februar 2013 aus der Öffentlichkeit ins Privatleben zurückzog.

Somit währte der erste Teil ihrer Solokarriere von Januar 2001 bis Februar 2013 – also zwölf Jahre.

Danach lebte sie als Privatperson, bis sie ihren zweiten Wahlkampf für die Präsidentschaft ankündigte. Das geschah im April 2015.

Sie wurde damit wieder Teil des öffentlichen Lebens, betrat die nationale Bühne und begann mit ihrem Präsidentschaftswahlkampf, der dann mit ihrer Niederlage im November 2016 endete. Im Frühjahr 2017 verkündete sie dann öffentlich, dass

Die Tage des Königs

sie vermutlich nie wieder für ein öffentliches Amt kandidieren würde. Diese Zeitperiode dauerte zwei Jahre.

Die Zeitparameter von Hillary Clinton sind demnach zweiundzwanzig Jahre, zwölf Jahre und zwei Jahre – also insgesamt sechsunddreißig Jahre auf der nationalen Bühne und im öffentlichen Leben.

Diese sechsunddreißig Jahre könnte man in zwei Bereiche aufteilen: Zweiundzwanzig Jahre neben ihrem Mann in seiner Regierungszeit als Gouverneur und dann als Präsident – und vierzehn Jahre in ihrer Solokarriere an den Schalthebeln der Macht.

Ihre Solokarriere könnte dann nochmals unterteilt werden in zwölf ununterbrochene Jahre auf der nationalen Bühne – und dann eine Rückkehr auf die nationale Bühne nach einer zweijährigen Auszeit im Privatleben, gefolgt von zwei weiteren Jahren auf der nationalen Bühne.

Wenn Hillary Clinton dem Paradigma von Isebel gefolgt ist, könnte es dann möglich sein, dass ihre historische Vorläuferin das Geheimnis ihrer eigenen Jahre in sich getragen hat?

Aus der biblischen Überlieferung wissen wir, dass Ahab und Isebel gemeinsam agierten. Ahab setzte das Böse vor dem Herrn zwar um, aber Isebel stachelte ihn an und animierte ihn. Wir können also davon ausgehen, dass sie die nationale Bühne und den Thron von Anfang an gemeinsam ausfüllten:

„Ahab, der Sohn Omris, regierte über Israel in Samaria 22 Jahre."

(1. Könige 16, 29)

Der erste Teil von Isebels Zeit an der Macht umfasste also zweiundzwanzig Jahre an der Seite ihres Mannes in der Regierung.

Ahab wurde getötet. Die zweiundzwanzig Jahre waren damit zu Ende. Was kam als nächstes? Es begann der zweite Teil von Isebels Karriere. Sie agierte als eigenständige politische Kraft und saß weiter an den Schalthebeln der Macht. Aber wie lange?

Das PARADIGMA

Der größte Teil der Zeit von Isebel nach Ahab fiel in die Regentschaft von Joram. Wie lange dauerte die Regierungszeit von Joram?

„Und Joram, der Sohn Ahabs, wurde König über Israel in Samaria, im achtzehnten Jahr Joschafats, des Königs von Juda; und er regierte zwölf Jahre."

(2. Könige 3,1)

Nach dem Ende von Ahabs Regierungszeit haben wir also zwölf Jahre für Isebel. Aber es gab ja auch noch einen anderen Sohn, der ebenfalls während der Tage von Isebel nach Ahab regierte, aber nur für sehr kurze Zeit. Es war Ahasja.

„Ahasja, der Sohn Ahabs, wurde König über Israel in Samaria, im 17. Jahr Joschafats, des Königs von Juda; und er regierte zwei Jahre über Israel."

(1. Könige 22,52)

Somit haben wir also noch zwei weitere Jahre für Isebel. Zwei und zwölf ergeben vierzehn Jahre. Nach dem Ende von Ahabs Herrschaft dauert Isebels Zeit also noch vierzehn Jahre.

Wir werden es jetzt zusammenführen: Die alte Königin, das Paradigma und die neuzeitliche Führerin. Isebels Zeit auf der nationalen Bühne ergibt in der Summe insgesamt sechsunddreißig Jahre.

> Die Zeit der First Lady an der Macht und auf der nationalen Bühne wird einen Zeitraum von sechsunddreißig Jahren umfassen.

Hillary Clintons Zeit auf Amerikas nationaler Bühne und an der Macht, von dem Moment an, wo sie die First Lady von Arkansas wurde bis zu der Zeit, als sie von Donald Trump besiegt wurde und dann ankündigte, dass sie wahrscheinlich nie wieder ein öffentliches Amt bekleiden würde – abzüg-

Die Tage der Königin

lich eines zweijährigen Rückzugs ins Privatleben, ergibt in der Summe sechsunddreißig Jahre. Hier haben wir also eine exakte Übereinstimmung mit dem Isebel-Paradigma.

Isebels sechsunddreißig Jahre teilen sich auf in zwei Teile. Der erste Teil umfasst die Jahre, die sie an der Seite ihres Mannes, König Ahab, regierte, also zweiundzwanzig Jahre.

> Die First Lady wird neben ihrem Mann, dem König, für zweiundzwanzig Jahre regieren.

Hillary Clintons sechsunddreißig Jahre sind ebenfalls in zwei Teile geteilt. Der erste Teil umfasst die Jahre, die sie gemeinsam mit ihrem Ehemann als First Lady von Arkansas und dann als First Lady Amerikas regierte. Dieser Zeitraum dauerte zweiundzwanzig Jahre.

Der zweite Teil von Isebels sechsunddreißig Jahren umfasst die Jahre, in denen sie ohne Ahab mit ihrer eigenen Autorität agierte und sich weiterhin an den Schalthebeln der Macht befand. Dies umfasst einen Zeitraum von vierzehn Jahren.

> Die First Lady wird dann ihre eigene Machtposition ausfüllen, während sie sich weiterhin an den Schalthebeln der Macht und im Zentrum der politischen Bühne befindet. Dieser Zeitraum dauert vierzehn Jahre.

Nach dem Ende der Präsidentschaft ihres Mannes agierte Hillary Clinton aus ihrer eigenen Autorität heraus und verfolgte ihre eigene politische Karriere. Sie befand sich weiterhin an den höchsten Stellen der Regierung ohne ihren Ehemann. Diese Zeitperiode umfasste insgesamt vierzehn Jahre. Wir haben hier also eine weitere exakte Übereinstimmung mit dem Paradigma von Isebel.

Isebels vierzehn Jahre nach der Herrschaft von Ahab teilt sich auf in zwei Teile, der Hauptteil und dann noch ein deutlich kleinerer Teil. Der größte Teil umfasste die zwölf Jahre der

Das PARADIGMA

Regentschaft von Joram, und der kleinere Teil die zwei Jahre der Herrschaft von Ahasja.

Die vierzehnjährige Zeitperiode der First Lady jenseits der Regentschaft ihres Ehemanns unterteilt sich in zwei Perioden – in einen zwölfjährigen Zeitraum und in einen zweijährigen Zeitraum.

Hillary Clintons vierzehn Jahre auf der nationalen Bühne nach der Regierungszeit ihres Mannes würden demnach also auch in zwei Teile aufgeteilt werden: Ein Zwölf-Jahres-Zeitraum als Senatorin und Außenministerin – und ein Zweijahreszeitraum mit einer Unterbrechungszeit von der Zwölf-Jahres-Periode, als sie ihren zweiten Versuch wagte, Präsidentin zu werden. Auch hier finden wir wieder eine exakte Übereinstimmung mit Isebels Paradigma.

Es gibt einige Ausleger, die glauben, dass aufgrund der unterschiedlichen Arten von Datierungen und der Möglichkeit von unterteilten Co-Regierungszeiten die angegebenen Zahlen für die Regierungszeit der Könige von Israel möglicherweise nicht immer sequenziell erfolgten und mitunter auch nur kleine Teile eines bestimmten Jahres umfassen könnten. Was auch immer deren Auslegung ergeben mag, wir haben uns an die reinen, wortwörtlichen und genauen Zeitparameter gehalten, wie sie uns in der Bibel überliefert sind. Und die Ergebnisse sind einfach nur atemberaubend und spektakulär.

◆◆◆

Lassen sie uns die Konvergenzen der Jahre von Isebel und der Jahre von Hillary Clinton noch einmal zusammenzufassen:
- Isebels Zeit auf der öffentlichen nationalen Bühne dauerte insgesamt sechsunddreißig Jahre. – Hillary Clintons Zeit auf der nationalen Bühne summierte sich ebenfalls auf sechsunddreißig Jahre.
- Isebels Zeit wurde in zwei Perioden aufgeteilt, die Zeit neben ihrem Ehemann auf der nationalen Bühne und die Zeit, als sie sich ohne ihren Ehemann auf der nationalen

Die Tage der Königin

Bühne befand. – Clintons Zeit teilte sich ebenfalls in zwei Perioden, die Zeit neben ihrem Ehemann auf der nationalen Bühne, und die Zeit, als sie die nationale Bühne ohne ihren Ehemann ausfüllte.

- Isebels Zeit zusammen mit ihrem Mann auf der nationalen Bühne summierte sich auf zweiundzwanzig Jahre. – Clintons Zeit zusammen mit ihrem Ehemann auf der nationalen Bühne dauerte ebenfalls zweiundzwanzig Jahre.
- Isebels Zeit nach dem Ende der Regentschaft ihres Mannes als eigenständige politische Kraft auf der nationalen Bühne währte vierzehn Jahre. – Clintons Zeit nach dem Ende der Regierungszeit ihres Mannes als eigenständige politische Kraft auf der nationalen Bühne dauerte ebenfalls vierzehn Jahre.
- Isebels Zeit von vierzehn Jahren als eigenständige politische Kraft unterteilte sich in zwei Perioden: zwei Jahre und zwölf Jahre. – Clintons Zeit von vierzehn Jahren als eigenständige politische Kraft teilte sich ebenfalls in zwei Perioden: zwölf Jahre und zwei Jahre.

Jenseits aller Konvergenzen der neuzeitlichen Personen mit ihren geschichtlichen Gegenbildern ist die Tatsache, dass selbst die Anzahl ihrer Jahre und die Teilung ihrer Jahre identisch sind, einfach nur erstaunlich. Die Zeitparameter der neuzeitlichen Führer folgen also den Zeitparametern ihrer alten Vorläufer. Diese Zeitparameter waren bereits im Paradigma festgeschrieben, und das bereits seit fast dreitausend Jahren.

Jehu bereitete sich nun darauf vor, die Hauptstadt Samaria zu betreten, jene Stadt, in die er gehen musste, um auf dem Thron der Nation zu herrschen.

Kapitel 27
DER KRIEGER-KÖNIG

Jehu hatte seinen wichtigsten Kampf gewonnen. Die Königin und zugleich Königin-Mutter war tot. Aber der Sieg konnte erst endgültig besiegelt werden, wenn er in die Hauptstadt einziehen würde. Um den Thron zu erringen, musste er nach Samaria gehen.

Samaria war jedoch die Hochburg des alten Regimes – des Königshauses Ahab. Die Stadt war voll von Bediensteten und Amtsträgern, einschließlich der königlichen Erben und ihren Anhängern. Solange Ahabs Anhänger und potentielle Nach-

Das PARADIGMA

folger noch am Leben waren, war Jehu und seine Revolution in Gefahr. Jenseits aller politischen und taktischen Überlegungen bestand Jehus Mission darin, die Herrschaft des Königshauses Ahab zu beenden. Somit musste er zwangsläufig feindliches Territorium betreten.

Die Zeit war essentiell wichtig. Genau wie bei seinem Feldzug nach Jesreel bewegte er sich auch jetzt wieder mit extremer Geschwindigkeit. Er sandte ein Ultimatum an die Führer von Samaria, das letztlich mit der Vernichtung der Dynastie enden würde. Jehus Taktik blieb also brutal, aber wenn er das Böse des alten Regimes hätte bestehen lassen, dann wäre die gesamte Nation verloren gewesen. Es hatte unzählige Chancen gegeben. Aber das bereits vor langer Zeit verkündete Gericht war nun endlich gekommen. Und Jehu war der berufene Führer, durch den dieses Gericht vollstreckt wurde.

Nachdem Ahabs Dynastie entfernt worden war, bereitete sich Jehu darauf vor, Jesreel hinter sich zu lassen und nach Samaria zu gehen. Die Sünden des königlichen Hauses beeinflussten immer noch die Nation. Der Kult und die Praktiken von Baal waren immer noch in Israels Kultur verankert und konzentrierten sich in der Hauptstadt. Also reiste Jehu mit einer Mission nach Samaria, nämlich zunächst die Hauptstadt von Baal zu reinigen, und danach dann die gesamte Nation.

Jehu ging gemeinsam mit Jehonadab nach Samaria, der diejenigen repräsentierte, die Gott treu geblieben waren. Der Einzug muss besonders dramatisch gewesen sein. Die Hauptstadt war, wie auch die gesamte Nation, zweifellos in zwei Lager polarisiert: Es gab diejenigen, die Jehu unterstützten, und jene, die auf der Seite des alten Königshauses Ahab standen und auch weiterhin Baal verehrten. Jehus Herangehensweise bedeutete also Angst und Groll bei einigen, aber eben auch Erleichterung und Freude für andere. Da es sich um einen Einzug in ein weitgehend feindliches Territorium handelte, ähnelte es auch mehr einer Militäroperation wie am Ende eines Krieges oder einer Revolution, was es im Grunde ja auch war.

Der Krieger-König

Jehu machte sich sofort ans Werk. Er rief die Baals-Priester zu einem Fest zu Ehren ihres Gottes zusammen. Aber während ihrer Versammlung ließ er sie töten. Daraufhin begann er, das von Isebel und Ahab eingeführte System zu demontieren. Er hatte Isebel wegen ihrer Zauberei gerichtet. Nun stand er mit allen, die solche Handlungen praktizierten, auf Kriegsfuß. Der Spagat zwischen Jehus Mission und seinen Möglichkeiten blieb eine große Herausforderung für ihn. Sein Ziel bestand darin, die Nation vom Bösen zu reinigen, das die Nation befallen und verdorben hatte, aber seine Art und Weise, diese Ziele zu erreichen und umzusetzen, war oftmals rücksichtslos. Das Urteil über seine Handlungen als Revolutionär und dann als König war ebenso gespalten und widersprüchlich wie der Mann selbst. Diese Widersprüche finden auch in den Kommentaren ihren Widerhall:

> „Seine Energie, Entschlossenheit, Schnelligkeit und sein Eifer waren das Rüstzeug für das Werk, das er ausführen musste. Es war grobe Arbeit, und sie wurde mit unerbittlicher Gründlichkeit ausgeführt. Mit einer netten und freundlichen Art wäre es wohl nicht gelungen, die Baals-Verehrung in Israel zu beseitigen. Seine Impulsivität und sein ungestümes Handeln zeigten sich auch in seinem rasanten Fahrstil. Er war mutig, gewagt, prinzipienlos und scharf in seiner Politik. Aber man sucht bei ihm vergeblich nach einem Charakterzug der Großherzigkeit, des Edelmutes oder nach sonstigen feineren Qualitäten eines Herrschers."[1]

Trotz seiner Wesensart und seines Charakters würde gerade durch diese unwirkliche und umstrittene Figur die unumkehrbare Versiegelung des Abstiegs der Nation in den Glaubensabfall und das Gericht zumindest vorerst abgewendet werden. Die Gräuel des Königshauses Ahab waren abgehakt und die Götzenverehrung Baals wurde zurückgedrängt. Die Tötung der Kinder des Landes wurde nun nicht mehr von der Regierung befürwortet, sondern ganz klar abgelehnt. Der Glaubens-

Das PARADIGMA

abfall der Nation war gebremst worden. Der höchste Führer des Landes führte nun keinen Krieg mehr gegen die Wege und Weisungen Gottes, und das Volk Gottes musste nicht mehr unter Verfolgung leiden. Vielmehr versuchte die Regierung sogar, die Gläubigen zu verteidigen.

Am Ende dieses Prozesses dürfte es für das Volk Gottes immer noch schwer gewesen sein, die Frage zu beantworten, ob Jehu nun ein Mann Gottes sei oder nicht. Aber dass er als ein Instrument von Gott für die Ziele und Bestimmungen Gottes gebraucht und eingesetzt wurde, daran bestand kaum Zweifel.

Das Paradigma vom Krieger-König

> Nachdem er die ehemalige First Lady in der nordöstlichen Stadt besiegt hat, wird der Krieger seine Aufmerksamkeit auf die Hauptstadt der Nation richten, in die er einziehen musste, um seine Herrschaft über das Land anzutreten.

Nach dem Sieg über Joram und Isebel in Jesreel richtete Jehu seinen Fokus auf die Hauptstadt, um seine Herrschaft anzutreten. Auch Donald Trump richtete seine Aufmerksamkeit nach seinem Sieg über Hillary Clinton in New York ganz auf Washington, DC im Hinblick auf den Beginn seiner Präsidentschaft.

> Die Hauptstadt wird in vielerlei Hinsicht eine Hochburg für jene Institutionen und Einrichtungen sein, gegen die der Krieger zu Felde zieht. Sie wird weitgehend feindliches Territorium darstellen. Er wird dorthin gehen, um diese Dinge ins Wanken zu bringen.

Genauso wie Samaria die Hochburg von Ahabs Königshaus war und somit weitgehend feindliches Territorium darstellte, so war auch die Hauptstadt Washington die Hochburg für die Einrichtungen und Institutionen, gegen die Trump das Wort

Der Krieger-König

erhob und gegen die er kämpfte. Es war in vielerlei Hinsicht feindliches Territorium. Genau wie Jehu, so begab auch er sich ganz bewusst dorthin, um die feindlichen Festungen ins Wanken zu bringen.

> Der Krieger wird in die Hauptstadt der Nation gehen, mit einer Agenda der Säuberung der Nation von der Verdorbenheit und den Gräueln der Führung. Er wird versuchen, diejenigen von der Regierung zu entfernen, die sich gegen die Wege und Weisungen Gottes stellen. Er wird mit einer konkreten Mission in die Hauptstadt gehen: „Den Sumpf trockenzulegen".

Jehus Mission bestand von Anfang an darin, die Führung der Nation zu säubern, und die Hauptstadt der Nation stand im Mittelpunkt dieser Reinigung. Auch Jehus Gegenbild, Donald Trump, ging mit einer klaren Mission nach Washington, nämlich die Nation von der Verdorbenheit der Führung zu reinigen und, nach seinen eigenen Worten, „den Sumpf trockenzulegen".

> Der Krieger wird sowohl als ein Vertreter des Gerichtes als auch als Vertreter einer neuen Hoffnung kommen – Gericht für das politische Establishment und jene Kräfte, die gegen die Wege und Weisungen Gottes ankämpfen, und eine neue Hoffnung für diejenigen, die die Wege und Weisungen Gottes hochhalten.

Genauso wie Jehu sowohl ein Vertreter des Gerichtes wie auch ein Gefäß der Hoffnung war, so bedeutete auch sein neuzeitliches Gegenbild Trump eine Bedrohung, eine Gefahr und ein Unglück für diejenigen, die zum bisherigen Clinton-Lager gehörten oder die Ziele dieser Ära unterstützt hatten. Die Person Trump bedeutete einen herben Schlag gegen ihre Agenda. Aber denjenigen, die den Wegen Gottes treu sein wollten, ins-

Das PARADIGMA

besondere die konservativ Gläubigen, bot er einen Hoffnungsschimmer im Angesicht der geistlichen Finsternis in Amerika.

> Am Tag des Aufstiegs des Kriegers zum Thron der Nation und seines Einzugs in die Hauptstadt wird es zwei Lager geben. Der Krieger wird Seite an Seite mit dem Volk Gottes den Thron einnehmen. Bei denen aus dem gegnerischen Lager wird sein Eintreffen in der Stadt Angst, Unmut, Feindseligkeit und Zorn auslösen. Der Tag seines Einzugs wird die Merkmale einer militärischen Operation tragen.

Wie der Einzug Jehus in die Hauptstadt Samaria, so war auch die Amtseinführung Trumps in Washington, DC ein Tag der Polarisierung. Washington war eine Stadt, die sich in zwei Lager teilte, ein Mikrokosmos der gesamten Nation. Tausende versammelten sich, um das Ereignis zu feiern und Zeuge des Ereignisses zu werden, aber es versammelten sich auch Tausende, um ihren Widerstand zu bekunden. Um Trump scharten sich religiöse und nichtreligiöse Konservative, aber gegen Trump gab es auch Demonstranten und Protestler, die bekundeten, sie würden sich der neuen Regierung widersetzen. Soldaten belagerten die Stadt, um den Konflikt zu begrenzen. All dies vermittelte den Eindruck einer militärischen Operation.

> Diejenigen, die Zauberei praktizieren, werden sich selbst in einem Krieg mit dem neuen König wiederfinden.

Als Jehu über Isebels Verbindung zu heidnischen Praktiken sprach, benutzte er das hebräische Wort „keshaf", was bedeutet, einen Zauberspruch aussprechen bzw. Zauberei oder Hexerei praktizieren. Jehu hatte der Zauberei und Hexerei den Kampf angesagt. Diejenigen, die solche Dinge praktizierten, konnten sicher sein, den neuen König nun zum Erzfeind zu haben. Und die Hexen und Zauberer, die daran glaubten, dass

Der Krieger-König

sie durch ihre Zaubersprüche etwas bewirken könnten, um ihn zu stoppen, sahen sich getäuscht.

Dass auch diese Facette des Paradigmas im neuzeitlichen Fall bzw. in der modernen Welt ihren Widerhall findet, erscheint kaum vorstellbar, aber es war tatsächlich so. Nach Trumps Aufstieg zur Präsidentschaft machte sich ein seltsames Phänomen breit. Einen Monat nach der Amtseinführung wurden in ganz Amerika und in der Welt Hexenversammlungen gegen Mitternacht unter dem Halbmond abgehalten. Es waren tatsächlich Treffen und Versammlungen von Hexen. Die Hexen hatten sich versammelt, um Zaubersprüche und Flüche gegen den neuen Präsidenten auszusprechen. Die Versammlungen sollten kontinuierlich bei jedem Halbmond stattfinden, bis sich entsprechende Ergebnisse zeigen würden. Man lud alle Gleichgesinnten und praktizierenden Hexen ein, sich der Bewegung anzuschließen. Ein Artikel berichtete darüber:

„Dies ist kein exklusives Hexenereignis, ... auch ... Schamane ... Zauberer und Zauberinnen ... Okkultisten ... sind ebenso eingeladen und dazu aufgefordert, mitzumachen."[2]

Okkulte Zeremonien wurden inszeniert:

„Massenrituale wurden in mehreren Hexenzirkeln geplant, bei denen Männer und Frauen einen Bann über Präsident Trump aussprachen, um ihn zu binden. In diesen Bann sollten auch jene eingeschlossen werden, die Trump Vorschub geleistet hatten. Begleitet wurden diese Rituale durch Sprechgesänge und eine kurze Zeremonie."[3]

Niemals zuvor in der amerikanischen Präsidentschaftsgeschichte gab es ein solches Phänomen quer durch das ganze Land und überall in der Welt – aber ein Kampf mit Hexen und Hexerei war nun einmal Teil der Vorlage von Jehu, und nie zuvor in der amerikanischen Präsidentschaft hatte es eine Figur gegeben, die dieser alten Vorlage entsprach, bis zum Aufstieg von Donald Trump.

Das PARADIGMA

> Die radikalsten Feinde des Kriegers finden sich unter den Anhängern des Königshauses sowie unter den Priestern und Priesterinnen der heidnischen Götter.

Zu den Gruppen, die Jehu als Bedrohung für ihre Interessen und als ihren Feind betrachteten, zählten diejenigen, die dem Königshaus von Ahab am nächsten standen, also die Priester und Priesterinnen von Baal und der Göttin Astarte an seiner Seite.

Im neuzeitlichen Fall um Donald Trump zählten natürlich nicht nur die Hexen zu seinen Feinden. Da gab es noch viele andere, vor allem die Gegner der biblischen Werte, jene, die die Clinton-Dynastie unterstützt hatten oder sich mit ihr verbunden fühlten, sowie die neuzeitlichen Äquivalente der alten heidnischen Priester. Am Tag nach der Amtseinführung von Trump versammelten sich die neuzeitlichen Priesterinnen der Astarte, die Führerinnen des radikalen Feminismus und anderer Gruppen mit einer antibiblischen Agenda, zu einer Massenveranstaltung an der Nationalpromenade in Washington, um ihrer Wut über die Veränderung Ausdruck zu verleihen, die sich in der Regierung der Nation vollzogen hatte.

Und dann gab es da natürlich auch noch die heutigen Baals-Priester, die Abtreibungsorganisationen des Landes, sowie die Befürworter und die Praktizierenden der Abtreibung. Genauso wie die Baals-Priester Jehu als ihren Erzfeind angesehen hatten, so betrachteten nun auch die Befürworter der Abtreibung Trump als ihren Feind und erklärten ihm den Krieg. Sie hatten riesige Geldsummen eingesetzt, um ihn als Präsident zu verhindern. Jetzt würden sie nochmals riesige Geldmengen einsetzen, um entsprechende Maßnahmen zu verhindern, durch die ihre Praktiken behindert werden könnten.

Der Krieger-König

> Der Krieger wird eine kontroverse und rätselhafte Person bleiben. Seine Natur wird umstritten und seine Wege werden fragwürdig sein. Es wird jedoch die Frage bleiben, ob jemand mit einer weniger radikalen oder kämpferischen Natur das erreichen würde, was angesichts der Radikalität der Zeitepoche geboten ist.

Jehu ist auch noch nach zweieinhalbtausend Jahren eine umstrittene Figur geblieben. Die biblische Überlieferung würdigt ihn für die Überwindung des größten Übels seiner Zeit. Aber das bedeutet nicht, dass alles, was er getan hatte, lobenswert war – weit gefehlt. Und auch in der Bibel wird Jehu ja durchaus gerügt, unter anderem wegen der Grausamkeit seiner Mittel.

Auch Donald Trump wird wohl eine kontroverse Figur bleiben. Er mag zu Recht für das Gute gelobt werden, das er getan hat, um das Böse und die Gräuel zu bekämpfen, aber nicht alle seiner Handlungen sind des Lobes wert – genau wie im Fall von Jehu, seinem historischen Prototyp. Aber auch hier bleibt, wie im Fall von Jehu, die Frage zu stellen, ob jemand mit einer weniger radikalen Natur und mit weniger drastischen Mitteln in der Lage sein könnte, die radikalen Maßnahmen umzusetzen, die erforderlich waren und sind.

> Trotz seiner umstrittenen Methoden wird es dem Krieger gelingen, die endgültige Versiegelung des Glaubensabfalls der Nation zumindest für einen gewissen Zeitraum abzuwenden. Der Krieg gegen die Wege und Weisungen Gottes, der vom Königshaus geführt wurde, wird gestoppt. Die Tötung der Kinder des Landes wird nicht mehr länger vom Thron befürwortet und gefördert, sondern von der Regierung abgelehnt. Der beschleunigte Glaubensabfall der Nation wird ausgebremst, und der höchste Führer des Landes wird nicht mehr länger die Verfolgung von Gottes Volk unterstützen, sondern er wird vielmehr versuchen, es zu verteidigen.

Das PARADIGMA

Das Rätsel um die Person von Jehu war Teil einer größeren Geschichte. Und so verhält es sich wohl auch mit dem Rätsel um die Person von Donald Trump, zumindest im Hinblick auf die von ihm vertretene Agenda. Die endgültige Festschreibung des Glaubensabfalls in Amerika wurde für eine gewisse Zeit abgewendet. Die Tötung der Ungeborenen wird nun nicht mehr vom Weißen Haus vertreten, die Verfolgung des Volkes Gottes wird nicht mehr unterstützt und die bisherige Politik gegen die Wege und Weisungen Gottes wird umgekehrt.

Der nachfolgende Kommentar beschreibt die Rätsel und Widersprüche des alten Kriegers:

> „Er ist genau einer jener Männer, die wir anerkennen müssen, nicht für das, was gut oder groß an ihm selbst und seiner Person gewesen wäre, sondern dafür, dass er ein Instrument zur Vernichtung des Bösen und der Gräuel war, und dass er den Weg zum Guten bereitete."[4]

Für vieles könnte man genau dieselben Worte wohl auch über sein modernes Gegenbild sagen.

Wir werden jetzt eine ganz andere Facette des Paradigmas öffnen. Es geht dabei um ein historisches Bauwerk mit einer nahezu weltumspannenden Bedeutung, das auf beeindruckende Art und Weise mit dem Geheimnis des Paradigmas in Verbindung steht.

Kapitel 28
DER TEMPEL

Nachdem er sich mit den Baals-Priestern befasst hatte, machte sich Jehu nun daran, die Institutionen und die Infrastruktur aufzulösen, durch die der Baals-Kult gedeihen konnte. Vor allem anderen ging es dabei um den Baal-Tempel, das Zentrum dieses Kultes. Wie bei vielen anderen Dingen im Zusammenhang mit dem Paradigma lagen seine Ursprünge in der Ahab-Ära. Er war der Erbauer des Tempels:

Das PARADIGMA

„Und er errichtete dem Baal einen Altar im Tempel des Baal, den er in Samaria gebaut hatte."

(1. Könige 16,32)

Bis zu diesem Zeitpunkt wurde der Baals-Kult zumeist im Verborgenen praktiziert bzw. außerhalb des öffentlichen Raumes. Die Riten wurden auf Berggipfeln, in Waldstücken und im Schatten des kulturellen Untergrunds der israelitischen Gesellschaft durchgeführt. Aber durch den Bau des Baal-Tempels in der Hauptstadt stellte Ahab eine Verbindung zwischen der phönizischen Gottheit und dem Staat her, als Gegenpol zu Gott und seinem Volk. Während der Herrschaftszeit von Joram wurden der Tempel und die damit verbundenen kultischen Handlungen in der Hauptstadt unverändert weitergeführt.

Jehu wusste: Wenn er die Nation von Baal und all seinen schrecklichen Praktiken reinigen wollte, dann musste er das Zentrum der Baals-Anbetung, also den Tempel, zerstören:

„Und sie holten die Gedenksteine aus dem Tempel des Baals heraus und verbrannten sie; und sie rissen den Gedenkstein des Baals nieder; und sie rissen den Tempel des Baals nieder und machten eine Müllhalde daraus, bis auf den heutigen Tag."

(2. Könige 10,26-28)

Die Zerstörung des Baal-Tempels war der entscheidende Moment der Erneuerung und Umgestaltung durch Jehu. Es war zugleich der sichtbarste, konkreteste, beständigste und symbolträchtigste Akt seiner Revolution. Dies würde zum Sinnbild seiner Reinigung des Landes werden und ihn von allen anderen Monarchen des Nordreichs deutlich unterscheiden.

Er riss nicht nur das Gebäude nieder, sondern er wandelte es nun für eine neue Bestimmung um. Das Areal diente jetzt als Müllhalde. Es konnte nun der Stadt als Mülllagerplatz dienen, oder wie es ein Kommentator so treffend formulierte, als ein „Aufbewahrungsort für den gesamten Schmutz und Unrat der Stadt."[1]

Aber das hebräische Wort „makharah" geht hier sogar noch einen Schritt weiter. Es könnte im wörtlichen Sinne auch als

Der Tempel

Außentoilette oder Latrine übersetzt werden. Jehu sorgte also dafür, dass die Stätte nie wieder als Anbetungsstätte verwendet werden konnte, sondern vielmehr als ein Ort der Mahnung und Erinnerung. In einem Kommentar wird der Grund dafür erklärt:

> „Er zerstörte den Baal-Tempel, d. h. er ließ ihn teilweise niederreißen, aber einzelne Teile davon blieben als ein Denkmal der Sünde und der Strafe stehen. Es war eine pathetische Warnung an die Menschen der Hauptstadt, so meinte man, und die Stätte wurde zu einem Ort des Unrates und der Schande, bis auf den heutigen Tag ..."[2]

Die Ruinen des Baal-Tempels waren also ein ständiges Zeugnis für das Böse der Baals-Anbetung und das daraus resultierende Gericht. Zudem dienten sie auch als ein Denkmal und eine Erinnerung an das, was Jehu erreicht hatte. Er war Gottes Instrument, um das Land vom Gräuel des Bösen zu reinigen. Der Aufstieg von Jehu bedeutete zugleich den Fall des Baal-Tempels.

Das Paradigma des Tempels

So wie Ahab seinerzeit die Verbindung des Staates mit der Baals-Anbetung und der Opferung von Kindern herstellte, so war auch Bill Clinton, also sein neuzeitliches Gegenbild, der erste Präsident in der amerikanischen Geschichte, der den Staat mit der Abtreibung verknüpfte.

> Die Hauptstadt des Landes wird zur zentralen Stätte werden, von wo aus der Praxis der Kindsopferung zum Durchbruch verholfen werden soll.

Genauso wie Ahab die Baals-Anbetung aus der Hauptstadt Samaria heraus unterstützte, so förderte auch Clinton die Abtreibung von der Hauptstadt Washington aus. Von dort kamen die Anweisungen des Präsidenten, die Richtlinien und Vetos zum Schutz und zur Ausweitung dieser Praxis. Unter

Das PARADIGMA

der Clinton-Regierung wurde Washington zu einer Stadt, aus der heraus die Praxis der Abtreibung von Seiten der höchsten Machtposition aus unterstützt wurde.

Aber diese Praxis wurde nicht nur durch die Regierung gefördert. Genauso wie die damalige Hauptstadt Israels als Zentrum des Baal-Kultes diente, so befindet sich auch in Washington, DC das Hauptquartier der größten Abtreibungsorganisation des Landes, „Planned Parenthood". Eine weitere Hauptniederlassung befindet sich in New York City. Es war die Stadt New York, in der die Abtreibung auf Verlangen erstmals in Amerika legalisiert wurde, und Washington setzte diese Legalisierung dann im gesamten Land um. Auch das Paradigma konzentriert sich auf die Hauptstadt des Landes und ihre wichtigste nordöstliche Stadt.

> Der Krieger wird in der Hauptstadt sein Ziel erreichen, den Kult der Kinderopferungen zu beenden. Er wird die staatliche Unterstützung und die Ressourcen beseitigen, die diese Praxis ermöglichen, einschließlich der Gebäude, die damit verbunden sind.

Genauso wie Jehu die Baals-Priester beseitigte und dann begann, ihren Tempel zu zerstören, so begann auch Trump nach der Einnahme der Hauptstadt und der Übernahme der Präsidentschaft als eine der ersten Maßnahmen damit, das Ende der Praxis der Tötung ungeborener Kinder einzuleiten. Jehu hatte die bisherige Unterstützung der Baals-Anbetung durch die Regierung aufgehoben und stellte sich nun klar dagegen. Auch Trump versuchte nun, die vorherige Unterstützung der Regierung und die Finanzierung von Abtreibungsorganisationen, wie beispielsweise „Planned Parenthood", aufzuheben.[3]

Genau wie Jehu den Baal-Tempel zerstörte, den Ahab errichtet hatte, und der während der Joram-Ära weiter uneingeschränkt genutzt wurde, so begann nun auch Trump, die von

Der Tempel

Bill Clinton eingeführten und später von Barak Obama wieder neu eingesetzten rechtlichen Strukturen zur weiteren Verbreitung der Abtreibung zu demontieren. Er hob die präsidialen Durchführungsverordnungen von Clinton und Obama wieder auf, mit denen die Schutzmaßnahmen bezüglich dieser Praxis beseitigt worden waren.[4] Und er begann sofort damit, also unmittelbar nach seiner Machtübernahme – genauso wie es Jehu damals auch getan hatte.

———◆◆◆———

Aber könnte es vielleicht auch noch mehr rund um dieses Geheimnis zu entdecken geben? Wenn der Aufstieg von Donald Trump eine Manifestation der Vorlage von Jehu war, und wenn der Aufstieg von Jehu mit der Zerstörung des Baal-Tempels in Verbindung stand, könnte es dann nicht auch eine weitere Manifestation geben, die mit dem Aufstieg von Donald Trump verbunden war, und die irgendwie den Baal-Tempel mit einbezieht?

Die Antwort führt uns in ein anderes Reich und in ein Land, weit weg von den amerikanischen Ufern.

Die meisten Tempel der antiken Welt sind längst zu Staub zerfallen. Einige weltberühmte Bauten haben jedoch die Zeit überdauert, wie etwa der Parthenon in Griechenland oder das Pantheon in Rom. Aber was den Götzen Baal angeht, eine Gottheit, die den meisten Menschen der Moderne unbekannt sein dürfte, so würde man wohl kaum noch sehr viele Spuren seiner Verehrung erwarten. Der Gedanke, dass ein Baal-Tempel, gemäß dem alten Paradigma, in gewisser Weise noch in der Neuzeit existieren könnte, ist eigentlich extrem abwegig.

Aber die überraschende Antwort ist, dass ein solcher Baal-Tempel aus der Antike bis in die Neuzeit hinein überlebt hatte. Er stand in der nahöstlichen Stadt Palmyra in Syrien. In der Tat war Palmyra über fast zweitausend Jahre hinweg der Ort von nicht nur einem, sondern gleich von zwei Tempeln dieser nahöstlichen Gottheit, die die Zeit überdauert hatten.

Das PARADIGMA

Der erste, bekannt als der Tempel des Bel, oder besser bekannt unter dem Namen Baal-Tempel (der Name Bel ist nur eine andere Version von Baal) wurde im Jahre 32 vor unserer Zeitrechnung eingeweiht. Der zweite, bekannt unter der Bezeichnung Baalschamin-Tempel (oder Baal des Himmels), wurde im zweiten Jahrhundert nach unserer Zeitrechnung errichtet.

Wir haben bereits festgestellt, dass es eine Analogie zwischen dem Baal-Tempel im historischen Israel und den modernen Bauten gibt, die der Tötung der Ungeborenen dienen. Aber nun haben wir tatsächlich reale Baal-Tempel, und noch dazu sind es Bauten, die in der Neuzeit existieren und ihren Ursprung in der Antike haben. Da der Baal-Tempel eine solch zentrale Bedeutung für das Paradigma hat, stellt sich die Frage, ob diese alten Bauten nicht vielleicht irgendwie in einem Zusammenhang mit dem modernen Paradigma stehen könnten? Im Paradigma heißt es dazu:

> In den Tagen der Entfaltung des Paradigmas wird der Baal-Tempel zerstört.

Während der Name Ahab immer mit dem Bau des Baal-Tempels verbunden sein wird, so wird auch der Name Jehu immer in der Verbindung mit der Zerstörung des Tempels genannt werden. Der Aufstieg von Jehu bedeutete, dass der Baal-Tempel fallen musste. Und sein Fall wäre dann auch das konkreteste Zeichen seiner Machtergreifung und zugleich ein dauerhafter Beleg für seine erfolgreiche Mission.

Obwohl diese beiden Baal-Tempel weitgehend ungestört die Zeiten überdauern konnten, in einer nahöstlichen Stadt, die für die meisten Menschen in der Welt unbedeutend oder sogar gänzlich unbekannt ist, stellt sich die Frage, ob diese beiden Bauten nun vielleicht doch zu einem Teil der neuzeitlichen Wiederauflage dieses alten Geheimnisses geworden sind? Wenn Trump der neuzeitliche Jehu der Vorlage ist, könnte dann die

Der Tempel

Zeit seines Aufstieges tatsächlich auch mit einem bedeutenden Ereignis im Zusammenhang mit diesen beiden Tempeln verbunden sein, die die Zeit überdauert haben?

Gemäß dem Paradigma bedeutet der Aufstieg des Kriegers auch die gleichzeitige Zerstörung des Tempels. Obwohl nach zweitausend Jahren Geschichte wohl kaum jemand erwarten würde, dass irgendetwas mit diesen beiden antiken Bauwerken geschehen könnte, geschweige denn etwas, dass sie in die Schlagzeilen der Nachrichtenagenturen bringen würde, so gab es tatsächlich ein solches Ereignis im Zusammenhang mit ISIS. Im Zuge der zunehmenden Destabilisierung und der Kämpfe im Westen des Irak und in Ostsyrien begann die Terrororganisation nun damit, Territorien und Städte in der Region zu erobern und dort ihr „Islamisches Kalifat" zu etablieren. Eine dieser Städte war Palmyra. Einige Monate nach der Eroberung von Palmyra begaben sich einige ISIS-Kämpfer zu den Baalschamin-Tempelanlagen. Sie platzierten Sprengstoff in die Spalten des Bauwerks und brachten ihn zur Detonation. Der alte Bau wurde zerstört.[5] Der Baal-Tempel war gefallen.

Eine Woche später wurde berichtet, dass ISIS auch innerhalb des Tempels von Bel Sprengstoff zur Detonation gebracht hatte. Nach der Auswertung von Satellitenfotos aus Palmyra veröffentlichten die Vereinten Nationen ihren Bericht:

„Wir müssen die Zerstörung des Hauptgebäudes des Tempels von Bel sowie einer Reihe von Säulenstrukturen in der unmittelbaren Umgebung bestätigen."[6]

Somit war jetzt also auch der Tempel von Bel, das andere Baal-Heiligtum, gefallen. Das historische Paradigma berichtet uns vom Fall des Baal-Tempels. Und nun, inmitten der neuzeitlichen Entfaltung des Paradigmas, kommt der Fall dieser beiden Baal-Tempel.

Wie verhält es sich mit dem Zeitpunkt der Zerstörung? Gemäß dem Paradigma fiel die Tempelzerstörung mit dem Aufstieg von Jehu zusammen. Der Aufstieg von Jehu war also geprägt und begleitet vom Fall des Baal-Tempels.

Das PARADIGMA

> Der Aufstieg des Kriegers steht in Verbindung mit der Zerstörung des Baal-Tempels. Wenn der Krieger sich erhebt, muss der Baal-Tempel fallen.

Wann wurden die beiden Baal-Tempel zerstört?

ISIS eroberte die Stadt Palmyra im Jahre 2015. Noch im selben Jahr zerstörten seine Kämpfer die beiden Tempel. So fielen die beiden Tempel, die zweitausend Jahre überdauert hatten, im Jahre 2015.

Wann begann der Aufstieg des modernen Gegenbildes von Jehu, dem Mann, dessen Aufstieg mit dem Fall der Baal-Tempel einherging? Der Aufstieg von Donald Trump zur Präsidentschaft begann im Jahre 2015 – also in dem Jahr, als die Baal-Tempel fielen. Das Paradigma ist erfüllt – der Krieger hat sich erhoben, und die Baal-Tempel sind gefallen.

Wann genau wurden die Baal-Tempel zerstört? Die Zerstörung wurde Ende August offiziell bestätigt, aber möglicherweise wurde mit der Zerstörung bereits früher im Sommer begonnen. Wie auch immer, die Zerstörung geschah im Sommer 2015. Wann begann Trumps Aufstieg? Er kündigte seine Kandidatur für die Präsidentschaft im Sommer 2015 an.[7]

> Sobald der Krieger mit seinem Feldzug zum Thron beginnt, sind die Tage des Baal-Tempels gezählt.

Jehu begann mit seinem Feldzug zum Thron, und schon bald darauf wurde der Baal-Tempel zerstört. Trump verkündete seine Präsidentschaftskandidatur, und etwa zwei Monate, nachdem er seine Kandidatur offiziell bekannt gemacht hatte, wurden beide Baal-Tempel zerstört.

Bedeutet dies nun, dass die Baal-Tempel nur wegen Donald Trump zerstört wurden? Nein. Wie bereits erwähnt zeigen sich die Manifestationen des Paradigmas nur selten nach dem Prinzip von Ursache und Wirkung. Vielmehr verkörpern sie

Der Tempel

die Verflechtung und Verschmelzung von Ereignissen. Das Paradigma funktioniert im Bereich der Zeichen und Hinweise. Innerhalb dieses Rahmens bleibt es jedoch bei folgenden Fakten:

- Das Paradigma umfasst auch den Baal-Tempel.
- Im Paradigma wird der Baal-Tempel zerstört.
- Die Zerstörung des Tempels ist mit dem Aufstieg des Kriegers verbunden.
- In der neuzeitlichen Wiederholung des Paradigmas wird die Vorlage des Kriegers Jehu von Donald Trump ausgefüllt.
- Gemäß dem Paradigma muss der Tempel fallen, wenn der Krieger aufsteigt.
- Das Jahr von Donald Trumps Aufstieg ist 2015.
- Die beiden Baal-Tempel, die in der Antike errichtet wurden und fast zweitausend Jahre der Menschheitsgeschichte überdauert haben, wurden 2015 zerstört, in dem Jahr des Aufstiegs des neuzeitlichen Kriegers des Paradigmas.

Genau wie in den Tagen, als das alte Königshaus von Ahab, gemäß dem Paradigma, fallen musste, so wiederholte sich dieses alte Geheimnis auf der Bühne der Welt des 21. Jahrhunderts. Der Krieger erhob sich erneut, und die Baal-Säulen stürzten erneut ein, als die beiden Tempel in Trümmer fielen.

———◆◆◆———

Wie verhält es sich nun aber mit den kommenden Dingen? Wir wenden uns jetzt der Zukunft zu.

Kapitel 29

DIE VORBOTEN DER KOMMENDEN TAGE

Wie verhält es sich mit der Zukunft?
Enthält das Paradigma auch eine Offenbarung über das, was vor uns liegt?

Einerseits kam mit dem Aufstieg des Kriegers die Geschichte des Königshauses Ahab zu einem Ende. Was einst mit dem Aufstieg von Ahab und Isebel begann, wurde letztlich rückgängig gemacht und durch den Machtantritt von Jehu aufgelöst. Die Manifestationen des Paradigmas müssen an dieser Stelle allerdings nicht zwingend weitergehen. Andererseits geht ja

Das PARADIGMA

die biblische Überlieferung immer weiter. Von daher stellt sich die Frage, ob es im weiteren Verlauf der Geschichte eine Offenbarung oder einen Blick auf das geben könnte, was die Zukunft bringt? Könnten die Details der biblischen Überlieferung noch irgendwelche Hinweise darüber enthalten, in welche Richtung wir uns bewegen?

◆◆◆

Beginnen wir mit Jehu. Was geschah mit dem Krieger nach seinem Aufstieg zur Macht? Obwohl er mit großem Eifer den Gräueln des Königshauses Ahab ein Ende setzte, war seine Umgestaltung und Erneuerung unvollkommen und blieb auf halbem Wege stecken. Die Worte der Bibel sparen deshalb auch nicht mit Kritik:

„Aber Jehu achtete nicht darauf, mit seinem ganzen Herzen im Gesetz des HERRN, des Gottes Israels, zu leben. Er wich nicht von den Sünden Jerobeams, der Israel zur Sünde verführt hatte."

(2. Könige 10,31)

Jehu widmete sich zwar mit ganzer Leidenschaft seinem Krieg gegen Baal, aber er stand nicht mit ganzem Herzen in der Nachfolge Gottes. Er hatte das Land zwar von Baal gereinigt, aber er „wich nicht von den Sünden Jerobeams".

Worin bestanden die Sünden Jerobeams? Jerobeam errichtete zwei goldene Kälber und führte das Volk Israel in die Anbetung dieser Götzen. Es handelte sich dabei zwar nicht um Baals-Anbetung, aber dennoch war es Götzendient. Jerobeam sagte den Menschen, dass sie mit der Anbetung des goldenen Kalbes gleichzeitig auch den Gott ehren würden, der sie aus Ägyptenland geführt hatte. Die Menschen waren also möglicherweise tatsächlich davon überzeugt, dass sie immer noch den Gott Israels verehrten.

Aber das änderte nichts an der Tatsache, dass sie nun Götzen folgten. Jerobeams Sünde bestand in der Vermischung von Wahrheit und Irrlehre. Es war eine Verfälschung. Jehu kämpfte

Die Vorboten der kommenden Tage

zwar gegen das offensichtliche Übel der Baals-Anbetung, aber andererseits gab er sich auch einer Mischung aus Wahrheit und Irrlehre hin. Warum?

Die Verehrung des Baals, die Ahab und Isebel repräsentierten, war aus einem fremden Land in die Nation hineingetragen worden. Die goldenen Kälber hingegen waren bereits zu einem Teil der israelischen Kultur geworden. Sie waren Symbol und Sinnbild der Unabhängigkeit des Nordreichs vom Südreich. Es scheint also, dass Jehus Feldzug nicht nur auf dem Widerstand gegen die Gottlosigkeit und Unmoral aufbaute, sondern auch auf Nationalismus und Ablehnung fremder Elemente basierte, wie sie von Isebel verkörpert wurden. Die Baals-Anbetung war gottlos, aber sie war gleichzeitig auch fremdartig. Die Verehrung der goldenen Kälber war zwar ebenfalls gottlos, aber sie war zugleich Teil des Nationalismus und der Kultur des Landes. Jehu widersetzte sich zwar der weitaus eklatanteren und von außen eingeführten Sünde, aber er führte im nationalen Bereich die vermeintlich kleinere Sünde fort. Ein Kommentator erklärt es folgendermaßen:

> „Jerobeams verlogene Götzenverehrung existierte bereits viel länger als der Baal-Kult, der von Ahab und Isebel eingeführt wurde. Jerobeams trügerische Götzenverehrung war kein „ausländischer Import" wie der Baal-Kult. Er führte eine verfälschte Version zur Verehrung Jahwehs ein, des einzig wahren Glaubens ... die Anbetung, die Jerobeam einführte, wurde jetzt zur „nationalen Religion" im Nordreich ... Man mochte sich nur ungern mit religiösen Fehlern oder Verfälschungen befassen, weil sie längst zu einem Teil der eigenen Kultur und der nationalen Identität geworden waren."[1]

So widersetzte sich Jehu zwar den tiefen Gräueln des Königshauses Ahab, aber er begab sich gleichzeitig auf einen Pfad der Kompromisse, im Einklang mit dem langfristigen Abgleiten der Nation von Gott. Er repräsentierte wieder einmal eine Mischung aus vielen Extremen. Jenseits des geistlichen

Das PARADIGMA

Bereiches berichtet uns die Bibel, dass es mit Jehus Herrschaft zu Schwierigkeiten und Konflikten mit den umliegenden Nationen kam, und durch diese Konflikte ließ Gott die territorialen Grenzen des Landes dann auch weiter schrumpfen. Israel wurde also noch kleiner.

Unter der Herrschaft von Jehu wurde Israels Glaubensabfall zwar gebremst, aber nicht rückgängig gemacht. Die kurzfristige Gefahr der Nation wurde zwar abgewendet, aber die langfristige Gefahr keineswegs.

Wir müssen an dieser Stelle festhalten, dass ein Führer durchaus ein Instrument zur Umsetzung des Willens Gottes im Hinblick auf eine Nation sein kann, die im Widerspruch zu den Wegen und Weisungen Gottes lebt. Er kann durchaus auch ein Repräsentant der Hoffnung für Gottes Volk in dieser Nation sein, ein Schild, ein Schwert, ein Mensch voller Widersprüche sowie ein Repräsentant des Gerichtes über eben diese Nation – und das auch noch alles gleichzeitig.

◆◆◆

Könnten uns diese Elemente von Jehus Herrschaft auch Aufschluss darüber geben, was die Zukunft für Amerika und die Welt bringt?

Unabhängig von der Tatsache, dass sich die Manifestation des Paradigmas nach Jehus Machtergreifung nicht zwingend fortsetzen muss, sollten wir uns dennoch daran erinnern, dass selbst für den Fall, dass sie es täte, es keine festgelegte Formel gibt, nach denen sich die Details der Vorlage manifestieren müssen. Da jedoch auch der biblische Bericht weitergeht, stellt sich natürlich die Frage, ob darin möglicherweise noch weitere Schlüssel, Enthüllungen, Hinweise oder sogar Warnungen enthalten sind? Wir wollen nun versuchen, einige dieser Hinweise zu erkunden, nicht unter der Prämisse, dass es so sein muss, sondern dass es möglicherweise so geschehen könnte. Auf diese Weise präsentieren sich uns diese Dinge als Möglichkeiten und als Warnungen.

Die Vorboten der kommenden Tage

> Die Warnung des Paradigmas besteht darin, dass der Krieger als König nicht vorsichtig und sorgfältig genug sein wird, den Wegen und Weisungen Gottes zu folgen – dass seine Umgestaltung und Erneuerung nur unvollständig und punktuell umgesetzt wird, und dass er sich zwar einigen Aspekten des Glaubensabfalls der Nation widersetzt, anderen jedoch wiederum nicht.

Genau wie es Jehu war, so blieb auch Donald Trump ein Rätsel für diejenigen, die Gott treu geblieben waren. Er hatte zwar zugesichert, den Willen Gottes tun zu wollen, aber es gab immer wieder Bedenken, dass seine Umgestaltung und Erneuerung widersprüchlich und wankelmütig sei. Genau wie Jehu schien Trump gegenüber einigen der Probleme und Anliegen stark und überzeugend zu sein, bei anderen Fragen jedoch wirkte er eher schwach und kraftlos.

> Als König wird er sich einigen der eklatantesten Praktiken im Zusammenhang mit dem Glaubensabfall widersetzen, wie beispielsweise den Kindesopferungen, aber anderen Praktiken des Glaubensabfalls wird er sich wiederum nicht widersetzen.

In seinen ersten Tagen als Präsident ergriff Trump die Initiative gegen die mit Baal in Verbindung gebrachte Sünde des Opferns von Kindern. Er erhob das Wort dagegen und handelte bewusst für den Schutz der Ungeborenen. Aber bei anderen Problemen vermittelte er einen viel weniger starken Eindruck.

> Der Krieger setzt sich für die Sache des Nationalismus ein, was jedoch mitunter im Widerspruch zu seinen Absichten steht, den Willen Gottes umzusetzen.

Das PARADIGMA

Jehus, wie auch Trumps Anliegen war der Nationalismus. Mitunter konnte diese Haltung mit der Schrift in Übereinstimmung stehen, aber eben nicht immer. Manchmal stand dieser Nationalismus im Widerspruch zu seinen Fähigkeiten und Absichten, den Willen Gottes zu erfüllen.

> Die Hoffnung auf die Tage, in denen der Krieger regiert, wird darin bestehen, dass der Krieger nicht nur den Abfall der Nation bremst, sondern dass er auch eine Möglichkeit und Chance für eine massive geistliche und kulturelle Rückkehr zu Gott eröffnet. Beim Ausbleiben einer solchen Umkehr würde der Gesamtkurs des Glaubensabfalls der Nation unvermindert weitergeführt.

Was Jehu getan hatte, um die Herrschaft des Königshauses Ahab zu beenden und den Baals-Kult zurückzudrängen, war eine große Errungenschaft. Die Regierung bekämpfte nun nicht mehr die Wege und Weisungen Gottes und Sein Volk. So keimte unter den wahren Gläubigen an Gott die Hoffnung auf, dass seine Herrschaft auch zu einer geistlichen Erneuerung führen würde. Und dennoch setzte die Nation auf lange Sicht ihren Abwärtstrend bezüglich des Glaubensabfalls weiter fort.

Trumps Sieg bei den Präsidentschaftswahlen bedeutete eine tiefgreifende Veränderung. Es verhinderte die endgültige Besiegelung des Glaubensabfalls in Amerika und stieß die Tür weit auf für evangelikale Führer und Gläubige, um die Nation zu beeinflussen. So besteht auch jetzt die Hoffnung auf eine tiefgreifende Umkehr und Rückkehr zu Gott. Andererseits würde der Tiefgang und die Schwere des moralischen und geistlichen Abfalls in Amerika bedeuten, dass für eine solche Umkehr nichts weniger als ein Wunder nötig wäre. Ohne eine solche nationale Umkehr wird sich der Glaubensabfall der Nation jedoch weiter fortsetzen.

Muss es zwangsläufig so sein? Bedeuten die widersprüchlichen und inkonsequenten Handlungen von Jehu, dass dies

Die Vorboten der kommenden Tage

nun ebenso auch für Donald Trump gelten muss? Nein. Wie bereits erwähnt, es gibt keine einheitliche Formel in der Fortsetzung der Dynamik. Wäre es demnach also möglich, dass Trump vom letztgenannten Beispiel Jehus abweicht, darüber hinauswächst und das Ruder herumreißt? Ja, so ist es. Oder ist es vielleicht auch möglich, dass er noch schlimmer als Jehu handeln könnte, oder dass er es möglicherweise auch nicht schafft, seine Amtszeit oder seine Amtszeiten zu beenden? Ja, auch das ist möglich. Und wenn dem so wäre, würde das an seiner Bestimmung im Zusammenhang mit seinem Aufstieg irgendetwas ändern? Nein. Ebenso wenig, wie Jehus späteres Scheitern in seiner Regentschaft den Zweck und die Bestimmung in der Zeit seines Aufstieges in irgendeiner Weise negiert hätte. Trotz der Tatsache, dass Jehu nicht weiter an den Wegen und Bestimmungen Gottes festhielt, bedeutete sein erster Sieg über das Königshaus Ahab auf jeden Fall die Abwendung einer Katastrophe.

Wäre es vielleicht auch denkbar, dass Hillary Clinton oder ein Kandidat, der eine ähnliche Agenda vertritt, in der Zukunft antreten und gewinnen könnte? Das Paradigma hatte bestimmt, dass die ehemalige First Lady in den Tagen des Aufstiegs des Kriegers besiegt würde. Danach ist ihre Zeit im Paradigma beendet. Dennoch ist natürlich alles möglich und denkbar. Aber eine vollständige Umkehrung hin zu ihren Positionen in den entsprechenden biblischen Themenfeldern, oder auch die Einsetzung eines ähnlich gesinnten Kandidaten, würde dann wohl die endgültige Ablehnung der Wege und Weisungen Gottes und die Besiegelung des Glaubensabfalls bedeuten.

Besteht andererseits auch die Möglichkeit, dass im Gegensatz zu dem, was damals zur Zeit der Jehu-Ära geschah, Amerika und die gesamte Welt eine massive geistliche Erweckung erleben könnte? Auch das ist möglich, und es ist genau diese bestehende Möglichkeit, die den Kern bei diesem gesamten Thema ausmacht.

Das PARADIGMA

Der Kontext des Paradigmas ist der beschleunigende Glaubensabfall einer Nation, die sich einmal zu Gott bekannt hatte. Es ist ein Prozess, der eine kritische Stelle erreicht, wo jenseits aller möglichen Formen des Eingreifens die Nation in der Gefahr steht, unwiderruflich im Abwärtsstrudel des Glaubensabfalls gefangen zu sein.

Amerika befand sich vor den Wahlen 2016 in einer ähnlich kritischen Phase. Und dann geschah es. Wie damals bei Jehus überraschender Überlegenheit wurde alles auf den Kopf gestellt. Was bedeutet das für Amerika? Was bedeutete das für das damalige Israel?

Es gibt verschiedene Beispiele in der Schrift über das Fortschreiten einer Nation zum Gericht: Die Nation im Abfall von Gott wird gewarnt, sie wird sogar erschüttert, aber genauso gibt es auch Gnadenfristen oder einen Aufschub. Im Südreich Judah wurde diese Gnadenfrist durch die Herrschaft des gerechten Königs Josia repräsentiert. Josia wollte seine Nation zurück zu Gott führen. Das bereits ausgesprochene Gericht wurde zurückgehalten. Nach Josias Tod wurde der Weg des Abfalls der Nation jedoch wieder aufgenommen, und das Gerichtsurteil wurde vollstreckt.

Auch der Aufstieg Jehus sorgte für eine Gnadenfrist im alten Israel. Aber was war der eigentliche Zweck dieses Aufschubs? Es sollte der Nation die Möglichkeit gegeben werden, vom bisherigen Kurs umzukehren, das Gericht abzuwenden und zum ursprünglichen Gott und Schöpfer zurückzukehren. Es sollte dem Volk Gottes eine Zeitperiode gegeben werden, in der so viele wie möglich den Ruf zum Herrn hören und ihm folgen konnten.

Das eigentliche Thema war nicht Donald Trump, genauso wie damals das eigentliche Thema nicht Jehu war. Jehu war ein mit Fehlern behaftetes Werkzeug, mit falschen Motiven und Taktiken. Aber er wurde dennoch zu einem Gefäß, zu einem Instrument für eine höhere Bestimmung, die jenseits seiner eigenen Absichten oder Kenntnisse lag. Auch bei dem, was sich

Die Vorboten der kommenden Tage

bei der Wahl 2016 abspielte, ging es letztlich nicht um Donald Trump, sondern um etwas viel Höheres, nämlich die Bestimmung Gottes, die Einsetzung einer Gnadenfrist. Zu solchen Gnadenfristen, verbunden mit dem Aufschieben des Gerichts, kann es, genau wie damals, kurz vor dem Gericht über ein Volk kommen. Diese Gnadenfristen können zeitweise von nationalen Krisen begleitet werden. Sie können sogar inmitten einer göttlichen Korrektur geschehen – dann mit dem Ziel des Aufschubs und der Korrektur gleichermaßen – um eine Nation oder ein Volk zur Umkehr zu bewegen.

Im alten Israel sah man Jehus Aufstieg zweifellos als Unglück an. Andere betrachteten es wiederum als eine Antwort, aber im Grunde war es weder das eine noch das andere. Es war ein Fenster. Im vorliegenden Fall bestand die Antwort nicht in einer Wahl, in einem Mann, einer Partei oder einer politischen Agenda. Eine politische Antwort kann niemals ein geistliches Problem lösen. Aber sie kann zumindest ein Fenster öffnen, durch das hindurch diese Antwort kommen kann. Andererseits muss eine politische Wende ohne eine entsprechende geistliche Wende immer im Versagen oder Unglück enden. Was den Wunsch betrifft, Amerika wieder groß zu machen: Der einzige Weg, um Amerika wieder groß zu machen, ist eine Umkehr und Rückkehr zu Gott, denn das macht zuallererst die Größe Amerikas aus. Die Antwort liegt also in Buße, Umkehr und Erweckung.

───── ♦♦♦ ─────

Die Herrschaft von Jehu stellte also ein Fenster für eine Erweckung zur Verfügung, aber diese Erweckung, die durch dieses Fenster hätte kommen können, hat es damals nicht gegeben. Obwohl der Abfall abgebremst wurde, kehrten die Menschen dennoch nicht wieder zu Gott zurück.

Das PARADIGMA

> Ohne eine Rückkehr zu Gott wird die Nation, der eine Gnadenfrist gegeben wurde, auch weiterhin den Weg zum Gericht und zur Vernichtung beschreiten.

Was ist mit Amerika? Die Vorlage ist letztlich eine Warnung vor einem nationalen Gericht. Eine Nation, die Gott einst in besonderer Weise nachgefolgt ist, aber nun Seine Wege und Weisungen missachtet, steht immer auch in der Gefahr Seines Gerichts. Und eine Nation, der eine Gnadenfrist bzw. ein Gerichtsaufschub gewährt wurde, die dann aber die Chance zur Umkehr nicht ergreift, wird nichts anderes mehr haben als nur noch die Aussicht auf Gericht.

Es ist auch Teil dieses Gerichtes, dass hier zwei biblische und prophetische Vorlagen zusammenkommen. Nach dem Ende der Herrschaft Jehus setzte die Nation den Abwärtstrend des Glaubensabfalls bis zum Tag ihrer Vernichtung fort. Aber vor diesem Gerichtsurteil gab Gott ihnen noch weitere Warnungen und Rufe zur Umkehr. Er gab ihnen Ankündigungen des kommenden Gerichts und sandte ihnen Vorboten. Es ist die Vorlage des Gerichts, das in meinem Buch „Der Vorbote" *(The Harbinger)* offenbart wird.

In dieser Offenbarung geht es um Folgendes: In den letzten Tagen des Nordreiches Israel erschienen neun Vorboten oder prophetische Zeichen im Land. Die Vorboten warnten vor dem anstehenden Gericht. Die Nation wies diese Warnungen Gottes jedoch zurück, und als das Gericht dann tatsächlich kam, wurde sie praktisch komplett ausgelöscht.

Die Offenbarung in „Der Vorbote" besteht darin, dass die gleichen neun Vorboten des kommenden Gerichts, die in den letzten Tagen des alten Israel erschienen sind, auch in der Neuzeit auf amerikanischem Boden aufgetreten sind. Einige sind in New York City erschienen; einige in Washington, DC; manche unter Einbeziehung von prophetischen Objekten; manche in prophetischen Veranstaltungen; und einige durch nationale

Die Vorboten der kommenden Tage

Führer, darunter sogar Führer, die prophetische Worte des Gerichts über das Land ausgesprochen haben. Seit der Zeit, in der das Buch „Der Vorbote" geschrieben wurde, bis zum Schreiben des vorliegenden Buches haben die Zeichen und Warnungen des Gerichts mit entsprechenden Manifestationen nicht aufgehört, genauso wie auch die Nation nicht aufgehört hat mit ihrer Missachtung und dem Kampf gegen die Wege und Weisungen Gottes.

Die Geheimnisse im Buch „Der Vorbote" und im vorliegenden Buch „Das Paradigma" sind miteinander verbunden. Beide stammen aus dem alten Israel und speziell aus dem alten Nordreich Israel, also aus dem Land Jehus. Die im Buch „Das Paradigma" beschriebenen Ereignisse führten zu Jehus Herrschaft. Im Gegenzug führen die Ereignisse im Zusammenhang mit Jehus Herrschaft letztlich zu den Ereignissen, die im Buch „Der Vorbote" beschrieben sind. Diese beiden Vorlagen sind auf geheimnisvolle Weise miteinander verbunden.

Die Vorlage im Paradigma beschreibt eine Nation, die fortschreitend auf das Gericht zuläuft, genauso wie auch im Buch „Der Vorbote". Besonders bedenklich ist in diesem Zusammenhang, dass beide Vorlagen eine bestimmte Nation betreffen – Amerika. Falls sich jemand nun mit der Tatsache trösten sollte, dass das endgültige Gericht über die Nation ja erst viele Jahre nach Jehus Herrschaft kam, dann sollte man beachten, dass beide Vorlagen bereits begonnen haben, sich zu manifestieren, und dies zum großen Teil auch gleichzeitig.

Wann also das Gericht kommen wird, können wir nicht dogmatisch erklären. Wir können lediglich feststellen, dass solche Dinge letztendlich von der Gnade und dem Langmut Gottes abhängig sind. Wie man angesichts eines solchen Gerichtes bewahrt und sicher bleiben kann, wird im letzten Teil des kommenden Kapitels beschrieben.

Für diejenigen, die dem Herrn nachfolgen, bedeutet es die Gewissheit, dass die Zeit bereits weit fortgeschritten ist. Das Fenster und die damit verbundene Chance zur Umkehr gibt

Das PARADIGMA

es nur befristet. Wir dürfen die Zeit nicht ungenutzt lassen. Ohne Erweckung kann es keine Hoffnung geben. Gibt es denn überhaupt eine Hoffnung auf Erweckung? Wenn es keine Hoffnung mehr gäbe, welchen Sinn oder Zweck hätten dann wohl solche prophetischen Warnungen? Solange es eine Warnung gibt, besteht auch immer noch Hoffnung. Auch dem alten Israel wurde diese Zusage gegeben, selbst noch in den Tagen des Abfalls und des Gerichts über die Nation. Die Zusage lautet:

„Und wenn mein Volk, über dem mein Name ausgerufen ist, sich demütigt, und sie beten und suchen mein Angesicht und kehren um von ihren bösen Wegen, dann werde ich vom Himmel her hören und ihre Sünden vergeben und ihr Land heilen."

(2. Chronik 7,14)

Genauso wie zu der Zeit, als diese Worte verkündet wurden, sind auch heute die Umkehr, als Voraussetzung einer solchen Erweckung, und die Wiederherstellung noch nicht eingetreten. Wenn die Kultur der Nation weiterhin unverändert bleibt, wenn die jüngste Generation sich weiter unbeeindruckt zeigt, wenn das Fortschreiten in Sünde und Missachtung ungebrochen weitergeht, dann wird auch die endgültige Bestimmung des Gerichts unverändert bleiben. Aber wenn es jemals eine Zeit für Gottes Volk gab, diese alte Zusage anzunehmen, die Israel einst gegeben wurde, wenn das Volk also bereit ist, sich zu demütigen, zu beten und das Angesicht Gottes zu suchen, sich abzuwenden von den sündigen Wegen, im Vertrauen auf Seine Barmherzigkeit und Seine Kraft der Heilung und Wiederherstellung – dann ist diese Zeit jetzt.

Wir müssen also den Ernst der Zeichen unserer Zeit begreifen. Umso mehr müssen wir um Erweckung beten, an eine Erweckung glauben, für eine Erweckung arbeiten und die Wahrheit für eine solche Erweckung verkündigen. Das Wichtigste ist jedoch, dass wir nicht nur für eine Erweckung beten, sondern auch wir selbst müssen tatsächlich beginnen, ein Leben aus dieser Erweckung heraus zu führen. Wir müssen jeden Moment unseres Lebens nach allen Kräften dem Willen und den Bestimmungen Gottes unterordnen. Wir müssen das Beste aus den Tagen machen, die wir noch haben, denn uns werden diese Tage der Gnade nicht immer zur Verfügung stehen.

◆◆◆

Wenn wir nun zum Ende dieser Offenbarung kommen, bleibt noch ein letztes Paradigma offen. Es wird genau dieses Paradigma sein, das uns die Vorlage liefert, um eine Antwort auf unsere eigenen Wege, auf unser Leben und unser eigenes Schicksal zu geben. Es ist ein Paradigma für diejenigen, die versuchen, in einer Zeit wie dieser stark und treu zu bleiben, nach dem Willen Gottes zu leben und die Berufung zu erfüllen, die wir auf dieser Erde haben. Es ist die Vorlage, die eine letzte Figur dieses Geheimnisses betrifft – nämlich die einer jeden Person, die dieses Buch liest. Man könnte vielleicht sogar sagen, es ist das Paradigma von dir persönlich.

Kapitel 30

DAS ELIA-PARADIGMA

Und nun das noch fehlende Paradigma ...
Es war in der einen oder anderen Form von Anfang an präsent, beginnend mit der Zeit von Ahab. Aber es ist jetzt der Moment gekommen, dieses Paradigma zu öffnen.

Hinter dem Aufstieg und Fall der Herrscher des Paradigmas steht ein weiterer Bereich – es ist der Bereich der Prophetie. Vieles von dem, was im Rahmen des Paradigmas geschieht, vom Herrscherthron bis hin zum Schlachtfeld, ist letztlich die konkrete praktische Umsetzung von Prophezeiungen. Und

Das PARADIGMA

die wichtigste prophetische Figur des Paradigmas ist eine der berühmtesten aller prophetischen Figuren – Elia (Elijahu).

Die zweite wichtige prophetische Figur ist sein Prophetenschüler und Nachfolger Elischa. Wir werden das Werk der beiden als einen Dienst, als eine Funktion und eine Rolle betrachten, denn Elischa setzte den Dienst von Elia fort. Er salbte jene Personen, zu deren Salbung Elia berufen war, und er war somit Teil der Erfüllung der Prophetie von Elia und sogar ein Gesandter in Elias Salbung.

Es war Elia, der von Beginn an dabei war, Ahab und Isebel herauszufordern. Es war Elia, der Elischa salbte, der dann wiederum zum Diener und Verkündiger wurde, in einer Zeit, als sich das Paradigma manifestierte. Es war Elia, der erstmals den Auftrag bekam, Hasael zu salben, der zu einem wichtigen Akteur bei der Umsetzung des Paradigmas wurde. Und es war letztlich Elias Prophezeiung, die sich im Gericht über Ahab, Joram und Isebel erfüllte.

Auf folgende Weise betrat er die Bühne der Geschehnisse, wie sie uns in der Bibel überliefert sind:

„Und Elia, der Tischbiter, aus Tischbe in Gilead, sagte zu Ahab: So wahr der HERR, der Gott Israels, lebt, vor dem ich stehe, wenn es in diesen Jahren Tau und Regen geben wird, es sei denn auf mein Wort!"

(1. Könige 17,1)

Er erscheint wie aus dem Nichts auf der Bühne. Wir wissen nur wenig über ihn, aber er scheint von vornherein eine bedeutende Figur gewesen zu sein, gleich dem König. Es ist kein Zufall, dass sein erster Auftritt in der biblischen Überlieferung direkt dem Machtantritt von König Ahab folgt, denn Elia war Gottes Antwort und Reaktion gegenüber dem Königshaus Ahab und seinen Gräueltaten. Es erscheint fast so, als hätten der von Ahab und Isebel eingeschlagene Weg des Glaubensabfalls und ihre Agenda gegen die Wege und Weisungen Gottes überhaupt erst dazu geführt, dass Gott Elia berufen hat.

Das Elia-Paradigma

Er erhob voller Freimut das Wort gegenüber dem Thron und wandte sich entschlossen gegen das Böse und gegen die Gräuel der Regentschaft. Er forderte ihren Gott Baal heraus. Sein Gebet schloss und öffnete die Himmel. Er konfrontierte die Nation mit ihrer Sünde und rief die Menschen zur Umkehr. Elia deckte die Sünden des Königshauses auf, und sein Nachfolger Elischa prophezeite gegen Joram, Hasael, und indirekt auch gegen Jehu. Diese Könige kamen und gingen, und alles begann mit Elia. Seine direkten und indirekten Auswirkungen auf Israel kann man gar nicht hoch genug einschätzen. Nahezu jede Facette des Paradigmas trägt eine Verbindung zu diesem feurigen Propheten.

Er war radikal, dramatisch, furchterregend, mutig und mächtig, und es brauchte auch eine solche Figur, um den damaligen Herausforderungen gerecht zu werden. Er stand als Gegenpol zum Abfall der Nation. Er wurde von den Baals-Priestern und ihren Anhängern sowie von Isebel gehasst, die ihm allesamt nach dem Leben trachteten. Dennoch trat er dem König von Angesicht zu Angesicht entgegen. Er war nicht bereit, sich mit den damaligen Zuständen abzufinden oder den Diktaten des Glaubensabfalls irgendeinen Raum zu geben. Elia ließ sich nicht einschüchtern und stand unnachgiebig und kompromisslos hinter den Wegen und Weisungen Gottes. Hinter seinem Leben und seinem Dienst stand die Berufung, die Geschichte seines Landes zu verändern.

Wer aber war dieser Elia?

Das Elia-Paradigma

Um eine Antwort zu finden, müssen wir zu dem großen Bild zurückkehren, mit dem wir bei der Öffnung des Paradigmas begonnen haben – der massive Abfall der westlichen Zivilisation von den biblischen Grundlagen und der gleichzeitige Kampf gegen die biblische Moral und gegen den biblischen Glauben.

Das PARADIGMA

Wir finden also die gleichen Elemente dieses Kampfes beim Glaubensabfall in der Moderne. In der westlichen Zivilisation wiederholen sich die Ereignisse, die damals im alten Israel geschehen sind. Und es ist genau dieses Paradigma, das die Bühne für den Propheten Elia bildet. Elias Berufung geschah inmitten einer Zivilisation, die einst für die Bestimmungen und Ziele Gottes lebte, und die in der Vergangenheit durch und durch erfüllt war von der Erkenntnis Seiner Wege und Weisungen. Aber diese Nation war nun abgefallen vom Weg Gottes, und nun wurde dieser Abfall noch zusehends vertieft und beschleunigt.

Während Ahab, Isebel und Joram die finstere Seite des Paradigmas repräsentierten, stellte Elia, gemeinsam mit Elischa, das Licht dar. Somit ist das Elia-Paradigma auch das Paradigma der Gerechten, insbesondere jener gerechten Gläubigen, die in den Tagen des Glaubensabfalls leben. Und da der Glaubensabfall in den Tagen Elias, gemäß dem Paradigma, auch dem gegenwärtigen Glaubensabfall der Neuzeit entspricht, hat uns das Elia-Paradigma besonders auch in unseren Tagen etwas zu sagen. Es ist entscheidend, um aufzuzeigen, wie die Kinder Gottes agieren, Zeugnis ablegen und bestehen können, und wie sie ein Licht in diesen Tagen und für diese Welt sein können, in der wir leben.

Das Zeugnis Elias war anders geartet als das Zeugnis der Gerechten vor ihm. Zu früheren Zeiten, wie etwa während der Herrschaft von König David, stellten die Wege und Weisungen Gottes das beherrschende Prinzip der Kultur der Nation dar. Der biblische Glaube war die beherrschende Weltanschauung der Gesellschaft, und die biblische Moral repräsentierte den vorherrschenden ethischen Kodex. Selbstverständlich gab es immer wieder Menschen, die sich über diese Gebote und Weisungen hinwegsetzten, aber die Vorgaben selbst wurden dadurch nicht außer Kraft gesetzt. In den Tagen Elias wurde jedoch all dies über den Haufen geworfen. Mit der Machtergreifung von Ahab und Isebel basierte die vorherrschende Weltanschauung und das Grundprinzip der Kultur nicht mehr

Das Elia-Paradigma

länger auf dem biblischen Glauben, sondern auf dem Heidentum, und die heidnischen Praktiken formten den Moralkodex.

Die Tage, in denen der biblische Glaube das vorherrschende Prinzip der Zivilisation darstellte, waren nicht die Tage des Propheten Elia, sondern die Tage des Königs David. Im Gegensatz dazu war die Zeit, in der die Zivilisation von dem regiert und bestimmt wurde, was antibiblisch ist, nicht die Zeit der Regentschaft Davids, sondern die Zeit Elias. In den Tagen von David zeigte sich der biblische Glaube auch innerhalb der Kultur, da er weitgehend im Einklang mit der Kultur stand. Dieser Glaube war fest verankert und Teil des Status quo. In den Tagen Elias jedoch war der biblische Glaube kein Teil der Kultur mehr, sondern er wurde stattdessen zu einem Gegenpol der bestehenden Kultur, und die Verbindung zwischen beiden wurde aufgehoben. Der Glaube war nicht mehr Teil des bestehenden Zustandes, sondern er wurde als radikal und revolutionär angesehen.

In den Tagen Davids war der Glaube Teil der Königsherrschaft, aber in den Tagen Elias bekam der Glaube eine prophetische Dimension, oder anders ausgedrückt, in einer Zeit, in der die Zivilisation von einen Herrscher wie Ahab geprägt wurde, musste das Volk Gottes seinerseits von Elia geprägt werden.

> Wenn sich das beherrschende Prinzip der Kultur von einem biblischen zu einem antibiblischen Prinzip wandelt, dann muss sich auch der Glaube von einem Teil der Kultur zu einem Gegenpol der Kultur wandeln, von einem festen Bestandteil des Zustandes einer Gesellschaft hin zu einem Glauben, der von der Mehrheit als radikal und revolutionär angesehen wird. Der Glaube ist dann nicht mehr der vorherrschende Teil des Königshauses, sondern er bekommt eine prophetische Dimension.

Das PARADIGMA

In jüngerer Zeit bildete der jüdisch-christliche Glaube in vielerlei Hinsicht noch das beherrschende Prinzip der westlichen Zivilisation. Dies war die Bühne von David. Die Kirche und die Kultur bildeten in vielerlei Hinsicht eine Einheit. Das Christentum war auch eine kulturelle Erscheinung und fester Bestandteil des Status quo. Aber mit dem Glaubensabfall der westlichen Zivilisation kehrte sich alles ins Gegenteil. Wie im Paradigma beschrieben war der biblische Glaube nun nicht mehr länger das vorherrschende Prinzip der Kultur. Die westliche Zivilisation hat sich auf die „Ahab-Bühne" verlagert. Somit musste Gottes Volk seinerseits auf die „Elijah-Bühne" wechseln. Der jüdisch-christliche Glaube musste sich von seiner Funktion als Teil der Kultur verabschieden und wurde nunmehr zu einem Gegenpol der Kultur. Die Gläubigen wurden zunehmend zu einem revolutionären und prophetischen Volk.

„Und es geschah, als Ahab Elia sah, da sagte Ahab zu ihm: Bist du da, der Israel ins Unglück gebracht hat?"

(1. Könige 18,17)

Ahab bezeichnete Elia als „Unglücksbringer Israels". Aber Elia hatte eigentlich nichts anderes getan, als einfach nur Gott treu zu bleiben. Es war die Nation, die sich verändert hatte, und indem er sich einfach nur an das hielt, woran sich zuvor auch die gesamte Nation gehalten hatte, wurde er nun als ein Radikaler angesehen. In Zeiten, in denen eine Nation radikal unmoralisch wird, erscheint die Moral radikal. Das war Elias Situation. Seine Weigerung, Teil des Glaubensabfalls zu werden, machte ihn zu einem lebendigen Zeugen, als sichtbare Erinnerung an das, was die Nation verlassen hatte und von dem sie abgefallen war. In diesem Sinne wurde er zum Unruhestifter und Unglücksbringer. Eine Zivilisation, die das Böse als gut betrachtet, sieht nun das Gute als etwas Böses und als Bedrohung an. Diejenigen also, die in der Vergangenheit als Helden und Vorbilder angesehen wurden, sind nun zu Feinden des Staates geworden. Dementsprechend heißt es im Paradigma:

Das Elia-Paradigma

> Während sich die Zivilisation zunehmend und auf radikale Weise der Unmoral hingibt, wird das moralische Verhalten und die Moral zunehmend als radikal angesehen. Diejenigen, die sich weigern, den Weg des kulturellen Abfalls mitzugehen und Gottes Wegen und Weisungen auch weiterhin die Treue halten, werden nun als radikal und als Unruhestifter eingestuft, als gefährliche Menschen und sogar als Staatsfeinde. Ihre bloße Existenz ist ein Zeugnis davon, was die Kultur einst bestimmte, aber nun aufgegeben wurde.

Wenn eine „christliche Kultur" vom Glauben abfällt und sich zu einer post-christlichen Kultur oder in einen antichristlichen Staat verwandelt, dann müssen zwangsläufig diejenigen übrigbleiben, die sich weigern, diesen Glaubensabfall mit zu vollziehen. Es sind die wahren Christen, die gegenüber dem Wort und den Weisungen Gottes treu bleiben. Sie werden nun zu den „Elias" der Neuzeit. Genau wie zu Zeiten von Elia wird ihre Existenz zu einem Zeugnis und zu einer Erinnerung, was sie gleichzeitig zu Unruhestiftern und Aufrührern innerhalb der Zivilisation werden lässt, in der sie leben, weil sie den Menschen das vor Augen führen, was sie verlassen und aufgegeben haben. Wie Elia werden sie zunehmend als radikal und gefährlich bezeichnet.

„Er aber sagte: Nicht ich habe Israel ins Unglück gebracht, sondern du und das Haus deines Vaters, indem ihr die Gebote des HERRN verlassen habt und du den Baalim nachgelaufen bist."
(1. Könige 18,18)

Ahab hatte die Nation dazu gebracht, das Gute und das Böse neu zu definieren. Nun versuchte er, auch die Gerechten, nämlich Elia, neu zu definieren. Aber Elia weigerte sich, vom König neu definiert und eingestuft zu werden. Er sieht diese neue Moral, mit ihren neu eingestellten Werten und einem neuen Diktat der politischen Korrektheit als das, was es ist,

Das PARADIGMA

nämlich eine Rebellion gegen die ewigen Gesetze und Weisungen Gottes. Es ist nicht Elia, sondern vielmehr Ahab, der zum Unglücksbringer des Königreiches wurde, und Elia scheut sich nicht, es ihm auch so deutlich zu sagen. In den Tagen des Glaubensabfalls sind es die Gesetzesbrecher, die die Gesetze übertreten, aber diejenigen, die gegen den Abfall aufbegehren, werden dafür kritisiert und gerichtet.

> Eine Zivilisation, die sich im Glaubensabfall befindet, wird versuchen, nicht nur Gut und Böse, sondern auch das Volk Gottes neu zu definieren und zu beurteilen.

Im Zuge des neuzeitlichen Glaubensabfalls in Amerika und im gesamten Westen wird die beherrschende Kultur nicht nur die Werte und die Moral neu definieren, sondern auch diejenigen, die Gott treu bleiben. Somit müssen die wahren Gläubigen das tun, was auch Elia tat und jegliche Neudefinierung im Zusammenhang mit dem Glaubensabfall zurückweisen, wozu auch die Weigerung gehört, sich selbst neu definieren zu lassen. Die Gerechten müssen unerschütterlich den ewigen Gesetzen und Weisungen Gottes dienen.

Gott sorgte immer für Elia. Selbst in den Tagen der Hungersnot hatte Er seine Bedürfnisse im Blick. So war Elia niemals auf die ihn umgebene Kultur angewiesen. Das war eine sehr entscheidende Dynamik. Nur indem er unabhängig von der Kultur in seinem Umfeld bestehen konnte, war er auch in der Lage, ein Licht in der Finsternis zu sein.

> In den Tagen des Glaubensabfalls muss das Volk Gottes zunehmend unabhängig von der Kultur in seinem Umfeld werden. Insbesondere muss es sich von aller Verdorbenheit in der Gesellschaft lösen. Nur dann werden die Gläubigen in der Lage sein, als Licht in der Finsternis zu leuchten.

Das Elia-Paradigma

Inmitten des Abfalls müssen sich diejenigen, die gegenüber dem Wort Gottes treu bleiben, zunehmend von jeder Abhängigkeit von der sie umgebenden Kultur lösen, insbesondere von der dieser Kultur innewohnenden Verdorbenheit. Wie bei Elia erfolgt diese Trennung und Unabhängigkeit jedoch nicht zum Zweck des Rückzugs, sondern das Ziel besteht darin, die vorherrschende Kultur mit Gott zu konfrontieren und Einfluss auf die Gesellschaft auszuüben. Nur diejenigen, die nicht Teil der Finsternis sind, können auch wirklich zu einem Licht in der Finsternis werden.

Um sich von der Verdorbenheit seiner Zeit unabhängig zu machen, musste sich Elia umso mehr in die totale Abhängigkeit von Gott begeben. Deshalb war er auch ein Mann des intensiven Gebetes und der tiefen Gemeinschaft mit Gott.

> Die Fähigkeit des Volkes Gottes, sich unabhängig von der Verdorbenheit und Verunreinigung der sie umgebenden Kultur zu machen, geht einher mit der zunehmenden Abhängigkeit von Gott.

Um von der Finsternis getrennt zu werden, muss man umso mehr an die Lichtquelle angeschlossen sein. In den Tagen des Glaubensabfalls ist es für die Gläubigen umso mehr entscheidend, mit Gott verbunden zu sein, durch das Gebet und durch die Gemeinschaft in seiner Gegenwart. Je stärker sie von Ihm abhängig sind, desto unabhängiger werden sie gegenüber der sie umgebenden Kultur sein. Die Kraft und Effektivität der Gläubigen wird davon abhängen.

Elia war ein kompromissloser, ungeteilter, zielstrebiger und konzentrierter Mann. Andere hingegen hatten Kompromisse mit dem Bösen ihrer Zeit geschlossen und sich damit für den Einsatz als Werkzeug Gottes disqualifiziert. Aber Elia stellte sich gegen den Strom. Je boshafter die Kultur in seinem Umfeld wurde, desto fester und standhafter wurde er. Und es war genau diese radikale und kompromisslose Haltung, die ihn

Das PARADIGMA

in die Lage versetzte, die Geschicke seiner Nation zu beeinflussen.

> In den Tagen des zunehmenden Abfalls werden diejenigen zu Fall kommen, die Kompromisse mit der Sünde eingehen. Aber diejenigen, die sich ganz bewusst entschieden haben, ungeteilt, kompromisslos und von ganzem Herzen Gott zu dienen, die werden auch ganz besonders kraft- und wirkungsvoll von Gott für seine Ziele und Bestimmungen berufen und gebraucht.

In jenen Tagen, in denen die Unmoral zum vorherrschenden Prinzip der Kultur geworden ist, wird die Versuchung für die Kinder Gottes darin bestehen, von ihrem festen Stand abzuweichen, wenn sie unter Druck stehen, um dann Kompromisse mit der Finsternis zu schließen. Aber diejenigen, die dies tun, disqualifizieren sich damit selbst als Werkzeug für Gott, wozu sie eigentlich berufen sind. Die Gerechten müssen sich stattdessen bewusst dafür entscheiden, so zu leben, wie es Elia tat, nämlich allen Versuchungen zu Kompromissen zu widerstehen, einschließlich des Drucks, die eigene kompromisslose Haltung aufzuweichen. Vielmehr müssen sie gegen den Strom der Allgemeinheit schwimmen. Wenn die Finsternis zunehmend immer noch finsterer wird, dann müssen die Lichter umso heller leuchten. Wenn die Gräuel des Bösen schlimmer und schlimmer werden, dann müssen die Gläubigen umso besser und größer werden. In einer christlichen Zivilisation erstrahlen die Kerzen fast wie von allein im Licht der Sonne. Aber in einer postchristlichen oder militant atheistischen Zivilisation müssen sie als Licht in der Finsternis der Nacht strahlen. Sie werden zu Lichtern des Widerspruchs, aber nur durch diese konträren Lichter kann es zu einem Wandel im Leben der Menschen und in der gesamten Nation kommen. Es ist dieses radikale Licht, das Licht der Kerze inmitten der Nacht, das die Welt erleuchtet.

Das Elia-Paradigma

Elia war ein Mann des Glaubens und des Vertrauens, der Kühnheit und des Mutes im Angesicht aller Widrigkeiten. Er war ein Mann der unerschütterlichen Hoffnung, der nicht nachgab, ungeachtet aller Dinge, die gegen ihn ins Feld geführt wurden. Trotz aller widrigen Umstände und ungeachtet der Personen, die auf dem Thron seiner Nation herrschten, wusste er, wer wirklich der König aller Könige ist und welche Seite sich letztendlich doch durchsetzen würde.

> In Zeiten, in denen die Finsternis vorherrscht, muss der Gerechte über diese Finsternis hinausschauen und aus dem Glauben heraus an einer unerschütterlichen Hoffnung festhalten, und über all diesen Mächten den Blick auf die Herrschaft des einen wahren Königs richten und des Sieges gewiss sein, der letztendlich von diesem einen König ausgeht. Die Gläubigen müssen voller Wagemut, Kühnheit und Zuversicht sein.

In den Tagen des Paradigmas war Elia in der Minderheit. Diejenigen, die dem Bösen nachfolgten oder es einfach nur akzeptierten und mitmachten, stellten die Mehrheit. Der Kampf muss also oftmals den Anschein von Hoffnungslosigkeit in sich getragen haben. Doch Elia blieb standhaft und handelte so, als ob er auf der Gewinnerseite gestanden hätte – und er war ja auch tatsächlich auf der Gewinnerseite.

Es wird in den Tagen des massenweisen Glaubensabfalls immer wieder den Anschein haben, als würde das Volk Gottes auf der Verliererseite stehen. Aber die Gläubigen müssen im Glauben umso fester stehen, sie müssen umso mutiger der Wahrheit folgen und umso mehr des Sieges gewiss sein. Sie müssen der Versuchung zu schweigen widerstehen. Letztlich sollten sie also wie Elia sein, den guten Kampf des Glaubens kämpfen und ihre Stellung so einnehmen, als ob sie sich auf der Gewinnerseite befinden – was ja auch tatsächlich der Fall ist.

Das PARADIGMA

„Da sagte Elia zum ganzen Volk: Tretet her zu mir! Und das ganze Volk trat zu ihm hin. Dann stellte er den niedergerissenen Altar des HERRN wieder her."

(1. Könige 18,30)

In den Tagen von Ahab rief Elia die Nation zum Berg Karmel, in dem Versuch, den Fluch zu brechen, der über dem Land lag. Damit der Fluch gebrochen werden konnte, mussten sich die Menschen entscheiden, welchem Gott sie dienen wollten, Jahweh oder Baal. Aber bevor diese Entscheidung getroffen werden konnte, musste der zerstörte Altar des Herrn wieder hergestellt werden.

> Im Zuge des Glaubensabfalls wurde der Altar des Herrn zerstört. Für eine Wiederherstellung und Erweckung braucht es die Rückkehr zu diesem Altar, und deshalb muss dieser Altar wieder instandgesetzt werden.

Was ist ein Altar? Ein Altar diente der Darbringung von Opfern, die zuvor getötet wurden. Der Glaube, auf dem sich die amerikanische und westliche Zivilisation gründet, hat keinen Altar – oder etwa doch? Die geistliche Grundlage der amerikanischen und westlichen Zivilisation hat auch einen Altar, nämlich das Kreuz. Was bedeutet dieses Kreuz? Dort wurde einst DAS Opfer getötet. Das Kreuz ist also auch ein Altar – der Altar des Herrn.

Gemäß dem Paradigma wurde der Altar des Herrn in den Tagen des Glaubensabfalls vernachlässigt und niedergerissen. Im neuzeitlichen Glaubensabfall ist das Kreuz, also der Altar der westlichen Zivilisation, ebenfalls vernachlässigt und niedergerissen worden, denn eine Zivilisation, die sich dem Götzendienst und dem Materialismus hingegeben hat, wird letztlich die Bedeutung dieses Altars in Form des Kreuzes immer weiter abwerten. Eine Kultur, die besessen ist von Selbsterfüllung und Selbstverehrung, wird alles ablehnen, was in irgendeiner Art und Weise den Opfertod verkörpert. Sie wird den

Das Elia-Paradigma

Altar des Herrn verunglimpfen und dann niederreißen. Das Streben nach Wohlstand, Erfolg und Selbstverwirklichung hat dazu geführt, dass das Kreuz vernachlässigt und zerstört wurde, und das sogar in vielen Häusern, die seinen Namen tragen.

Erweckung konnte damals im historischen Fall nicht ohne eine Rückkehr zum Altar des Herrn geschehen, und auch die Erweckung in der Neuzeit kann nicht ohne diesen Schritt erfolgen. Erweckung und Wiedergeburt kann nur durch eine Rückkehr zum Fundament, zum Kreuz und zu Jeschua, kommen. Und es sind zuallererst die „Elias" unserer Zeit, die zu diesem Altar zurückkehren, ihn wieder aufbauen und, genau wie damals Elia, die Menschen in ihrem Umfeld zu diesem Altar zurückrufen. Nur dann kann es wahre Erweckung und Wiedergeburt geben.

„Und Elia trat zum ganzen Volk hin und sagte: Wie lange hinkt ihr auf beiden Seiten? Wenn der HERR der wahre Gott ist, dann folgt ihm nach; wenn aber der Baal, dann folgt ihm nach!"

(1. Könige 18,21)

Elia rief die Nation auf, endgültig eine Entscheidung zu treffen. Ohne eine solche Entscheidung konnte es keine Wiederherstellung geben.

Für eine Erweckung und Wiederherstellung braucht es die Buße, und für die Buße ist eine bewusste Entscheidung erforderlich.

Am 29. April 2015 stand ich im Kapitol in Washington und hielt eine Rede vor den versammelten Führern und Abgeordneten des Kongresses. Als ich im Vorfeld den Herrn gefragt hatte, welche Botschaft ich weitergeben sollte, wurde ich zu dem Ereignis mit Elia auf dem Berg Karmel geführt. In meiner Rede sprach ich dann folgende Worte:

„Wir befinden uns in einem äußerst entscheidenden Moment. Genau wie Elia damals auf dem Berg Karmel stand und Israel dazu aufgerufen hatte, eine Entscheidung zwischen zwei Altären und zwei Göttern zu treffen, so ruft

Das PARADIGMA

uns seine Stimme auch jetzt in Amerika zu einer Entscheidung, und er sagt zu uns: ‚Entscheide dich heute, wem du dienen willst.' Vor siebzig Jahren hat der Geistliche des US-Senats mit denselben Worten zu dieser Nation gesprochen: ‚Wenn der Herr Gott ist, dann folge Ihm! Aber wenn Baal der Gott sein soll, dann folge ihm ... und du wirst in die Hölle eingehen.'
Heute Abend steht Amerika an einem Scheideweg. Genau wie Elia damals zum Gipfel des Berges Karmel kam, um eine Erklärung abzugeben, so haben auch wir uns heute Abend im Kapitol versammelt, um zu erklären, dass unser Gott nicht Baal ist ... Wir sind zu diesem Hügel gekommen, um zu erklären, dass es nur einen Gott gibt ... den Gott Abrahams, Isaaks und Jakobs ... den Gott Israels und aller Nationen ... Er allein ist der Felsen, auf dem diese Nation errichtet wurde ... Wir wollen uns nicht vor Baal verneigen."

Ich hatte den Auftrag vom Herrn, über Amerika zu sprechen, das an einem Scheideweg zwischen Gott und Baal stand. Was im Paradigma dazu steht, war mir damals noch nicht bewusst. Zwei Wochen, bevor ich diese Rede hielt, hatte Hillary Clinton ihre Kandidatur für die Präsidentschaft erklärt. Weniger als eine Woche vor meiner Rede gab sie ihre öffentliche Erklärung ab, wonach die tiefsitzenden religiösen Überzeugungen geändert werden müssten. Einen Tag vor meiner Rede gab es eine Anhörung im Supreme Court (Oberster Gerichtshof) zu dem Sachverhalt, der die Zukunft der Ehe in Amerika betraf. Zwei Monate nach meiner Rede erklärte Donald Trump seine Kandidatur für die Präsidentschaft. Und zwei Monate danach wurden die Heiligtümer des Gottes, gegen den ich ganz konkret geredet hatte, also die beiden Baals-Tempel, zerstört.

Amerika steht noch immer, gemäß dieser Schriftstelle, an einem Scheideweg zwischen Gott und Baal, und nur durch Buße kann es Erweckung geben, und diese Buße kann nur auf der Grundlage einer persönlichen und bewussten Entscheidung geschehen.

Das Elia-Paradigma

Wir befinden uns in einer überaus kritischen Zeit, in den Tagen Elias. Wir müssen für einen „Berg-Karmel-Moment" unserer Zivilisation beten, und wir müssen den Menschen sagen, dass eine Entscheidung getroffen werden muss. Aber auch wir selbst müssen ebenfalls unseren eigenen, persönlichen Berg-Karmel-Moment haben. Wir müssen jede zögerliche Unentschlossenheit oder ein Hin-und-her-Schwanken beenden, das vielleicht immer noch in uns ist. Wir müssen uns ganz bewusst entscheiden, wem wir dienen wollen. Für diejenigen, die dem Herrn voll und ganz und ohne Vorbehalte dienen, gilt, dass Gott sie salben wird, wie er damals Elia gesalbt hat, für eine Bestimmung und Berufung, die auch große und mächtige Dinge und Zeichen einschließt, sogar für die Veränderung der Geschichte von Nationen.

Wir haben die Vorlage von Elia aufgedeckt. Es ist nun an der Zeit, dass wir ein Teil dieser Vorlage werden. Es ist an der Zeit, dass wir zu den „Elias" des Paradigmas werden, oder anders ausgedrückt: Wenn wir in den Tagen von Elia leben – dann ist es an der Zeit, dass wir endlich auch zu einem solchen werden ... zu einem „Elia dieser Zeit".

———◆◆◆———

Diejenigen, die diese Worte lesen, stellen sich vielleicht die Frage, wie man im Angesicht des nahenden Gerichtes und des nahenden Jenseits bewahrt bleiben kann. Die Antwort findet sich am gleichen Ort – am Altar des Herrn, am Kreuz. Außerhalb dieses Altars gibt es keine Sicherheit oder Hoffnung, aber in seinem Kreuz gibt es keinen Raum für Furcht vor dem Gericht.

Es steht geschrieben: „Und es ist in keinem anderen das Heil; denn auch kein anderer Name unter dem Himmel ist den Menschen gegeben, in dem wir errettet werden müssen."
(Apostelgeschichte 4,12)

Dieser Name, den wir gemeinhin als Jesus kennen, lautet in seiner ursprünglichen Form Jeschua. Jeschua bedeutet „Gott

Das PARADIGMA

ist Rettung". Das ist der zentrale Kern bei dieser Sache – keine Religion oder Kultur, sondern die Liebe Gottes – die Tatsache, dass Gott selbst an unserer Stelle das Gericht auf sich genommen und den Tod überwunden hat, damit wir gerettet sind. Das ist und bleibt, vom Altertum bis heute, die größte denkbare Manifestation der Liebe, die wir uns jemals vorstellen oder die wir jemals erfahren könnten. Es gibt keine größere Liebe und letztendlich gibt es auch keine andere Hoffnung.

Darin besteht die Liebe Gottes, die Barmherzigkeit Gottes und die Vergebung aller Sünden, und nur in dieser Liebe und Barmherzigkeit finden wir neues Leben und werden von neuem geboren. Nur durch diese Wiedergeburt kann man gerettet werden – denn es steht geschrieben, dass man von neuem geboren sein muss, um in das Königreich der Himmel einzutreten. Das bedeutet dann ewiges Leben; es ist der Friede und die Freude des Himmels, jetzt und für immer und ewig.

Dieses Geschenk ist kostenlos und wird ohne Vorbedingungen all jenen zuteil, die sich dafür entscheiden, es zu empfangen. Es wird aus dem Glauben heraus empfangen, und es kann mit einem ganz einfachen Gebet aus ganzem Herzen heraus beginnen, um die Liebe und Barmherzigkeit seines Opfers und die Kraft seiner Auferstehung zu empfangen und anzunehmen. Es beginnt damit, Seine Gegenwart und Sein Leben in das eigene Herz aufzunehmen – um dann in Seinen Fußstapfen jeden Tag und jeden Augenblick als Seine Jünger Ihm nachzufolgen.

Elias Aufruf an das Volk verlangte eine Entscheidung, damit die Erlösung geschehen konnte. Ein Hinauszögern oder Verschieben dieser Entscheidung ist im Grund keine Entscheidung, und sich gar nicht zu entscheiden bedeutet letztlich eine Entscheidung dagegen. In der Bibel lesen wir:

„... *erwählt euch heute, wem ihr dienen wollt* ..."

(Josua 24,15)

Der einzige Tag für diese Entscheidung ist der heutige Tag. Der einzige Tag, an dem die Erlösung geschehen kann, ist heute ... und der einzige Moment ist genau jetzt.

Kapitel 31

SCHLUSSFOLGERUNGEN

Was haben wir gesehen?
- Eine Vorlage, die fast dreitausend Jahre alt ist und das Geheimnis unserer Zeit enthält.
- Ein Paradigma, das den Aufstieg und den Fall von Führern und Regierungen offenbart oder bestimmt.
- Eine Vorlage, die hinter den Ereignissen der Welt des 21. Jahrhunderts steht

Das PARADIGMA

- Ein Geheimnis, das auf die eine oder andere Weise das Leben eines jeden Menschen auf der Erde einbezieht.
- Ein Paradigma, das aufdeckt ...

... nicht nur die Ereignisse unserer Zeit, sondern auch das Timing dieser Ereignisse, die Jahre und in einigen Fällen sogar die genauen Zeitpunkte, an denen sie stattfinden.

... die Menschen unserer Zeit, die Führer und Akteure, die Figuren auf der neuzeitlichen Weltbühne, ihr Wesen, ihre Handlungen, ihre Persönlichkeiten, und in einigen Fällen sogar die genauen Parameter ihrer Namen.

... die Länge der Zeit, die jedem dieser modernen Führer auf der politischen Weltbühne zugeteilt ist.

... der Ausgang aktueller Ereignisse, bis hin zu den Präsidentschaftswahlen.

... die Bedeutung und Tragweite hinter den Ereignissen unserer Zeit.

Was also sind die Konsequenzen und Schlussfolgerungen aus dem Paradigma?

Es sind folgende ...

- Gott ist real.
- Gott steht über allen Dingen.
- Er bewirkt alle Dinge – Sein Wille und alles, was gegen Seinen Willen zu Felde zieht, das Gute und das Böse, das Heilige und das Weltliche – alles zusammen dient Seinen ultimativen Zielen und Bestimmungen.
- Der Gott der Bibel, der aktiv und dynamisch an den Ereignissen der alten Welt beteiligt war, ist ebenso aktiv und dynamisch involviert in die Ereignisse der Moderne unserer Tage.
- Sein Wirken und Eingreifen findet nicht nur im heiligen Bereich statt, sondern auch im säkularen und weltlichen Bereich, im politischen Bereich, im wirtschaftlichen Bereich, im kulturellen Bereich, im geistlichen Bereich,

Schlussfolgerungen

im natürlichen Bereich-also praktisch in jedem Bereich und in allen Dingen.

- Die Bibel ist das Wort Gottes, so dass seine Muster, Schlüssel und Vorlagen enthüllen, beleuchten und vorhersagen, mitunter bis hin zu konkreten Ereignissen und Details der Gegenwart.
- Das Wort Gottes ist zeitübergreifend. Das, was vor fast dreitausend Jahren niedergeschrieben wurde, ist jetzt noch genauso relevant wie damals.
- Wir erleben eine massive Verwandlung der westlichen Zivilisation, eine Wandlung von Werten, Moral, Kultur, Gesellschaft und ganzer Nationen-und es ist eine Verwandlung, die sich entsprechend einer alten Vorlage entfaltet, dem Paradigma des alten Israel.
- Es bezieht moderne Führer ein, die den Spuren der alten Herrscher in der alten Vorlage folgen, einschließlich ihrer Verhaltensmuster und des von ihnen eingeschlagenen Kurses.
- Die alten Führer waren Teil eines Paradigmas des Glaubensabfalls und des Gerichtes. Wir leben somit jetzt auch in den Tagen des Glaubensabfalls und bewegen uns Richtung Gericht.
- Gott ist langsam im Gericht. Doch er muss und wird letztendlich all das, was Böse ist, unter Sein Gericht stellen. Es ist Seine Notwendigkeit, Gericht zu halten, aber es ist Sein Herz, Langmut und Gnade zu zeigen. So ruft Er alle zur Buße und zur Rettung.
- Gott hört die Gebete Seines Volkes und tritt für Sein Volk ein.
- Gottes Paradigmen handeln nicht nur von Königen und ihren Reichen, sondern auch von einzelnen Menschen. Es liegt an jedem Einzelnen von uns, das Paradigma, den Plan, die Berufung und die Bestimmung für unser Leben zu erbitten – und dann zu erfüllen.

Das PARADIGMA

- Der Aufruf an das Volkes Gottes in der Zeit des gegenwärtigen Glaubensabfalls findet sich im Paradigma von Elia. Das Niveau bzw. das Maß dieser Berufung ist höher als zu früheren Zeiten, denn je finsterer die Nacht, desto heller müssen die Lichter werden, die darin leuchten. Diejenigen, die diesem Ruf folgen, werden gleichermaßen gesalbt, befähigt und erhöht. Und sie werden den Sieg haben.
- Wir leben in biblischen Zeiten.

◆◆◆

Die Ereignisse des Paradigmas sind durch drei Jahrtausende voneinander getrennt. Keine Figur aus der Moderne existierte zur Zeit der alten biblischen Überlieferung, und all jene Personen, die damals lebten und in der Zeit der alten Überlieferung agierten, sind längst vergangen. Wer also hat dies alles zusammengefügt? Wer war es, der in beiden Zeitepochen, in beiden Zeitaltern, dreitausend Jahre voneinander getrennt, existiert hat? Es gibt nur den Einen.

◆◆◆

So offenbart das Paradigma, dass am Ende alle Könige und Königinnen, alle Propheten und Priester, alle heiligen Männer und Krieger, alle Führer und Anhänger, alle Heiligen und Sünder, alle Kulturen und Nationen, alle Königreiche und Weltreiche, alle Kämpfe und Tränen, alles Böse und die Finsternis vergehen werden. Alle Dinge werden vergehen … aber Gott und Seine Liebe werden nicht vergehen. Und diejenigen, die Zuflucht in dieser Liebe finden, werden bei Ihm bleiben, für immer und alle Zeiten.

◆◆◆

Über allen Königen und Königreichen, über allen Mächten und Thronen gibt es nur diesen Einen, der der wahre König ist. Und so liegt in Ihm das Reich, die Macht und die Herrlichkeit, gestern, heute und für immer.

Anmerkungen

Kapitel 3 – Die Tage der Götter
1. Fish Eaters, aufgerufen am 24. Juni 2017, www.fisheaters.com/forums/ index. php?topic=2871173.0, Hervorhebung hinzugefügt. Auf dieser Seite ist das Zitat zu finden: Patricia Baird-Windle . . . zitiert am 29. August 1999 Interview mit Florida Today, in "The 'Sacrament' of Abortion: Ein Interview mit dem berenteten Abtreiber." LifeSite Daily News at http://www.lifesite.net, 31. August 31 1999.
2. Ginette Paris, The Sacrament of Abortion, übersetzt von Joanna Mott (Washington, DC: Spring Publications, 1992), 56, angesehen 5. Juni 2017, https:// books.google.com, Hervorhebung hinzugefügt.
3. Ebd. 92, Hervorhebung hinzugefügt.
4. Ginette Paris, The Psychology of Abortion: Second Edition (originally published as The Sacrament of Abortion) (Washington, DC: Spring Publications, 2007), 70, angesehen 5. Juni 2017, https://books.google.com, Hervorhebung hinzugefügt

Kapitel 4 – Der König
1. Richard D. Patterson and Hermann J. Austel, 1 and 2 Kings: The Expositor's Bible Commentary, Revised Edition (Nashville, TN: HarperCollins Christian Veröffentlichung 2017), angesehen 17. Juni 2017, https://books.google.com/books?id=g8ESDgAAQBAJ.
2. Dick Meyer, "What 'Culture War'?" Los Angeles Times, August 27, 2008, angesehen 7. Juni 2017, http://www.latimes.com/la-oe-meyer27-2008aug27-story .html.
3 Ebd.
4 Patrick J. Buchanan, "Culture War Speech: Address to the Republican National Convention," Voices of Democracy, 17. August 1992, angesehen 7. Juni 2017, http://voicesofdemocracy.umd.edu/buchanan-culture-war-speech-speech-text/.
5. Bill Clinton, My Life: The Early Years (New York: Vintage Books, 2005), 29,

Das PARADIGMA

Kapitel 5 – Die Königin

1. Patrice Taddonio, "WATCH: For Hillary in Arkansas, First Came Rejection. Then Came Rebranding," Frontline, 22. September 2016, angesehen 17. Juni 2017 http://www.pbs.org/wgbh/frontline/article/watch-for-hillary-in-arkansas-first-came-rejection-then-came-rebranding/.
2. Sarah Ellison, "How Hillary Clinton's Loyal Confidants Could Cost Her the Election," Vanity Fair, December 2015, angesehen 30. Juli 2017, http://www.vanityfair.com/news/2015/10/hillary-clinton-inside-circle-huma-abedin.
3. Peter Baker and Amy Choznik, "Hillary Clinton's History as First Lady: Powerful, but Not Always Deft," New York Times, 5. Dezember 2014, angesehen 7. Juni 2017, https://www.nytimes.com/2014/12/06/us/politics/hillary-clintons-history-as-first-lady-powerful-but-not-always-deft.html.
4. William H. Chafe, Bill and Hillary: The Politics of the Personal (New York: Farrar, Straus and Giroux, 2012), 230, angesehen 31. Juli 2017, http://tinyurl.com /yd9x3b8j.
5. Geoffrey W. Bromiley, The International Standard Bible Encyclopedia, vol. 2 (Grand Rapids, MI: Wm. B. Eerdmans, 1982), angesehen 7. Juni 2017, http:// tinyurl.com/ybwqoxek.

Kapitel 6 – König und Königin

1. Michael A. Genovese, Encyclopedia of the American Presidency (New York: Facts On File, 2004), 99.
2. Amy Chozick, "Sara Ehrman, Outspoken Feminist With Deep Ties to Clin-tons, Dies at 98," New York Times, 3. Juni 2017, angesehen 26. Juni 2017, www .nytimes.org.
3. Marielle Segarra, "A Look at Women Who've Had a Strong Influence Over the Presidency," Newsworks, Juli 2016, angesehen 26. Juni 2017, http://www .newsworks.org/index.php/local/item/95225-as-dnc-approaches-a-look-at-women-whove-had-a-strong-influence-over-the-presidency.
4. Peter Baker and Amy Chozick, "Hillary Clinton's History as First Lady: Powerful, but Not Always Deft," New York Times, 5. Dezember 2014, angesehen 27. Juli 2017, https://www.nytimes.com/2014/12/06/us/politics/hillary-clintons-history-as-first-lady-powerful-but-not-always-deft.html.
5. "Bill Clinton on Abortion," On the Issues, accessed June 26, 2017, http://www.ontheissues.org/celeb/Bill_Clinton_Abortion.htm.
6. "Clinton Health Care Plan of 1993," Wikipedia, angesehen 3. Juli 2017, https:// en.wikipedia.org/wiki/Clinton_health_care_plan_of_1993.
7. "Bill Clinton on Abortion," On the Issues, angesehen 3. Juli 2017, http:// www .ontheissues.org/celeb/Bill_Clinton_Abortion.htm.

Anmerkungen

8. "Partial-Birth Abortion Ban Act of 2003," NRLC.org, angesehen 3. Juli 2017, https://www.nrlc.org/archive/abortion/pba/partial_birth_abortion_Ban_act_final_language.htm.
9. "Clinton Makes Keynote Speech Before Gay-Lesbian Group," CNN, AllPolitics, 8. November 1997, angesehen 3. Juli 2017, http://www.cnn.com/ALLPOLITICS/1997/11/08/clinton.gays/index.html.
10. "Presidential Documents," Federal Register, 6. Juni 2000, angesehen 3. Juli 2017, https://www.gpo.gov/fdsys/pkg/FR-2000-06-06/pdf/00-14440.pdf.
11. Andrew Gimson, "Hillary Clinton as Lady Macbeth," Telegraph, 17. April 2008, angesehen 3. Juli 2017 http://www.telegraph.co.uk/news/worldnews/1895909/Hillary-Clinton-as-Lady-Macbeth-Democratic-debate.html.
12. Edward B, Coe, "Jezebel," angesehen 3. Juli 2017, https://www.scribd.com/document/92464891/JEZEBEL.
13. "A Comparison of Shakespeare's Lady Macbeth and Biblical Jezebel," Kibin, angesehen 3. Juli 2017, https://www.kibin.com/essay-examples/a-comparison-of-shakespeares-lady-macbeth-and-biblical-jezebel-mCiZpWBT.
14. Ellicott's Commentary for English Readers, Bible Hub, angesehen 3. Juli 2017, http://biblehub.com/commentaries/1_kings/16-31.htm.

Kapitel 7 – Die Göttin

1. Mary Emily O'Hara, "Hillary Clinton Draws Cheers and Criticism for 'Future Is Female' Line," NBC News, 7. Februar 2017, angesehen 3. Juli 2017, http://www.nbcnews.com/news/us-news/hillary-clinton-draws-cheers-criticism-future-female-line-n717736.
2. Joseph Berger, "Performing Seances? No, Just 'Pushing the Membrane of the Possible,'" New York Times, 25. Juni 1996, angesehen 3. Juli 2017, http://www.nytimes.com/1996/06/25/us/performing-seances-no-just-pushing-the-membrane-of-the-possible.html.
3. Kenneth L. Woodward, "Soul Searching," Newsweek, 7. Juli 1996, angesehen 3. Juli 2017, http://www.newsweek.com/soul-searching-179536.
4. Ebd.
5. "Performing Séances?," New York Times.
6. Jean Houston, The Passion of Isis and Osiris (New York: Wellspring/Ballantine, 1998), 21.
7. Ibid., Hervorhebung hinzugefügt.
8. Richard Lieby, "Marianne Williamson, Hollywood Self-Help Guru, Wants to Heal Washington," Washington Post, 11. März 2014, angesehen 3. Juli 2017, https://www.washingtonpost.com/lifestyle/style/marianne-williamson-hollywood-self-help-guru-wants-to-heal-washington/2014/03/11/378b0d02-a85f-11e3-b61e-8051b8b52d06_story.html?utm_term=.2a3e782862cf.

Das PARADIGMA

9. Houston, The Passion of Isis and Osiris, 20.
10. E. A. Wallis Budge, "Neter. The Egyptian Word for God" Monist, Vol. 13, No. 4 (Juli 1903), 481, angesehen 3. Juli 2017, https://www.jstor.org/stable /27899432?seq=1#page_scan_tab_contents.
11. Houston, The Passion of Isis and Osiris, 21.
12. Ebd., Hervorhebung hinzugefügt.
13. Mark Ellis, "Hillary Clinton: Has Her Methodism Been Influenced by Séances, Spiritism, and New Age Spirituality?" Christian Post, 22. März , 2016, angesehen 3. Juli 2017, http://devblogs.christianpost.com/post/hillary-clinton-has -her-methodism-been-influenced-by-seances-spiritism-and-new-age-spirituality .html.
14. Houston, The Passion of Isis and Osiris.
15. Ebd.

Kapitel 9 – Der Widersacher
1. "Osama Bin Laden: A Chronology of His Political Life," Frontline, angesehen 3. Juli 2017, http://www.pbs.org/wgbh/pages/frontline/shows/binladen/etc/cron .html.
2. Ebd.
3. Ebd.
4. Ebd.
5. Glenn Kessler, "Bill Clinton and the Missed Opportunities to Kill Osama Bin Laden," Washington Post, 16. Februar 2016, angesehen 3. Juli 2017, https:// www.washingtonpost.com/news/fact-checker/wp/2016/02/16/bill-clinton-and-the-missed-opportunities-to-kill-osama-bin-laden/?utm_term=.2ddfa5eca9af.
6. Dan Good, "Bill Clinton, Hours Before 9/11 Attacks: 'I Could Have Killed' Osama Bin Laden," ABC News, 1. August 2014, angesehen 3. Juli 2017, http://abc¬news.go.com/US/bill-clinton-hours-911-attacks-killed-osama-bin/story ?id=24801422.

Kapitel 10 – Der Weinberg
1. "Whitewater Time Line," Washington Post, angesehen 3. Juli 2017, http://www .washingtonpost.com/wp-srv/politics/special/whitewater/timeline.htm.
2. "Whitewater Controversy," Wikipedia, angesehen 28. Juni 2017, https:// en.wikipedia.org/wiki/Whitewater_controversy.
3. Dan Froomkin, "Untangling Whitewater," Washington Post, angesehen 3. Juli 2017, http://www.washingtonpost.com/wp-srv/politics/special/whitewater /whitewater.htm.
4. Ebd.
5. "Whitewater Controversy," Wikipedia.
6. Ebd.

Anmerkungen

7. "Vince Foster," Wikipedia, angesehen 3. Juli, 2017, https://en.wikipedia.org/wiki/Vince_Foster.
8. "Whitewater Time Line," Washington Post.
9. "Foster Origins," The Foster Name Website, angesehen 31. Juli 2017, http:// www.fostername.com/england.htm.

Kapitel 11 – Die Prophetie

1. Steven Nelson, "Bill Clinton 15 Years Ago: 'I Did Not Have Sexual Rela¬tions With That Woman,'" US News & World Report, 25. Januar 2013, angesehen 3. Juli 2017; https://www.usnews.com/news/blogs/press-past/2013/01/25/bill-clinton-15-years-ago-i-did-not-have-sexual-relations-with-that-woman.
2. "House Brief for Impeachment Trial," Washington Post, 11. Januar 1999, angesehen 3. Juli 2017, http://www.washingtonpost.com/wp-srv/politics/special /clinton/stories/housetext011199.htm.
3. Julia Maues, "Banking Act of 1933 (Glass-Steagall)," Federal Reserve History, angesehen 3. Juli 2017 https://www.federalreservehistory.org/essays/glass_steagall_act.
4. Ryan Chittum, "Bill Clinton on Deregulation: 'The Republicans Made Me Do It!'" Columbia Journalism Review, 1. Oktober 2013, angesehen 3. Juli 2017, http://archives.cjr.org/the_audit/bill_clinton_the_republicans_m.php.
5. Bill Medley, "Riegle-Neal Interstate Banking and Branching Efficiency Act of 1994," Federal Reserve History, angesehen 3. Juli 2017, https://www.federalreservehistory.org/essays/riegle_neal_act_of_1994.
6. Steven A. Holmes, "Fannie Mae Eases Credit to Aid Mortgage Lending," New York Times, 30. September 1999, angesehen 3. Juli 2017, http://www.nytimes.com/1999/09/30/business/fannie-mae-eases-credit-to-aid-mortgage-lending.html.
7. "Bill Clinton on Deregulation," Columbia Journalism Review.
8. "This Day in History," 19. Dezember 1998, angesehen 3. Juli 2017, http://www.history.com/this-day-in-history/president-clinton-impeached.
9. "Bin Ladin Preparing to Hijack US Aircraft and Other Attacks," Central Intelligence Agency Memo, December 4, 1998, Declassified and Approved for Release July 12, 2004, accessed July 3, 2017, https://www.cia.gov/library/reading room/docs/DOC_0001110635.pdf.
10. "Ahab," Smith's Bible Dictionary, angesehen 3. Juli 2017 http://www.christianity.com/bible//dictionary.php?dict=sbd&id=151, emphasis added.
11. Tokunboh Adeyemo, ed., Africa Bible Commentary (Nairobi, Kenya: WordAlive Publishers, 2006), 441.

Das PARADIGMA

Kapitel 12 – Das Ende

1. Helen Kennedy, "President Clinton Admits He Lied Under Oath About His Affair With Monica Lewinsky in 2001," Daily News, 19. Januar, 2016 (erste Veröffentlichung 20. Januar 2001), angesehen 3. Juli 2017, http://www.nydailynews.com /news/politics/bill-feds-cut-dealsurrenders-law-license-escape-ind-article-1.904790.
2. Tom Rosenstiel and Amy S. Mitchell, eds., Thinking Clearly: Cases in Journalistic Decision-Making (New York: Columbia University Press, 2003), 26, angesehen 26. Juli 2017 http://tinyurl.com/ycwc5pfq.
3. "Controversial Article Regarding Kenneth W. Starr, Independent Counsel," Government Publishing Office, 24. Juni 1998, angesehen 3. Juli 2017, https://www .gpo.gov/fdsys/pkg/CREC-1998-06-24/html/CREC-1998-06-24-pt1-PgH5252-9 .htm.

Kapitel 13 – Der Tag

1. Steven Nelson, "Bill Clinton 15 Years Ago: 'I Did Not Have Sexual Relations With That Woman,'" US News & World Report, 25. Januar 2013, angesehen 3. Juli 2017, https://www.usnews.com/news/blogs/press-past/2013/01/25/bill-clinton-15-years-ago-i-did-not-have-sexual-relations-with-that-woman.
2. David Maraniss, "First Lady Launches Counterattack," Washington Post, 28. Januar 1998, angesehen 3. Juli 2017, http://www.washingtonpost.com/wp-srv /politics/special/clinton/stories/hillary012898.htm.
3. "President Bill Clinton," CNN, All Politics, 17.August 1998, angesehen 3. Juli 2017, http://www.cnn.com/ALLPOLITICS/1998/08/17/speech/transcript.html.
4. Ebd.
5. Ebd.
6. "Transcript of President's Remarks to Religious Leaders at Prayer Breakfast," Los Angeles Times, The Starr Report, 12. September 1998, angesehen 3. Juli 2017, http://articles.latimes.com/1998/sep/12/news/mn-21961.
7. "President Bill Clinton: I Have Sinned," The History Place, accessed July 3, 2017, http://www.historyplace.com/speeches/clinton-sin.htm.

Kapitel 14 – Die Schattenkönigin

1. Terence P. Jeffrey, "Hillary Clinton on Partial Birth Ban," CNSNews.com, 31. August, 2016, angesehen 3. Juli 2017 http://www.cnsnews.com/commentary /terence-p-jeffrey/hillary-clinton-partial-birth-ban.
2. Patrick Healy, "Clinton's Announcement Makes Waves in '08 Field," New York Times, 20. Januar 2007, angesehen 3. Juli 2017 http://www.nytimes.com /2007/01/20/us/politics/20cnd-clinton.html.

Anmerkungen

Kapitel 15 – Der Erbe
1. Zeke J. Miller, "Axelrod: Obama Misled Nation When He Opposed Gay Marriage in 2008," TIME, 10. Februar 2015, angesehen am 3. Juli 2017 http://time.com/3702584/gay-marriage-axelrod-obama/.
2. "Clinton Makes Keynote Speech Before Gay-Lesbian Group," CNN, AllPolitics, angesehen am 30. Juli 2017, http://www.cnn.com/ALLPOLITICS/1997/11/08/clinton.gays/index.html.
3. Brooks Jackson, "Obama and the 'Christian Nation' Quote," FactCheck.org, 26. August 2008, angesehen am 3. Juli 2017, http://www.factcheck.org/2008/08/obama-and-the-christian-nation-quote/.
4. Ebd.

Kapitel 16 – Das feindliche Königreich
1. Geoffrey W. Bromiley, International Standard Bible Encyclopedia, vol. 2 (Wm. B. Eerdmans Publishing, 1995), 977, angesehen 3. Juli 2017 http://tinyurl.com/y7mn7b2n.
2. Ben Smith, "Obama on Small-Town Pa.: Clinging to Religion, Guns, Xeno-phobia," Politico, 11. April 2008, angesehen 3. Juli, 2017, http://www.politico.com/blogs/ben-smith/2008/04/obama-on-small-town-pa-clinging-to-religion-guns-xenophobia-007737.
3. Zeke J. Miller, "Axelrod: Obama Misled Nation When He Opposed Gay Marriage In 2008," TIME, 10. Februar 2015, angesehen 3. Juli 2017, http://time.com/3702584/gay-marriage-axelrod-obama/.
4. Adam Liptak, "Supreme Court Ruling Makes Same-Sex Marriage a Right Nationwide," New York Times, 26. Juni 2015, angesehen 3. Juli 2017, https://www.nytimes.com/2015/06/27/us/supreme-court-same-sex-marriage.html?_r=0.
5. Allie Malloy and Karl de Vries, "White House Shines Rainbow Colors to Hail Same-Sex Marriage Ruling," CNN, 30. Juni 2015, angesehen 3. Juli 2017, http://www.cnn.com/2015/06/26/politics/white-house-rainbow-marriage/index.html.
6. "Freedom of Access to Clinic Entrances and Places of Religious Worship," The US Department of Justice, upgedatet 6. August 2015 angesehen 3. Juli 2017, https://www.justice.gov/crt-12.
7. Igor Volsky, "Obama at HRC Dinner: GOP Presidential Candidates Must 'Stand Up' for Gay Soldiers," ThinkProgress, 1. Oktober 2011, angesehen 3. Juli 2017, https://thinkprogress.org/obama-at-hrc-dinner-gop-presidential-candidates-must-stand-up-for-gay-soldiers-6d2f48be13b4.
8. Billy Hallowell, "Obama's 5 Most Controversial Statements About Abortion and 'Women's Rights' During His Planned Parenthood Speech," The Blaze, 26. April 2013, angesehen 3. Juli 2017 http://www.theblaze.com/news/2013/04/26/obamas-5-most-controversial-statements-about-abortion-and-womens-rights-during-his-planned-parenthood-speech/.

Das PARADIGMA

9. "America's Most Biblically-Hostile U.S. President," Wall Builders, 29. Dezember 2016, angesehen 3. Juli 2017, https://wallbuilders.com/americas-biblically-hostile-u-s-president/#edn1.

10. "Trump Executive Order Reverses Foreign Abortion Policy," BBC News, 23. Januar 2017, angesehen 3. Juli 2017 http://www.bbc.com/news/world-us-canada-38724063.

11. "Obama Pick: Taxpayers Must Fund Abortions," World Net Daily, 27. Januar 2009, angesehen 3. Juli 2017, http://www.wnd.com/2009/01/87249/.

12. Sarah Pulliam Bailey, "Obama Admin. Changes Bush 'Conscience' Provision for Health Workers," Christianity Today, 18. Februar 2011, angesehen 3. Juli 2017 https://www.christianitytoday.com/news/2011/february/obama-admin-changes-bush-conscience-provision-for-health.html.

13. Steven Ertelt, "Obama Administration Announces $50 Million for Pro-Forced Abortion UNFPA," LifeNews, 26. März 2009, angesehen 3. Juli 2017, http://www.lifenews.com/2009/03/26/int-1138/.

14. Steven Ertelt, "Pro-Life Groups Left Off Obama's Health Care Summit List, Abortion Advocates OK," LifeNews, 5. März 2009, angesehen 3. Juli 2017, http://www.lifenews.com/2009/03/05/nat-4888/.

15. Jim Iovino, "Jesus Missing From Obama's Georgetown Speech," NBC Washington, 17. April 2009, angesehen 3. Juli 2017 http://www.nbc-washington.com/news/local/Jesus-Missing-From-Obamas-Georgetown-Speech.html.

16. Steven Ertelt, "Obama Admin Terrorism Dictionary Calls Pro-Life Advocates Violent, Racist," LifeNews, 5. Mai 2009, angesehen 3. Juli 2017, http://www.lifenews.com/2009/05/05/nat-5019/.

17. Johanna Neuman, "Obama Ends Bush-Era National Prayer Day Service at White House," Los Angeles Times, 7. Mai 2009, angesehen 3. Juli 2017 http://latimesblogs.latimes.com/washington/2009/05/obama-cancels-national-prayer-day-service.html.

18. Matt Cover, "Obama's EEOC Nominee: Society Should 'Not Tolerate Private Beliefs' That 'Adversely Affect' Homosexuals,'" CNSNews.com, January 18, 2010, accessed July 31, 2017, http://www.cnsnews.com/news/article/obama-s-eeoc-nominee-society-should-not-tolerate-private-beliefs-adversely-affect.

19. "White House Spent $23M of Taxpayer Money to Back Kenyan Constitution That Legalizes Abortion, GOP Reps Say," Fox News, 22. Juli 2010, angesehen 3. Juli 2017 http://www.foxnews.com/politics/2010/07/21/gop-lawmaker-blasts-white-house-m-spent-kenya-constitution-vote.html.

20. Steven Ertelt, "Obama, Congress Cut Funding for 176 Abstinence Programs Despite New Study," LifeNews, 26. August 2010, angesehen 3. Juli 2017, http://www.lifenews.com/2010/08/26/nat-6659/.

Anmerkungen

21. Steven Ertelt, "President Barack Obama's Pro-Abortion Record: A Pro-Life Compilation," LifeNews, 7. November 2010, angesehen 3. Juli 2017 http://www.lifenews.com/2010/11/07/obamaabortionrecord/.
22. Meredith Jessup, "Obama Continues to Omit 'Creator' From Declaration of Independence," TheBlaze, 19. Oktober 2010, angesehen 31. Juli 2017 http://www.theblaze.com/news/2010/10/19/obama-continues-to-omit-creator-from-declaration-of-independence/.
23. LadyImpactOhio, "Feds Sued by Veterans to Allow Stolen Mojave Desert Cross to Be Rebuilt," RedState, 14. Januar 2011, angesehen 3. Juli 2017, http://www.redstate.com/diary/ladyimpactohio/2011/01/14/feds-sued-by-veterans-to-allow-stolen-mojave-desert-cross-to-be-rebuilt/.
24. Marianne Medlin, "Amid Criticism, President Obama Moves to Fill Vacant Religious Ambassador Post," Catholic News Agency, 9. Februar 2011, angesehen 3. Juli 2017 http://www.catholicnewsagency.com/news/amid-criticism-president-obama-moves-to-fill-vacant-religious-ambassador-post/.
25. Brian Montopoli, "Obama Administration Will No Longer Defend DOMA," CBS News, 24. Februar 2011, angesehen 3. Juli 2017, http://www.cbsnews.com/news/obama-administration-will-no-longer-defend-doma/.
26. Chris Johnson, "ENDA Passage Effort Renewed With Senate Introduction," Washington Blade, 15. April 2011, angesehen 3. Juli 2017, http://www.washingtonblade.com/2011/04/15/enda-passage-effort-renewed-with-senate-introduction/.
27. Chuck Donovan, "HHS's New Health Guidelines Trample on Conscience," Heritage Foundation, 2. August 2011, angesehen 3. Juli 2017, http://www.heritage.org/health-care-reform/report/hhss-new-health-guidelines-trample-conscience.
28. "Wounded, Ill, and Injured Partners in Care Guidelines," Family Research Council, angesehen 31. Juli 2017 http://downloads.frc.org/EF/EF11L05.pdf.
29. "Maintaining Government Neutrality Regarding Religion," Military Religious Freedom Foundation, angesehen 3. Juli 2017, https://www.militaryreligiousfreedom.org/docs/gen_schwartz_letter_religion_neutralilty.pdf.
30. Hillary Rodham Clinton, "Remarks in Recognition of International Human Rights Day," U.S. Department of State, 6. Dezember 2011, angesehen 3. Juli 2017, https://2009-2017.state.gov/secretary/20092013clinton/rm/2011/12/178368.htm.
31. Ted Olsen, "Church Wins Firing Case at Supreme Court," Christianity Today, 11. Januar 2012, angesehen 3. Juli 2017, http://www.christianitytoday.com/ct/2012/januaryweb-only/church-firing-case-supreme-court.html.

Das PARADIGMA

32. Geoff Herbert, "Air Force Unit Removes 'God' From Logo; Lawmakers Warn of 'Dangerous Precedent,'" syracuse.com, 9. Februar 2012, angesehen 3. Juli 2017 http://www.syracuse.com/news/index.ssf/2012/02/air_force_rco_removes _god_logo_patch.html.
33. Markeshia Ricks, "Bible Checklist for Air Force Lodges Going Away," First-Principles Press, angesehen 31. Juli 2017, http://firstprinciplespress.org/2012/04/26 /bible-checklist-for-air-force-lodges-going-away/.
34. Patrick Goodenough, "White House 'Strongly Objects' to Legislation Pro¬tecting Military Chaplains from Doing Same-Sex Weddings or Being Forced to Act Against Conscience," CNS News, 16. März 2012, angesehen 3. Juli 2017, http:// www.cnsnews.com/news/article/white-house-strongly-objects-legislation -protecting-military-chaplains-doing-same-sex.
35. "Military Logos No Longer Allowed on Troop Bibles," CBN News, 14. Juni 2012, angesehen 3. Juli 2017, http://www.cbn.com/cbnnews/us/2012/june/military -logos-no-longer-allowed-on-troop-bibles/?mobile=false.
36. Billy Hallowell, "Obama Opposes NDAA's 'Rights of Conscience' for Military Chaplains and Members, Vows to Protects Rights of Gays," The Blaze, 4. Januar 2013, angesehen 3. Juli 2017 http://www.theblaze.com/stories/2013/01/04/obama-opposes-ndaas-rights-of-conscience-for-military-chaplains-members-vows-to -protect-rights-of-gays/.
37. Steven Ertelt, "Obama Admin's HHS Mandate Revision Likely Excludes Hobby Lobby," LifeNews, 1. Februar 2013, angesehen 3. Juli 2017, http:// www .lifenews.com/2013/02/01/obama-admins-hhs-mandate-revision-excludes-hobby-lobby/.
38. Tony Perkins, "Obama Administration Begins Training Homosexual Activ¬ists Around the World," LifeSiteNews, 6. Juni 2013, angesehen 31. Juli 2017, 2017, https:// www.lifesitenews.com/opinion/obama-administration-begins-training-homosexual-activists-around-the-world.
39. Stacie Ruth and Carrie Beth Stoelting, Unite the USA: Discover the ABCs of Patriotism (Bloomington, IN: WestBow Press, 2013).
40. Jack Minor, "Military Warned 'Evangelicals' No. 1 Threat," World Net Daily, 5. April 2013, angesehen 3. Juli 2017, http://www.wnd.com/2013/04/military -warned-evangelicals-no-1-threat/.
41. "Liberty Institute Calls On U.S. Department of Defense to Abandon Shift in Military's Proselytizing Policy," PR Newswire, 7. Mai 2013, angesehen 3. Juli 2017, http://www.prnewswire.com/news-releases/liberty-institute-calls-on-us-department-of-defense-to-abandon-shift-in-militarys-proselytizing-policy-206486691.html; Ken Klukowski, "Pentagon May Court Martial Soldiers Who Share Christian Faith," Breitbart, 1. Mai 2013, angesehen 3. Juli 2017, http://www .breitbart.com/national-security/2013/05/01/breaking-pentagon-confirms-will-court-martial-soldiers-who-share-christian-faith/.

Anmerkungen

42. "Obama Administration Ignores Outcries, Finalizes HHS Mandate Targeting Religious Freedom," Liberty Counsel, 30. Juni 2013, angesehen 3. Juli 2017, http://www.lc.org/newsroom/details/obama-administration-ignores-outcries-finalizes-hhs-mandate-targeting-religious-freedom; Tom Strode, "Moore, Others: Final Mandate Rules Fail," Baptist Press, 1. Juli 2013, angesehen 3. Juli 2017, http://www.bpnews.net/40659/moore-others-final-mandate-rules-fail.
43. Todd Starnes, "Obama 'Strongly Objects' to Religious Liberty Amendment," Townhall.com, 12. Juni, 2013, angesehen 3. Juli 2017, https://townhall.com/columnists/toddstarnes/2013/06/12/obama-strongly-objects-to-religious-liberty-amendment-n1618769.
44. Chad Groening, "Attorney Demands Answers for Air National Guard Ser-geant Punished for Beliefs," OneNewsNow, 15. Juli 2013, angesehen 3. Juli 2017, https://www.onenewsnow.com/culture/2013/07/15/attorney-demands-answers-for-air-national-guard-sergeant-punished-for-beliefs#.UeapQFNXyRS.
45. Steven Ertelt, "Army Briefing Tells Soldiers Christians and Pro-Lifers are a 'Radical' Threat," LifeNews, 23. Oktober 2013, angesehen 3. Juli 2017, http://www.lifenews.com/2013/10/23/army-briefing-tells-soldiers-christians-and-pro-lifers-are-a-radical-threat/.
46. "White House on Kim Davis: The Rule of Law Is Central to Our Democracy," RawStory, 3. September 2015, angesehen 3. Juli 2017, http://www.rawstory.com/2015/09/white-house-on-kim-davis-the-rule-of-law-is-central-to-our-democracy/.
47. "America's Most Biblically-Hostile U. S. President," WallBuilders.
48. Ebd.
49. Penny Starr, "Civil Rights Commission: 'Religious Liberty,' 'Religious Freedom' Code Words for Intolerance, Homophobia, and 'Christian Supremacy,'" CNSNews.com, 9. September 2016, angesehen 3. Juli 2017, http://www.cnsnews.com/news/article/penny-starr/civil-rights-commission-religious-liberty-religious-freedom-code-words.

Kapitel 17 – Erbe und Königin

1. The Open Door: A Pocket Magazine for Trolley of Train, vol. 8 (New York Public Library, 1911), 17, angesehen 30. Juli 2017, https://books.google.com/books?id=46ZVAAAAYAAJ&printsec=frontcover&dq=The+Open+Door:+A+Pocket+Magazine+for+Trolley+of+Train,+Volume+8&hl=en&sa=X&ved=0ahUKEwi54YKF mLPVAhWh1IMKHSAkCfMQ6AEIKDAA#v=onepage&q=After%20Ahab's%20death&f=false.
2. John Kitto, ed., A Cyclopaedia of Biblical Literature, vol. 2 (London: W. Clowes and Sons), 112, angesehen 30. Juli 2017
3. http://tinyurl.com/ycuqglxm.
4. Don Fleming, "Jezebel," Bridgeway Bible Dictionary, accessed July 3, 2017, http://www.studylight.org/dictionaries/bbd/j/jezebel.html.

Das PARADIGMA

5. Peter Baker and Helene Cooper, "Clinton Is Said to Accept Secretary of State Position," New York Times, 21. November 2008, angesehen 3. Juli 2017, http:// www.nytimes.com/2008/11/22/us/politics/22obama.html.

Kapitel 18 – Der Attentäter

1. Mark Mazzetti, Helene Cooper, and Peter Baker, "Behind the Hunt for Bin Laden," New York Times, 2. Mai 2011, angesehen 3. Juli 2017, http://www.nytimes .com/2011/05/03/world/asia/03intel.html.
2. Keith Bodner, Elisha's Profile in the Book of Kings: The Double Agent (Oxford: Oxford University Press, 2013), 133–134, angesehen 3. Juli 2017, http:// tinyurl.com/yau52xlr, emphasis added.
3. Mazzetti, Cooper, and Baker, "Behind the Hunt for Bin Laden," New York Times, angesehen 3. Juli 2017 http://www.nytimes.com/2011/05/03/world/asia /03intel.html.
4. "SEAL's First-Hand Account of Bin Laden Killing," CBS News, 24. September 2012, angesehen 3. Juli 2017, http://www.cbsnews.com/news/seals-first-hand -account-of-bin-laden-killing/.

Kapitel 19 – Der Krieg der Throne

1. The Pulpit Commentaries, StudyLight.org, angesehen 25. Juli 2017, https:// www.studylight.org/commentaries/tpc/2-kings-9.html?print=yes.
2. Merrill C. Tenney, The Zondervan Encyclopedia of the Bible, Volume 1: Revised Full-Color Edition (Grand Rapids, MI: The Zondervan Corp., 2009), angesehen 30. Juli 2017, http://tinyurl.com/yavhe7e2.
3. Marc A. Thiessen, "Hillary Clinton Is a Threat to Religious Liberty," Wash-ington Post, 13. Oktober 2016, angesehen 3. Juli 2017, https://www.washingtonpost .com/opinions/hillary-clinton-is-a-threat-to-religious-liberty/2016/10/13/878cdc36 -9150-11e6-a6a3-d50061aa9fae_story.html?utm_term=.704ae93d2621, emphasis added.
4. James Strong and John McClintock, "Jezebel," The Cyclopedia of Biblical, Theological, and Ecclesiastical Literature (New York: Haper and Brothers, 1880), angesehen 3. Juli 2017, http://www.biblicalcyclopedia.com/J/jezebel.html.
5. Amy Chozick, "Planned Parenthood, in Its First Primary Endorsement, Backs Hillary Clinton," New York Times, January 7, 2016, accessed July 3, 2017, https://www.nytimes.com/politics/first-draft/2016/01/07/planned-parenthood-in -its-first-primary-endorsement-backs-hillary-clinton/.
6. Daniel Allott, "Democratic Convention a Celebration of Abortion," Washington Examiner, 26. Juli 2016, angesehen 3. Juli 2017, http://www .washingtonexaminer.com/democratic-convention-a-celebration-of-abortion /article/2597792.
7. Jay Hobbs, "4 Ways Hillary Clinton Will Increase Abortion as President," The Federalist, 19. Oktober 2016, angesehen 3. Juli 2017,http://the federalist.com/2016/10/19/four-ways-hillary-will-increase-abortion/.

Anmerkungen

8. Ramesh Ponnuru, "Clinton's Only Consistency: Ghastliness on Abortion," National Review, 26. Juli 2016, angesehen 3. Juli 2017, http://www.nationalreview.com/article/438315/hillary-clinton-abortion-democratic-partys-nominee-far-left-america-abortion.
9. Dave Andrusko, "10 Examples of How Extreme Hillary Clinton Is on Abor-tion," LifeNews, 12. September 2016, angesehen 3. Juli 2017, http://www.lifenews.com/2016/09/12/10-examples-of-how-extreme-hillary-clinton-is-on-abortion/.

Kapitel 20 – Der Krieger

1. Warren W. Wiersbe, The Bible Exposition Commentary, vol. 1 (David C. Cook, 2004), 543, angesehen 3. Juli 2017, http://tinyurl.com/y7md2649.
2. Ebd.
3. Michelle Fields, "Former Florida Governor Jeb Bush Went After Donald Trump During Tuesday's GOP Presidential Debate, Calling Him a 'Chaos Candi¬date,'" Breitbart, 15. Dezember 2015, angesehen 3. Juli 2017, http://www.breitbart.com/big-government/2015/12/15/jeb-bush-calls-donald-trump-chaos-candidate/.

Kapitel 21 – Das Wettrennen

1. Matthew Poole, "Commentary on 2 Kings 9:20," Matthew Poole's English Annotations on the Holy Bible (public domain, 1685), angesehen 3. Juli 2017 , http://www.studylight.org/commentary/2-kings/9-20.html.
2. Dwight L. Moody, T. DeWitt Talmage, and Joseph Parker, Bible Charac¬ters (Public Domain, digitales Format freigegeben 17. Mai 2017) angesehen 3. Juli 2017 , https://www.gutenberg.org/files/54736/54736-h/54736-h.htm.
3. Ebd., net, Hervorhebung hinzugefügt
4. Ebd., jub, Hervorhebung hinzugefügt
5. Ebd., isv, Hervorhebung hinzugefügt
6. Ebd., nlt, Hervorhebung hinzugefügt
7. Ebd., gw, Hervorhebung hinzugefügt
8. Ebd., niv, Hervorhebung hinzugefügt
9. Ebd., ylt, Hervorhebung hinzugefügt
10. ESV Global Study Bible (Crossway, 2012), angesehen 3. Juli 2017, http://tinyurl.com/y8pyx8yk.

Kapitel 22 – Der Umsturz

1. John McCormack, "Would Donald Trump Be a Pro-Abortion President?" Weekly Standard, 17. Januar 2016, angesehen 3. Juli 2017, http://www.weeklystandard.com/would-donald-trump-be-a-pro-abortion-president/article/2000619.

Das PARADIGMA

Kapitel 23 – Der Untergang

1. Joseph Benson, Commentary of the Old and New Testaments (New York: T. Carlton & J. Porter, 1857), angesehen 31. Juli 2017, http://biblehub.com/commentaries/2_kings/9-34.htm.
2. Jenna Johnson, "At Florida Rally, Trump Resumes Attacking 'Crooked Hillary Clinton,'" Washington Post, 27. September 2016, angesehen 31. Juli 2017, https://www.washingtonpost.com/news/post-politics/wp/2016/09/27/at-florida -rally-trump-resumes-attacking-crooked-hillary-clinton/?utm_term =.93ed5f52d897. Cahn-Paradigm_HB_04.indd 256 10/10/17   10:11 AM
3. Jeremy Stahl, "We Hereby Nominate Emanuel Cleaver's 'She Won't Stay Throwed' as HRC's New Slogan," Slate, 28. Juli 2016, angesehen 4. Oktober 2017, http://www.slate.com/blogs/the_slatest/2016/07/28/watch_emanuel_cleaver_s _amazing_she_won_t_stay_throwed_riff_at_the_dnc.html, emphasis added.
4. Ebd.
5. Ebd.
6. Google search results for "They threw her down," accessed October 4, 2017, https://www.google.com/search?source=hp&q=They+threw+her+down&oq=They +threw+her+down&gs_l=psy-ab.3..33i160k1.1051.4641.0.5341.20.19.0.0.0.0.150 .1622.12j5.17.0....0..1.1.64.psy-ab..3.17.1619.0..0j0i131k1j0i22i30k1j0i22i10i30k1j0i13i30k1.0.E8lCse3fTdc.
7. 2. Könige 9,33, Hervorhebung hinzugefügt
8. Myra Adams, "How the Clinton Victory Party Went From Coronation to Despair," Washington Examiner, 12. November 2016, angesehen 3. Juli 2017, http:// www.washingtonexaminer.com/how-the-clinton-victory-party-went-from -coronation-to-despair/article/2607188.
9. Ryan Lizza, "The Abortion Capital of America," New York, angesehen 3. Juli 2017http://nymag.com/nymetro/news/features/15248/.
10. Susan Berry, "Hillary Clinton to Receive Planned Parenthood's 'Champion of the Century' Award," Breitbart, 11. April 2017, angesehen 3. Juli 2017, http:// www.breitbart.com/big-government/2017/04/11/hillary-clinton-receive-planned -parenthoods-champion-century-award/, emphasis added.

Kapitel 24 – Die Tage des Erben

1. Marie Horrigan, "From Relative Obscurity, Obama's Star Rose Quickly," New York Times, 16. Januar 2007, angesehen 20. Juni 2017, http://www.nytimes .com/cq/2007/01/16/cq_2127.html.
2. Mark Leibovich, "The Speech That Made Obama," New York Times, 27. Juli 2016, angesehen 3. Juli 2017 https://www.nytimes.com/2016/07/27/magazine /the-speech-that-made-obama.html.

Anmerkungen

3. Kevin Liptak, "Barack Obama Slams Trump, Makes Appeal for Hillary Clinton," CNN, 28. Juli 2016, angesehen 3. Juli 2017, http://www.cnn.com/2016/07/27/politics/president-obama-democratic-convention-speech/index.html, Hervorhebung hinzugefügt
4. "READ: President Obama's Speech at the Democratic Convention," NPR, 28. Juli 2016, angesehen 3. Juli 2017, /read-president-obamas-speech-at-the-democratic-convention, emphasis added.
5. "12 Years Later: Obama's DNC Speeches Then and Now," NBC News, 28. Juli 2016, angesehen 3. Juli 2017, http://www.nbcnews.com/storyline/2016-conventions/12-years-later-obama-s-dnc-speeches-then-now-n618166, emphasis added.

Kapitel 25 – Der heilige Mann

1. W. H. Westcott, "The House of the Rechabites," Scripture Truth, vol. 7 (1915), 291, angesehen 3. Juli 2017, http://www.stempublishing.com/authors/westcott/Rechabites.html.
2. "2 Kings Chapter 10," YORWW Bible Commentary, 2. Juni 2012, angesehen 3. Juli 2017, http://yorwwbiblecommentary.com/index.php/historical-books/book-of-second-kings/2-kings-1-12, emphasis added.
3. Alexander MacLaren, MacLaren's Commentary: Expositions of Holy Scrip¬ture (Delmarva Publications Inc.), angesehen 3. Juli 2017, http://tinyurl.com/y86g95f4, emphasis added.
4. Charles Pfeiffer and Everett Harrison, The Wycliffe Bible Commentary (Moody Publishers, 1962), angesehen 3. Juli 2017, https://books.google.com/book s?id=r4lLCAAAQBAJ&pg=PT20&dq=The+Wycliffe+Bible+Commentary&source=gbs_selected_pages&cad=3#v=onepage&q=as%20a%20servant%20of&f=false, emphasis added.
5. Warren Wiersbe, The Bible Exposition Commentary, vol. 1, 543, angesehen 3. Juli 2017, http://tinyurl.com/ya7bwjgx.
6. "2 Kings 10:15" Pulpit Commentary, angesehen 3. Juli 2017, http://biblehub.com/commentaries/2_kings/10-15.htm.
7. "2 Kings 10:16," Barnes' Notes on the Bible, angesehen 3. Juli 2017, http://biblehub.com/commentaries/2_kings/10-16.htm.
8. Joseph Rawson Lumby, The Second Book of the Kings: With Introduction and Notes (University Press, 1887), 103, angesehen 3. Juli 2017, http://tinyurl.com/y94dodww.
9. John L. Mckenzie, The Dictionary of the Bible (Simon and Schuster, 1995), 722, angesehen 3. Juli 2017, 2017, http://tinyurl.com/yaz9rup8, Hervorhebung hinzugefügt
10. "Rechabite," Encyclopaedia Britannica, angesehen 20. Juni 2017,, https://www.britannica.com/topic/Rechabite, Hervorhebung hinzugefügt.
11. David Noel Freedman, ed., Eerdmans Dictionary of the Bible (Wm. B. Eerdmans Publishing, 2000), 1112, angesehen 3. Juli 2017 , https://books.google.com/books?id=P9sYIRXZZ2MC&printsec=frontc

Das PARADIGMA

over&source=gbs_ge_summary_r&cad=0#v=snippet&q=the%20rech-abites%20are%20described%20 as%20a%20relig&f=false.

12. John H. Walton, Victor H. Matthews, and Mark W. Chavalas, The IVP Bible Background Commentary: Old Testament (InterVarsity Press, 2012), 398, angesehen 3. Juli 2017 , http://tinyurl.com/yaeu2kor.
13. Candace Smith, Paola Chavez, and Veronica Stracqualursi, "Donald Trump Swears to Christian Leaders, 'I'm So on Your Side,'" ABC News, 21. Juni 2016, angesehen 3. Juli 2017, http://abcnews.go.com/Politics/donald-trump-swears -christian-leaders-im-side/story?id=40021097.
14. David Gibson, Aysha Khan and Emily McFarlan Miller, "Trump to Top Evangelicals: 'I'm so on Your Side, I'm a Tremendous Believer,'" Deseret Digital Media, 21. Juni, 2016, angesehen 31. Juli 2017, http://www.deseretnews.com/article/865656629/Trump-to-top-evangelicals-6I7m-so-on-your-side-I7m-a -tremendous-believer7.html.
15. Lumbry, The Second Book of the Kings: With Introduction and Notes, 102, angesehen 3. Juli 2017, , http://tinyurl.com/ycw8bb2j.
16. "Mike Pence: 'I'm a Christian, a Conservative, and a Republican—in That Order,'" The Week, 20. Juli 2016, angesehen 3. Juli 2017, http://theweek.com/speed¬reads/637487/mike-pence-im-christian-conservative-republican--that-order.
17. Bradford Richardson, "Shock Over Vice President Pence's Marriage Shows Washington, Media Out of Touch," Washington Times, 6. April 2017, angesehen 3. Juli 2017, http://www.washingtontimes.com/news/2017/apr/6/shock-over-mike -pences-marriage-shows-washington-m/.
18. "2 Kings 10:16" Jamieson-Fausset-Brown Bible Commentary, angesehen 3. Juli 2017, http://biblehub.com/commentaries/2_kings/10-16.htm.

Kapitel 26 – Die Tage der Königin

1. Sam Frizell, "What Hillary Clinton Did Before Her Campaign," TIME, 12. April 2015, angesehen 3. Juli 2017, http://time.com/3774872/hillary-clinton -campaign-launch/.

Kapitel 27 – Der Krieger-König

1. Bromiley, The International Standard Bible Encyclopedia, vol. 2, 982, , angesehen 3. Juli 2017, http://tinyurl.com/yby9mcsc.
2. Chris Spargo, "Double, Double, Donald's in Trouble: Witches Including Lana Del Rey Will Gather at Midnight to Cast a Spell on President Trump AND His Supporters in Hopes of Banishing Him From Office," Daily Mail, upgedatet 25. Februar 2017, angesehen 27. Juli 2017, http://www.dailymail.co.uk/news /article-4257216/Witches-gather-midnight-cast-spell-Donald-Trump.html.
3. Ebd.

Anmerkungen

4. "2 Kings 10:31" Pulpit Commentary, angesehen 20. Juni 2017, http://biblehub .com/commentaries/2_kings/10-31.htm.

Kapitel 28 – Der Tempel

1. "2 Kings 10:27," The Pulpit Commentaries, angesehen 3. Juli 2017, ,https:// www.studylight.org/commentaries/tpc/2-kings-10.html..
2. Ebd.
3. Maggie Haberman, "Trump Tells Planned Parenthood Its Funding Can Stay if Abortion Goes," New York Times, 6. März 2017, angesehen 3. Juli 2017, https:// www.nytimes.com/2017/03/06/us/politics/planned-parenthood.html.
4. Laurie McGinley and Amy Goldstein, "Trump Reverses Abortion-Related U.S. Policy, Bans Funding to International Health Groups," Washington Post, 23. Januar 2017, angesehen 3. Juli 2017, https://www.washingtonpost.com/news /to-your-health/wp/2017/01/23/trump-reverses-abortion-related-policy-to-ban-funding-to-international-health-groups/?utm_term=.5df9483b9ec9.
5. Liam Stack, "ISIS Blows Up Ancient Temple at Syria's Palmyra Ruins," The New York Times, 23. August 2015, angesehen 3. Juli 2017 , https:// www .nytimes.com/2015/08/24/world/middleeast/islamic-state-blows-up-ancient-temple-at-syrias-palmyra-ruins.html.
6. Mathew Katz, "Satellite Images Confirm Destruction of Ancient Temple in Palmyra," TIME, 31. August 2015, angesehen 3. Juli 2017, http://time.com/4018108 /satellite-images-temple-destruction-palmyra/.
7. Reem Nasr, "Donald Trump Announces Candidacy for President," CNBC, June 16, 2015, accessed July 3, 2017, http://www.cnbc.com/2015/06/16/donald -trump-announces-candidacy-for-president.html.

Kapitel 29 – Die Vorboten der kommenden Tage

1. Bob Deffinbaugh, "23. The Life and Times of Elisha the Prophet—Jehu Cleans House (Ahab's House) (2 Kings 10:1–36)," 24. August 2004, angesehen 3. Juli 2017, https://bible.org/seriespage/23-life-and-times-elisha-prophet-jehu-cleans-house-ahab-s-house-2-kings-101-36.

Über den Autor

JONATHAN CAHN

Jonathan Cahn fand landesweit Beachtung durch die Veröffentlichung des New-York-Times-Bestsellers „The Harbinger" *(Der Vorbote)*, wie auch durch seine nachfolgenden New-York-Times-Bestseller. Er hat bereits vor den Angeordneten im Kongress und bei den Vereinten Nationen Reden gehalten. Gemeinsam mit Billy Graham und Keith Green gehört sein Name zur Liste der Top 40 der geistlichen Führer der letzten vierzig Jahre, „die unsere Welt grundlegend verändert haben". Er ist bekannt als prophetische Stimme unserer Zeit, der die tiefen Geheimnisse der Heiligen Schrift aufschlüsselt. Jonathan leitet die Organisation Hope of the World, ein Dienst an den Bedürftigsten dieser Welt-und das Jerusalem Center (Beth Israel) in der Nähe von New York in Wayne, New Jersey. Er ist ein sehr gefragter Redner und spricht überall in Amerika und weltweit. Er ist messianischer Jude, also ein jüdischer Nachfolger Jeschuas (Jesus).

Wenn sie mehr über das Thema erfahren möchten, wenn sie weitere Informationen über die mehr als zweitausend weiteren Botschaften und die von Jonathan aufgeschlüsselten Geheimnisse bekommen möchten, wenn sie prophetische Updates oder kostenlose Geschenke erhalten möchten, wenn sie aktiver Teil dieses Dienstes werden oder einfach nur Kontakt aufnehmen möchten, dann schreiben bitte an:

Hope of the World
Box 1111 · Lodi, NJ 07644, USA

Sie sind herzlich eingeladen, die Webseite des Autors zu besuchen:

http://www.hopeoftheworld.org/
Facebook: Jonathan Cahn
Email: contact@hopeoftheworld.org

JONATHAN CAHN
im Verlag media!worldwidewings

Jonathan Cahn: „Der Vorbote"
[Paperback] media!worldwidewings
Bestellnr.: 899774
ISBN: 978-3-9814649-4-8
296 Seiten · € 14,95

Ist es möglich, dass die Zukunft der Welt sich in einer alten Prophezeiung verbirgt? Dass sie die Ereignisse vom 11. September bis hin zur weltweiten Wirtschaftskrise erklärt? Dass Gott dabei ist, eine prophetische Botschaft zu verkünden, an der die Zukunft hängt?

Das Ende kam nicht plötzlich. Bevor das alte Israel aufhörte als Nation zu existieren, wurde das Volk durch Vorboten und Zeichen vor der drohenden Zerstörung gewarnt. Es sind dieselben neun Vorboten, die heute wieder auftauchen und wieder geht es um tiefgreifende Folgen für die Zukunft und die Endzeit.

Diese Vorboten verbergen sich in einem Vers im Buch des Propheten Jesaja. Das Buch „Der Vorbote" enthüllt ihre Geheimnisse und zeigt, wie durch sie aktuelle Ereignisse in Amerika vorhergesagt werden können. Diese 3000 Jahre alte Prophezeiung weist nicht nur präzise auf das Datum des Börsencrashs von 2008 hin, sie wurde auch im US-Senat zitiert und hat sich anschließend bewahrheitet. Die Offenbarungen sind so genau, dass auch Kritiker sie schwerlich widerlegen können. Es mag wie Hollywood klingen: Doch es ist wahr!

Fesselnd geschrieben, erzählt „Der Vorbote" von einem Mann, dem nach und nach neun Siegel zugespielt werden. Stets sind Botschaften damit verbunden. Jedes Siegel fügt sich wie ein Puzzleteil in ein Gesamtbild, mit Folgen für Amerika und die Welt.